HAUTE-ALPES
Riviera und
Alpes Maritimes
Seiten 60–99
ALPES-DE-HAUTE-PROVENCE
Digne-les-Bains
RIVIERA UND ALPES MARITIMES
Nice (Nizza)
VAR UND ÎLES D'HYÈRES
Toulon
Îles d'Hyères
Var und
Îles d'Hyères
Seiten 100–125

Vis-à-Vis

PROVENCE & CÔTE D'AZUR

Vis-à-Vis

PROVENCE & CÔTE D'AZUR

Hauptautor: Roger Williams

DORLING KINDERSLEY
LONDON • NEW YORK • MÜNCHEN
MELBOURNE • DELHI
www.dorlingkindersley.de

Ein Dorling Kindersley Buch

www.dorlingkindersley.de

Texte
Roger Williams, John Flower, Jim Keeble, Martin Walters

Fotografien
Max Alexander, John Heseltine,
Kim Sayer, Alan Williams

Illustrationen
Stephen Conlin, Richard Draper, Steve Gyapay,
Chris D. Orr Illustration, John Woodcock

Kartografie
Jennifer Skelley, Samantha James (Lovell Johns Ltd., Oxford)

Redaktion und Gestaltung
Dorling Kindersley Ltd., London: Jane Simmonds, Jane Ewart, Fay Franklin, Tom Fraser, Elaine Harries, Fiona Morgan, Claire Edwards, Pippa Hurst, Malcolm Parchment, Georgina Matthews, Gaye Allan, Salim Qurashi, Douglas Amrine

•

Titel der englischen Originalausgabe:
Eyewitness Travel Guide *Provence & The Côte d'Azur*
Zuerst erschienen 1995 in Großbritannien
bei Dorling Kindersley Ltd.
A Penguin Company

•

Für die deutsche Ausgabe:

Aktualisierte Neuauflage 2013 / 2014

•

Programmleitung Dr. Jörg Theilacker, Dorling Kindersley Verlag
Projektleitung Stefanie Franz, Dorling Kindersley Verlag
Übersetzung Verlagsbüro Simon & Magiera, Gaby Krause
Redaktion Dr. Gabriele Rupp, München; Brigitte Maier, München
Schlussredaktion Harald Grätz, München
Satz und Produktion Dorling Kindersley Verlag, München
Lithografie Colourscan, Singapur
Druck Leo Paper Products Ltd., China

ISBN 978-3-8310-2030-0
12 13 14 15   15 14 13 12

Dieser Reiseführer wird regelmäßig aktualisiert. Angaben wie Telefonnummern, Öffnungszeiten, Adressen, Preise und Fahrpläne können sich jedoch ändern. Der Verlag kann für fehlerhafte oder veraltete Angaben nicht haftbar gemacht werden. Für Hinweise, Verbesserungsvorschläge und Korrekturen ist der Verlag dankbar. Bitte richten Sie Ihr Schreiben an:

Dorling Kindersley Verlag GmbH
Redaktion Reiseführer
Arnulfstraße 124 • 80636 München
travel@dk-germany.de

◁ **Abbaye de Sénanque, Vaucluse** ***(siehe S. 164f)***
◁◁ **Umschlag: Häuser in Seillans** ***(siehe S. 106)*** **im Département Var**

Inhalt

Blühender Klatschmohn bei Sisteron ***(siehe S. 178)***

Die Provence stellt sich vor

Buntes Treiben am Pampelonne-Strand südlich von St-Tropez

Fischer im Hafen von Marseille

Die Regionen der Provence

Tarascons Schloss an der Rhône *(siehe S. 140)*

Ziegenkäse in Kastanienblättern

Zu Gast in der Provence

Parfum aus der Provence *(siehe S. 67)*

Grund-informationen

Provenzalische Landschaft zwischen Grasse und Castellane

Fondation Maeght bei St-Paul-de-Vence *(siehe S. 76f)*

Benutzerhinweise

Dieser Reiseführer soll den Besuch der Provence mit hilfreichen Informationen und Tipps zu einem echten Erlebnis machen. Der Abschnitt *Die Provence stellt sich vor* beschreibt Land und Leute und stellt historische Zusammenhänge dar. Im Kapitel *Die Regionen der Provence* werden Sehenswürdigkeiten in Text und Bild erläutert. Empfehlenswerte Restaurants, Hotels, Läden oder Unterhaltungsmöglichkeiten finden Sie im Kapitel *Zu Gast in der Provence*. Nützliche *Grundinformationen* helfen sowohl bei der Reiseplanung als auch beim Zurechtfinden vor Ort.

Die Regionen der Provence
Die Provence wurde in fünf Regionen unterteilt, denen jeweils ein Kapitel gewidmet ist. Die interessantesten Sehenswürdigkeiten sind mit Nummern versehen, die mit denen auf der Stadtteil- und Detailkarte sowie in den folgenden Erläuterungen identisch sind.

Jedes Gebiet der Provence kann anhand der Farbcodierung leicht gefunden werden.

1 Einführung
Hier werden Landschaft, Geschichte und Charakter jeder Region beschrieben. Die Einführung zeigt, wie sich das Gebiet über die Jahrhunderte entwickelt hat und wie es sich heute präsentiert.

Eine Orientierungskarte zeigt die Lage des behandelten Gebiets innerhalb der Provence.

2 Regionalkarte
Diese Karte zeigt das Straßennetz und eine Übersicht der ganzen Region. Alle Sehenswürdigkeiten sind nummeriert. Die Karte gibt hilfreiche Tipps für die Erkundung des Gebiets mit Auto, Bus oder Bahn.

Kästen bieten Wissenswertes zu den Sehenswürdigkeiten.

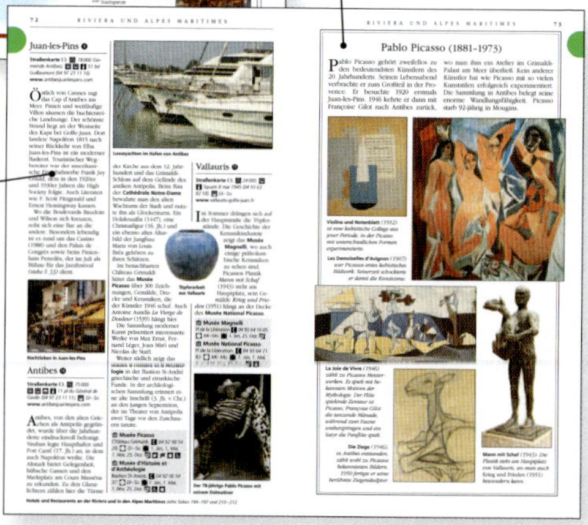

3 Detaillierte Informationen
Alle wichtigen Städte und Schauplätze werden einzeln in der Reihenfolge ihrer Nummerierung auf der Regionalkarte beschrieben. Zu jedem Ort gibt es detaillierte Informationen über wichtige Sehenswürdigkeiten.

4 Wichtige Städte

Eine Einführung umreißt Geschichte, Charakter und Geografie der Stadt. Die beschriebenen Hauptsehenswürdigkeiten finden Sie auch auf der Zentrumskarte.

Die **Straßenkarte** *finden Sie auf den beiden hinteren Umschlaginnenseiten.*

Die Infobox gibt Ihnen Auskunft über günstige Verkehrsverbindungen, Informationsstellen, Markttage und örtliche Feste.

Die Zentrumskarte zeigt Haupt- und Nebenstraßen, die für Besucher der Stadt interessant sind. Sehenswürdigkeiten sind darauf ebenso verzeichnet wie Bahnhöfe, Parkplätze, Verkehrsämter und Kirchen.

5 Detailkarte

Interessante Viertel sind aus der Vogelperspektive dargestellt. Fotos veranschaulichen wichtige Sehenswürdigkeiten.

Die Routenempfehlung führt Sie beim Spaziergang durch die interessantesten Straßen.

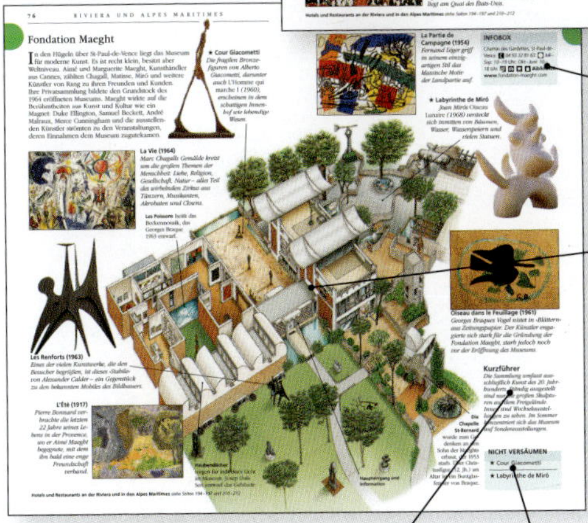

Praktische Informationen, die für einen Besuch hilfreich sind, liefert die Infobox.

6 Hauptsehenswürdigkeiten

Den Highlights der Provence werden zwei oder mehr Seiten gewidmet. Historische Gebäude werden im Aufriss gezeigt. Für Museen gibt es einen Grundrissplan mit Farbcodierung.

Der Kurzführer erklärt den Aufbau eines Museums und gibt Auskunft über die Sammlungen.

Sterne kennzeichnen Herausragendes oder Kunstwerke, die Sie keinesfalls versäumen sollten.

Die Provence stellt sich vor

Die Provence entdecken

Die Provence ist ein Land der Sinne: der Anblick der zeitlosen, lichtdurchtränkten Landschaft, der Duft von Lavendel und Oliven, der Geschmack sonnengereifter Trauben, der Klang des Meeres und das Gefühl der Sonne auf der Haut. Doch die Provence ist auch ein Land der Kontraste: die glamourösen Ferienorte der Riviera und die winzigen Inselchen, die großen Städte und die *villages perchés*, die römischen Ruinen und das idyllische Hinterland mit seinen sonnenverwöhnten Dörfern und den endlosen Wogen lilafarbener Lavendelfelder.

Provenzalisches Lavendelparfum

Spektakulärer Blick auf die Riviera von Nizza aus *(siehe S. 80–87)*

Riviera und Alpes Maritimes

- Nizza, Cannes und Monaco
- Grasse – Stadt der Düfte
- Vallée des Merveilles

Die Riviera ist seit mehr als einem Jahrhundert ein Tummelplatz für Maler, Komponisten, Schriftsteller und andere Berühmtheiten. Die herrliche Landschaft zog die französischen Impressionisten ebenso in ihren Bann wie die heutigen Besucher.

Zu unternehmen gibt es genug: ein kleines Spielchen im Casino von **Monte Carlo** *(siehe S. 92f)*, auf dem **Filmfestival von Cannes** *(siehe S. 68f)* nach Stars und Sternchen Ausschau halten, auf der Promenade des Anglais in **Nizza** *(siehe S. 80–87)* flanieren, den Spuren Picassos in der zauberhaften *vieille ville* von **Antibes** *(siehe S. 72)* folgen oder in **Menton** *(siehe S. 98f)* relaxen – die »Zitronenhauptstadt« erfreut sich des besten Klimas in ganz Frankreich.

Im Hinterland liegen in den Hügeln mittelalterliche Städtchen, z. B. das Gourmet-Mekka **Mougins** *(siehe S. 66)*. Inmitten von Rosen- und Jasminfeldern liegt die Parfummetropole **Grasse** *(siehe S. 66f)*, wo die Blumen für Chanel N° 5 wachsen.

Die Region Alpes Maritimes ist landschaftlich ein Traum und bislang vom Fremdenverkehr weitgehend unentdeckt. Hier locken Flüsse, Schluchten und Berge. Höhepunkt ist die **Vallée des Merveilles** *(siehe S. 97)*, wo Steinböcke und Bergziegen leben.

Var und Îles d'Hyères

- Eleganz pur: St-Tropez
- Die Weine der Côtes de Provence
- Goldene Îles d'Hyères

St-Tropez *(siehe S. 118–122)* – oder St-Trop, wie die Franzosen sagen – ist wohl der schillerndste Ferienort an der Provenceküste. Die fantastischen Sandstrände ziehen Stars und Genießer an. Auch die Nachbarstrände können sich sehen lassen: **Fréjus** *(siehe S. 125)* ist auch für Kinder geeignet, **Bandol** *(siehe S. 112)* ist von Buchten und bewaldeten Hügeln umgeben. Um Bandol liegen die Weinberge der **Côtes de Provence** *(siehe S. 108f)*. Die Weine, vor allem die roten, sind exzellent. Gelegenheiten zum Verkosten gibt es viele. Highlight der Bucht von Hyères sind ihre Inseln, die **Îles d'Hyères** *(siehe S. 114f)*, auch als *Îles d'Or* (goldene Inseln) bekannt. Die grünen Eilande sind vom marineblauen Mittelmeer eingefasst wie Schmuckstücke – die schönsten der westlichen Riviera.

Der berühmte Hafen von St-Tropez *(siehe S. 118–122)*

◁ ***L'entrée du port de Marseille*** von Claude Joseph Vernet (1714–1789), Musée du Louvre in Paris

Das »rote Dorf« Roussillon *(siehe S. 169)* liegt malerisch auf einem Hügel

Bouches-du-Rhône und Nîmes

- **Faszinierende Naturgeschichte der Camargue**
- **Römische Ruinen: Nîmes und Pont du Gard**
- **Hafenstadt Marseille**

Die atemberaubende und kontrastreiche Landschaft dieser Region haben schon van Gogh und Cézanne in ihren Gemälden verewigt. Im Westen liegt die **Camargue** *(siehe S. 136–139)*, eines der schönsten Naturreservate Frankreichs. Hoch zu Ross wachen *gardians* (eine Art Cowboys) über die Herden. Vogelliebhaber werden mit einer unglaublichen Artenvielfalt beglückt. Auch Freunde von Flora und Fauna kommen auf ihre Kosten.

Nîmes *(siehe S. 132f)* verströmt südlichen Charme mit spanischem Einschlag. Hier stehen einige der besterhaltenen römischen Bauten Europas, u. a. auch das »französische Kolosseum« **Les Arènes** *(siehe S. 132)* und das Wunder römischer Ingenieurskunst, der **Pont du Gard** *(siehe S. 131)*, mit 48 Metern die höchste römische Brücke überhaupt. Die Stadt **Arles** *(siehe S. 144–146)* wiederum gilt vielen als das Juwel der Provence.

Die größte Stadt der Provence, **Marseille** *(siehe S. 150–152)*, ist gleichzeitig Frankreichs größter Hafen und älteste Stadt. Dank einer »Verjüngungskur« präsentiert sie sich dynamisch wie nie. Versäumen Sie auch keinesfalls das elegante und kultivierte **Aix-en-Provence** *(siehe S. 148f)* und das zauberhafte **Cassis** *(siehe S. 153)*.

Frisches Gemüse auf einem Markt in Aix-en-Provence *(siehe S. 148f)*

Vaucluse

- ***Villages perchés*: Gordes und Roussillon**
- **Avignon, Tor zur Provence**
- **Châteauneuf-du-Pape**

Der große **Mont Ventoux** *(siehe S. 160)* beherrscht die Region, wo es überall nach Rosmarin, Salbei, Thymian, Lavendel und Kiefern duftet. Die Hügeldörfer erreicht man nur über kurvige Straßen, doch die Mühe lohnt sich: **Gordes** *(siehe S. 169)* liegt einfach spektakulär, **Roussillon** *(siehe S. 169)* ist ein wahrer Traum in Ocker.

Avignon *(siehe S. 166–168)* liegt an der Rhône und ist das Tor zur Provence. Diese faszinierende Stadt mit ihren soliden Befestigungen platzt beinahe vor Kultur und Energie. Auch kulinarisch hat die fruchtbare Region einiges zu bieten: etwa die Côtes-du-Rhône-Weine, allen voran den **Châteauneuf-du-Pape** *(siehe S. 164)*, und die köstlichen Melonen aus »Frankreichs Obstgarten« **Cavaillon** *(siehe S. 170)*.

Alpes-de-Haute-Provence

- **Die geheime Provence**
- **Gorges du Verdon**
- **Die Lavendelfelder des Plateau de Valensole**

Das Klima in der recht unbekannten und dünn besiedelten Region der Provence vereint provenzalische Wärme mit kühler Alpenluft. Über das Terrain erstrecken sich eindrucksvolle Schluchten, tiefe Täler, bizarre Felsformationen und glitzernde Seen vor dem atemberaubenden Hintergrund der Alpen.

Die **Gorges du Verdon** *(siehe S. 184f)* gehören zu den Highlights in Frankreich. Die Schlucht frisst sich bis zu 700 Meter tief in das Gestein. Hier kann man wandern, Kanu fahren und Drachen fliegen. Im Norden liegt der höchste Gipfel der provenzalischen Alpen, der **Mont Pelat** *(siehe S. 179)*, im Süden erstrecken sich die größten Lavendelfelder des Landes über das **Plateau de Valensole** *(siehe S. 182f)*. Am eindrucksvollsten ist die lilafarbene Pracht im Frühsommer.

Typisch Provence: Lavendelfelder des Plateau de Valensole *(siehe S. 182f)*

Die Provence auf der Karte

Die Provence liegt im sonnigen Südosten Frankreichs und wird im Süden vom Mittelmeer begrenzt. Ihr berühmtester, als Côte d'Azur bekannter Küstenstrich reicht etwa von Menton bis Bandol und wird auf dem Italien zugewandten Abschnitt Riviera genannt. Im Osten liegen Italien und die Alpen, im Westen fließt die Rhône. Die Region umfasst mehr als 31 000 Quadratkilometer mit etwa 4,7 Millionen Einwohnern.

Weitere Zeichenerklärungen *siehe hintere Umschlagklappe*

Blick auf das eindrucksvolle Palais des Papes in Avignon

Ein Porträt der Provence

Das Ansehen der Provence hat sich in relativ kurzer Zeit gewandelt. Vor einigen Jahrzehnten galt sie in Frankreich als Heimat gemütlicher Bauern, im Ausland dagegen als idyllischer Ort, der Künstlern und den Reichen vorbehalten schien. Heute ist die Provence eine touristisch bestens erschlossene Region, die in der Gunst von Einheimischen wie Besuchern ganz oben steht.

Die regionale Hightech-Industrie zieht Fachleute aus aller Welt an, doch die Provence bleibt eine ländliche Gegend. In ihren Randgebieten ist ein südländischer Einschlag zu spüren: fast schon spanisch in der westlichen Camargue, eher italienisch in Nizza und weiter im Osten. Eine beschauliche Lebensart bestimmt das Bild auch in der übrigen Region. Vor allem beim Pétanque oder bei Diskussionen über europäische Bürokratie wird es lebhafter. Die Provenzalen gelten als großzügige und herzliche, auf Höflichkeit bedachte Gastgeber. Ladenbesitzer grüßen immer freundlich, schließen aber – wie auch andere Institutionen – kompromisslos um Punkt zwölf Uhr, denn die Mittagspause ist heilig.

Altes Werbeplakat für den Grand Prix

Traditionen sind den Bewohnern der Provence lieb und teuer. Das heimische Handwerk wurzelt in überliefertem Wissen, seine Produkte sind von zeitloser Schönheit. Künstler, die die Provence wegen des Lichts und der Landschaft bereisten, fanden hier auch andere Inspirationen. Picasso lernte bei einem Handwerker das Töpfern. In den Häusern finden sich handgefertigte Möbel aus heimischer Kastanie oder Eiche, Töpfe aus gebrannter roter Erde, Glaswaren aus Biot, Fayencen aus Moustiers und Stoffe aus Arles oder Nîmes mit den traditionellen *indiennes*-Mustern.

Spieler und Zuschauer beim Pétanque in Châteauneuf-du-Pape *(siehe S. 164)*

◁ Eine der vielen engen Gassen in der Altstadt von Nizza *(siehe S. 80–87)*

Traditionelle Bäckerei in Ville-sur-Auzon, Vaucluse

Lebensstil

Das provenzalische Familienleben spielt sich seit Generationen ähnlich ab. Mittelpunkt der Geselligkeit ist die Küche. Hier entstehen Gerichte, die Einfachheit und Fülle, Kräuterdüfte und Wein wunderbar verbinden – in den Augen bewundernder Besucher der Inbegriff von Geschmackserlebnis.

Betriebsamer Obst- und Gemüsemarkt

In diesem ländlichen Ambiente kreisen die Gespräche um Wetter, Jahreszeiten oder Ernte. Jeder Gartenbesitzer ist stolz auf seine Obstbäume, sein Gemüse, seine Blumen. Selbst Stadtbewohner kennen sich mit dem Anbau aus. Das Angebot eines jeden der hübsch ausgelegten Marktstände wird sorgfältig begutachtet und kommentiert.

Hitzige Debatten lösen nach wie vor die Entscheidungen der Europäischen Union aus, die sich in der Vergangenheit – so die Bauern – sehr nachteilig auf den Bodenertrag ausgewirkt haben, wenn z. B. alte Weinberge umgegraben und Landbesitzer dadurch in den Ruin getrieben wurden.

Religion

Der Erntezyklus steht in enger Verbindung zu den Göttern, die den Ertrag ebenso beeinflussen können wie jeder EU-Bürokrat. Katholisch wie das übrige Frankreich, haben die Provenzalen auch einen Sinn für das Mystische. Die von Mithras-Kult, Islam und heidnischen Göttern beeinflussten religiösen Vorstellungen sind stark verwoben und nur schwer zu trennen. Karneval und Fronleichnam rahmen die Osterzeit ein, die hier eine größere Bedeutung hat als in vielen anderen Teilen Europas. Auch Weihnachten ist ein wichtiges Fest. Schon am 4. Dezember, an St. Barbara, beginnen die Feierlichkeiten mit der Weizenaussaat, dem Symbol für Erneuerung und Wiedergeburt. Auf dem Land hält sich hartnäckig der Aberglaube: Neugeborene erhalten ein Ei, Salz, Brot und Streichhölzer als einfache Symbole elementarer Vorstellungen, während Eberwurzdisteln an Haustüren als Glücksbringer dienen.

Tradition und Charakter

Die Landschaft der Provence ist typisch mediterran: Die Berge fallen steil zum Meer hin ab, abgelegene Dörfer thronen auf Felsspitzen oder schmiegen sich an Berghänge. Jahrhundertelang war das Gebiet Zuflucht für Geächtete, die hier ein neues Leben

Lindenblütenernte für die Teeherstellung

Die imposanten Felsen in Les Pénitents des Mées in Alpes-de-Haute-Provence

beginnen konnten. Vielleicht wurde deshalb Fremden meist misstraut, was sie zu ewigen Außenseitern machte.

Scheinbar geringe Anlässe konnten stets Fehden auslösen, die über Generationen Bestand hatten. Es gibt heute noch Dörfer, wo Familien nicht miteinander sprechen, obwohl der Grund dafür längst vergessen ist. Marcel Pagnol beschrieb dies in seinen Werken *Jean de Florette* und *Manon des Sources*, die später mit Yves Montand und Gérard Depardieu verfilmt wurden. Die weltoffenere Küste ist das Terrain des *film noir*. *Borsalino* mit Jean-Paul Belmondo und Alain Delon verklärte die Tradition des Schweigens und der starken Familienbande, *French Connection* mit Gene Hackman entlarvte deren Schattenseiten.

Gesellschaft

1982 veröffentlichte der Schriftsteller Graham Greene, der in Antibes lebte, einen Aufsatz über die Korruption in Nizza. Im Jahr 1994 wurde Yann Piat, Antidrogen-Kämpferin und Parlamentsmitglied, in Hyères ermordet. Dass Yann Piat eine Frau war, machte für ihre Feinde keinen Unterschied, obwohl die Gleichberechtigung in der Region lange auf sich warten ließ. Nicht umsonst sprach Alphonse Daudet von einer »unheilbaren Verachtung« provenzalischer Männer gegenüber Frauen. Dennoch gilt die Königin von Arles als Tugendsymbol traditioneller provenzalischer Werte. Mit Brigitte Bardot entstammt der Region zudem eine Ikone französischer Weiblichkeit.

Die Provence offenbart sich zuvorderst denjenigen Besuchern, die ihren Facettenreichtum zu schätzen wissen. Wer öfter in die Region reist, wird feststellen, dass ein Teil ihres Charmes und ihrer Schönheit gerade in den Geheimnissen liegt, die sie nicht ohne Weiteres preisgibt.

Café auf dem Cours Mirabeau in Aix

Nationalparks und Naturparks

Prächtiger Erdbeerbaumfalter

Eine faszinierende Fülle an Insekten, Vögeln, Wildtieren und Blumen gedeiht in der Provence in verschiedensten Lebensräumen – am Mittelmeer, in den Feuchtgebieten und Felsschluchten bis hin zu den abgelegenen Gipfeln der Alpes Maritimes. Die Provence hat das mediterranste Klima Frankreichs: heiße, trockene Sommer und in Küstennähe milde Winter. Der Frühling zeigt sich mit Blütenpracht und lockt auch seltene Vögel an. Aus vielen der wilderen Gegenden sind Naturparks – oft mit markierten Erkundungswegen – geworden.

Der Lubéron (siehe S. 170–172), *ein riesiger Kalksteinhöhenzug, ist reich an Orchideen und ein gutes Jagdgebiet für Greifvögel.*

Der Kalksteinkamm der Alpilles (siehe S. 141) *lockt Greifvögel wie Habichtsadler, Schmutzgeier und Uhus an, aber auch die sanfteren Bienenfresser.*

Die unteren Hänge des Mont Ventoux sind im Frühling mit Blumen übersät *(siehe S. 160).*

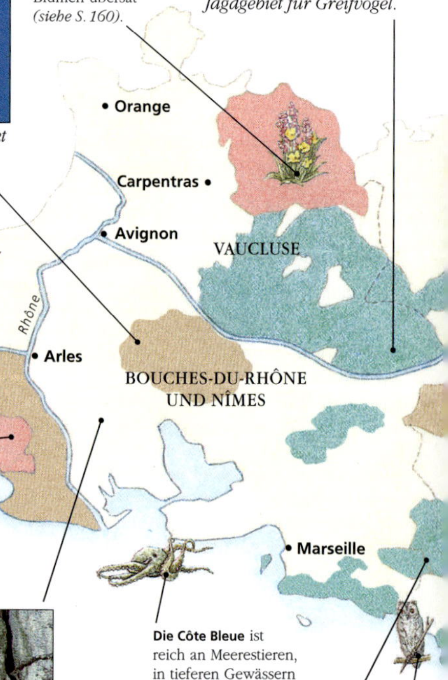

Die Camargue *im Rhône-Delta ist eines der wichtigsten Feuchtgebiete Europas* (siehe S. 136–139). *Hier leben Wasservögel wie der Purpurreiher und der rosarote Flamingo. Auch die Perleidechse ist hier beheimatet.*

Die Côte Bleue ist reich an Meerestieren, in tieferen Gewässern leben z. B. Oktopoden.

Die Plaine de la Crau *ist eine 50 000 Hektar große Geröllebene und steppenartige Graslandschaft im Südosten von Arles. Hier leben Vögel wie der Wiedehopf und das Spießflughuhn.*

Die Montagne Ste-Victoire, ein Kalksteingebirge, ist bei Wanderern und Bergsteigern beliebt. Cézanne malte oft hier.

Die Calanques *(siehe S. 153)* sind schmale, von Felswänden begrenzte Meeresarme. Die felsigen Hänge beheimaten Eulen und andere Waldvögel.

Der Parc National du Mercantour *ist ein hervorragendes Wandergebiet und eines der schönsten Gebirgsnaturschutzgebiete* (siehe S. 97). *Hier leben u. a. Murmeltiere, Gämsen, Steinböcke und Mufflons.*

Die Gorges du Verdon *zwischen Alpen und Mittelmeer sind ein Naturschutzgebiet rund um einen imposanten Canyon* (siehe S. 184f). *Ein Wanderpfad in dessen Tal ermöglicht die Erkundung markanter Felsformationen, seltener Pflanzen und Vögel.*

Der Geologische Naturpark der Haute-Provence bei Digne *(siehe S. 180)* birgt eine außergewöhnliche Ansammlung riesiger Ammoniten.

Die Cime de la Bonette *(siehe S. 179)* ist ein hoher Pass, auf dem Gämsen umherstreifen.

Die Gorges de la Vésubie *(siehe S. 95)* besitzen Aussichtspunkte, von denen man Zugvögel beobachten kann.

Die Préalpes de Grasse im Osten der Alpes Maritimes sind für ihre tiefen Schluchten bekannt.

Das Massif de l'Estérel *(siehe S. 124)* beherbergt in Felsgewölben und Buschwerk verschiedene Schlangenarten.

Im Massif des Maures (siehe S. 116f) *leben in der dichten Macchie und den Korkeichenwäldern Bienenfresser, Steinschmätzer und Wiedehopfe sowie die seltene Maurische Landschildkröte.*

Das Massif de la Ste-Baume ist mit zahllosen Laubbäumen bewachsen, die sich im Herbst leuchtend bunt färben.

LEGENDE

- Nationalpark
- Regionaler Naturpark
- Schutzgebiet
- Naturpark

0 Kilometer 25

Die Îles d'Hyères (siehe S. 114f) *liegen gleich vor der Südspitze der Provence und sind für ihre Meeresfauna berühmt – u. a. wegen der Lippfische. Auch Geckos und der seltene Häherkuckuck sind hier anzutreffen.*

Bergdörfer *(villages perchés)*

Zu den reizvollsten architektonischen Merkmalen der Provence zählen gewiss die *villages perchés*. Sie erheben sich wie zackige Spitzen auf den Berggipfeln, wohin sie in den Wirren des Mittelalters aus Sicherheitsgründen gebaut worden sind. Aus großer Höhe konnte man das Umland und die Küste überwachen. Die Dörfer wurden um einen Bergfried errichtet und mit dicken Schutzwällen umgeben. So entstand ein Gewirr aus Kopfsteinpflasterstraßen, Gassen, Treppen und Torbogen. Nur wenige Bauerngemeinden überlebten die Agrarreformen im 19. Jahrhundert – was folgte, waren Armut und Landflucht. Mittlerweile wurden viele Dörfer durch eine neue Generation von Künstlern und Handwerkern wie auch durch den Fremdenverkehr wieder belebt.

Das Dorf Peillon (siehe S. 95) *ist ein typisches Beispiel dafür, wie sich hoch gelegene Orte in eine Landschaft einfügen.*

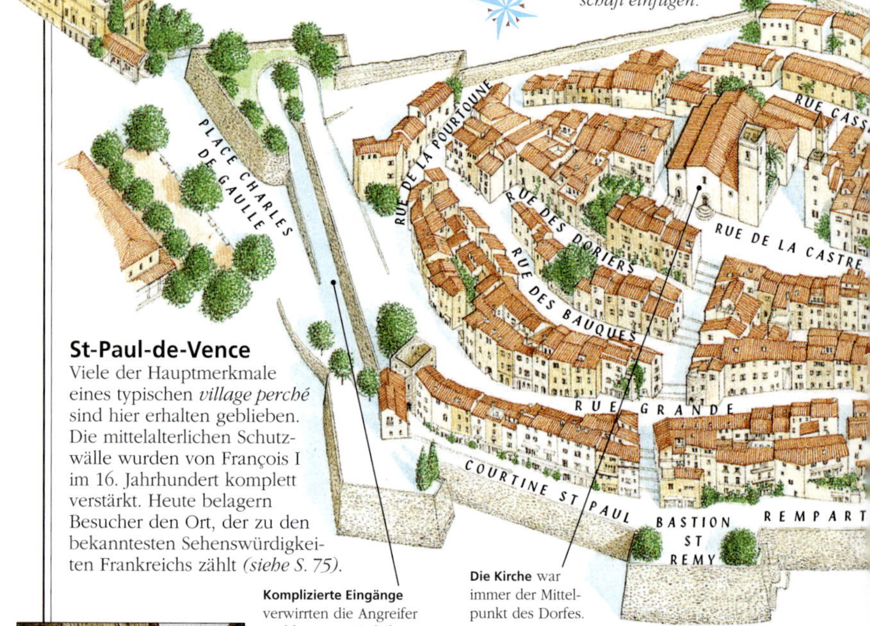

St-Paul-de-Vence

Viele der Hauptmerkmale eines typischen *village perché* sind hier erhalten geblieben. Die mittelalterlichen Schutzwälle wurden von François I im 16. Jahrhundert komplett verstärkt. Heute belagern Besucher den Ort, der zu den bekanntesten Sehenswürdigkeiten Frankreichs zählt *(siehe S. 75)*.

Komplizierte Eingänge verwirrten die Angreifer und boten zusätzlichen Schutz vor Attacken.

Die Kirche war immer der Mittelpunkt des Dorfes.

Seiteneingänge *waren für gewöhnlich klein und unauffällig. Sie führten, wie in Èze* (siehe S. 88), *auf enge, gewundene Gassen. Manchmal gab es auch mehrere Tore oder plötzliche Kehren in den Mauern, um angreifende Soldaten zu verwirren und die Stadt besser verteidigen zu können.*

Burgen, Bergfriede (donjons) *und auch befestigte Kirchen hatten in den Dörfern immer den besten Standort und boten in Krisenzeiten Schutz. Viele, wie auch die Burg von Èze* (siehe S. 88), *wurden oft angegriffen und sind heute nur noch Ruinen.*

Die Kirche *war Mittelpunkt des religiösen Lebens jeder Gemeinde. Wie in Les Baux* (siehe S. 142) *wurde sie in der Regel nahe an den Bergfried der Burg gebaut und war so Teil der zentralen Bebauung. Drohte ein Angriff, so wurde die Glocke geläutet.*

Arkaden *wie in Roquebrune* (siehe S. 98) *stützen zum einen die Häuser in den engen und gewundenen Gassen, zum anderen bieten sie Schutz vor Sonne und Regen.*

Brunnen *waren oft die einzige Wasserquelle und deshalb sehr wichtig für ein Dorf. Viele davon wurden kunstvoll verziert, so wie dieser in Vence* (siehe S. 74f).

Brunnen

Mit Torbogen und Treppen versehene Straßen

Enge Torwege konnten leicht gesichert werden.

Schutzwälle und Bollwerk bildeten gute Befestigungen.

Die Schutzwälle *umgaben das Dorf als Steinmauern, in die oft Häuser eingebaut waren. Viele Befestigungen – wie in St-Paul-de-Vence* (siehe S. 75) *– wurden im 16. Jahrhundert unter François I und später von Vauban, Militärarchitekt von Louis XIV, verstärkt. Heute bieten sie schöne Rundblicke.*

Haupttore *waren immer schmal, so konnten sie bei Angriffen leichter verschlossen und verteidigt werden. Einige Tore besaßen zusätzlich Fallgitter. Peille* (siehe S. 95) *in den Alpes Maritimes ist ein typisches mittelalterliches Dorf mit vielen engen Gassen, die leicht verteidigt werden konnten.*

Ländliche Architektur

Fensterläden gegen Sonne und Wind

Die traditionellen Architekturmerkmale verweisen auf die Witterungseinflüsse, denen die ländliche Provence ausgesetzt ist. Viel wird von jeher gegen die Windböen des Mistrals und die unbarmherzige Sommersonne unternommen. Dicke Steinwände, kleine Fenster und verstärkte Türen sind typisch. Traditionelle Bauernhäuser wurden mit ortsüblichen Materialien wie Holz, Stein und Erde gebaut. Reihen robuster Zypressen pflanzt man als Windschutz an der Nordseite, Platanen und Lotosbäume spenden an der Südseite Schatten.

Die Bauweise der Bories (siehe S. 169), *Hütten aus Kalksteinplatten, geht auf 3500 v. Chr. zurück.*

Provenzalischer Mas

Überall in der ländlichen Provence findet sich der *mas*, ein niedriges, massives Bauernhaus. Die Wände bestehen aus kompakten Steinquadern, Türen und Fenster aus dickem, verstärktem Holz. Nebengebäude enthielten oft einen Keller, Ställe, einen Brotofen und einen Taubenschlag.

Typische Röhrendachziegel *oder* tuiles romaines

Grob gehauene Ziegelsteine *für die Wände*

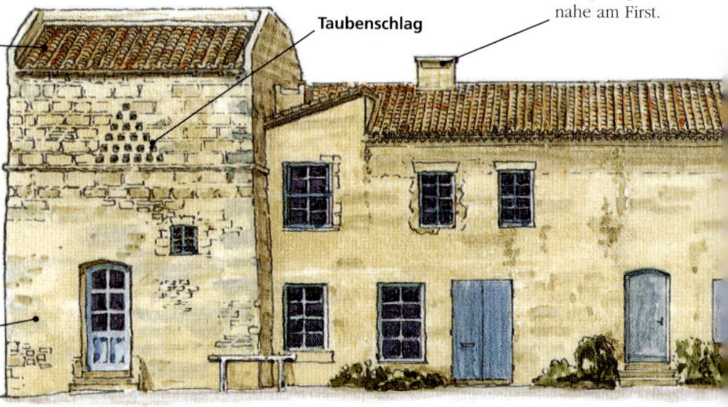

Taubenschlag

Kamine sind aus Stein und sitzen, niedrig und gedrungen, ganz nahe am First.

Der exponierteste Teil des Daches ist nicht mit Schilfrohr gedeckt.

Das Dach ist sanft geneigt und mit Schilfrohr gedeckt.

Die Nordseite ist zum Schutz gegen den Mistral abgerundet.

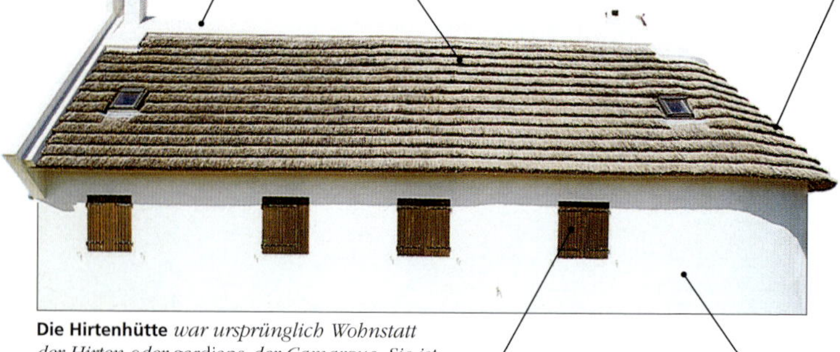

Die Hirtenhütte *war ursprünglich Wohnstatt der Hirten oder* gardians *der Camargue. Sie ist ein kleines, enges Gebäude mit einem durch einen Schilfrohrwandschirm abgeteilten und einfach ausgestatteten Ess- und Schlafraum.*

Die Fenster sind klein und verstärkt.

Die Wände bestehen aus gepresstem Stroh und Lehm.

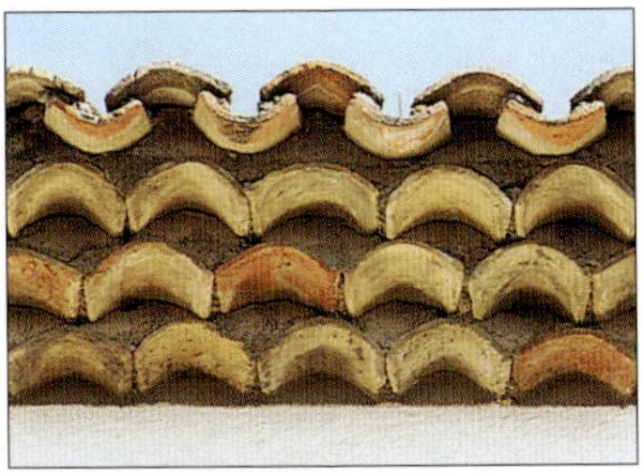

Die Ziegeldächer *sind sanft geneigt. Ein Schmuckfries unter dem Dachgesims belegt den römischen Einfluss. Die gewölbten Ziegel bestehen aus dickem rotem Terrakotta. Eine doppelte oder dreifache Lage von Ziegeln ragt über die Hauswand hinaus.*

Fenster *gibt es nur an drei Seiten des* mas, *wegen der starken Böen des Mistrals finden sich keine an der Nordseite des Hauses. Sie sind klein, um die Winterwinde abzuhalten, aber groß genug, um Licht hereinzulassen.*

Die ineinandergreifenden Lehmziegel bilden Abflussrinnen für das Regenwasser.

Der Mistral bläst oft so stark, dass der *mas* meist nach Südosten hin gebaut wurde, um die Wucht des Windes abzuschwächen. Die sanfte Neigung der tief liegenden Dächer verhindert, dass Ziegel verrutschen oder sogar weggeweht werden.

Hauswände sind glatt verputzt.

Steinerne Eishäuser *für die Lagerung von Wintervorräten wurden nahe an den* mas *gebaut. Eisblöcke dienten zur Kühlung der mit Heu isolierten Hütten.*

Schmiedeeiserne Glockentürme

Die schmiedeeisernen Glockentürme sind seit dem 16. Jahrhundert eine Besonderheit der Provence. Ihre offene und leichte Konstruktion macht sie für starke Winde durchlässig und trägt den Klang der Glocken viele Kilometer weit. Die dargestellten vier Beispiele zeigen die Kunstfertigkeit der einheimischen Architekten und Handwerker.

Verzierter Glockenturm in Aix

Glockenturm von St-Jérôme in Digne

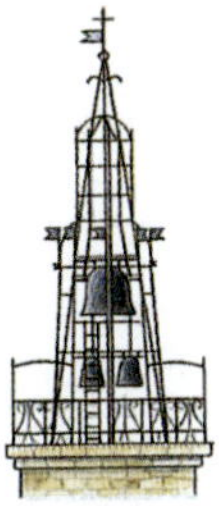

Rathaus-Glockenturm von Orange

Turm von Notre-Dame in Sisteron

Architekturstile

Die Provence verfügt über ein breites Spektrum an Architekturstilen – von der Erhabenheit römischer Bauten bis hin zum modernen Wohnungsbaustil eines Le Corbusier. Im Mittelalter entstanden großartige romanische Abteien und Kirchen. In der Zeit zunehmenden Wohlstands vom 16. bis zum 18. Jahrhundert wurden Schlösser und Stadthäuser errichtet. Mit der Ausdehnung der Städte im 19. Jahrhundert nahm auch die Zahl öffentlicher Gebäude und Wohnblocks zu, um der schnell wachsenden Bevölkerung Raum zu bieten. Bis heute wurden viele Städte erfolgreich restauriert, zum Teil auch in großer Eile.

Brunnen (18. Jh.) in Pernes-les-Fontaines

Römisch (20 v. Chr. bis 400 n. Chr.)

Die Schönheit der römischen Architektur zeigt sich in den vielen noch vorhandenen Amphitheatern, Triumphbogen und Thermalbädern, alle mit großen Quadern aus hiesigem Kalkstein erbaut.

Der Triumphbogen von Glanum (siehe S. 140f) *ist der Originaleingang zur ältesten römischen Stadt in der Provence. Reliefs am Außenbogen stellen den Sieg Cäsars über die Gallier und Griechen dar.*

Arena von Nîmes (1. Jh. n. Chr., *siehe S. 132*)

Maison Carrée in Nîmes *(siehe S. 132)*

Romanisch (11.–12. Jh.)

Nach dem Mittelalter erlebte die provenzalische Architektur ihren Höhepunkt – eine Kombination aus klassischer Strenge und Perfektion, beeinflusst von römischen Bauweisen und neuen Stilen aus Nord- und Südeuropa. Vor allem Kirchengebäude zeichnen sich durch elegante Symmetrie und Einfachheit aus.

Dieser Kircheneingang in Seyne (siehe S. 178) *ist ein Beispiel für die romanische Architektur des 13. Jahrhunderts. Die leichten Spitzen der Mehrfachbogen deuten bereits auf eine Abkehr von der strengen Form hin.*

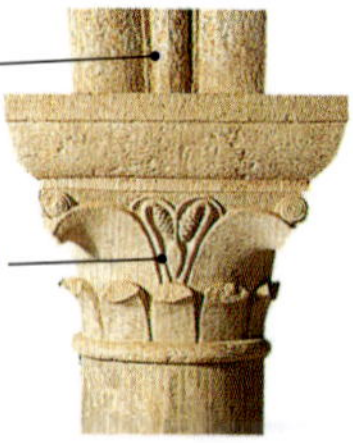

Kapitell der Abtei von Thoronet *(siehe S. 108)*

Abtei von Sénanque aus dem Jahr 1148 *(siehe S. 164f)*

Spätmittelalter (13.–16. Jh.)

Fehden und Religionskriege ließen die Menschen in die Städte fliehen, die mit verstärkten Wällen und Toren Schutz boten. Oft verbanden unterirdische Gänge die einzelnen Häuser. Die Straßen waren grob gepflastert, Regen und Abwässer flossen über eine zentrale Rinne ab.

Tour de la Campana im Palais des Papes *(siehe S. 44f)*

Eine Straße mit Abflussrinne in St-Martin-Vésubie *(siehe S. 95)*

Aigues-Mortes (siehe S. 134f) *wurde im 13. Jahrhundert von Louis IX streng geometrisch erbaut. Diese strategisch sehr günstige Festung überschaut Meer und Land.*

Barock (17.–18. Jh.)

Die Strenge und Ordnung des klassischen Stils wurde durch kunstvolle Schnitzarbeiten aufgelockert. Gärten erhielten eine klare, symmetrische Architektur.

Das Musée des Tapisseries *in Aix* (siehe S. 148) *besitzt sehr kunstvoll geschnitzte Eingangstüren.*

Detail vom Pavillon de Vendôme in Aix-en-Provence *(siehe S. 149)*

Schloss Barbentane aus dem 17. Jahrhundert *(siehe S. 130)*

Moderne (1890 bis heute)

Die Palais und Villen der Belle Époque sind heute Wohnhäusern und öffentlichen Gebäuden gewichen. Höchstes Architekturniveau des 20. Jahrhunderts findet sich in zahlreichen Galerien für moderne Kunst.

Die Cité Radieuse von Le Corbusier *(siehe S. 152)*

Das Musée d'Art Moderne et d'Art Contemporain *in Nizza* (siehe S. 85) *entstand 1990. Passagen aus Glas verbinden die quadratischen Türme.*

Palastartiges Hôtel Négresco in Nizza *(siehe S. 84f)*

Künstler

Die Provence inspirierte viele der originellsten Maler des 19. und 20. Jahrhunderts. Cézanne stammte aus der Region, van Gogh machte sie zu seiner Wahlheimat. Beide waren von der pulsierenden Leuchtkraft der Landschaft fasziniert. Die Impressionisten Monet und Renoir kamen früh, gefolgt von Künstlern wie Bonnard, Signac und Dufy. Auch die beiden großen Maler Matisse und Picasso ließen sich in der Provence nieder. Die Kunsttradition wird in den bedeutenden Museen der Region bewahrt, aber auch durch die kleinen Galerien in fast jeder Stadt.

Jean Cocteau *(1889–1963) schuf sein eigenes Museum in Menton* (siehe S. 99). Noce imaginaire *(1957) heißt eines seiner Wandgemälde in der Salle des Mariages.*

Victor Vasarely *(1906–1997) restaurierte das Schloss von Gordes. Seine Kinetik und Op-Art sind in Aix-en-Provence ausgestellt* (siehe S. 149).

Han van Meegeren *(1889–1947), der Meisterfälscher von Vermeer, lebte bei seiner Entlarvung in Roquebrune* (siehe S. 98).

Vincent van Gogh *(1853–1890) malte* Vincents Stuhl *(1888) in Arles* (siehe S. 144–146). *Die beiden Jahre hier und in St-Rémy* (siehe S. 140f) *waren seine produktivsten.*

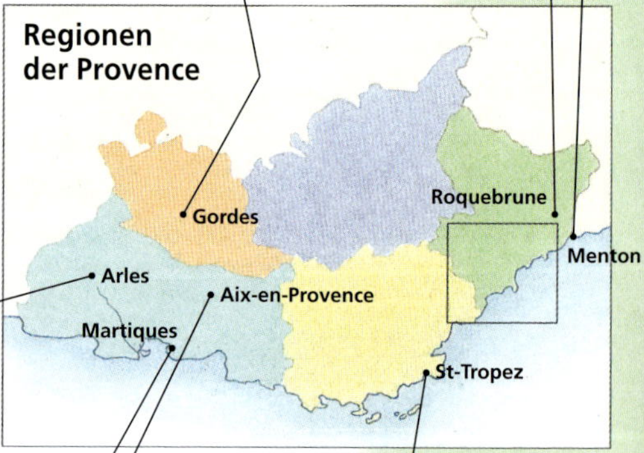

Paul Cézanne *(1839–1906) malte oft seine Heimatstadt Aix* (siehe S. 148f), *um die »Tiefe der Realität« zu erforschen.*

Vallauris

Paul Signac *(1863–1935) malte die Stadt St-Tropez* (siehe S. 118–122) *im pointillistischen Stil.*

Félix Ziem *(1821–1911), in Burgund geboren, reiste sehr viel. Er liebte Venedig, fand Inspiration zu seinen romantischen Werken aber auch an den Kanälen von Martigues* (siehe S. 147), *wo er* La Camargue, Coucher de Soleil *malte.*

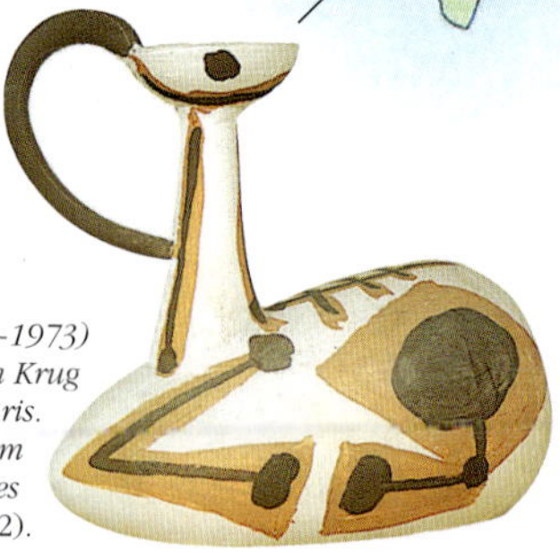

Pablo Picasso *(1881–1973) schuf den ziegenähnlichen Krug* Cabri *(1947) in Vallauris. Heute befindet er sich im Musée Picasso in Antibes* (siehe S. 72).

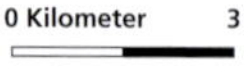

Marc Chagall *(1887–1985), der russische Maler irrealer und biblisch inspirierter Werke, lebte ab 1949 in der Gegend von Vence* (siehe S. 74f).

Raoul Dufy *(1877–1953) liebte die Riviera und setzte sie in* Nice, Le Casino de la Jetée *(1928) farbenfroh ins Bild.*

Henri Matisse *(1869–1954) gestaltete Licht und Farben der Riviera selbst in solch bescheidenen Szenen wie* Intérieur au Phonographe *(1924)* (siehe S. 82f).

Pierre-Auguste Renoir *(1841–1919) suchte 1905 in Cagnes Linderung für sein Rheuma und fand dort neue Inspiration* (siehe S. 78).

Fernand Léger *(1881–1955) schuf kubistische und industrielle Werke in Öl und Keramik, die in Biot zu sehen sind* (siehe S. 74).

Nicolas de Staël *(1914–1955), der russische Maler, kaufte im Lubéron ein Haus für seine Frau. Er selbst lebte mit seiner Geliebten in Antibes* (siehe S. 72). *Sein Werk* Paysage Méditerranéen *entstand 1953.*

Künstler in der Provence

Schon immer war die Provence Heimat großer Künstler. Im Mittelalter blühten die Schulen von Avignon und Nizza. Letztere war stark von der Bréa-Familie beeinflusst, deren Werke in Kirchen der ganzen Region zu sehen sind. Der Bildhauer Pierre Puget (1620–1694) wird auch der »Michelangelo der Provence« genannt. In seinem Geburtsort Marseille befinden sich etliche seiner Werke *(siehe S. 152)*. Die romantischen Gemälde Jean-Honoré Fragonards (1732–1806) sind voller Blumen aus Grasse *(siehe S. 66)*.

Kreuzigung **(1512) von Louis Bréa, Kloster Notre-Dame in Cimiez *(siehe S. 84)***

Schriftsteller

Victor Hugo

Der Nobelpreisträger Frédéric Mistral (1830–1914) war ein wahrer Meister der provenzalischen Sprache, doch bekannter sind die heimischen Autoren Alphonse Daudet, Jean Giono, Émile Zola sowie Marcel Pagnol. Einige Werke französischer Schriftsteller wie Alexandre Dumas und Victor Hugo spielen in der Provence. Zahlreiche andere Autoren wurden von dieser Region inspiriert.

Eine frühe Ausgabe von Der Graf von Monte Christo

Alphonse Daudet

1844 erscheint Alexandre Dumas' *Der Graf von Monte Christo* (Château d'If in Marseille, *siehe S. 152*)

1869 publiziert Alphonse Daudet die *Briefe aus meiner Mühle* mit der Windmühle von Fontvieille *(siehe S. 143)* als Schauplatz

1870 Prosper Mérimée, Verfasser des Librettos für Bizets Oper *Carmen*, stirbt in Cannes

1892 wird der letzte Teil von *Also sprach Zarathustra* von Friedrich Nietzsche veröffentlicht. Er konzipierte ihn auf der Durchreise in Èze *(siehe S. 88)*

1895 wird Jean Giono in Manosque *(siehe S. 182)* geboren. Das Werk *Que ma joie demeure* spielt in seiner Heimat

1904 gewinnt Frédéric Mistral mit dem Epos *Mirèio* den Nobelpreis

Frédéric Mistral

1920 erholt sich die an Schwindsucht erkrankte Schriftstellerin Katherine Mansfield in Menton *(siehe S. 98f)* und schreibt u. a. *Miss Bull* und *Passion*

1840	1855	1870	1885	1900	1915
1840	1855	1870	1885	1900	1915

1862 erscheint *Die Elenden* von Victor Hugo. Die ersten Kapitel spielen in Digne-les-Bains *(siehe S. 180)*

1868 wird Edmond Rostand, Autor von *Cyrano de Bergerac* (1897), in Marseille geboren *(siehe S. 150–152)*

1885 veröffentlicht Émile Zola, ein Jugendfreund Cézannes, *Germinal* als Teil des zwanzigbändigen Romanzyklus *Les Rougon-Macquart (1871–93)*

Émile Zola

1887 führt der Journalist Stéphen Liégeard den neuen Namen *Côte d'Azur* ein

1907 erblickt der Dichter René Char in L'Île-sur-la-Sorgue das Licht der Welt

Edith Wharton

1919 besucht Edith Wharton, Autorin von *Zeit der Unschuld*, die Stadt Hyères *(siehe S. 115)*

Somerset Maugham

1926 Der britische Autor W. Somerset Maugham kauft die Villa Mauresque, Cap Ferrat, und schreibt *Rosie und die Künstler* (1930)

Schriftsteller

Jahrhundertelang bildet die Troubadourlyrik das Herzstück provenzalischer Dichtung.

1327 verliebt sich Petrarca *(siehe S. 45)* in Avignon unerwidert in Laura de Noves, deren Tod ihn zu seinen Canzonière-Gedichten inspiriert.

1555 veröffentlicht Nostradamus aus St-Rémy seine *Centurien*, die vom Vatikan geächteten Prophezeiungen.

1764 »entdeckt« Tobias Smollett Nizza. 1766 erscheint sein Buch *Travels through France and Italy*.

1791 veröffentlicht der Marquis de Sade sein während der Kerkerzeit in der Bastille entstandenes Werk *Justine*.

Petrarcas Laura de Noves

1931 verfasst Aldous Huxley *Schöne neue Welt* in Sanary-sur-Mer *(siehe S. 112)*, dem Schauplatz von *Geblendet in Gaza* (1936)

1933 fliehen Thomas Mann, zwei seiner Söhne und Heinrich Mann aus Deutschland nach Sanary *(siehe S. 112)*

Saint-Exupérys Fabel Der kleine Prinz

1944 wird Antoine de Saint-Exupéry, Pilot und Autor von *Nachtflug* (1931) und *Der kleine Prinz* (1943), vermisst. Sein letzter Flug führte am Haus seiner Schwester in Agay vorbei

Marcel Pagnol

1974 Der Regisseur und Schriftsteller Marcel Pagnol, dessen Marseille-Trilogie (*Marius*, *Fanny* und *César*) aus seiner Kindheit in der Provence schöpfte, stirbt

1980 publiziert der britische Schauspieler Dirk Bogarde, der seit den frühen 1970er Jahren in der Provence lebt, mit *A Gentle Occupation* seinen ersten Roman

Lawrence Durrell

1985 wird der letzte Band von *Avignon-Quintet* des Briten Lawrence Durrell veröffentlicht

1989 erscheint das Buch *A year in Provence* des Briten Peter Mayle, das im Lubéron spielt

	1945	1960	1975	1990	2005
0	1945	1960	1975	1990	2005

1954 schreibt die erst 18-jährige Françoise Sagan in *Bonjour Tristesse* über die Esterel-Gebirgsküste

Die Fitzgeralds

1934 wird das Buch *Zärtlich ist die Nacht* des Amerikaners F. Scott Fitzgerald veröffentlicht; Scott und seine Frau Zelda leben 1926 in einer Villa in Juan-les-Pins

1978 veröffentlicht der Marseiller Autor Sébastien Japrisot das preisgekrönte Buch *L'Été Meurtrier*, dessen Schauplatz ein provenzalisches Dorf ist

Albert Camus

1957 kauft Albert Camus ein Haus in Lourmarin *(siehe S. 171)*, wo er einen erst 1994 veröffentlichten autobiografischen Roman schreibt

1985 erscheint der Roman *Das Parfum* von Patrick Süskind, der zum Großteil in Grasse spielt

Graham Greene

1982 schreibt Graham Greene *Ich klage an – Die Schattenseite von Nizza*

Le Clézio

2008 gewinnt Jean-Marie Gustave Le Clézio (1940 in Nizza geboren) den Nobelpreis für Literatur

1993 schreibt der Brite Anthony Burgess, Autor von *Uhrwerk Orange* (1962), in Monaco sein letztes Werk *Der Teufelspoet*

Strände

Die Küste der Provence ist äußerst vielfältig, angefangen von der wilden Weite des Rhône-Deltas über die Kliffe und Buchten des Var bis hin zu den Tummelplätzen der Riviera. Im Hochsommer sind Badestrände wie die von Menton, Nizza oder Monte Carlo überfüllt. Oft wird eine Gebühr erhoben, dafür sind die Strände aber meist gepflegt und verfügen über gute Wassersportanlagen. Natürlich gibt es für Insider auch ruhigere Plätze abseits der Massen.

Die Strände der Côte d'Azur *bieten ganzjährig Sonnenschein und Wärme, wie es das Plakat von Roger Broders aus den 1930er Jahren anpreist.*

Die Strände der Camargue (siehe S. 136–139) *am Rhône-Mündungsgebiet sind lang, flach und sandig. Hier ist es oft einsam und ideal zum Reiten, es wird aber wenig Ferienkomfort geboten.*

Die Côte Bleue *ist übersät von Fischerhäfen und eleganten Sommerresidenzen. Pinien säumen ihre Strände.*

Die Calanques (siehe S. 153) *sind malerische und sehr imposante fjordartige Meeresarme östlich von Marseille. Die kalkweißen, etwa 400 Meter hohen Kliffe fallen senkrecht in das verführerisch blaue Wasser ab.*

Cap Sicié *ist eine kleine, vom Festland des Var vorspringende Halbinsel und bekannt für ihre starken Winde und Wellen. Ideal für erfahrene Windsurfer.*

Die zehn besten Strände der Provence

Bester Sandstrand ①
Östlich der Camargue liegt die Plage de Piémanson, wo auch Nacktbaden erlaubt ist.
Bestes Tiefseetauchen ②
Die Calanques-Gewässer sind toll für Tiefseetaucher.
Bestes Meeresfischen ③
In Bandol und Sanary laufen täglich Thunfischboote aus.
Bester Strand in kleinem Ferienort ④
Le Lavandou bietet sämtliche Annehmlichkeiten.
Bester mondäner Strand ⑤
Tahiti-Plage in St-Tropez ist das Schaufenster der Küste.
Beste Familienstrände ⑥
Die Strände von Fréjus und St-Raphaël sind sehr sauber, sicher und verfügen über ausgezeichnete Anlagen.
Bester Strand der Stars ⑦
Cannes' wundervolle Lage, die eleganten Strände, der schöne Hafen und das Casino ziehen die Reichen und Berühmten magisch an.
Bester Strand für Teens und Twens ⑧
Bars, Cafés und viele Clubs machen Juan-les-Pins zu einem lebhaften Ferienort.
Bester Strand für Wassersport ⑨
Wassersportfanatiker treffen sich an Nizzas Ruhl-Plage.
Bester Winterstrand ⑩
Menton ist der wärmste Ferienort der Riviera mit ganzjährigem Sonnenschein; ideal für einen Winterurlaub.

Die Riviera *mit ihren großen, traditionellen Badeorten und den abgeschiedenen, goldfarbenen Stränden ist das beliebteste Ziel für Sonnenanbeter.*

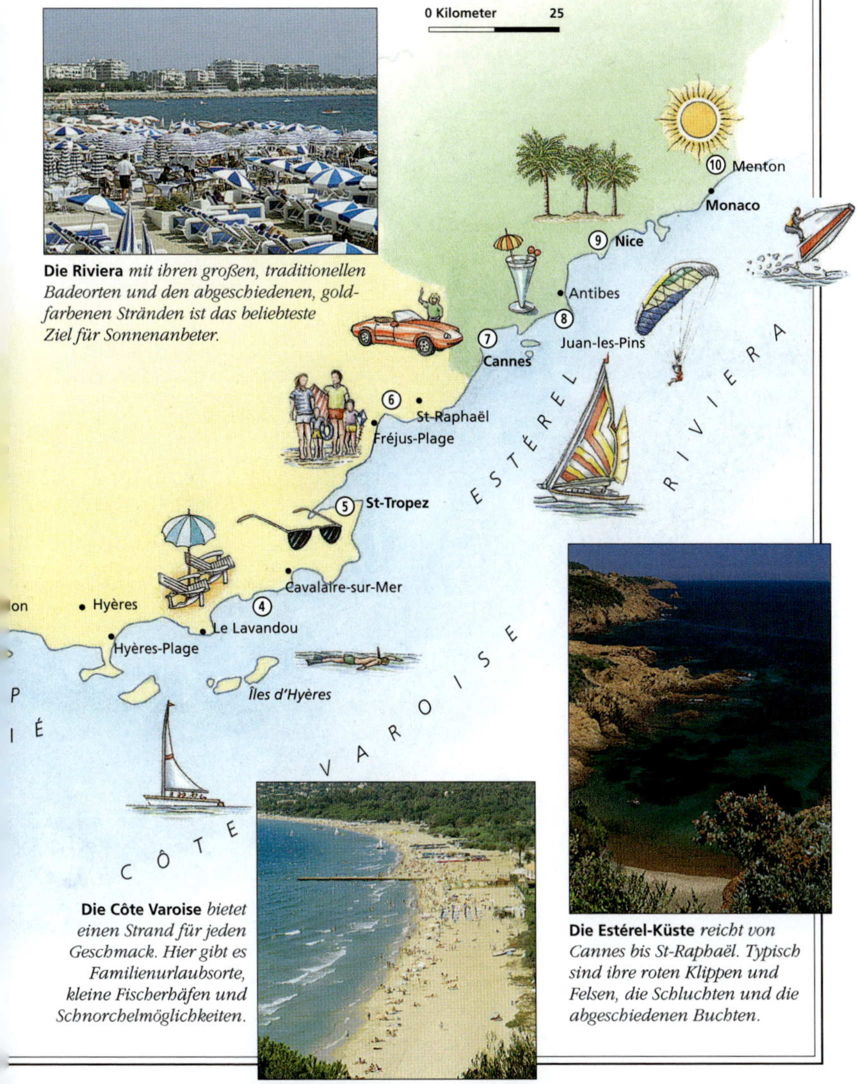

Die Estérel-Küste *reicht von Cannes bis St-Raphaël. Typisch sind ihre roten Klippen und Felsen, die Schluchten und die abgeschiedenen Buchten.*

Die Côte Varoise *bietet einen Strand für jeden Geschmack. Hier gibt es Familienurlaubsorte, kleine Fischerhäfen und Schnorchelmöglichkeiten.*

Das Jahr in der Provence

Frühling ist wohl die schönste Zeit in der Provence. Blütenduft erfreut Passanten, Parfumherstellern verspricht er hohe Gewinne. Wegen des starken Mistrals kann es aber kalt sein. Im Sommer bieten die Märkte buntes Obst und Gemüse. In der Hochsommerhitze brennen die St-Jean-Feuer. Die Ebene von Valensole ist lavendelfarben gestreift – die typische Farbe in der Provence. Einheimische und Urlauber strömen im Juli und August zu den vielen Musikfestivals in der Region.

Traubenernte oder *vendange*

Im Herbst färben sich die Weinberge kupfern – die Traubenernte beginnt. Ab Dezember liegt Schnee auf den Bergen, Skiläufer bevölkern die Pisten. Im Verlauf des Jahres hält jede Stadt, jedes Dorf ein Fest ab, oft mit Trachten und vielen Veranstaltungen. Auskünfte erteilen die örtlichen Fremdenverkehrsbüros *(siehe S. 237)*.

Auf der Féria Pascale in Arles

Frühling

Anfang März sind die Zitronen bereits geerntet und die Mandelblüten abgefallen. Birnen-, Pflaumen- und Aprikosenblüten erfüllen jetzt die Natur, das erste Frühgemüse kommt auf den Markt: Bohnen, Spargel und *mourre de gats*, grüne Artischocken. Ab Mai sorgen die ersten reifen Kirschen und Erdbeeren für weitere Farbtupfer auf den Obstmärkten.

Die von der Sonne erwärmten Südhänge der Gebirge bringen alpine Blumen hervor, während die Nordhänge winterlich bleiben. Der Ginster verfärbt sich tiefgelb, Bienen sammeln Honig aus süß duftenden Rosmarinblüten. Schafherden wandern zu den Sommerweiden hinauf. Auf den weiten Ebenen sprießen allmählich Mais, Weizen und Raps aus der wärmer und weicher werdenden Erde.

März

Exposition Internationale de la Fleur *(Apr)*, Cagnes-sur-Mer *(siehe S. 78)*. Eines der zahlreichen Blumenfeste.

Festin des Courgourdons *(letzter Sonntag)*, Nizza *(siehe S. 84f)*. Folklorefest mit bunten Kalebassen.

April

Procession aux Limaces *(Karfreitag)*, Roquebrune-Cap-Martin *(siehe S. 98)*. Die Straßen sind von Muschellampen erleuchtet, eine Parade Einheimischer, als Jünger und Legionäre gekleidet, stellt die Grablegung Christi nach.

Féria Pascale *(Ostern)*, Arles *(siehe S. 144–146)*. Die Bewohner der Stadt tragen ihre Traditionstracht für die *féria*. Zu Beginn der Stierkampfsaison tanzen sie die *farandole*, begleitet von den Klängen der *galoubet*-Flöte.

Fête des Gardians *(letzter Sonntag im Apr)*, Arles *(siehe S. 144–146)*. Die Stadt wird von den *gardians*, den Hirten der Camargue, beherrscht.

Fête de la St-Marc *(Ende Apr)*, Châteauneuf-du-Pape *(siehe S. 164)*. Weinfest. (Die Weinernte wird am ersten Wochenende im August gesegnet.)

Mai

Pèlerinage des Gitans avec Procession à la Mer de Sainte Sarah *(24.–25. Mai)*, Stes-Maries-de-la-Mer *(siehe S. 228f)*.

Festival International du Film *(Mai)*, Cannes *(siehe S. 68f)*. Das prestigeträchtigste Filmfestival des ganzen Jahres.

La Bravade *(16.–18. Mai)*, St-Tropez *(siehe S. 228)*.

Fête de la Transhumance *(Mitte bis Ende Mai)*, St-Rémy *(siehe S. 140f)*. Fest zum Almauftrieb.

Grand Prix Automobile de Formule 1 *(Wochenende nach Christi Himmelfahrt)*, Monaco *(siehe S. 94)*.

Féria *(Pfingsten)*, Nîmes *(siehe S. 132f)*. Erster großer Stierkampf des Jahres.

Reiterschau im Rodeostil auf der Fête des Gardians in Arles

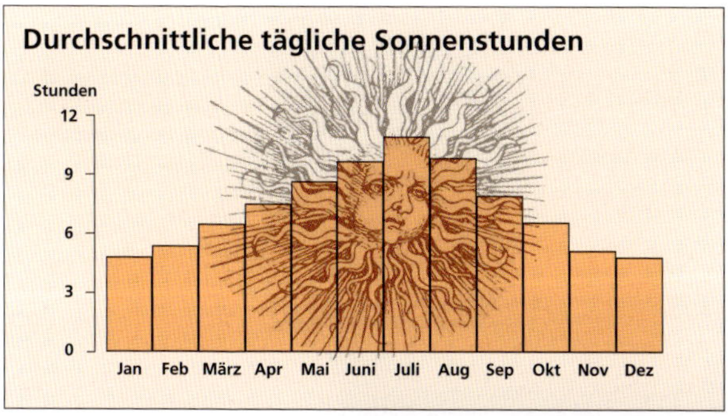

Sonnenschein
Die Sommermonate sind garantiert heiß, mit den höchsten Temperaturen im Juli. Selbst im Winter scheint die Sonne in manchen Küstenstädten monatlich bis zu 150 Stunden. Aber Vorsicht: Oft verjagt der eisige Mistral zu Frühlingsbeginn die Wolken.

Sommer

Die Côte d'Azur ist hauptsächlich im Sommer ein Tummelplatz für Urlauber, vor allem im August, wenn die Franzosen Urlaub machen. Floßfahrer bevölkern die Flüsse, Sporttaucher erforschen das Meeresleben. Musikfestivals sorgen für Unterhaltung.

Drei große nationale Feiertage sind die **Fête de St-Jean** *(24. Juni)* mit nächtlichem Feuerwerk und Freudenfeuer, der **Nationalfeiertag** *(14. Juli)* mit Feuerwerk sowie **Mariä Himmelfahrt** *(15. Aug)* mit weiteren Festlichkeiten.

Fête de St-Jean mit Feuerwerk über dem Hafen von Marseille

Juni

Fête de la Tarasque *(letztes Wochenende)*, Tarascon *(siehe S. 140)*. Die Tarasque, ein Ungeheuer in Gestalt eines Drachen, wütete in der Gegend, bis sie von der hl. Martha gezähmt wurde. Eine Nachbildung der Tarasque wird durch die Stadt geführt.

Die legendäre Tarasque

Festival d'Art Lyrique *(Juni/Juli)*, Aix-en-Provence *(siehe S. 148f)*. Aufführungen von klassischen Konzerten und Opern.

Juli

Festival de la Sorgue *(Wochenenden im Juli)*, Fontaine-de-Vaucluse und L'Isle-sur-la-Sorgue *(siehe S. 165)*. Konzerte, Regatten, schwimmende Märkte auf der Sorgue.

Festival d'Avignon *(Mitte bis Ende Juli)*, Avignon *(siehe S. 229)*.

Chorégies d'Orange *(den ganzen Monat)*, Orange. Renommierte Opernaufführungen im Römischen Theater *(siehe S. 162f)*.

Jazz à Juan *(Mitte bis Ende Juli)*, Juan-les-Pins *(siehe S. 72)*. Eines der Spitzen-Jazzfestivals der Provence.

Festival du Jazz *(Mitte des Monats)*, Toulon *(siehe S. 112f)*. Eine Woche lang werden auf mehreren Plätzen der Stadt Open-Air-Konzerte gegeben.

Rencontres Internationales de la Photographie *(Juli–Sep)*, Arles *(siehe S. 144–146)*. Die Nationale Schule für Fotografie entstand 1982 aus diesem Festival.

August

Corso de la Lavande *(erstes Wochenende)*, Digne-les-Bains *(siehe S. 229)*.

Les Journées Médiévales *(alle zwei Jahre am Wochenende vor Mariä Himmelfahrt)*, Entrevaux *(siehe S. 187)*. Musik aus dem 16. und 17. Jahrhundert.

Fête du Jasmin *(erstes Wochenende)*, Grasse *(siehe S. 66)*. Umzüge, Musik, Tanz.

Procession de la Passion *(5. Aug)*, Roquebrune-Cap-Martin *(siehe S. 98)*. Seit der Befreiung der Stadt von der Pest 1467 wird alljährlich die Christus-Passion aufgeführt.

Le Festival de Musique *(ganzer Monat)*, Menton *(siehe S. 98f)*. Kammermusik.

Urlauber an den überfüllten Stränden der Côte d'Azur

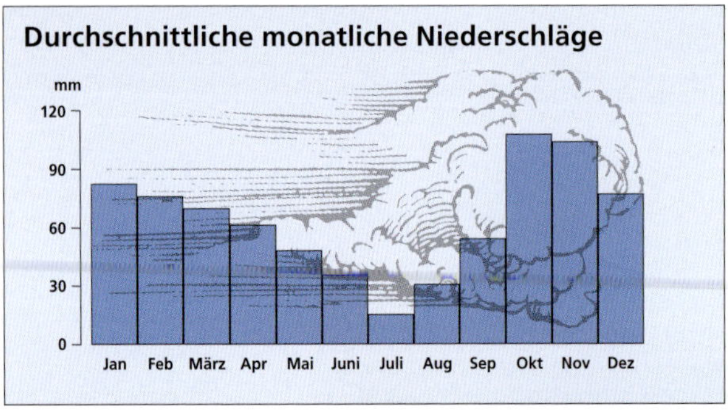

Niederschläge
Frühling und Herbst sind am niederschlagreichsten, mit höheren Werten im Landesinneren. Heftige Novemberregen mit Stürmen führen oft zu Überschwemmungen. Im Sommer herrscht Dürre in manchen Waldgebieten.

Herbst

Nach den Sommerferien beginnt in den Weinbergen die Trauben- und in der Camargue die Reisernte. Die Walnüsse werden gepflückt, im Maures-Gebiet sammelt man Esskastanien. Die Wälder sind reich an Pilzen. In der Vaucluse wie im Var werden in Eichenwäldern kostbare Trüffeln geerntet und – z. B. in Richerenches – verkauft.

Im November beginnt die Jagdzeit. Enten und Vögel wie Drosseln stehen auf der Jagdliste ganz oben. Die Klauen erlegter Wildschweine werden als Talisman aufbewahrt. Die Hirten treiben die Schafe zu ihren Winterweiden.

Schwein und Bauer auf Trüffelsuche in der Haute-Provence

September

Fête des Prémices du Riz *(Anfang des Monats)*, Arles *(siehe S. 144–146)*. Dieses Fest der Reisernte fällt mit den letzten Stierkämpfen zusammen.

Traubenpflückerin während der Lese

Féria des Vendanges *(zweite Woche)*, Nîmes *(siehe S. 132f)*. Wein, Tanz und Stierkämpfe.
Festival de la Navigation de Plaisance *(Monatsmitte)*, Cannes *(siehe S. 68f)*. Yachten aus aller Welt treffen sich.
Fêtes du Vent *(Monatsmitte)*, Marseille *(siehe S. 150–152)*. Drachen aus aller Herren Länder steigen zwei Tage lang an den Plages du Prado.

Oktober

Fête de Sainte Marie Salomé *(So vor dem 22.)*, Stes-Maries-de-la-Mer. Ein mit der Roma-Wallfahrt vom Mai *(siehe S. 228f)* vergleichbares Fest mit Umzug durch die Straßen der Stadt und ritueller Segnung des Meeres.
Foire Internationale de Marseille *(Ende Sep–Anfang Okt)*, Marseille *(siehe S. 150–152)*. Tausende Besucher strömen zur Jahresmesse mit ihrem reichen Veranstaltungsprogramm. Sportdarbietungen, Handwerk, Musik und Folklore aus über 40 Ländern sind hier geboten.

November

Festival International de la Danse *(alle ungeraden Jahre Ende Nov/Anf. Dez)*, Cannes *(siehe S. 68f)*. Das Festival zeitgenössischen Tanzes und Balletts wartet mit einem eindrucksvollen Programm internationaler Darbietungen auf.
Fête du Prince *(19. Nov)*, Monaco *(siehe S. 90–94)*. Der Nationaltag des Fürstentums wird mit einem Feuerwerk über dem Hafen gefeiert.

Künstler auf dem Festival International de la Danse in Cannes

Durchschnittliche monatliche Temperaturen

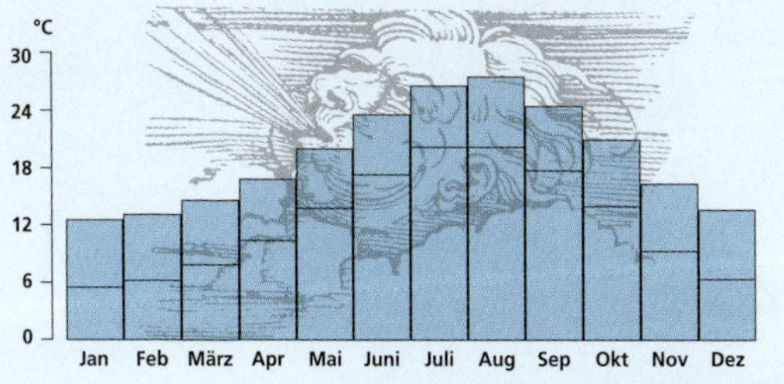

Temperaturen
Der Mistral prägt die Temperaturen maßgeblich. Im Winter und im Vorfrühling können sie in nur wenigen Stunden um 10 °C sinken. Die unerträgliche Sommerhitze lässt abends etwas nach; dann ist es im Freien sehr angenehm.

Winter

Ein provenzalisches Sprichwort lautet: »*L'hiver a ges d'ouro*«, »Der Winter kennt keine Stunden«. Nun ist es Zeit, die Marmeladengläser vom Sommer zu öffnen, Gänse- und Enten-*confits* zu bereiten und die Oliven zu Öl zu verarbeiten. Bald sind die Gebirgspässe eingeschneit und die Skigebiete bevölkert. Weihnachten kündigt sich durch die *santons* an, Figuren, mit denen die Krippen bestückt werden. Der Dreikönigstag ist ein wichtiger Festtag, an dem mit kronenförmigem Gebäck der drei Heiligen gedacht wird.

Dezember

Foire aux Santons *(den ganzen Monat)*, Marseille *(siehe S. 150–152)*. Der größte Markt für weihnachtliche Tonfiguren.
Fête du Vin *(Anfang Dez)*, Bandol *(siehe S. 112)*. Alle Weinbauern der Stadt haben ihren eigenen Stand mit freier Weinprobe. Jedes Jahr wird ein anderes Motto gewählt und mit entsprechenden Veranstaltungen zelebriert.
Noël und Mitternachtsmesse *(24. Dez)*, Les Baux-de-Provence *(siehe S. 142f)*. Traditionelles Hirtenfest vor der Mitternachtsmesse.

Januar

Rallye Monte Carlo *(Ende Jan; siehe S. 92f)*, bedeutendes Motorsportereignis.
Festival du Cirque *(Ende des Monats)*, Monaco *(siehe S. 94)*. Internationale Zirkus-Shows.

Entspannen in der Wintersonne in Alpes-de-Haute-Provence

Februar

Fête du Citron *(Ende Feb bis Anfang März)*, Menton *(siehe S. 98f)*. Umzüge und Musik während des Zitronenfestes.
Fête du Mimosa *(3. Sonntag)*, Bormes-les-Mimosas *(siehe S. 116f)*. Fest zu Ehren der Lieblingsblume der *villages perchés*.
Carnaval de Nice *(ganzer Monat)*, Nizza *(siehe S. 228)*.

Feiertage

Jour de l'an Neujahr *(1. Jan)*
Pâques Ostern *(März/Apr)*
Ascension Christi Himmelfahrt *(6. Do nach Ostern)*
Pentecôte Pfingsten *(2. So und Mo nach Christi Himmelfahrt)*
Fête du Travail Tag der Arbeit *(1. Mai)*
Fête de la Victoire Tag des Waffenstillstands 1945 *(8. Mai)*
14. Juillet Nationalfeiertag *(14. Juli)*
Assomption Mariä Himmelfahrt *(15. Aug)*
Toussaint Allerheiligen *(1. Nov)*
Armistice Tag des Waffenstillstands von 1918 *(11. Nov)*
Noël Weihnachten *(25. Dez)*

Taj-Mahal-Nachbildung auf der Fête du Citron in Menton

Die Geschichte der Provence

Nur wenige Gegenden Frankreichs haben eine so bewegte Geschichte wie die Provence. Felsmalereien, Werkzeuge und Waffen verweisen auf Nomadenstämme und Siedlungen um 300 000 v. Chr. Die Einführung der Weinrebe wird den Phöniziern und Griechen zugeschrieben, die an der Küste Handel trieben. Als »Gallia Narbonensis« wurde Südfrankreich römische »Provinz«. Nur wenige Regionen des einstigen Römischen Reichs haben so viele imposante Bauwerke bewahrt. Das Theater in Orange, die Arenen von Arles und Nîmes, der Pont du Gard und der Trophée in La Turbie sind Zeugnisse jener Epoche.

Das Mittelalter war eine stürmische Zeit der Kriege und Invasionen. Die vielen befestigten Gipfeldörfer dienten – oft vergeblich – der Verteidigung. Das Papsttum prägte das 14. Jahrhundert, der von den Päpsten in Avignon erbaute Palast steht noch heute. Auch die Künste erblühten, v. a. unter König René in der Residenzstadt Aix. Nach seinem Tod 1480 verlor die Provence ihre Unabhängigkeit. Die Religionskriege forderten ihren Preis. 1720 tötete die Große Pest von Marseille in der Provence Zehntausende.

Madonna mit Kind, Aix-en-Provence

Das Klima und die verbesserten Reisemöglichkeiten im 19. Jahrhundert begannen, Künstler und den Adel anzulocken. Fischerdörfer entwickelten sich im Lauf der Jahrzehnte zu mondänen Seebädern. Mittlerweile haben verstärkte Investitionen der Provence auch im technologischen Bereich einen markanten Strukturwandel beschert.

Karte von Marseille ***(siehe S. 150–152)*** **mit Hafen im 16. Jahrhundert**

◁ **Ausschnitt aus einer Handschrift aus dem 13. Jahrhundert: Ein Troubadour spielt am königlichen Hof**

Antike

Fruchtbarkeitsfigur (1 Mio. Jahre alt)

Felszeichnungen, Bildfragmente und Überreste primitiver Behausungen deuten darauf hin, dass die Provence bereits vor einer Million Jahren besiedelt war. Felsmalereien in der Grotte de l'Observatoire von Monaco und in der Grotte Cosquer bei Marseille gehören weltweit zu den ältesten ihrer Art. Nomadenstämme, besonders Kelten und Ligurer, durchwanderten jahrhundertelang das Land. Erst mit der Ankunft der Phönizier und Griechen wurde der Handel strukturierter, das provenzalische Gesellschaftsgefüge erhielt festere Züge.

»Doppelkopf«
Diese Steinfigur (3. Jh. v. Chr.) schmückte vermutlich ein keltisches Heiligtum.

Keltischer Eingang *(3. Jh. v. Chr.) In den Säulen wurden die Schädel keltischer Helden aufbewahrt.*

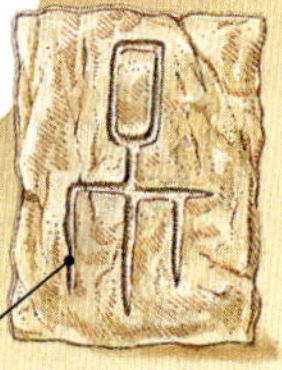

Die Bories in Gordes gehen auf 3500 v. Chr. zurück.

Die Grottes des Fées bei Gordes enthalten prähistorische, oft an moderne Astrologiesymbole erinnernde Felszeichnungen.

Von St-Blaise, einst griechisches Handelszentrum, gibt es nur wenige Überreste.

Weinkrüge griechischer Herkunft ab 1000 v. Chr. wurden in den Calanques bei Marseille gefunden.

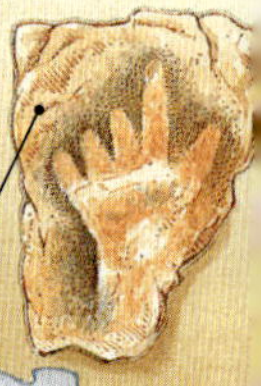

Die Grotte Cosquer birgt 30 000 Jahre alte Malereien und ist nur vom Meer aus zugänglich.

Gründung von Marseille

Als griechische Handelsschiffe 600 v. Chr. anlegten, gab ihr Kapitän Protis ein Fest zu Ehren von Gyptis, der Tochter des dortigen Oberhaupts. Gyptis wählte Protis zum Ehemann und erhielt als Mitgift den Landstreifen, auf dem später Marseille entstand.

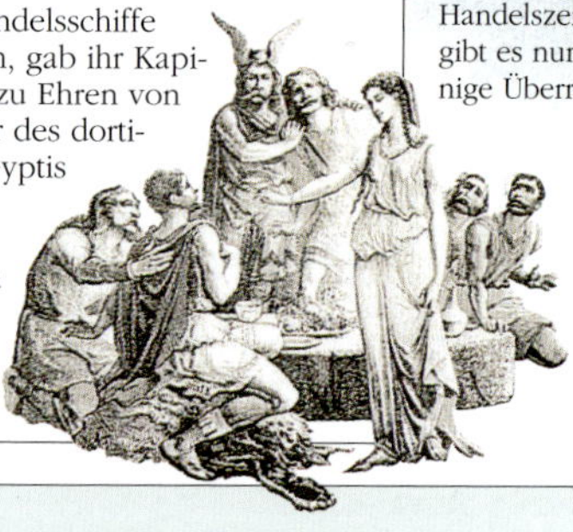

ZEITSKALA

1 Mio. v. Chr. Erste Menschen in der Grotte de l'Observatoire in Monaco. Gebrauch von Knochen als Werkzeug

400 000 v. Chr. Erster Gebrauch von Feuer in der Region Nizza

60 000 v. Chr. Neandertal-Jäger an der Riviera

1 Mio. v. Chr.	5000		4000	3500

30 000 v. Chr. Erste Zeugnisse des *Homo sapiens*. Höhlenmalerei in der Grotte Cosquer

3500 v. Chr. Erste Bories-Dörfer

Höhlenmalerei der Grotte Cosquer

Vallée des Merveilles
Zwischen 2500 und 2000 v. Chr. entstanden etwa 100 000 Felszeichnungen, darunter diese hexenähnlichen, als orants *bekannten Figuren.*

Vallée des Merveilles: Felszeichnungen deuten an, dass der Mont Bégo ein Kultzentrum war.

Die Grotte de l'Observatoire in Monaco zeugt von rituellen Menschenbestattungen in prähistorischer Zeit.

Der »Märchenstein«, *Piere de la Fée,* ist der einzige echte prähistorische Dolmen der Provence.

Antike Stätten der Provence

Die meisten Stätten liegen an der Küste, es gibt aber auch einige Siedlungen im Landesinneren bei Tende, im Lubéron und in der unzugänglichen, 2500 Meter hoch gelegenen Vallée des Merveilles *(siehe S. 97).*

Steindenkmäler
Prähistorische Stelen wie dieser Reliefstein aus dem Lubéron finden sich überall in der Provence.

Die Provence in der Antike

Das Musée Archéologique in Nîmes *(siehe S. 132f)* besitzt eine ausgezeichnete Sammlung antiker Artefakte. Die Bories im Lubéron *(siehe S. 169)* deuten auf frühe Dorfgemeinschaften hin. Die Grotte de l'Observatoire in Monaco *(siehe S. 94)* ist ein Beispiel noch ursprünglicherer Besiedlung.

Bories-Dorf in Gordes
In den Steinbehausungen (siehe S. 169) *wohnten jahrhundertelang Nomadenhirten.*

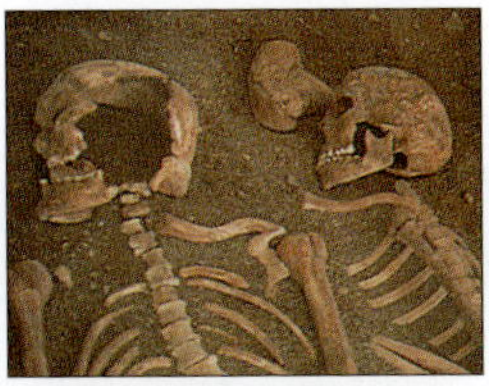

Grotte de l'Observatoire
Hier freigelegte Skelette zeigen eine Verwandtschaft zu südafrikanischen Stämmen.

Hannibal bei der Überquerung der Alpen

2500–2000 v. Chr. Felszeichnungen in der Vallée des Merveilles

218 v. Chr. Hannibal durchquert die Region auf dem Weg nach Italien

3000	2500	2000	1500	1000	500 v. Chr.

2000 v. Chr. Grabzeichnungen in Gordes

600 v. Chr. Griechische Händler siedeln sich in St-Blaise an. Gründung von Marseille

380 v. Chr. Kelteneinfälle in der Provence

Gallorömische Zeit

Mosaik aus Vaison-la-Romaine (40 v. Chr.)

Gegen Ende des 2. Jahrhunderts v. Chr. dehnten die Römer ihr Imperium auf die Provence aus. Die Beziehungen zur Bevölkerung waren gut, innerhalb eines Jahrhunderts entstand eine wohlhabende Provinz. Nîmes und Arles zählten zu den bedeutendsten römischen Städten außerhalb Italiens. Kolonien in Glanum und Vaison-la-Romaine blühten. Viele Monumente sind erhalten. Museen wie in Vaison-la-Romaine zeigen kleinere römische Schätze. Vermutlich brachten frühe Christen, die um 40 n. Chr. in Les Saintes-Maries-de-la-Mer anlegten, das Christentum in die Region.

Pont Julien (3 v. Chr.)
Diese gut erhaltene dreibogige Brücke steht acht Kilometer westlich von Apt.

Marmorsarkophag (4. Jh. n. Chr.)
Die Alyscamps in Arles (siehe S. 146), *einst eine riesige Totenstadt, beherbergen viele gemeißelte Marmor- und Steinsarkophage.*

Triumphbogen in Orange
Der etwa um 20 v. Chr. erbaute römische Triumphbogen ist trotz vieler Restaurationen einer der besterhaltenen. Reliefs schildern die Eroberung Galliens und zeigen Kampfszenen auf See.

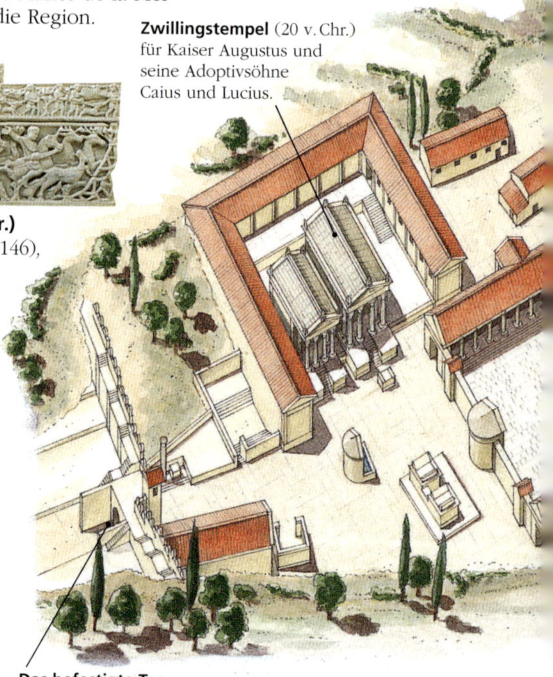

Zwillingstempel (20 v. Chr.) für Kaiser Augustus und seine Adoptivsöhne Caius und Lucius.

Das befestigte Tor soll die erste Griechengemeinde errichtet haben, die Glanum ab dem 4. Jahrhundert v. Chr. besetzte.

Römisches Glanum

Die eindrucksvolle Ruinenstätte enthält Reste römischer und griechischer Siedlungen. Die Rekonstruktion zeigt sie nach ihrem Wiederaufbau 49 n. Chr.

ZEITSKALA

118 v. Chr. Erste gallorömische Provinz

125 v. Chr. Keltisch-ligurische Angriffe auf Marseille

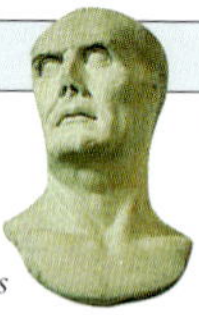

Konsul Marius

49 v. Chr. Julius Cäsar belagert Marseille, das Partei für Pompejus ergriffen hatte; Römer bauen Glanum wieder auf

40 v. Chr. Vaison-la-Romaine zählt zu den wohlhabendsten Städten des römischen Gallien

100 v. Chr. | 1 n. Chr. | 100

123 v. Chr. Entremont als erste römisch-provenzalische Siedlung

121 v. Chr. Gründung von Aquae Sextiae (Aix-en-Provence)

102 v. Chr. Konsul Marius besiegt einfallende Germanenstämme; über 200 000 Tote

14 v. Chr. Kaiser Augustus besiegt Ligurer in den Alpes Maritimes; Trophée in La Turbie *(siehe S. 89)*

3 v. Chr. Bau des Pont Julien

40 n. Chr. Das »Boot von Bethanien« legt in Les Stes-Maries-de-la-Mer an

Venus von Arles (2. Jh. v. Chr.)

Les Stes-Maries-de-la-Mer
Maria Magdalena, Maria Salome und Maria Jacobäa sollen 40 n. Chr. hierhergesegelt sein. Die Stadt, wo sie an Land gingen, trägt ihre Namen und ist noch heute ein Wallfahrtsort (siehe S. 138).

Die Bäder bestanden aus drei Räumen mit unterschiedlich temperierten Becken.

Das Forum, zentraler Handelsplatz der römischen Stadt, war von einer überdachten Galerie umgeben.

Gallorömische Provence

Arles *(siehe S. 144–146)* und Nîmes *(siehe S. 132f)* sind mit ihren Amphitheatern, den religiösen und weltlichen Bauten reich an Beispielen römischer Kultur. Orange *(siehe S. 161)* und Vaison-la-Romaine *(siehe S. 158)* besitzen Denkmäler, Pont du Gard *(siehe S. 131)* und Trophée des Alpes *(siehe S. 89)* sind einzigartig.

Théâtre Antique d'Orange
Dieses römische Theater bietet bis zu 7000 Zuschauern Platz (siehe S. 162f).

Kryptoportikus
Die hufeisenförmigen unterirdischen Galerien des Forums in Arles dienten vermutlich als Kornspeicher (siehe S. 146).

Schmuck aus Vaison-la-Romaine
Schmuck aus dem 1. Jahrhundert n. Chr., bei Ausgrabungen in der römischen Totenstadt entdeckt.

Römische Flasche
Gut erhaltene antike Gebrauchsgegenstände und Glaswaren wurden in vielen Gegenden der Provence gefunden.

312 Konstantin wird getauft; das Ereignis markiert den Beginn des Christentums im römischen Arles

413 Westgoten nehmen das Languedoc ein

476 Zerfall des Weströmischen Reiches

200 | 300 | 400 | 500

300 Höhepunkt Arles' als bedeutende römische Stadt; kunsthistorisch wichtige Marmor- und Steinsarkophage entstehen

Abbaye St-Victor, 416 in Marseille gegründet

Mittelalter

Handschriften-Illustration (13. Jh.)

Mit dem Zerfall des Römischen Reiches begannen Stabilität und Wohlstand zu schwinden. Obwohl die Provence Teil des Heiligen Römischen Reiches war, behielten die jeweiligen Grafen beträchtliche Autonomie und die Städte große Unabhängigkeit. Die Menschen zogen sich zum Schutz vor Übergriffen auf die Berggipfel zurück, wo viele *villages perchés (siehe S. 20f)* entstanden. Die Provence wurde Hauptstützpunkt für Kreuzfahrer, die muslimische Gebiete im östlichen Mittelmeerraum erobern wollten.

St-Trophime-Relief
Das monumentale Portal von St-Trophime in Arles (siehe S. 144) *aus dem 12. Jahrhundert ist mit filigranen Reliefs von Heiligen und Szenen des Jüngsten Gerichts verziert.*

Die großen Stadtwälle waren 30 Jahre nach dem Tod von Louis IX im Jahr 1300 endgültig fertiggestellt. Sie waren 1,6 Kilometer lang und bildeten ein fast perfektes Rechteck.

Louis IX besaß eine 35000 Mann starke Armee mit Pferden und Militärausrüstung.

Louis IX

Der Siebte Kreuzzug

Mit der Absicht, die Muslime aus dem Heiligen Land zu vertreiben, lief König Louis IX von Frankreich 1248 unter Fahnenschwenken und Militärgesängen von seinem neuen Hafen Aigues-Mortes *(siehe S. 134f)* aus.

St. Martha und die Tarasque
Die Legende von der hl. Martha und der Tarasque (9. Jh.), einem Drachen, belegte die Macht des Christentums: Die Heilige soll das Tier mit Gesängen und Weihwasser in den Tod gelockt haben (siehe S. 140).

ZEITSKALA

536 Die Franken übernehmen die Herrschaft

737–39 Karl Martell unterdrückt antifränkische Aufstände in Avignon, Marseille und Arles

855 Schaffung des Königreichs Provence für Karl den Kahlen, Enkel Karls des Großen

949 Aufteilung der Provence in vier Grafschaften

600 | 700 | 800 | 900

Sarazenenkrieger und provenzalisches Mädchen

800 Erste Welle von Sarazenenübergriffen

Karl der Kahle

924 Ungarn plündern Nîmes

Troubadoure in Elfenbein *(um 1300) Die Dichtung der Troubadoure erzählt, wie Ritter mit Geduld und Geschick tugendhafte Frauen umwarben.*

Kapelle Notre-Dame-de-Beauvoir *Am oberen Ende eines Weges von Moustiers* (siehe S. 186) *steht die Kapelle mit romanischem Vordach und Mittelschiff.*

1500 Schiffe liefen am 28. August 1248 zum Heiligen Land aus.

Fresko des heiligen Christopherus *Die Tour Ferrande in Pernes-les-Fontaines* (siehe S. 164) *enthält religiöse Fresken von 1285 – mit die ältesten in Frankreich.*

Mittelalterliche Provence

Höhepunkte sind romanische Abteien und Kirchen wie die »drei Schwestern«: Silvacane *(siehe S. 147)*, Le Thoronet *(siehe S. 108)* und Sénanque *(siehe S. 164f)*. *Villages perchés* wie Gordes *(siehe S. 169)* und die Zitadelle (11. Jh.) in Les Baux-de-Provence *(siehe S. 142)* zeugen von Unruhen und Gewalt, die diesen Abschnitt der Geschichte prägten.

Les Pénitents des Mées *sollen Mönche sein, die beim Anblick sarazenischer Frauen zu Stein erstarrten* (siehe S. 181).

Abtei Silvacane *(1175–1230) Die strenge Zisterzienserabtei war das letzte große romanische Kloster der Provence.*

974 Sieg über die Sarazenen in La Garde-Freinet

Das Siegel Simon de Montforts

1213 Schlacht von Muret: De Montfort besiegt den Grafen von Toulouse und König von Aragon

1209 Der Armeeführer Simon de Montfort marschiert in die Provence ein

1246 Charles I d'Anjou heiratet Béatrice, Erbin der Provence, und wird Graf der Provence

1248 Louis IX schifft sich für den 7. Kreuzzug in Aigues-Mortes ein

1000 | 1100 | 1200 | 1300

1032 Die Provence rd Teil des Heiligen Römischen Reiches

1096–99 Erster Kreuzzug

1112 Raymond Bérenger III, Graf von Barcelona, heiratet die Herzogin der Provence

1186 Grafen der Provence erklären Aix zur Hauptstadt

1125 Provence zwischen Barcelona und Toulouse aufgeteilt

1187 Gebeine der hl. Martha in Tarascon entdeckt

1274 Papsttum erwirbt Comtat Venaissin

1295 Tod von Guiraut Riquier, dem »Letzten Troubadour«

1280 Gebeine Maria Magdalenas in St-Maximin-la-Ste-Baume gefunden

Avignon zur Zeit der Päpste

Relief im Papstpalast (14. Jh.)

Als der Papst zeitweise aus dem kriegszerrissenen Italien floh, wurde Avignon Mittelpunkt der römisch-katholischen Welt. Von 1309 bis 1377 regierten sieben französische Päpste. Als mit Urban VI. ein neuer italienischer Papst gewählt wurde, rebellierten die französischen Kardinäle. 1378 wählten sie Clemens VII. zum Gegenpapst und verursachten damit das bis 1403 dauernde Große Schisma. Während des 14. Jahrhunderts entwickelte sich der päpstliche Hof zum Zentrum für Wissenschaft und Kunst.

Bargème, Nord-Var
Unsichere Zeiten brachten in der Provence stark befestigte Dörfer wie Bargème hervor.

Das Palais Vieux (1334–42), von Benedikt XII. im typisch strengen Zisterzienserstil erbaut, gleicht eher einer Festung als einer Kirche.

Kreuzgang Benedikts XII.

Grand Tinel

Konsistoriumssaal

Großer Innenhof

Papstthron
Das Papstgemach enthält Nachbildungen des Originalmobiliars aus dem 14. Jahrhundert wie diesen geschnitzten Holzthron.

Fresko mit Propheten (1344/45)
Matteo Giovanetti war der Meisterfreskenmaler Clemens' VI. Sein Realismus kontrastiert mit der älteren mittelalterlichen Kunst.

ZEITSKALA

Münze Papst Innozenz' VI.

1309 Sitz des Papstes wird nach Avignon verlegt

1310

1316–34 Amtszeit Johannes' XXII.

1320

1327 Petrarca erblickt erstmals seine Muse Laura von Avignon

1330

1334–42 Amtszeit Benedikts XII.

1340

1342–52 Amtszeit Clemens' VI.

1348 Clemens VI. erwirbt Avignon

1349 Juden flüchten in den Comtat Venaissin, Teil der päpstlichen Ländereien

1350

1352–62 Amtszeit Innozenz' VI.

Papst Johannes XXII.

Tod von Clemens VI.
Clemens VI. kam nach Avignon, um zu »vergessen, dass er Papst war«. 1348 kaufte er die Stadt für 80 000 Florine und baute das prächtige Palais Neuf.

Fresken in der Chambre du Cerf
Jagdszenen erinnern daran, dass es beim Klosterleben nicht nur um das Gebet ging.

Papstgemach

Chambre du Cerf

Die Grande Chapelle umfasst 780 Quadratmeter und enthält den restaurierten Papstaltar.

Das Palais Neuf wurde von 1342–52 unter Clemens VI. erbaut.

Großer Audienzsaal

Palais des Papes

Das Labyrinth von Fluren und Gemächern in dem von 1334–52 erbauten Papstpalast *(siehe S. 168)* wurde von Künstlern und Handwerkern aus Italien reich verziert. Die Gebäudegröße ist überwältigend.

Provence der Päpste

Avignon ist umgeben von Zeugnissen religiösen und aristokratischen Prunks. Die Anwesenheit der Päpste samt ihrem Hofstaat – eine Art Mini-Vatikan – ließ Abteien, Kirchen und Kapellen in großer Zahl entstehen. Das Musée du Petit Palais *(siehe S. 168)* umfasst eine Sammlung von Werken jener Künstler, die am päpstlichen Hof wirkten.

Kartause in Villeneuve
Innozenz VI. ließ um 1350 diese Kartause errichten, die älteste Frankreichs (siehe S. 130).

Châteauneuf-du-Pape
Das Schloss von Johannes XXII. (14. Jh.) wurde Zweitresidenz der Päpste. Mauern und Hauptturm stehen noch (siehe S. 164).

Petrarca (1304–1374)
Der Renaissance-Dichter hielt das päpstliche Avignon für einen Sumpf der Korruption und eine »Kloake«.

1360 | **1370** | **1380** | **1390** | **1400**

1362–70 Amtszeit Urbans V.

1363 Die Grimaldi erlangen Monaco zurück

Bildnis Urbans V.

1370–78 Amtszeit Gregors XI.

1377 Rom wird wieder Papstsitz

1378–94 Amtszeit von Gegenpapst Clemens VII.

1394–1409 Amtszeit von Gegenpapst Benedikt XIII.

Gegenpapst Benedikt XIII.

1403 Benedikt XIII. flieht aus Avignon

René von Anjou und die Religionskriege

Pietà im Kloster von Cimiez

Das späte 15. Jahrhundert war das Goldene Zeitalter für Aix *(siehe S. 148f)*, damalige Hauptstadt der Provence. Unter dem Patronat von König René erblühten Kunst und Kultur, die flämisch beeinflusste Schule von Avignon entstand. Nach dem Tod Renés annektierte Louis XI die Region. Der Verlust der Unabhängigkeit und Verwicklungen in der französischen Politik führten zu Invasionen durch Karl V. Die Religionskriege des 16. Jahrhunderts zwischen den »ketzerischen« Protestanten und den Katholiken hatten Massaker und die Zerstörung vieler Kirchen zur Folge.

Triptychon-Ausschnitt
Renés Lieblingsschloss in Tarascon (siehe S. 140) *in realistischem Malstil.*

Nostradamus
Der in St-Rémy (siehe S. 140f) *geborene Arzt und Astrologe ist berühmt für seine Vorhersagen* Les Centuries *(1555).*

König René, selbst Dichter, Maler und Musiker, hatte großen Einfluss auf die Kultur der Provence.

Der brennende Dornbusch
Nicolas Froments Triptychon (1476) war eine Auftragsarbeit für König René. Das Highlight in der Cathédrale de St-Sauveur in Aix stellt die Jungfrau mit Kind dar, umgeben vom brennenden Dornbusch.

Massaker an Protestanten und Katholiken
Die Religionskriege waren brutal. Tausende Protestanten wurden 1545 niedergemetzelt; 1567 starben 200 Katholiken in Nîmes.

ZEITSKALA

König René

1434–80 Regentschaft von René dem Guten

Altaraufsatz aus Avignon

1481 Charles du Maine, Graf der Provence und Neffe König Renés, übergibt die Provence an den König von Frankreich

1486 Vereinigung der Provence mit Frankreich

1496 Bau eines Militärhafens in Toulon

1501 Gründung des Parlaments der Provence

1425 | 1450 | 1475 | 15

Mariä Verkündigung
Der Meister von Aix, ein Künstler aus Renés Zirkel, malte dieses Bild. Düsterer Symbolismus, etwa in den Eulenflügeln Erzengel Gabriels, prägt hier das für gewöhnlich freudvolle Thema.

15./16. Jahrhundert

Die Architektur dieser Zeit zeigt sich auch heute noch in den schönen Stadthäusern und eleganten Straßen von Aix-en-Provence *(siehe S. 148f)* und Avignon *(siehe S. 166–168)*. Das Musée Granet in Aix-en-Provence enthält einige besonders interessante religiöse Gemälde. Eine Sammlung zeitgenössischer Möbel kann man im Musée Grobet-Labadié in Marseille besichtigen *(siehe S. 151)*.

Château de Tarascon *(13. Jh.) Der Wiederaufbau des Schlosses* (siehe S. 140) *wurde von Louis II begonnen und von seinem Sohn René vollendet.*

Der Dornbusch, brennend, aber nicht verbrennend, war ein heidnisches und christliches Symbol für ewiges Leben.

Karl V. (Tizian-Gemälde)
Zwischen 1524 und 1536 griff Karl V. in seinem Krieg gegen Frankreich häufig die Provence an.

Die Heiligen hinter Königin Jeanne sind der Evangelist Johannes, Katharina von Alexandrien und Nikolaus von Myra.

Moses lauscht der Verkündigung von Gottes Wort durch einen Engel.

Königin Jeanne, Renés zweite Frau, kniend beim Gebet

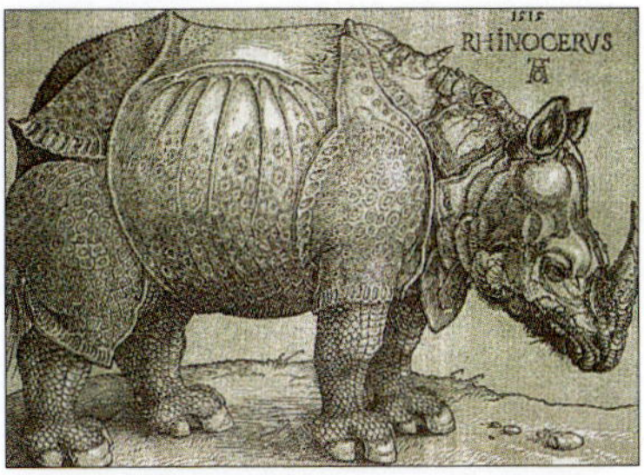

Rhinocerus (Holzschnitt von A. Dürer)
1516 beherbergte das Château d'If in Marseille (siehe S. 152) *für kurze Zeit das erste Rhinozeros Europas. Es war ein Geschenk für den Papst, starb jedoch auf der Reise.*

1524 Invasion Karls V.

1545 Massaker an Protestanten in den Dörfern des Lubéron

1577 Erste Seifenfabrik in Marseille

1598 Edikt von Nantes beendet die Religionskriege

1525 | **1550** | **1575** | **1600**

1525 Juden im Comtat Venaissin sind gezwungen, gelbe Hüte zu tragen

1562 Beginn der Religionskriege

Martyrium von Protestanten

Absolutismus

Im 17. und 18. Jahrhundert erlebte die Provence ein Erstarken des Nationalbewusstseins. Städte entstanden, grandiose Denkmäler, Stadthäuser *(hôtels)* und Schlösser wurden gebaut. Doch trotz Entwicklung der Textilindustrie und Vergrößerung der Häfen von Toulon und Marseille war es für viele eine düstere Zeit, die in der verheerenden Pest von 1720 ihren Höhepunkt fand. Der Sturm auf die Bastille 1789 war Auslöser für Volksaufstände und Revolutionsmärsche nach Paris.

Pavillon de Vendôme
J.-C. Rambot fertigte 1667 die Atlanten-Skulpturen für den Bau in Aix (siehe S. 148f).

Bootsbau in Toulon
Der Marinestützpunkt Toulon war berühmt für seinen Bootsbau. An ihre Ruder gekettete Galeerensklaven galten im 17. Jahrhundert als Attraktion.

Mehr als 100 000 Todesopfer forderte die letzte Pest in Europa.

Leichen wurden zu den Massengräbern gekarrt.

Die Große Pest

Die *Vue du Cours pendant la Peste* von Michel Serre stellt die 1720 von einem syrischen Frachter nach Marseille eingeschleppte Pest dar. Über die Hälfte der Bevölkerung starb. Jeder Kontakt zur Stadt war verboten, gewaltige Mauern wurden gebaut. Trotzdem breitete sich die Epidemie bis nach Aix, Arles und Toulon aus.

Santon-Krippenbild
Krippen mit santons *(»Kleine Heilige«) wurden erstmals nach der Revolution gefertigt, als die Kirchen geschlossen waren. Daraus entstand das beliebte Kunsthandwerk.*

ZEITSKALA

Louis XIII

1622 Louis XIII besucht Arles, Aix und Marseille

1625

1646 Juden in Ghettos eingewiesen, besonders in Carpentras

1650

1660 Der Sonnenkönig Louis XIV besucht Marseille

1666 Baubeginn des Canal du Midi

Emblem des Sonnenkönigs

1675

1679 Vauban beginnt Arbeit an neuem Hafen in Toulon

1691 Nizza wird von den Franzosen besetzt

1696 Frankreich gibt Nizza zurück an Savoyen

1700

1707 Englische Belagerung von Toulon misslingt

1707 Eugène von Savoyen dringt in die Provence ein

Napoléon nimmt Toulon ein
Der Jungoffizier machte sich einen Namen, als er Toulon 1793 von den englischen Besatzungstruppen befreite.

Cours Belsunce, 1670 im italienischen Stil erbaut, war von Bäumen und Barockpalästen gesäumt.

Mönche, angeführt von Jean Belsunce, dem Bischof von Marseille, leisteten den Sterbenden Beistand.

Marquis de Vauban
Der geniale Militärarchitekt von Louis XIV befestigte Städte und Häfen, darunter Toulon und Antibes.

Fayencen aus Moustiers
Die im 17. Jahrhundert von Italien nach Frankreich gebrachte Fayence-Tradition arbeitet mit idyllischen Bildern in zarten Farben.

Die Provence im Absolutismus

Avignon *(siehe S. 166–168)* und Aix *(siehe S. 148f)* besitzen klassische Stadthäuser. Synagogen und Überreste jüdischer Enklaven gibt es in Cavaillon *(siehe S. 170)*, Forcalquier *(siehe S. 182)* und Carpentras *(siehe S. 164)*. Auch die Jardins de la Fontaine (18. Jh.) in Nîmes *(siehe S. 133)* sind zu besichtigen.

Apotheke in Carpentras
Zum Hôtel-Dieu (Hospital aus dem 18. Jahrhundert) gehören eine Kapelle und eine Apotheke mit Fayence-Apothekertöpfen.

Fontaine du Cormoran
Der reliefverzierte Cormoran-Brunnen aus dem 18. Jahrhundert ist der bekannteste der 36 Brunnen in Pernes-les-Fontaines (siehe S. 164).

713 Im Vertrag von Utrecht wird Orange an Frankreich abgetreten

1718 Nizza wird Teil des neuen Königreichs Sardinien

1720 Die Große Pest trifft Marseille und verbreitet sich in der Provence

Die Große Pest in Marseille

1725

1750

1771 Parlament in Aix abgeschafft

1775

1779 Römisches Mausoleum in Aix zerstört

1787 Seidenernte in der Provence misslingt

1789 Sturm auf die Bastille; in der Provence plündern Bauern Schlösser und Klöster

1791 Avignon und Comtat Venaissin werden an Frankreich angegliedert

1792 Republikaner übernehmen die *Marseillaise*, das Armeelied von Rouget de Lisle

1793 Belagerung und Einnahme Toulons macht Napoléon berühmt

1800

Belle Époque

Marseiller Seifenwerbung, 1880

Ab dem 19. Jahrhundert lockte das reizvolle Klima viele Besucher an: Künstler, Genesungsuchende, Mitglieder der Königsfamilie, Kurtisanen und viele andere kamen hierher. Eisenbahnlinien, Hotels, exotische Gärten, feudale Villen und die Promenade des Anglais in Nizza entstanden. Königin Victoria, Aga Khan, König Léopold von Belgien, Kaiserin Eugénie, die Frau Napoléons III und Rangälteste der Riviera-Königsfamilie, hielten hier Hof. Künstler genossen Licht und Freiheit gleichermaßen.

Hommage à Mistral
Frédéric Mistral gründete 1854 die Félibrige-Gruppe zur Erhaltung der provenzalischen Kultur.

Drucken in Marseille
Billige Arbeitskräfte, große Papierbestände sowie gute Verbindungen förderten die Entwicklung des Druckgewerbes.

Dekor der Belle Époque Verschwenderische Inneneinrichtung aus verzierten Kronleuchtern, Vergoldungen und farbigem Marmor.

Zur High Society gehörten auch Kurtisanen der reichen und adligen Männer.

Parfum aus Grasse
Modernere Anbau- und Destillationsmethoden begünstigten den Aufschwung der Parfumindustrie im 19. Jahrhundert.

Im Casino von Monte Carlo
Monaco, 1850 noch der ärmste Staat Europas, erlebte mit der Eröffnung des ersten Casinos in Monte Carlo ab 1856 einen Aufschwung. Die Schickeria strömte herbei, Vermögen wurden gewonnen oder verloren *(siehe S. 92f)*. Dieses Gemälde schuf Christian Bokelmann.

ZEITSKALA

1815 Napoléon landet in Golfe-Juan

1830 Beginn des Tourismus rund um Nizza

1820

1839 Bahnlinie Marseille–Sète; Geburt Cézannes

1840

1854 Gründung des provenzalischen Dichterbundes Félibrige

1859 Mistral veröffentlicht sein Versepos *Mirèio*

1860 Nizza stimmt für die Vereinigung mit Frankreich

1861 Monaco verkauft Roquebrune und Menton an Frankreich

Paul Cézanne

Reblausplage
Die durch Reblausbefall vernichteten Weinstöcke der Provence und ganz Frankreichs wurden durch resistente Pflanzen aus Amerika ersetzt.

Tourismus
Die gesundheitsfördernde Wirkung von Sonne und Meeresluft wurde am Ende des 19. Jahrhunderts erkannt.

Casinotische wurden manchmal in Schwarz gehüllt, wenn es einem Spieler gelungen war, die Bank zu sprengen.

Van Goghs Provence
In der Klinik St-Paul in St-Rémy (siehe S. 140f) *malte van Gogh aufwühlende Bilder.*

Belle Époque

Obwohl zahlreiche der im Stil der Belle Époque errichteten Villen und Palais im Lauf der Zeit verfielen oder ersetzt wurden, sind an der Côte d'Azur noch immer einige erhalten. Das Hotel Négresco in Nizza *(siehe S. 84f)* ist besonders schön. Weitere Bauten sind die Cathédrale Orthodoxe Russe in Nizza, das Musée Ephrussi de Rothschild auf dem schicken Cap Ferrat *(siehe S. 86f)* sowie die Villa Kerylos mit ihren üppigen Gärten *(siehe S. 88)* in Beaulieu.

Hôtel Carlton, Cannes
Das 1911 erbaute prunkvolle Riviera-Wahrzeichen ist noch immer ein exklusives Hotel mit Blick aufs Meer (siehe S. 69).

Oper von Monte Carlo
Charles Garnier (1825–1898) entwarf das Opernhaus (siehe S. 92f) *und auch das Casino.*

1879 Eröffnung der Oper in Monte Carlo

Casino in Monte Carlo

1909 Erdbeben mit Zentrum in Rognes (Bouches-du-Rhône) verursacht großflächige Schäden

1880 | **1900** | **1920**

1869 Öffnung des Suez-Kanals belebt den Handel Marseilles; Bahnlinie wird bis Nizza erweitert

1888–90 Vincent van Gogh arbeitet in der Provence

1904 Mistral erhält für sein Werk den Nobelpreis für Literatur

Kriegszeiten

Nach den wirtschaftlichen Schäden durch den Ersten Weltkrieg brachte der Fremdenverkehr der Provence mehr und mehr Wohlstand. Der Trend zum Urlaub am Meer zog ab den 1920er Jahren Massen nach Cannes und Nizza. Um prominente Besucher wie Noël Coward oder Wallis Simpson zu regelmäßigen Gästen zu machen, bastelte die Provence weiter an ihrem Image als Tummelplatz für Reiche und Berühmte. Die deutsche Besatzung (1942–44) beendete vielerorts das gesellschaftliche Leben. St-Tropez und Marseille erlitten im Lauf des Zweiten Weltkriegs schwere Schäden.

Tourismus
Als Schwimmen und Sonnenbaden am Meer modern wurden, zogen die Seebäder an der Riviera viele neue Besucher an. In den 1930er Jahren entstand eine FKK-Kolonie auf der Île du Levant.

Grand Prix von Monaco
Das Autorennen durch die Straßen des Fürstentums wurde 1929 von Prinz Louis II eingeführt. Es ist immer noch eines der spektakulärsten Formel-1-Rennen.

Wertvolle Munition und Waffen wurden aus Flugzeugen der Alliierten geworfen oder den Nazis abgenommen.

Résistance
Nach 1942 war die Widerstandsbewegung in der Provence aktiv. Die Kämpfer oder *maquisards* waren in Marseille und bei der Vorbereitung auf die Landung der Alliierten von 1944 erfolgreich.

Antoine de Saint-Exupéry
Frankreichs legendärer Schriftsteller und Pilot verschwand während eines Aufklärungsflugs am 31. Juli 1944 (siehe S. 29).

ZEITSKALA

F. Scott Fitzgerald

1920

1924 F. Scott und Zelda Fitzgerald verbringen ein Jahr an der Riviera

Coco Chanel

1925 Coco Chanel besucht die Riviera

1925

1928 Der Camargue-Nationalpark entsteht

1930 Der Romanautor D. H. Lawrence stirbt in Vence

1930 Pagnol beginnt mit der Verfilmung der Trilogie *Marius*, *Fanny* und *César* in Marseille

1930

Marcel Pagnol (1905–1974)
Pagnol verewigte die Provence und ihre Einwohner in seinen Stücken, Romanen und Filmen (siehe S. 29).

Viele Mitglieder der Résistance hatten die Schule kaum beendet und lernten oft nur durch die Praxis.

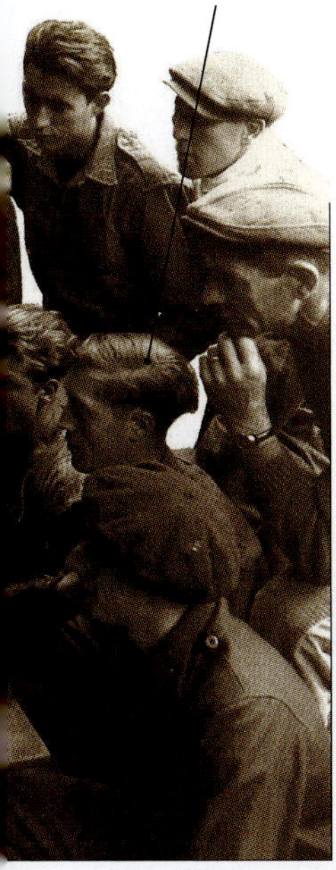

Landung der Alliierten
Am 14. August 1944 bombardierten alliierte Truppen die Küste zwischen Toulon und Marseille und fassten bald Fuß.

Kolonialausstellung in Marseille (1922)
Die Welt war eingeladen, das kosmopolitische Flair Marseilles zu genießen.

1920er und 1940er Jahre

Die etwas schäbigen Vororte von Hyères *(siehe S. 115)* tragen noch einige Spuren des eleganten Lebens vor dem Ersten Weltkrieg. Im Hafen von Toulon *(siehe S. 112f)* erinnern die Kriegsschiffe an die frühere Macht der französischen Marine, und das Musée d'Histoire 1939–45 in Fontaine-de-Vaucluse widmet sich ganz der Résistance *(siehe S. 165)*.

Les Deux Garçons in Aix
Das noch immer elegante Café bewirtete schon Churchill und Cocteau (siehe S. 148f).

Die Zitadelle von Sisteron
1944 durch Bomben zerstört, dient sie seit ihrem Wiederaufbau als Museum (siehe S. 178).

1935 | **1940** | **1945**

1939 Eröffnung des Filmfestivals von Cannes; das erste Festival wird aber wegen des Krieges verschoben

1940 Menton wird von den Italienern besetzt

1942 Nazis fallen in Südfrankreich ein; französische Kriegsflotte in Toulon versenkt

1943 Bildung von *maquis*-Widerstandszellen

Befreiung Marseilles

1944 Amerikanische und französische Truppen landen bei St-Tropez; Befreiung von Marseille

Nachkriegszeit und Gegenwart

Motorroller in St-Tropez

Nachkriegsoptimismus und Sonnenkult machten die Riviera zu dem Magneten, der sie bis heute geblieben ist. Die Region bietet eine Vielfalt an Produkten wie Olivenöl, Wein, Früchte, Blumen und Parfums, auch der High-tech-Sektor wächst rasch. Die Umgebung hat durch Umweltverschmutzung und Waldbrände stark gelitten. In den 1960er Jahren kamen viele Einwanderer aus Nordafrika in die Region. Heute verursacht die Arbeitslosigkeit politische und ethnische Spannungen.

Port-Grimaud
Das erfolgreiche »Venedig der Provence«, ein autofreier Ferienhafen, wurde 1966 von François Spoerry im landestypischen Stil erbaut (siehe S. 123).

Busstation (P. Starck)
Die moderne Architektur von Nîmes ist typisch für viele kühne Projekte der Region.

Strand in Nizza
Auch die vielen Kiesstrände der Riviera werden von Sonnenanbetern genutzt.

Brände
Die verheerenden Waldbrände der Region werden mit Flugzeugen bekämpft, die Meerwasser aufnehmen.

ZEITSKALA

1946 Picasso beginnt im Grimaldi-Schloss in Antibes zu malen

1952 Le Corbusiers Cité Radieuse wird gebaut

Grace Kelly

1954 Matisse stirbt

1956 Grace Kelly heiratet Fürst Rainier III von Monaco

1956 Roger Vadim dreht in St-Tropez *Und ewig lockt das Weib* mit Brigitte Bardot in der Hauptrolle

1959 Überschwemmungen in Fréjus

1961 Festival der Neuen Schule von Nizza

1962 Ausbau der unteren Durance für Wasserkraftzwecke

1962 Algerien unabhängig; französische Nordafrikaner siedeln sich in der Provence an

1970 Technologiepark Sophia-Antipolis bei Antibes eröffnet

1970 Autoroute du Soleil eröffnet

Picasso

1971 Drogenring »French Connection« fliegt auf

1973 Picasso stirbt in Mougins

1977 Erster Abschnitt der Marseiller U-Bahn eröffnet

1982 Fürstin Gracia stirbt bei Autounfall

1950 | 1960 | 1970 | 1980

Wintersport
Auch Skifahren ist in der Region möglich (siehe S. 96). *Isola 2000 bei Nizza ist ein 1972 eigens angelegter futuristischer Skiort.*

Colombe d'Or, St-Paul
Früher ein Künstlertreff, ist das Café heute einer der Treffpunkte der Reichen und Berühmten von St-Paul-de-Vence (siehe S. 75).

Moderne Architektur

Bemerkenswerte Beispiele moderner Architektur in der Provence sind Le Corbusiers Cité Radieuse in Marseille *(siehe S. 152)*, das Musée d'Art Moderne et d'Art Contemporain in Nizza *(siehe S. 85)* sowie das Carré d'Art in Nîmes *(siehe S. 132)*. Bei groß angelegten Bauvorhaben in St-Tropez *(siehe S. 118–122)* oder Ste-Maxime *(siehe S. 123)* sollen sich neue Gebäude harmonisch zwischen die alten Häuser einfügen.

St-Tropez
Erfolgreiche Nachkriegsrestaurierung lässt neue Gebäude von alten kaum unterscheiden.

Fondation Maeght
Tradition und Moderne verbinden sich in der Architektur des Gebäudes (siehe S. 76f).

Brigitte Bardot **Kim Novak**

Filmfestival von Cannes

Das erstmals 1946 veranstaltete Festival *(siehe S. 68)* wurde zum Top-Ereignis der Filmwelt – ein Stelldichein der Regisseure, Stars und Sternchen. *Und ewig lockt das Weib* mit Brigitte Bardot in der Hauptrolle geriet 1956 zum Skandalerfolg.

1990 Jacques Médecin, Bürgermeister von Nizza, flieht vor Gerichtsverfahren wegen Korruption und Steuerschulden nach Uruguay

TGV-Zug

1992 Überschwemmungen in Vaison-la-Romaine

1998 Jacques Médecin stirbt in Uruguay – nach einem Jahr Gefängnis in Frankreich

1990 | 2000 | 2010 | 2020

2001 TGV Méditerranée verbindet Paris mit Marseille

2002 Euro löst Franc als Währung ab

2005 Tod Fürst Rainiers III; Nachfolger wird sein einziger Sohn, Fürst Albert II

Fürst Albert II

2008 J.-M. G. Le Clézio erhält den Nobelpreis für Literatur

2011 Fürst Albert II heiratet die südafrikanische Ex-Schwimmerin Charlene Wittstock

Die Regionen der Provence

Die Provence im Überblick

Ob Naturattraktionen, Baudenkmäler oder Meisterwerke moderner Kunst – die Provence kann jedes Urlaubsinteresse bedienen. Selbst fanatische Sonnenanbeter zieht es in die kühlen Schatzhöhlen der Museen und Kirchen. Wer den Spuren großer Künstler folgt, wird wie diese vom wilden Charme der Gorges du Verdon und der Camargue gefesselt sein. Die Provence geizt nicht mit Reizen – einige ihrer schönsten werden im Folgenden vorgestellt.

Mittelalterliche Meisterarchitektur in Avignon *(siehe S. 166f)*

Das bestens erhaltene römische Theater von Orange *(siehe S. 162f)*

Tierwelt in der unberührten Camargue *(siehe S. 136 f)*

Die mächtige Basilika St-Maximin-la-Ste-Baume als Hüterin der Reliquien von Maria Magdalena *(siehe S. 110f)*

0 Kilometer 20

Unversehrt und friedvoll: die Îles d'Hyères *(siehe S. 114f)*

◁ Sonnenanbeter an traumhaftem Strand *(siehe S. 30f)*

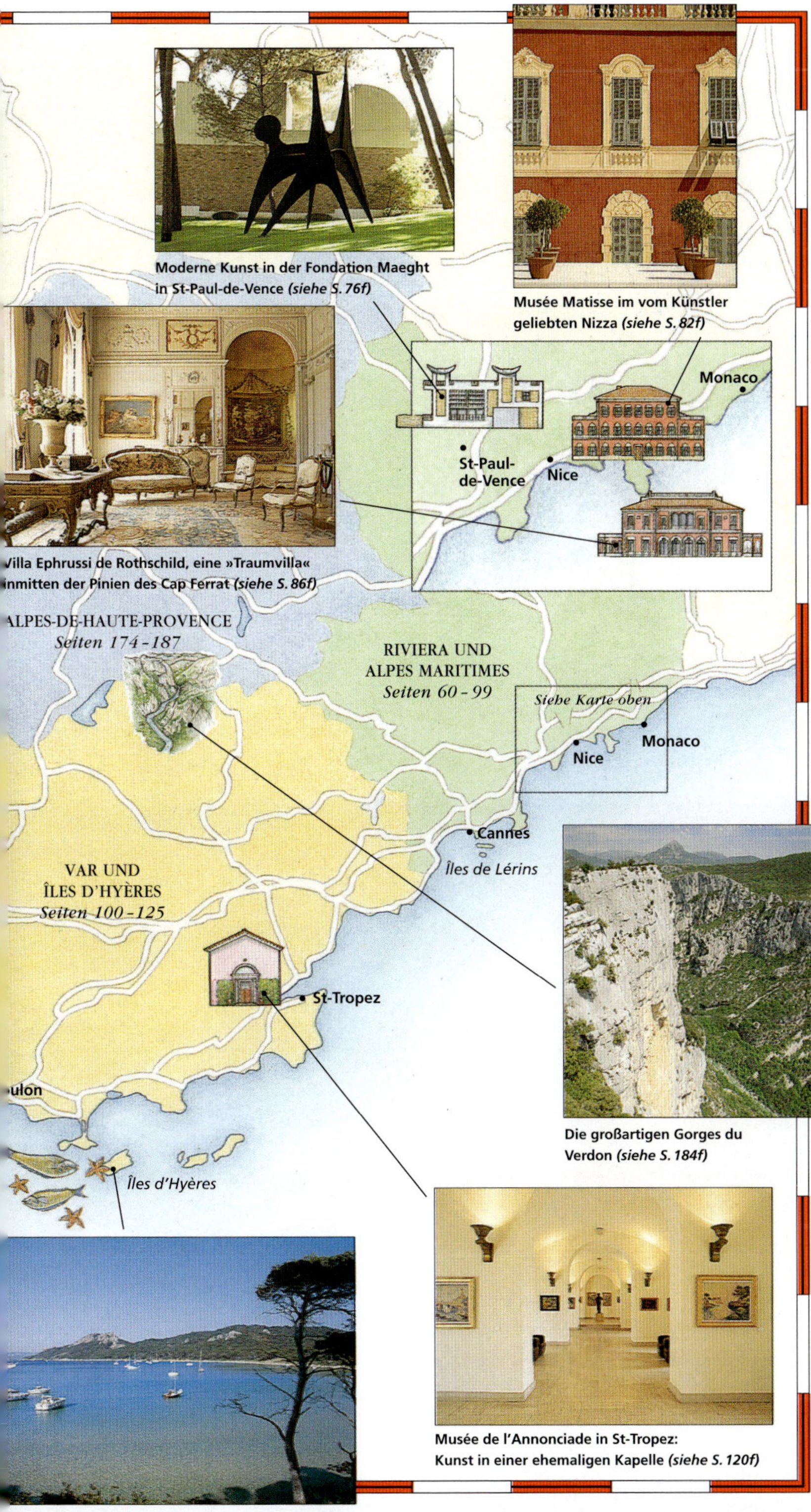

Moderne Kunst in der Fondation Maeght in St-Paul-de-Vence *(siehe S. 76f)*

Musée Matisse im vom Künstler geliebten Nizza *(siehe S. 82f)*

Villa Ephrussi de Rothschild, eine »Traumvilla« inmitten der Pinien des Cap Ferrat *(siehe S. 86f)*

Die großartigen Gorges du Verdon *(siehe S. 184f)*

Musée de l'Annonciade in St-Tropez: Kunst in einer ehemaligen Kapelle *(siehe S. 120f)*

Riviera und Alpes Maritimes

Die französische Riviera ist zweifellos Europas berühmteste Ferienküste. Ihrer mondänen Ausstrahlung erlag in den vergangenen 100 Jahren fast alles, was Rang und Namen hatte. Sie ist Urlaubsdomizil von Königen, Filmstars und Millionären. Selbst schwerreiche Besucher fallen hier nicht weiter auf.

Immer wieder werden Klagen laut, die Riviera sei nicht mehr das, was sie einmal war: Die Filmfestspiele von Cannes seien blanker Reklamerummel, das vornehme Monte Carlo verkomme, Nizza sei nicht die Mühe einer Parkplatzsuche wert. Aber die Yachten im Hafen von Antibes, die Villen am Cap Martin und die Auftritte der Gäste in Monte Carlos Hôtel de Paris vermitteln einen anderen Eindruck: Geld und Name schwingen noch das Zepter.

Die Riviera ist nicht nur Tummelplatz der Millionäre, auch verschiedenste Künstler zog es hierher – auf der Suche nach Mäzenen und dem klaren mediterranen Licht. Diese Küste ist untrennbar mit Leben und Werk von Matisse, Picasso, Chagall, Cocteau und Renoir verbunden. Die Berg- und Küstenszenerien sowie das malerische Dorf St-Paul-de-Vence lockten Berühmtheiten wie Bonnard und Modigliani, F. Scott Fitzgerald und Greta Garbo an. In den mittelalterlichen Gassen stellen Kunstgalerien heute noch Ölgemälde aus.

Die Alpes Maritimes, die das Fürstentum Monaco umschließen, sind für ihr mildes Winterklima bekannt. Die Blumenfülle hat die Parfumindustrie gefördert und Engländer angezogen, die hier bezaubernde Gärten anlegten. Das gebirgige Hinterland bietet zahlreiche Wintersportmöglichkeiten und den Hochgenuss der traditionellen Küche der Bergregion.

Sonnenbad an der Promenade des Anglais, Nizza ***(siehe S. 80–87)***

◁ **Blick vom Schloss auf das Dorf Roquebrune** ***(siehe S. 98)***

Überblick: Riviera und Alpes Maritimes

Die Kette der Voralpen türmt sich in Stufen zu großen Erhebungen. Sie erstreckt sich von Ost nach West und fällt, gesäumt von Küstenstraßen *(corniches)*, jäh ins Meer ab. Nahe der italienischen Grenze verläuft sie von Nord nach Süd, durchzogen von Wildbächen und tiefen Schluchten, an deren Hängen sich im Winter die Skifahrer tummeln. Ein weiter Teil der höheren Regionen zählt zum Parc National du Mercantour *(siehe S. 97)*, Heimat von Steinböcken und Gämsen. In seiner Mitte – kaum zwei Stunden vom Rivieratrubel entfernt – liegt die prähistorische Vallée des Merveilles.

An der Riviera und in den Alpes Maritimes unterwegs

Aus Italien führt die A8 parallel zur Küste ins Land hinein. Zwischen ihr und dem Meer, auf der Strecke Nizza–Menton, verlaufen drei Küstenstraßen *(corniches)*. Die Grande Corniche folgt über La Turbie der Römerstraße Julia Augusta, die Moyenne Corniche durchquert Eze, die Corniche Inférieure streift alle Badeorte. Der Flughafen westlich von Nizza ist der größte der Region.

Nobelyachten im malerischen Hafen von Antibes

Sehenswürdigkeiten auf einen Blick

Antibes 10
Beaulieu 20
Biot 12
Cagnes-sur-Mer 16
Cannes S. 68f 7
Cap Ferrat 18
Èze 21
Forêt de Turini 28
Gorbio 33
Gorges du Cians 1
Gourdon 4
Grasse 5
Îles de Lérins S. 70f 8
Juan-les-Pins 9
La Turbie 22
Lucéram 26
Menton 35
Monaco S. 90–94 23
Mougins 6
Nizza (Nice) S. 80–87 17
Parc National du Mercantour 29
Peille 25
Peillon 24
Puget-Théniers 2
Roquebrune-Cap-Martin 34
Saorge 31
Sospel 32
St-Cézaire-sur-Siagne 3
St-Paul-de-Vence 15
Tende 30
Vallauris 11
Vallée de la Vésubie 27
Vence 14
Villefranche 19
Villeneuve-Loubet 13

SIEHE AUCH

- ***Hotels*** S. 194–197
- ***Restaurants*** S. 210–212

Blick von Roquebrune nach Nizza

Sonne und Ferienstimmung: ein Café in Nizza

Blick talaufwärts in die oberen Gorges du Cians

Gorges du Cians ❶

Nizza. Touët-sur-Var. Nizza, Touët-sur-Var, Valberg. Place du Quartier, Valberg (04 93 23 24 25).

Diese Schluchten bieten eine kontrastreiche Szenerie aus dunkelrotem Schiefer und sattgrüner Gebirgsvegetation. Sie folgen dem Lauf des Cians, der von Beuil bis Touët-sur-Var auf 25 Kilometern 1600 Meter Gefälle überwindet. In der Kirche von Touët können Sie durch ein Gitter im Boden des Schiffes auf den Fluss hinabblicken.

Mit zunehmender Höhe weichen Olivenbäume dichterem Buschwerk. Erst bei Pra d'Astier werden die Schluchten steil und schmal: An der engsten Stelle verdecken die Felswände den Himmel. Noch weiter oben blühen im Juni Safrankrokusse.

Am oberen Schluchtausgang überragt Beuil, ein Sportzentrum der Armee, in 1430 Metern Höhe Vallée du Cians. Die Grafen von Beuil, ein Zweig der Familie Grimaldi *(siehe S. 91)*, befestigten erstmals den Ort. Sie lebten hier – ungeachtet mancher Attentate – bis 1621. Einem Grafen wurde von seinem Barbier die Kehle aufgeschlitzt, ein anderer vom Kammerdiener erdolcht. Den letzten von ihnen, Hannibal Grimaldi, erdrosselten zwei muslimische Sklaven. Aus Steinen des Schlosses baute man die Renaissance-Kapelle der Weißen Büßer in der Église St-Jean-Baptiste (1687).

Puget-Théniers ❷

Straßenkarte E3. *1800.* *RD 6202 (04 93 05 05 05).*
www.puget-theniers.fr

Das hübsche Dorf liegt am Zusammenfluss von Roudole und Var am Fuß eines Felsgipfels. Über ihm erheben sich die Ruinen einer Burg der Familie Grimaldi *(siehe S. 91)*. Im Dorfzentrum fallen einige schmucke Herrenhäuser mit vorstehenden Dächern ins Auge. Die Pfarrkirche **Notre-Dame de l'Assomption** wurde im 13. Jahrhundert vom Templerorden erbaut. Antoine de Ronzen fertigte 1525 das Altarbild *Notre-Dame de Secours*. Flämische Künstler schufen, womöglich mit dem Baumeister und Bildhauer Matthieu d'Anvers, die Darstellung der Passion Christi (1515–20) im Eingang.

Neben der Hauptstraße erinnert die Statue einer Frau mit gefesselten Händen, *La Liberté Enchaînée* von Aristide Maillol (1861–1944), an Louis-Auguste Blanqui. Der 1805 hier geborene Sozialist und Revolutionär war 1871 ein führendes Mitglied der Pariser Kommune. Er wurde im Jahr 1872 zu einer lebenslangen Haftstrafe verurteilt, nach sieben Jahren aber begnadigt, da er insgesamt bereits 30 Jahre im Gefängnis verbüßt hatte.

***La Liberté Enchaînée* in Puget-Théniers**

St-Cézaire-sur-Siagne ❸

Straßenkarte E3. *3600.* *3, rue de la République (04 93 60 84 30).* *Di u. Sa.*
www.saintcezairesursiagne.com

Das schon zur Römerzeit besiedelte St-Cézaire überwacht das steilwandige Siagne-Tal. Mauern und Türme verblieben aus der Zeit der Lehnsfürsten. Die **Chapelle du Cimetière** (13. Jh.) im Zentrum birgt heute ein in der Nähe entdecktes gallorömisches Grab – ein eindrucksvolles Beispiel der römischen Kultur. Vom mittelalterlichen Dorfteil aus führt ein Pfad zu einem Aussichtspunkt.

In den eisenerzhaltigen **Grottes de St-Cézaire-sur-Siagne** nordöstlich des Dorfes betreten Sie eine vollkommen andere Welt. Stalaktiten und Stalagmiten haben an Decke

Antoine de Ronzens *Notre-Dame de Secours* (1525), Puget-Théniers

Hotels und Restaurants an der Riviera und in den Alpes Maritimes *siehe Seiten 194–197 und 210–212*

und Boden bizarre Figuren gebildet, die Blumen und Tieren ähneln. Auf jegliche (dem Führer vorbehaltene) Berührung reagieren die Tropfsteinformen empfindlich. Rote Oxide färben die Kalksteingrotten, die man Textiliensaal, Orgelkammer, Feenalkoven und Großer Saal getauft hat. Enge unterirdische Gänge verbinden die Höhlen. Einer dieser Pfade endet 40 Meter unter der Oberfläche abrupt am Rand eines Abgrunds.

Grottes de St-Cézaire-sur-Siagne
04 93 60 22 35. Feb–Nov: tägl. Dez, Jan. obligatorisch.
www.lesgrottesdesaintcezaire.com

In den bizarren Grottes de St-Cézaire-sur-Siagne

Das Dorf Gourdon am Rand eines Felshangs

Gourdon ❹

Straßenkarte E3. *437.*
Place Victoria (04 93 09 68 25).
www.gourdon06.fr

Über Jahrhunderte baute man Wehrdörfer in Horstlage. Gourdon ist das typische Beispiel eines solchen *village perché* (*siehe S. 20f*). In den Läden dort findet man viele regionale Produkte. Vom Platz über dem Steilhang aus geht der Blick weit über das Loup-Tal und das Meer hin bis nach Antibes und Cap Roux.

Auch von der Terrasse des **Château de Gourdon** beeindruckt die Aussicht. Die *Seigneurs du Bar*, die Oberherren von Gourdon, errichteten das Schloss im 12. Jahrhundert über einer Sarazenenfestung, an die noch die gewölbten Räume erinnern. Die heutigen Terrassengärten legte André Le Nôtre an, als das Schloss im 17. Jahrhundert restauriert wurde. Obwohl in Privatbesitz, bietet es zwei Museen. Glanzlichter des **Musée Historique** sind ein Aubusson-Teppich, Marie-Antoinettes Schreibtisch sowie ein Selbstporträt Rembrandts. Das **Musée d'Arts Décoratifs et de la Modernité** zeigt Möbel aus den 1930er Jahren, Lampen von Jacques Le Chevallier und Paul Dupré-Lafon sowie Skulpturen von Salvador Dalí.

Château de Gourdon
04 93 09 68 02.
Juni–Sep: tägl.; Okt–Mai: Mi–So nur nachmittags.
www.chateau-gourdon.com

Tour durch die Gorges du Loup

Gourdon liegt am Ausgang der Gorges du Loup, der zugänglichsten der vielen Schluchten, die sich durch die Berge zur Küste fressen. Man erreicht die Schlucht und Gourdon von Pré-du-Loup (östlich von Grasse). Bei Gourdon steigt die D3 durch die Schlucht bergan und bietet schöne Ausblicke, ehe sie nach 6,5 Kilometern auf die D6 stößt.

Fährt man am linken Ufer hinab, so kommt man an der Höhle Saut du Loup und den Cascades des Desmoiselles vorbei. Das kalziumkarbonathaltige Flusswasser hat die Vegetation teilweise erstarren lassen. In der Nähe stürzt die Cascade de Courmes 40 Meter in die Tiefe. Die Treppe unter ihr ist rutschig.

Die D2210 führt weiter bis Vence, vorbei an Tourrettes-sur-Loup, einem Kunst- und Handwerkszentrum. Die Kirche (15. Jh.) zieren ein Triptychon der Bréa-Schule und ein dem Gott Merkur gewidmeter Altar (1. Jh.).

Die Cascade de Courmes schießt 40 Meter hinab

Grasse ❺

Straßenkarte E3. *50 000.* *22, cours Honoré Cresp (04 93 36 66 66).* *Sa.* **www**.grasse.fr

Die Gerberstadt Grasse wurde im 16. Jahrhundert zum Zentrum der Parfumherstellung. Gerbereien findet man in der Stadt nicht mehr, dafür aber noch drei große Parfumerien. Auch wenn man heute vorwiegend importierte Blüten verwendet, ist die Tradition des Jasminfestes *(siehe S. 33)* ungebrochen. Das **Musée International de la Parfumerie** ist der beste Ort, die Welt der Düfte zu entdecken. Hier finden Sie *bergamots*, die parfümierten Pappmaché-schachteln. Ein ähnliches Museum gibt es bei **Molinard**. Dort können Besucher sogar ihren eigenen Duft kreieren.

Die Stadt kam 1807/08 in Mode, als Prinzessin Pauline Bonaparte sich hier erholte. Königin Victoria überwinterte oft im Grandhotel.

Der Maler Jean-Honoré Fragonard (1732–1806) wurde in Grasse geboren. Wandgemälde seines Sohnes schmücken das **Villa-Musée Jean-Honoré Fragonard**. Fragonards *Die Fußwaschung* hängt in der **Ancienne Cathédrale de Notre-Dame-du-Puy** (12. Jh.), wo auch drei Rubens-Werke zu sehen sind. Beachten Sie im **Musée d'Art et d'Histoire de Provence** die Sammlung von Moustiers-Porzellan. Kostüme und Schmuck zeigt das Museum der Parfumerie Fragonard.

Musée International de la Parfumerie
2, bd du Jeu de Ballon. *04 97 05 58 00.* *tägl. (Okt–Mai: Mi–Mo).* *Feiertage.*

Molinard
60, bd Victor Hugo. *04 93 36 01 62.* *tägl. (Okt–Mai: Mo–Sa).* *1. Jan, 25. Dez.*

Villa-Musée Fragonard
23, bd Fragonard. *04 97 05 58 00.* *tägl. (Okt–Mai: Mi–Mo).* *Feiertage, Nov.* *nach Vereinb.*

Musée d'Art et d'Histoire de Provence
2, rue Mirabeau. *04 97 05 58 00.* *tägl. (Okt–Mai: Mi–Mo).* *Feiertage, Nov.* *nach Vereinbarung.*

Die Mauern des Musée International de la Parfumerie in Grasse

Mougins ❻

Straßenkarte E3. *15 000.* *15, bd Courteline (04 93 75 87 67).* **www**.mougins.fr

Das Städtchen, eines der schönsten *villages perchés (siehe S. 20f)* der Region, liegt in luftiger Höhe hinter den Resten der Wehrmauern (15. Jh.) und des Sarazenentores. Hier stiegen Könige, Filmstars und Prominente wie Picasso ab, der seine letzten Jahre in einem Haus gegenüber der Chapelle de Notre-Dame-de-Vie verbrachte.

Mougins ist auch ein Ort für Gourmets. Eines der Spitzenrestaurants der Stadt, Sébastien Chambrus **Le Moulin de Mougins** *(siehe S. 211)*, ist in einer alten Mühle untergebracht. Im Laden nebenan können Gäste bis Mitternacht Küchenzubehör erstehen.

Eine Dauerausstellung im **Musée de la Photographie** widmet sich ganz den Fotografien Picassos. Fünf Kilometer südlich von Mougins befindet sich der **Eco'Parc Mougins** mit Ausstellungen zu Technik und Natur. Kinder mögen vor allem die interaktiven Schaukästen.

Musée de la Photographie
Porte Sarrazine. *04 93 75 85 67.* *tägl.* *1. Mai, Nov, 25. Dez.*

Eco'Parc Mougins
772, chemin de Font de Currault, autoroute A8. *04 93 46 00 03.* *Di, Sa, So.* *1. Jan, 25. Dez.*

Jacques-Henri und Florette Lartigue, Musée de la Photographie, Mougins

Parfums der Provence

Seit 400 Jahren ist Grasse ein Zentrum der Parfumherstellung. Einwanderer aus Italien begannen im 16. Jahrhundert in der damaligen Gerberstadt, weiche Lederhandschuhe mit Düften von heimischen Blüten zu parfümieren – eine von Katharina von Medici propagierte Mode. In der Folge pflanzte man Lavendel, Rosen, Narzissen, Jasmin und Duftkräuter in großen Mengen an. Heute ist der Import von Blüten viel billiger, weshalb Grasse sich auf das Kreieren von Düften konzentriert. In Patrick Süskinds Erfolgsroman *Das Parfum* – er spielt zum Teil in Grasse – setzt der mordlustige Parfumeur Jean-Baptiste Grenouille sein Wissen um die Extraktion der Düfte auf sehr gruselige Weise ein.

Katharina von Medici, 1581

Jasminernte am frühen Morgen

Jasmin vor der Weiterverarbeitung

Duftgewinnung

Essenzen extrahiert man z. B. durch Dampfdestillation oder Herauslösen der Duftstoffe mittels flüchtiger Lösungsmittel. *Enfleurage* heißt eine teure, langwierige Methode für zarte Blüten wie Jasmin und Veilchen: Man schichtet Blüten und Fette, an denen sich die Duftstoffe anlagern.

Araber entwickelten die Wasserdampfdestillation, *eines der ältesten Extraktionsverfahren. Sie wird heute vor allem für Orangenblüten verwendet. Man erhitzt Blüten und Wasser in einem Destillierkolben und schöpft die durch den Dampf gelösten Duftöle dann mit einer Ölkaraffe* (essencier) *ab.*

Man benötigt unvorstellbare Mengen an Blüten, *um die Essenz oder den Extrakt eines Duftes zu gewinnen. Für einen Liter ätherisches Jasminöl sind annähernd 1000 Kilogramm Jasminblüten erforderlich.*

Parfumeure, *wegen ihres virtuosen Riechvermögens »Nasen« genannt, kreieren die Erfolgsparfums. Eine »Nase« vermag aus bis zu dreihundert Düften eine Duftharmonie zu komponieren. Heute lassen sich Düfte auch synthetisch herstellen – mittels Verfahren, die die Luftteilchen über einer Blüte analysieren.*

Cannes 7

Ein britischer Lordkanzler »entdeckte« Cannes 1834. Lord Brougham verschlug es auf dem Weg nach Nizza hierher. Entzückt vom Klima baute er hier eine Villa. Bald folgte ihm die britische High Society. Heute ist Cannes weniger Refugium von Adligen als eine Stadt der Festivals und Tummelplatz Prominenter. Hochbetrieb herrscht ganzjährig, nicht nur bei den Filmfestspielen *(siehe S. 32)*, die das Image von Cannes aufpoliert haben. Auch wenn die Museen anderer Badeorte fehlen: Casinos, Messen, Yachthafen, Strand- und Straßenleben lassen keine Langeweile aufkommen.

Hôtel Martinez am Meeresufer

Überblick: Cannes

Das Herz der Stadt schlägt an der Bucht von Cannes am Boulevard de la Croisette. Die von Palmen, Luxusboutiquen und -hotels gesäumte Promenade bietet herrliche Blicke auf den Golf La Napoule und das Estérel-Gebirge. Im Osten läuft die Bucht in der Pointe de la Croisette aus. Dort steht über den Ruinen des mittelalterlichen Fort de la Croix das nur im Sommer geöffnete Palm Beach Casino mit Nachtclub, Restaurant und Swimmingpool. Die beiden anderen Casinos, Casino Les Princes und **Casino Croisette**, haben ganzjährig geöffnet.

Brougham bewegte König Louis-Philippe zu einer Spende von zwei Millionen Francs für den Bau der Hafenmauer. Eine Statue Broughams ziert zwischen La Pantiero und der Rue Félix Faure die Allées de la Liberté. An diesem von Platanen beschatteten Platz findet morgens der bunte Blumenmarkt statt. Hier spielt man Pétanque und genießt den Blick auf den Hafen, in dem Boote dümpeln. Nördlich davon lockt die Rue Meynadier mit Pasta, Brot und Käse. Sie endet beim **Marché Forville**, der täglich außer montags mit regionalen Produkten Appetit macht. Vom *marché* winden sich die Gassen hinauf zur Römersiedlung Canoïs Castrum. Das Schilf, das am Strand wuchs, verlieh dieser Gegend ihren Namen. Heute heißt das Viertel Le Suquet. Die Kirche **Notre-Dame de l'Espérance** im Altstadtzentrum wurde 1648 fertiggestellt.

Seit 1946 laden im Mai die Internationalen Filmfestspiele ein. Hauptschauplatz ist das **Palais des Festivals**, doch alle Kinos der Stadt machen mit (Vorführungen beginnen bereits um 8.30 Uhr). Seit es Brigitte Bardot mit ihrem Schmollmund 1953 auf die Titelseiten der Boulevardblätter brachte, tummeln sich hier die Paparazzi.

Die großen Hotels besitzen hauseigene Strände mit – entsprechend teuren – Bars und Restaurants. Was Rang und Namen hat, lässt sich am ehesten im Carlton, Majestic und Martinez blicken. Cannes' Sandstrände sind künstlich aufgeschüttet. Meist wird ein kleines Eintrittsgeld verlangt, Liegestühle kosten freilich extra. Gleich beim Festivalpalais gibt es aber auch einen kostenlosen öffentlichen Strand.

Palais des Festivals et des Congrès

1, la Croisette. *04 92 99 84 00.*
04 92 99 84 22.
www.palaisdesfestivals.com

»Bunker« schimpft man diesen modernen Kasten aus dem Jahr 1982 neben dem Vieux Port am Westende der Promenade von Cannes. Hier werden die *Palmes d'Or* und andere internationale Preise vergeben – Prestigesymbole, die das Filmgeschäft durchaus ernst nimmt. Die Filmfestspiele sind auch in der Tat ein Business und nicht nur Show- und Reklamerummel. Die 78000 Eintrittskarten werden allerdings fast ausschließlich an Fachbesucher ausgegeben. Das mit Casino und Nachtclub ausgestattete Palais dient zusätzlich auch als Kongresszentrum. Im Pflaster der nahen Allée des Stars haben zahlreiche Berühmtheiten wie beispielsweise der Regisseur Roman Polanski ihre Handabdrücke hinterlassen und sich so verewigt.

Berühmter Handabdruck

Le Suquet, die Altstadt von Cannes, überblickt den Hafen

Hotels und Restaurants an der Riviera und in den Alpes Maritimes *siehe Seiten 194–197 und 210–212*

Das majestätische Hôtel Carlton an der Croisette

🏨 Hôtel Carlton

58, la Croisette. ☎ *04 93 06 40 06.*
Siehe auch ***Hotels*** *S. 195.*

Dieser Inbegriff von Luxus und Eleganz verfügt über 343 Zimmer und Suiten. Henri Ruhl entwarf das 1911 erbaute Nobelhotel. Sein riesiger Rokokospeisesaal, in dem Säulen zur reich verzierten Decke mit fein gearbeiteten Simsen streben, ist bis heute im Originalzustand geblieben. Winzige Balkone prägen die Zuckerbäckerfassade, Stuckwerk rankt an Fensterrahmen, Simsen und Ziergiebeln. Die schwarzen Zwillingskuppeln sind angeblich den Brüsten der Kokotte Belle Otéro nachempfunden, deren zigeunerhafter Charme Ruhl gefesselt haben soll. Im Zweiten Weltkrieg soll ein Journalist der *New York Times* einen Kommandeur gebeten haben, das einzigartige Carlton zu verschonen.

Inbegriff des Luxus

INFOBOX

Straßenkarte E4. *70 000.*
Rue Jean Jaurès. *Pl de l'Hôtel de Ville.* *Palais des Festivals (04 92 99 84 22).*
Di–So. *Filmfestival im Mai.*
www.cannes.com

Musée de la Castre

Château de la Castre, Le Suquet. ☎ *04 93 38 55 26.* *Di–So.* *Feiertage (teilw.).* *nach Vereinb.*

Das Museum liegt seit 1877 im Kastell (11./12. Jh.), das die Mönche der Îles de Lérins in Cannes erbaut hatten. Es versammelt archäologische und völkerkundliche Funde aus aller Welt, Trachten aus der Südsee ebenso wie asiatische Kunst und afrikanische Masken. In der Zisterzienserkapelle Ste-Anne sind viele Musikinstrumente zu sehen und zu hören. Der Wehrturm **Tour de la Castre** (11. Jh.) eröffnet weite Ausblicke aus 22 Metern Höhe.

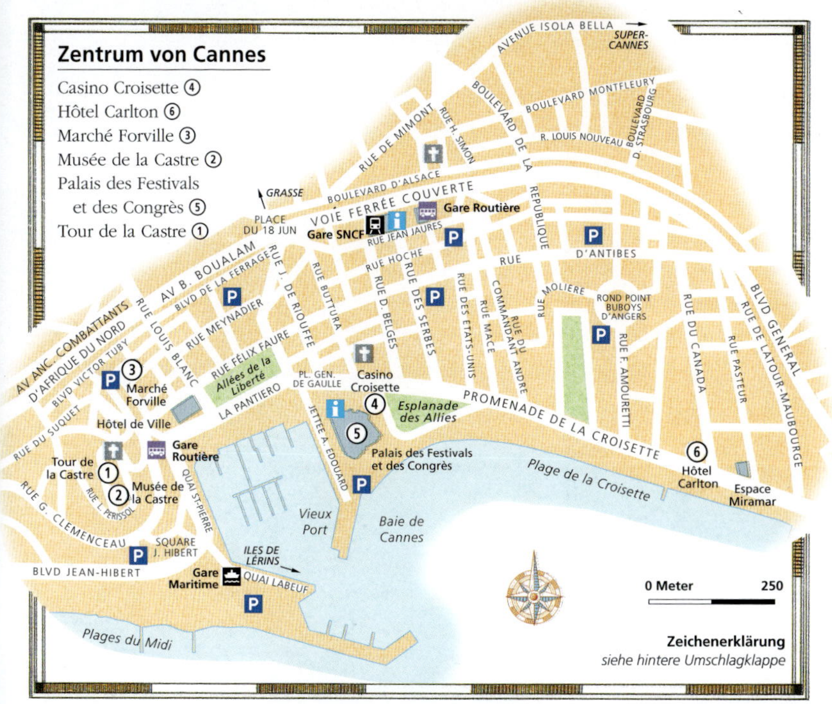

Îles de Lérins ❽

Lérina-likör

Per Boot erreicht man die Îles des Lérins von Cannes in 15 Minuten. Der Kontrast zum mondänen Badeort indes ist gewaltig. Kapellen, Eukalyptus- und Kiefernwälder prägen das Bild der Inseln, die durch eine schmale Wasserstraße voneinander getrennt sind und einst ein wichtiges Glaubenszentrum waren. St-Honorat heißt nach dem Heiligen, der auf der kleineren Insel Ende des 4. Jahrhunderts ein Kloster gründete. Seine Schwester, Ste-Marguerite, leitete auf der anderen Insel ein Nonnenkloster. Das Fort Royal wurde als Gefängnis berühmt: Hier saß im 17. Jahrhundert der »Mann mit der eisernen Maske« ein.

★ Fort Ste-Marguerite
Das unter Richelieu erbaute, 1712 von Vauban befestigte Fort beherbergt im Erdgeschoss ein Meeresmuseum.

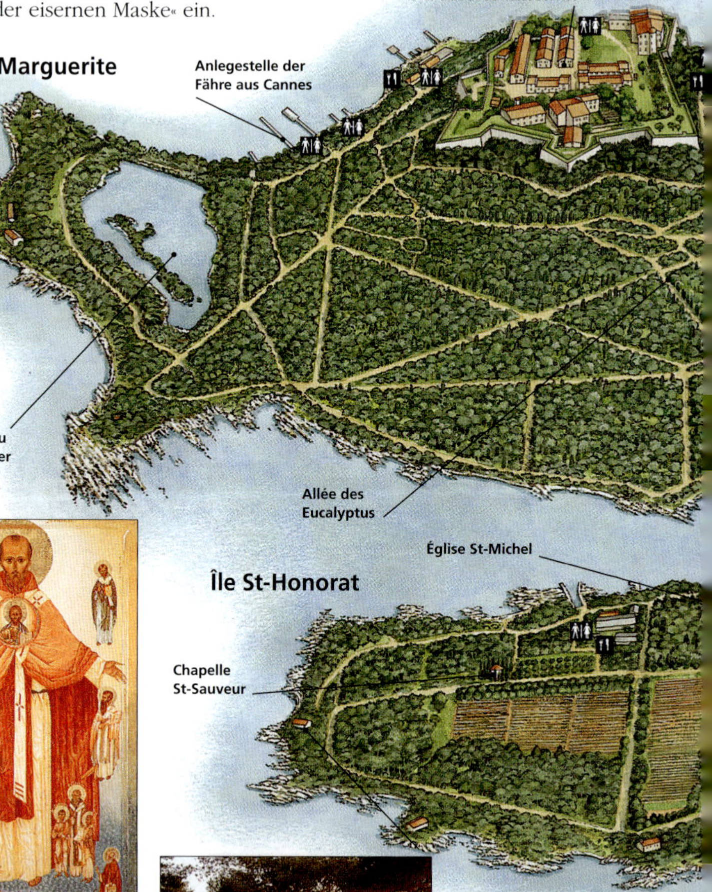

St-Honorat et les Saints de Lérins
Diese Ikone des heiligen Honoratus findet sich in der Abbaye de Lérins.

Chapelle St-Caprais
St-Caprais war Schüler des Honoratus, als dieser erstmals die Provence besuchte.

0 Meter 1000

Hotels und Restaurants an der Riviera und in den Alpes Maritimes *siehe Seiten 194–197 und 210–212*

Der »Mann mit der eisernen Maske«
Der geheimnisvolle Gefangene war 1687–98 im Fort Royal eingesperrt, dann in der Bastille, wo er 1703 starb.

Funde auf Ste-Marguerite
Am Strand in der Nähe des Forts wurden bei Ausgrabungen Häuser, Mosaiken, Keramiken und Wandmalereien aus dem 3. Jahrhundert v. Chr. entdeckt.

INFOBOX

Straßenkarte D5. *Cannes: Quai M. Labeuf nach Ste-Marguerite (04 92 98 71 36) und nach St-Honorat (04 92 88 71 38).* **Fort Ste-Marguerite / Musée de la Mer** *04 93 43 18 17.* *tägl. (Okt–Mai: Di–So).* *1. Jan, 1. Mai, 1., 11. Nov, 25. Dez.* **Monastère Fortifié** *04 92 99 54 00.* *tägl.*
www.abbayedelerins.com

Allée de la Convention
Auf beiden Inseln führen zahlreiche Wege durch das dicht bewaldete Innere und an den Ufern entlang.

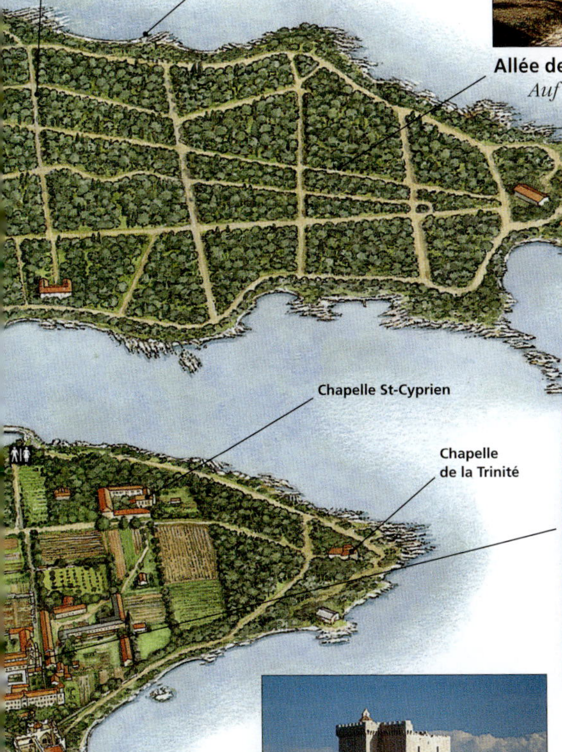

Abbaye de Lérins
Kirche und Mönchsunterkünfte wurden in das Gebäude (19. Jh.) integriert.

★ Monastère Fortifié
Abt Aldebert ließ die Festung 1073 zum Schutz vor Sarazenen erbauen. Vom Turm blickt man bis zum Estérel-Massiv.

NICHT VERSÄUMEN

★ Fort Ste-Marguerite

★ Monastère Fortifié

Juan-les-Pins ⑨

Straßenkarte E3. *78 000 (Gemeinde Antibes).* *51, blvd Guillaumont (04 97 23 11 10).*
www.antibesjuanlespins.com

Östlich von Cannes ragt das Cap d'Antibes ins Meer. Pinien und weitläufige Villen säumen die buchtenreiche Landzunge. Der schönste Strand liegt an der Westseite des Kaps bei Golfe-Juan. Dort landete Napoléon 1815 nach seiner Rückkehr von Elba. Juan-les-Pins ist ein moderner Badeort. Touristischer Wegbereiter war der amerikanische Eisenbahnerbe Frank Jay Gould, dem in den 1920er und 1930er Jahren die High Society folgte. Auch Literaten wie F. Scott Fitzgerald und Ernest Hemingway kamen.

Wo die Boulevards Baudoin und Wilson sich kreuzen, reiht sich eine Bar an die andere. Besonders lebendig ist es rund um das Casino (1988) und den Palais de Congrès sowie beim Pinienhain Penedès, der im Juli als Bühne für das Jazzfestival *(siehe S. 33)* dient.

Nachtleben in Juan-les-Pins

Antibes ⑩

Straßenkarte E3. *75 000.* *11, pl du Général de Gaulle (04 97 23 11 11).* *Di–So.*
www.antibesjuanlespins.com

Antibes, von den alten Griechen als Antipolis gegründet, wurde über die Jahrhunderte eindrucksvoll befestigt. Vauban legte Haupthafen und Fort Carré (17. Jh.) an, in dem auch Napoléon weilte. Die Altstadt bietet Gelegenheit, hübsche Gassen und den Marktplatz am Cours Masséna zu erkunden. Zu den Glanzlichtern zählen hier die Türme der Kirche aus dem 12. Jahrhundert und das Grimaldi-Schloss auf dem Gelände des antiken Antipolis. Beim Bau der **Cathédrale Notre-Dame** bewahrte man den alten Wachturm der Stadt und nutzte ihn als Glockenturm. Ein Holzkruzifix (1447), eine Christusfigur (16. Jh.) und ein ebenso altes Altarbild der Jungfrau Maria von Louis Bréa gehören zu ihren Schätzen.

Luxusyachten im Hafen von Antibes

Im benachbarten Château Grimaldi hütet das **Musée Picasso** über 300 Zeichnungen, Gemälde, Drucke und Keramiken, die der Künstler 1946 schuf. Auch Antoine Aundis *La Vierge de Douleur* (1539) hängt hier.

Die Sammlung moderner Kunst präsentiert interessante Werke von Max Ernst, Fernand Léger, Joan Miró und Nicolas de Staël.

Weiter südlich zeigt das **Musée d'Histoire et d'Archéologie** in der Bastion St-André griechische und etruskische Funde. In der archäologischen Sammlung erinnert eine alte Inschrift (3. Jh. v. Chr.) an den jungen Septentrion, der im Theater von Antipolis zwei Tage vor den Zuschauern tanzte.

Musée Picasso
Château Grimaldi. *04 92 90 54 20.* *Di–So.* *1. Jan, 1. Mai, 1. Nov, 25. Dez.*

Musée d'Histoire et d'Archéologie
Bastion St-André. *04 92 90 54 37.* *Di–So.* *1. Jan, 1. Mai, 1. Nov, 25. Dez.*

Töpferarbeit aus Vallauris

Vallauris ⑪

Straßenkarte E3. *24 000.* *Square 8 mai 1945 (04 93 63 82 58).* *Di–So.*
www.vallauris-golfe-juan.fr

Im Sommer drängen sich auf der Hauptstraße die Töpferstände. Die Geschichte der Keramikindustrie zeigt das **Musée Magnelli**, wo auch einige präkolumbische Keramiken zu sehen sind.

Picassos Plastik *Mann mit Schaf* (1943) steht am Hauptplatz, sein Gemälde *Krieg und Frieden* (1951) hängt an der Decke des **Musée National Picasso**.

Musée Magnelli
Pl de la Libération. *04 93 64 16 05.* *Mi–Mo.* *1. Jan, 25. Dez.*

Musée National Picasso
Pl de la Libération. *04 93 64 71 83.* *Mi–Mo.* *1. Jan, 1. Mai, 1. und 11. Nov, 25. Dez.*

Der 78-jährige Pablo Picasso mit seinem Dalmatiner

Pablo Picasso (1881–1973)

Pablo Picasso gehört zweifellos zu den bedeutendsten Künstlern des 20. Jahrhunderts. Seinen Lebensabend verbrachte er zum Großteil in der Provence. Er besuchte 1920 erstmals Juan-les-Pins. 1946 kehrte er dann mit Françoise Gilot nach Antibes zurück, wo man ihm ein Atelier im Grimaldi-Palast am Meer überließ. Kein anderer Künstler hat wie Picasso mit so vielen Kunststilen erfolgreich experimentiert. Die Sammlung in Antibes belegt seine enorme Wandlungsfähigkeit. Picasso starb 92-jährig in Mougins.

Violine und Notenblatt *(1912) ist eine kubistische Collage aus jener Periode, in der Picasso mit unterschiedlichen Formen experimentierte.*

Les Demoiselles d'Avignon *(1907) war Picassos erstes kubistisches Bildwerk. Seinerzeit schockierte er damit die Kunstszene.*

La Joie de Vivre *(1946) zählt zu Picassos Meisterwerken. Es spielt mit bekannten Motiven der Mythologie. Der Flöte spielende Zentaur ist Picasso, Françoise Gilot die tanzende Mänade, während zwei Faune umherspringen und ein Satyr die Panflöte spielt.*

Die Ziege *(1946), in Antibes entstanden, zählt wohl zu Picassos bekanntesten Bildern. 1950 fertigte er seine berühmte Ziegenskulptur.*

Mann mit Schaf *(1943): Die Plastik steht am Hauptplatz von Vallauris, wo man auch* Krieg und Frieden *(1951) bewundern kann.*

Biot ⓬

Straßenkarte E3. *10 000.*
46, rue Saint Sébastien (04 93 65 78 00). *Di.* **www**.biot.fr

Das malerische Dorf war Töpferzentrum der Region, bis Picasso nach dem Zweiten Weltkrieg Vallauris' Keramikhandwerk wieder belebte. Heute ist Biot für seine mundgeblasenen Glasarbeiten bekannt. In der **Verrerie de Biot** können Sie Glasbläsern zusehen. Das Fremdenverkehrsamt bietet vier themenbezogene Spaziergänge an.

Biot war auch Domäne des Templerordens *(siehe S. 123)*. Aus jener Zeit stammt die Porte des Migraniers (Tor der Grenadiere, 1566). Die Dorfkirche schmücken zwei Arbeiten des 16. Jahrhunderts: Louis Bréas *La Vierge au Rosaire* und Canavesios *Ecce Homo*.

Das moderne **Musée National Fernand Léger** zeigt viele wichtige kubistisch beeinflusste Werke des Künstlers.

La Verrerie de Biot
Chemin des Combes.
04 93 65 03 00.
tägl. *25. Dez.*
www.museefernandleger.fr

Musée National Fernand Léger
Chemin du Val-de-Pome. *04 92 91 50 30.* *tägl.*
Nachmittags an Feiert., 25. Dez.
www.verreriebiot.com

Ausschnitt aus Légers Mosaik an der Ostfassade des Museums in Biot

Villeneuve-Loubet ⓭

Straßenkarte E3. *14 000.*
16, av de la Mer (04 92 02 66 16).
Mi, Sa.
www.ot-villeneuveloubet.org

Das alte Dorf steht im Schatten einer restaurierten mittelalterlichen Burg, die der Familie Villeneuve gehörte. Hier wurde Frankreichs berühmtester Küchenchef, Auguste Escoffier (1846–1935), geboren. Er kreierte *bombe Néro* und Pfirsich Melba. Er kochte in Monte Carlos Grandhotel, bis er die Leitung der Küche des Savoy in London übernahm. Das **Musée de l'Art Culinaire** in seinem Geburtshaus ehrt ihn mit Objekten aus Teig und Zucker und mit 1800 Speisekarten, die bis ins Jahr 1820 zurückreichen. Der Vergnügungspark **Marineland** bietet neben einem Bauernhof auch einen Schmetterlingspark, einen Meereszoo und ein Hai-Aquarium.

Kochkünstler Escoffier wurde in Villeneuve-Loubet geboren

Musée de l'Art Culinaire
3, rue Escoffier. *04 93 20 80 51.*
So–Fr. *Nov, Feiertage.*
www.fondation-escoffier.org

Marineland
311, av Georges Bizet. *04 93 33 49 49.* *Feb–Dez: tägl.*
www.marineland.fr

Vence ⓮

Straßenkarte E3. *19 000.*
Pl du Grand-Jardin (04 93 58 06 38). *Di u. Fr.* **www**.ville-vence.fr

Das entzückende alte Städtchen mit Kathedrale liegt auf einem Felskamm. Seit Langem spricht es Künstler an. Der englische Schriftsteller D.H. Lawrence starb hier 1930. Die Altstadt betritt man durch die Porte de Peyra (1441) neben der Place du Frêne. Der Name des Platzes verweist auf die riesige Esche, die zur Erinnerung an die Besuche von König François I und Papst Paul III. gepflanzt wurde. Im Schloss der Lehnsherren von Villeneuve, der Seigneurs de Vence, bieten ein Museum und die **Fondation Emile Hugues**, benannt nach einem früheren Bürgermeister, Sonderausstellungen.

Die Kathedrale, eine der kleinsten Frankreichs, steht auf dem Forumsgelände der Römerstadt Vintium. In Vence, vom 4. bis 19. Jahrhundert Bistum, amtierten Prälaten

Glasbläserei in Biot

Biot ist das Glaskunstzentrum der Riviera. Der Boden hier liefert den geeigneten Sand für die Glasherstellung. Biot-Glas ist robust und von Bläschen durchsetzt (daher *verre à bulles*). Die Eröffnung des Léger-Museums förderte das heimische Handwerk, 1956 öffnete die Verrerie de Biot ihre Werkstätten. Nach alter Tradition fertigt man dort Öllampen, Karaffen und *porrons*, Trinkgefäße mit Tülle, durch die man das Getränk in einem dünnen Strahl direkt in den Mund fließen lässt.

wie Saint Véran († 492 n. Chr.) und Bischof Godeau (1605–1672). Die 51 Chorstühle verzierte Jacques Bellot mit satirischen Figuren. 1979 gestaltete Chagall das Mosaik *Moses im Schilfrohr* in der Kapelle.

Dominikanerinnen pflegten Henri Matisse *(siehe S. 82f)*, der zum Dank die **Chapelle du Rosaire** dekorierte (1947–51). Die Stationen des Kreuzwegs sind zu schwarzen Linien reduziert, allein Buntglas setzt farbige Akzente.

Fondation Emile Hugues
Château de Villeneuve. *04 93 58 15 78.* *Di–So.* *1. Jan, 1. Mai, 25. Dez.*
www.museedevence.com

Chapelle du Rosaire
Av Henri Matisse. *04 93 58 03 26.* *Di u. Do vormittags, Mo–Do u. Sa nachmittags.* *Mitte Nov–Mitte Dez, Feiertage.*

Simone Signoret und Yves Montand in St-Paul-de-Vence

St-Paul-de-Vence ⓯

Straßenkarte E3. *3000.* *Vence und Nizza.* *2 rue Grande (04 93 32 86 95).*
www.saint-pauldevence.com

Dieses mittelalterliche *village perché (siehe S. 20f)* wurde etwas landeinwärts zum Schutz vor Sarazenenangriffen errichtet. 1537 ließ François I es zur Verteidigung gegen Savoyen, Österreich und Piemont erneut befestigen. In den 1920er Jahren »entdeckten« Künstler wie Bonnard und Modigliani das Dorf. Wie Pilger strömten Berühmtheiten und Literaten hierher, darunter Simone de Beauvoir, Jean-Paul Sartre, F. Scott Fitzgerald, Catherine Deneuve, Sophia Loren und Greta Garbo. Die Prominenz schlief, aß und feierte – wie Simone Signoret und Yves Montand ihre Hochzeit – in der Auberge **La Colombe d'Or** *(siehe S. 212)*. Das Restaurant besitzt eine der besten Privatsammlungen von Kunst des 20. Jahrhunderts dank »Naturalienzahlungen« verschiedener Hotelgäste. Der kostbare Speisesaaldekor umfasst Bilder von Künstlern wie Miró, Picasso und Braque. Die gotische Kirche (12. Jh.) birgt das Tintoretto zugeschriebene Gemälde *Katharina von Alexandria*, goldene Reliquienschreine sowie eine Emaille-Madonna (13. Jh.). Im **Musée d'Histoire Locale de St-Paul** lassen Szenerien aus Wachsfiguren in der Tracht St-Pauls die Vergangenheit lebendig werden. Der alte Wehrturm gegenüber dient als Rathaus.

Die Hauptstraße zieht sich vom ehemaligen Stadttor, der Porte Royale, vorbei an der Grande Fontaine zur Porte Sud. Diese führt zum Friedhof, wo u.a. Chagall, das Ehepaar Maeght und Escoffier ruhen. Kurz vor den Toren von St-Paul empfängt die **Fondation Maeght** *(siehe S. 76f)* Freunde moderner Kunst. Den ausgefallenen Bau entwarf Josep Lluís Sert.

Eingang zur von Henri Matisse gestalteten Chapelle du Rosaire in Vence

Musée d'Histoire Locale de St-Paul
Place de l'Église. *04 93 32 41 13.* *tägl. (Okt–März: nur nachmittags).* *Feiertage, 2 Wochen im Nov.*

Fondation Maeght

In den Hügeln über St-Paul-de-Vence liegt das Museum für moderne Kunst. Es ist recht klein, besitzt aber Weltniveau. Aimé und Marguerite Maeght, Kunsthändler aus Cannes, zählten Chagall, Matisse, Miró und weitere Künstler von Rang zu ihren Freunden und Kunden. Ihre Privatsammlung bildete den Grundstock des 1964 eröffneten Museums. Maeght wirkte auf die Berühmtheiten aus Kunst und Kultur wie ein Magnet: Duke Ellington, Samuel Beckett, André Malraux, Merce Cunningham und die ausstellenden Künstler strömten zu den Veranstaltungen, deren Einnahmen dem Museum zugutekamen.

★ Cour Giacometti
Die fragilen Bronzefiguren von Alberto Giacometti, darunter auch L'Homme qui marche I *(1960), erscheinen in dem schattigen Innenhof wie lebendige Wesen.*

La Vie (1964)
Marc Chagalls Gemälde kreist um die großen Themen der Menschheit: Liebe, Religion, Gesellschaft, Natur – alles Teil des wirbelnden Zirkus aus Tänzern, Musikanten, Akrobaten und Clowns.

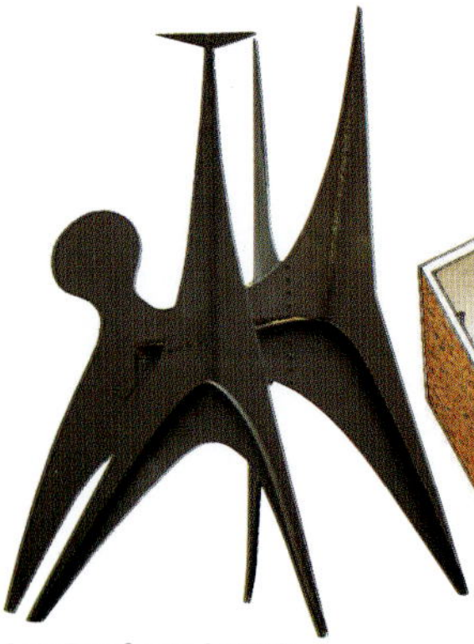

Les Renforts (1963)
Eines der vielen Kunstwerke, die den Besucher begrüßen, ist dieses »Stabile« von Alexander Calder – ein Gegenstück zu den bekannten Mobiles des Bildhauers.

Les Poissons heißt das Beckenmosaik, das Georges Braque 1963 entwarf.

Haubendächer sorgen für indirektes Licht im Museum. Josep Lluís Sert entwarf das Gebäude.

L'Été (1917)
Pierre Bonnard verbrachte die letzten 22 Jahre seines Lebens in der Provence, wo er Aimé Maeght begegnete, mit dem ihn bald eine enge Freundschaft verband.

La Partie de Campagne (1954)
Fernand Léger griff in seinem einzigartigen Stil das klassische Motiv der Landpartie auf.

INFOBOX

623, chemin des Gardettes, St-Paul-de-Vence. ☎ *04 93 32 81 63.* ◯ *tägl. Apr–Juni: 10–18 Uhr; Juli–Sep: 10–19 Uhr; Okt–März: 10–13, 14–18 Uhr.*
www.fondation-maeght.com

★ Labyrinthe de Miró
Joan Mirós Oiseau Lunaire *(1968) versteckt sich inmitten von Bäumen, Wasser, Wasserspeiern und vielen Statuen.*

Oiseau dans le Feuillage (1961)
Georges Braques Vogel nistet in »Blättern« aus Zeitungspapier. Der Künstler engagierte sich stark für die Gründung der Fondation Maeght, starb jedoch noch vor der Eröffnung des Museums.

Kurzführer

Die Sammlung umfasst ausschließlich Kunst des 20. Jahrhunderts. Ständig ausgestellt sind nur die großen Skulpturen auf dem Freigelände. Innen sind Wechselausstellungen zu sehen. Im Sommer konzentriert sich das Museum auf Sonderausstellungen.

Die Chapelle St-Bernard wurde zum Gedenken an den Sohn der Maeghts erbaut, der 1953 starb. Über der Christusfigur (12. Jh.) am Altar ist ein Buntglasfenster von Braque.

Haupteingang und Information

NICHT VERSÄUMEN

★ Cour Giacometti

★ Labyrinthe de Miró

Renoirs Atelier in Les Collettes

Cagnes-sur-Mer ⓰

Straßenkarte E3. 49 000. 6, blvd Maréchal Juin (04 93 20 61 64). Di–So. Fête de Saint-Pierre (Juli); Fête de Saint-Roch (Aug). **www**.cagnes-tourisme.com

Cagnes-sur-Mer besteht aus drei Teilen: dem Fischerdorf Cros-de-Cagnes mit Strand, dem Geschäftszentrum Cagnes-Ville und der Oberstadt Haut-de-Cagnes. Letztere ist mit ihren Gassen, Stufen und Passagen sehenswert. Sie wird vom **Château-Musée Grimaldi** bewacht, es gibt hier aber auch schöne Renaissance-Häuser zu sehen sowie die Kirche St-Pierre, die letzte Ruhestätte der Grimaldis.

Östlich von Cagnes-Ville liegt inmitten alter Olivenbäume das Anwesen Les Collettes, 1907 von Pierre-Auguste Renoir (1841–1919) gebaut. Das milde Klima zog den Rheumatiker 1890 hierher, wo er seinen Lebensabend verbrachte. Ein Bild zeigt Renoir im letzten Lebensjahr, den Pinsel an die kranke Hand gebunden.

In Les Collettes, heute das **Musée Renoir**, scheint sich seit Renoirs Tod nichts verändert zu haben. Innen sind elf seiner Bilder zu sehen, außerdem Arbeiten seiner Freunde Bonnard und Dufy. Renoirs geliebte Olivenhaine bilden die Kulisse der Bronzefigur *Venus Victrix* (1915/16).

Musée Renoir
Chemin des Collettes. 04 93 20 61 07. Mi–Mo. 1. Jan, 1. Mai, 2 Wo. im Nov/Dez, 25. Dez.

Château-Musée Grimaldi

Im Mittelalter beherrschte die Familie Grimaldi viele Städte der Mittelmeerküste. Das Schloss über Haut-de-Cagnes ließ Rainier Grimaldi 1309 als Festung und Gefängnis erbauen. Sein Nachkomme Jean verwandelte es 1620 in den stilvollen Palast, versteckt hinter bedrohlicher Fassade. Das Schloss hat die Zerstörungen der Französischen Revolution und die Belagerung durch piemontesische Truppen 1815 überstanden. Die hier untergebrachten Museen widmen sich sowohl der modernen Kunst als auch dem Anbau von Oliven.

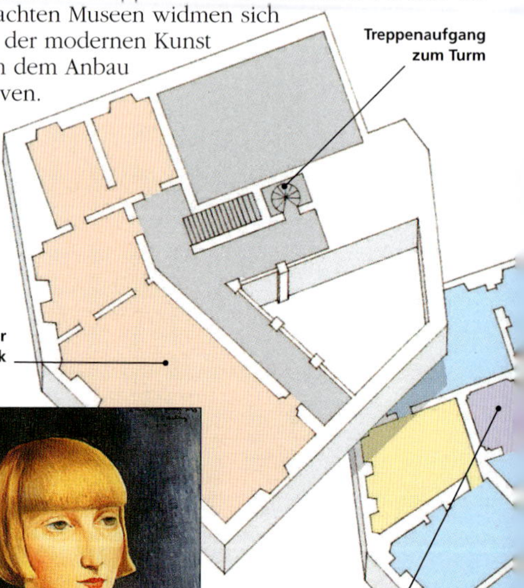

Die Kapelle ist eine Schatzkammer sakraler Kunst, von alt bis modern.

★ Donation Suzy Solidor
244 Maler porträtierten die Sängerin der 1930er Jahre. Zu den 40 ausgestellten Bildern zählen Arbeiten von Jean Cocteau (oben) *und Kisling* (ganz oben).

Kurzführer

Im Erdgeschoss sind das Olivenmuseum sowie Exponate, die das Leben im mittelalterlichen Schloss schildern, untergebracht. Ein ehemaliges Boudoir im ersten Stock ist Rahmen der Sammlung Suzy Solidor. Kostproben moderner Kunst des Mittelmeerraums sowie Sonderausstellungen finden Sie im ersten und zweiten Stock.

LEGENDE

- Donation Suzy Solidor
- Musée d'Art Modern Méditerranéen
- Musée de l'Olivier
- Dauerausstellung
- Sonderausstellungen
- Keine Ausstellungsfläche

Hotels und Restaurants an der Riviera und in den Alpes Maritimes *siehe Seiten 194–197 und 210–212*

Renaissance-Hof
Der zentrale Innenhof, üppig bepflanzt und gesprenkelt von Sonnenlicht, öffnet sich dem freien Himmel. Oben umgeben ihn zwei Galerien mit Marmorsäulen.

INFOBOX

Place Grimaldi, Haut-de-Cagnes.
04 92 02 47 30. Mi–Mo 10–12, 14–18 Uhr (Nov–Apr: bis 17 Uhr). 1. Jan, 25. Dez.
www.cagnessurmer.fr

★ La Chute de Phaëton
Truppen aus Piemont besetzten im 19. Jahrhundert das Schloss. Sie benutzten die Decke mit der Illusionsmalerei (1620–30), die Giovanni Carlone zugeschrieben wird, als Zielscheibe.

Musée de l'Olivier
Eine massive hölzerne Ölpresse, Terrakottagefäße und andere Geräte veranschaulichen die provenzalische Tradition der Olivenverarbeitung.

NICHT VERSÄUMEN

★ Donation Suzy Solidor

★ *La Chute de Phaëton* (vermutl. Carlone)

Im Detail: Nizza ⓱

Ein dichtes Netz von Gassen, schmale Häuser und Fassaden im italienischen Stil prägen die Altstadt von Nizza (Nice). Auch die hübschen Kirchen aus dem 17. Jahrhundert, wie die Église du Jésus in der Rue Droite und St-François-de-Paule hinter der Oper, zeigen italienische Elemente. Am Ufer nehmen die Ponchettes, eine Doppelzeile niedriger Häuser mit Flachdach, den Quai des États-Unis ein. Dort flanierte man, ehe die Promenade des Anglais angelegt wurde. Östlich davon, auf der Colline du Château, siedelten im 4. Jahrhundert Griechen, die am Kai ihre Netze auslegten.

★ Cathédrale Ste-Réparate
J.-A. Guiberto, Architekt aus Nizza, gestaltete diese barocke Kirche (1650). Blickfang sind ihre Fliesenkuppel und der getäfelte Turm (18. Jh.).

Palais de Justice
Der Justizpalast, eingeweiht am 17. Oktober 1892, ersetzte die vor dem Anschluss Nizzas an Frankreich genutzten Räume. An seiner Stelle befand sich eine Kirche mit Kloster (13. Jh.).

★ Cours Saleya
Hier herrscht stets Betrieb – beim Gemüse- und Blumenmarkt, aber auch bei Nacht.

Oper
Die reich verzierte und aufwendig gebaute Oper wurde 1855 errichtet. Der Eingang liegt am Quai des États-Unis.

Chapelle de la Miséricorde
Guarino Guarinone entwarf das barocke Meisterwerk mit Rokoko-Interieur. Beachtung verdienen die Altarbilder von Louis Bréa und Jean Miralhet.

INFOBOX

Straßenkarte F3. *347 000.* *7 km südwestlich.* *Av Thiers.* *5, blvd Jean Jaurès.* *Quai du Commerce.* *5, promenade des Anglais (08 92 70 74 07).* *Di–So.* *Karneval (vor der Fastenzeit), Festival du Jazz (Juli).* **www**.nicetourisme.com

★ Palais Lascaris
Statuen (18. Jh.) flankieren die Treppe. Das Deckengemälde ist ein Trompe-l'Œil genuesischer Künstler.

Besucherbahn
Die Bahn passiert Markt, Altstadt und Schlossgärten.

LEGENDE

– – – Routenempfehlung

0 Meter 100

NICHT VERSÄUMEN

- ★ Cathédrale Ste-Réparate
- ★ Cours Saleya
- ★ Palais Lascaris

Les Ponchettes
Die weißen Gebäude am Ufer mit ihrer ungewöhnlichen Architektur wurden einst von Fischern genutzt. Heute beherbergen sie verschiedene Galerien und internationale Restaurants.

Nizza: Musée Matisse

Henri Matisse (1869–1954) kam 1916 nach Nizza. Er zog mehrfach um, ehe er sich für den Rest seines Lebens im Stadtteil Cimiez niederließ. Aus Liebe zu der Stadt und ihrem klaren Licht machte er Nizza kurz vor seinem Tod 1954 eine Schenkung. Diese Werke bildeten neun Jahre später den Grundstock der Sammlung, die in der Villa des Arènes zu sehen ist. Auf dem Friedhof von Cimiez erinnert ein Grabstein an Matisse. Früher hütete die Villa auch archäologische Funde, doch seit 1993 widmet sie sich in erweiterten Räumen ausschließlich Leben, Werk und Wirken des Künstlers Matisse.

★ Nu Bleu IV (1952)
Im Alter fertigte Matisse seine papiers découpés, *Bilder aus bemalten Papierausschnitten.*

Matisse in seinem Atelier (1948)
Die Fotokollektion gewährt Einblicke in Wesen und Arbeit des Künstlers. Robert Capas Aufnahme zeigt Matisse beim Entwurf der Wandgemälde für die Chapelle du Rosaire in Vence (siehe S. 74f).

★ Fauteuil Rocaille
1946 malte Matisse diesen vergoldeten Rokoko-Lehnstuhl. Der Sessel zählt zu den vielen persönlichen Hinterlassenschaften, die im Museum ausgestellt sind.

NICHT VERSÄUMEN

- ★ *Fauteuil Rocaille*
- ★ *Nature Morte aux Grenades*
- ★ *Nu Bleu IV*

Kurzführer

Im Erdgeschoss und im ersten Stock zeigt das Museum einen Teil der Sammlung. Der neue Souterrain-Flügel dient wechselnden Themenausstellungen, die sich Matisse und seinen Zeitgenossen widmen.

LEGENDE

- Dauerausstellung
- Sonderausstellungen

Liseuse à la Table Jaune (1944)
Die Ruhe dieses Werks täuscht über die Sorgen hinweg, die Matisse im Zweiten Weltkrieg belasteten. Er wurde operiert, seine Frau wegen Unterstützung der Résistance verhaftet.

INFOBOX

164, avenue des Arènes de Cimiez, Nizza. *04 93 53 40 53. Mi–Mo 10–18 Uhr. 1. Jan, Ostersonntag, 1. Mai, 25. Dez.*

www.musee-matisse-nice.org

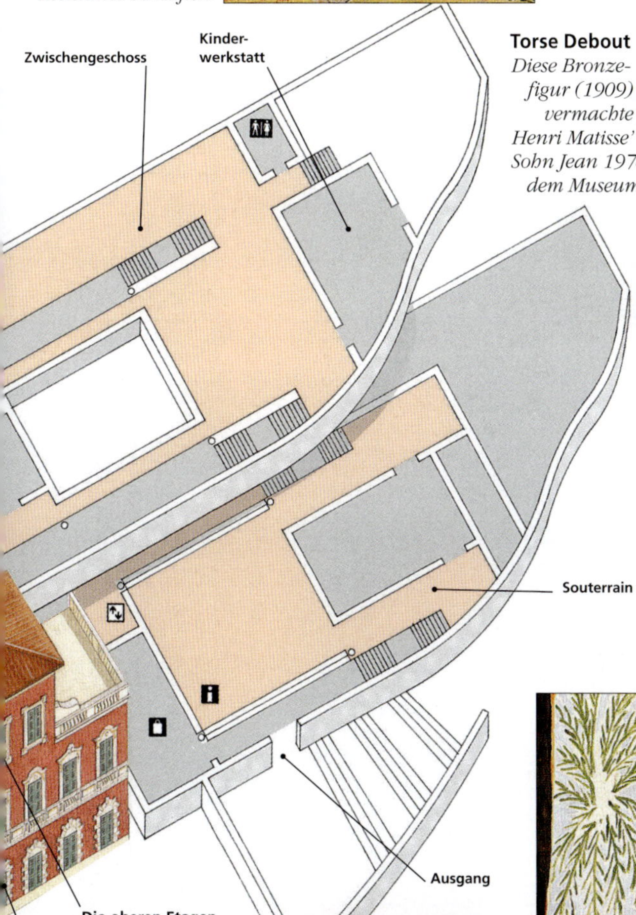

Torse Debout
Diese Bronzefigur (1909) vermachte Henri Matisse' Sohn Jean 1978 dem Museum.

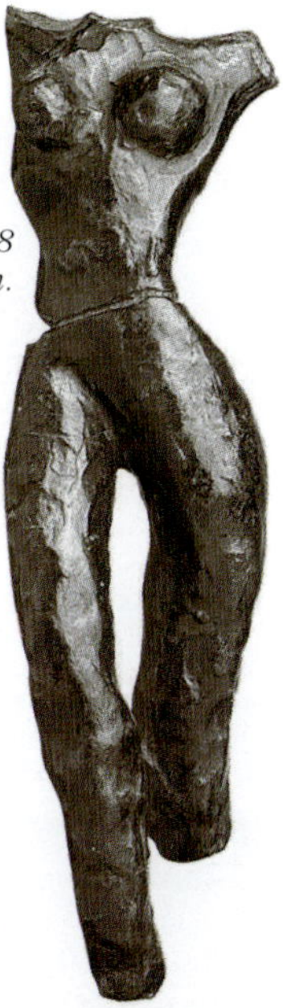

Die oberen Etagen der Villa beherbergen eine Bibliothek und ein Studienzentrum für Wissenschaftler und Studenten.

Trompe-l'Œil-Fassade
Das dekorative Mauerwerk der Villa des Arènes (17. Jh.) entpuppt sich bei näherem Hinsehen als meisterliche Tarnung glatter Wände.

★ Nature Morte aux Grenades (1947)
Granatäpfel vor typischem Hintergrund: ein Raum mit Fenster und Blick auf einen »Himmel … leuchtend blau wie Matisse' Augen«, so der Dichter Aragon.

Überblick: Nizza

Nizza ist der größte Ferienort und die fünftgrößte Stadt Frankreichs. Es besitzt nach Paris den zweitwichtigsten Flughafen und die meisten Banken, Galerien und Museen. Jährlich feiert man vor der Fastenzeit den Karneval, der mit einem Feuerwerk ausklingt. Die Menschen sprechen einen besonderen Dialekt, Spezialität ist *socca* (Kichererbsenpfannkuchen). Der Duft aus den Pizzaöfen belegt den italienischen Einfluss.

Promenade des Anglais

Kleiner Stadtrundgang
Nizza liegt zu Füßen eines Hügels namens Château, auch wenn es dort keine Burg mehr gibt. Ein Einkaufsparadies ist der Blumen- und Gemüsemarkt (Di–So) am Cours Saleya. Das vornehme Viertel Cimiez blickt von den Hügeln über die Dächer der Stadt. Dort verdient das alte Kloster **Notre-Dame** einen Besuch. Etwas tiefer, neben dem reizenden **Musée Matisse** *(siehe S. 82f)*, liegen ein römisches Amphitheater und die Ruinen von Thermen. Das Archäologische Museum zeigt Funde aus der Römersiedlung.

Die berühmte Promenade des Anglais am Ufer wurde nach 1820 mit Finanzmitteln der englischen »Kolonie« angelegt. Sie hat sich zu einer achtspurigen, fünf Kilometer langen Schnellstraße entwickelt. Bis zum Zweiten Weltkrieg war Nizza ein beliebter Treff der Aristokraten. Hier weilte 1895 Königin Victoria. Zar Nikolaus II. stiftete die **Cathédrale Orthodoxe Russe** in St-Philippe (1912). 1982 schrieb Graham Greene über das korrupte System unter dem rechtskonservativen Bürgermeister Jacques Médecin, der sich später aus Frankreich absetzte, um einer Verurteilung zu entgehen.

Hôtel Négresco
37, prom des Anglais. *04 93 16 64 00. Siehe* ***Hotels*** *S. 196.*
Der rumänisch-französische Hotelbesitzer Henri Négresco ließ 1912 dieses Luxushotel errichten. Acht Jahre später

Brunnen an der Place Masséna

war Négresco bankrott. Der Lüster im *salon royal* wurde aus 16 000 Steinen für den Zaren angefertigt. Die schillernde amerikanische Tänzerin Isadora Duncan verbrachte hier ihre letzten Tage. Sie starb 1927 vor dem Hotel: Ihr wehender Schal verfing sich im Rad ihres Bugatti und brach ihr das Genick.

Musée Masséna

65, rue de France.
04 93 88 11 34. Mi–Mo.

Die Villa Masséna (19. Jh.) im italienischen Stil gehörte ursprünglich dem Großenkel von Napoléons Marschall. Canovas Büste im Empire-Hauptsaal zeigt Marschall Masséna. Zu den Exponaten zählen religiöse Kunstwerke, Bilder naiver Maler aus Nizza, Fayencen *(siehe S. 186)* und ein Umhang von Josephine de Beauharnais.

Musée Chagall

36, av Dr Ménard. *04 93 53 87 20. Mi–Mo. 1. Jan, 1. Mai, 25. Dez.*

Das Museum beherbergt die größte Chagall-Sammlung. Zu den 17 Bildern seiner Illustrationen zur Bibel zählen *Die Arche Noah* und in fünf Versionen *Das Hohelied*. Drei Glasfenster illustrieren *Die Erschaffung der Erde*, während ein großes Mosaik den Propheten Elias zeigt.

Cathédrale Ste-Réparate

Place Rossetti. *08 92 70 74 07 (Führungen). tägl.*

Fliesen schmücken die Kuppel dieses Barockgebäudes (17. Jh.), üppiger Dekor aus Stuckaturen, Marmor und alten Täfelungen das Innere.

Palais Lascaris

15, rue Droite. *04 93 62 72 40. Mi–Mo. 1. Jan, Ostern, 1. Mai, 25. Dez.*

Das Palais (17. Jh.) entstand aus vier Häusern, die die Familie Lascaris-Ventimiglia 1649 erwarb. Flämische Tapisserien bedecken die Wände des Salons. Das Trompe-l'Œil-Deckengemälde (17. Jh.) wird Carlone zugeschrieben. Im Erdgeschoss befindet sich eine Apotheke (18. Jh.).

Musée des Arts Asiatiques

405, prom des Anglais. *04 92 29 37 00. Mi–Mo. 1. Jan, 1. Mai, 25. Dez.*

Das Museum in Kenzo Tanges Wohnsitz aus Marmor und Glas zeigt herausragende historische und moderne asiatische Kunst.

Russisch-orthodoxe Kirche

Musée des Beaux-Arts

33, av des Baumettes. *04 92 15 28 28. Di–So. 1. Jan, 1. Mai, Ostern, 25. Dez.*

Die Sammlung in der Villa (1876) zeigt Kunst aus 300 Jahren, u.a. von Jules Chéret, Carle van Loo, van Dongen, Dufy, Bonnard und Vuillard.

Musée d'Art Moderne et d'Art Contemporain

Promenade des Arts. *04 97 13 42 01. Di–So. 1. Jan, Ostern, 1. Mai, 25. Dez.*

Das Museum befindet sich in einem eigenwilligen Bau mit Türmen und Glaskorridoren. Es widmet sich der Avantgarde, zeigt Pop-Art von Warhol und Lichtenstein sowie Arbeiten moderner Künstler der Schule von Nizza wie César und Yves Klein.

Anthropométrie (Y. Klein), Musée d'Art Moderne et d'Art Contemporain

Blick über Cap Ferrat

Cap Ferrat 18

Straßenkarte F3. *2000. Nizza. Beaulieu. St-Jean-Cap-Ferrat. 5/59 av Denis Séméria (04 93 76 08 90).* **www**.saintjeancapferrat.fr

Prunkvillen, exklusive Gärten und edle Yachten im Hafen von St-Jean verraten es: Auf der Halbinsel Cap Ferrat tummelt sich der Geldadel. Vorreiter war der belgische König Léopold II: Er baute im 19. Jahrhundert Les Cèdres an der Westseite des Kaps mit Blick über Villefranche. 1938 mieteten sogar der Herzog und die Herzogin von Windsor hier eine Villa. Nach dem Krieg zog es auch David Niven und Edith Piaf hierher. Eine der schönsten unter den Luxusvillen ist als **Villa Ephrussi de Rothschild** *(siehe S. 86f)* zu besichtigen.

Der kleine Garten um den Leuchtturm (1837) eröffnet herrliche Ausblicke. Ein Uferweg führt um die Pointe St-Hospice östlich des Hafens in das frühere Fischerdorf **St-Jean-Cap-Ferrat**.

Gegen eine Gebühr können Sie sich an einem der zwei privaten Strände der Stadt vergnügen: **Plage de Paloma** oder **Plage de Passable**. Beide bieten Sonnenliegen, Wassersportmöglichkeiten und Bootsausflüge.

Plage de Paloma

1, chemin de Saint Hospice.
04 93 01 64 71. Apr–Okt: tägl.

Plage de Passable

Chemin de Passable. *04 93 76 06 17. Apr–Okt: tägl.*

Nizza: Villa Ephrussi de Rothschild

Béatrice Ephrussi de Rothschild (1864–1934) hätte untätig im Luxus schwelgen können, doch Reiselust und Liebe zur Kunst, gepaart mit eisernem Willen, veranlassten sie zum Bau ihrer Traumvilla an der Riviera, der Villa Île-de-France. Obwohl auch König Léopold II von Belgien an dem Grundstück Interesse zeigte, erhielt sie den Zuschlag. Beim Bau überwachte sie jedes Detail. 1912 war das Werk vollendet. Auch wenn sie das Anwesen nie als eigentlichen Wohnsitz nutzte, veranstaltete sie hier doch bis 1934 regelmäßig Gartenfeste und Soireen. Die Villa ist ein Denkmal für diese geist- und fantasievolle Frau.

★ Fragonard-Saal
Zur Skizzensammlung Jean-Honoré Fragonards (1732–1806) gehört auch diese Studie mit dem ironischen Titel Ach, wäre er mir ebenso treu.

Béatrice als 19-Jährige
Hinter dem sanften Äußeren verbarg sich eine Frau, die »Blumen gebietet, während des Mistrals zu wachsen«, so ein Zeitgenosse.

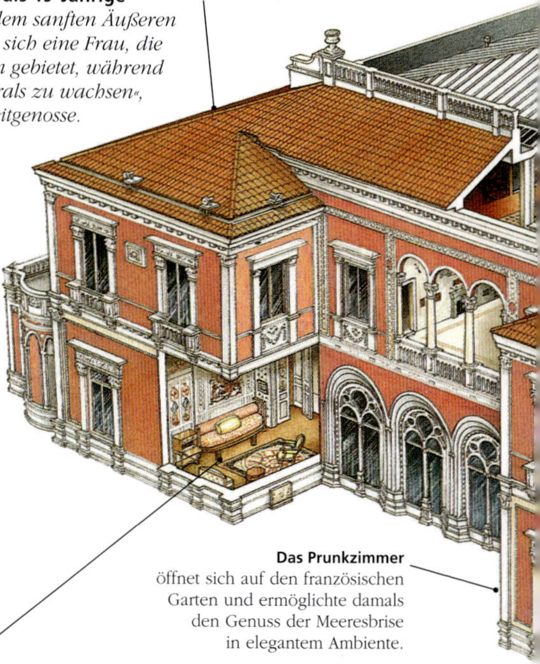

Das Prunkzimmer
öffnet sich auf den französischen Garten und ermöglichte damals den Genuss der Meeresbrise in elegantem Ambiente.

Béatrice' Boudoir
Der hübsche Schreibtisch aus dem 18. Jahrhundert gehörte einst Marie-Antoinette. Sogar die Hunde Béatrice' durften auf kostbaren antiken Schemeln ruhen.

Villa Île-de-France
Die stuckverzierten Mauern sind in zartem Rosé gestrichen. Bei der Namensgebung folgte Béatrice einem Muster: Eine weitere Villa in ihrem Besitz hieß »Rose de France«.

NICHT VERSÄUMEN

- ★ Fragonard-Saal
- ★ Gärten
- ★ Prunkzimmer

Hotels und Restaurants an der Riviera und in den Alpes Maritimes *siehe Seiten 194–197 und 210–212*

Überdachter Patio
Der Innenhof vereint maurische und italienische Elemente in luftiger, hoher Bauweise. Marmorsäulen, Bodenmosaiken und diffuses Licht bringen Renaissance-Gemälde und Tapisserien (15./16. Jh.) an den Wänden zur Geltung.

INFOBOX

1, av Ephrussi de Rothschild, St-Jean-Cap-Ferrat. *04 93 01 33 09.* *Mitte–Okt: tägl. 10–18 Uhr (Juli/Aug: bis 19 Uhr); Nov–Mitte Feb: tägl. 14–18 Uhr.* *25. Dez.* *nur Sammlungen im 1. Stock (obligatorisch).* *Erdgeschoss.* **www**.villa-ephrussi.com

Cabinet des Singes
Dieser winzige Raum ist Ausdruck für Béatrice' Tierliebe. Die Holzpaneele sind mit Affen bemalt, die zur Musik des winzigen Affenorchesters aus Meißner Porzellan (18. Jh.) tanzen.

★ Prunkzimmer
Wie alle Räume ist auch dieser Salon verschwenderisch ausgestattet: Holzornamente von Crillon, Savonnerie-Teppiche und Stühle mit Polstern aus Aubusson-Gobelins (18. Jh.).

★ Gärten
Der Hauptgarten ist wie ein Schiffsdeck gestaltet. Béatrice stellte extra Leute an, die dort in Seemannsuniformen umherwandern sollten. Unter den neun themenbezogenen Gärten sind auch ein florentinischer und ein japanischer.

Villefranche ⓳

Straßenkarte F3. *6600.* *Jardin François Binon (04 93 01 73 68).* *Mi, Sa, So.* **www**.villefranche-sur-mer.com

Das idyllische Städtchen blickt auf einen schönen natürlichen Hafen mit belebten Bars und Cafés. In der mittelalterlichen **Chapelle St-Pierre** am Kai lagerten Fischer ihre Netze, bis die Kirche 1957 renoviert und von Jean Cocteau mit Fresken ausgestaltet wurde. Die überwölbte Rue Obscure bot den Einwohnern über Jahrhunderte Schutz vor Angriffen, zuletzt vor den Bomben im Zweiten Weltkrieg. Die barocke **Église St-Michel** birgt eine geschnitzte Figur des hl. Rochus mit seinem Hund (16. Jh.) und eine Orgel von 1790.

Die wehrhaften grauen Mauern der Citadelle de St-Elme (16. Jh.) umschließen eine Kapelle, ein Freilichttheater und mehrere Museen.

Chapelle St-Pierre
Quai Amiral Courbet. *04 93 76 90 70.* *Di–So.* *25. Dez.*

Ein Fischer mit seinem Boot im Hafen von Villefranche

Beaulieu ⓴

Straßenkarte F3. *3700.* *Place Clemenceau (04 93 01 02 21).* *tägl.* **www**.beaulieusurmer.fr

Geschützt von einer mächtigen Felswand, ist Beaulieu im Winter einer der wärmsten Ferienorte an der Riviera. Es besitzt zwei Strände, die Baie des Fourmis und den »Petite Afrique« am Hafen. Das Casino, architektonische Gärten und die Belle-Époque-Rotunde unterstreichen das altmodische Flair Beaulieus. Zu seinen Grandhotels zählt La Réserve, gegründet von Gordon Bennett, dem Besitzer des *New York Herald*. Bennett finanzierte die Expedition unter H.M. Stanley, die den verschollenen schottischen Forscher Livingstone in Afrika aufspüren sollte.

Der Archäologe Théodore Reinach baute 1902–08 die **Villa Kerylos**, ein griechisches Landhaus im Stil des perikleischen Zeitalters. Es wurde unter Anwendung antiker Bautechniken errichtet und mit Mosaiken, Fresken sowie Intarsienmöbeln ausgestattet. Neu ist eine Galerie mit antiken Skulpturen.

Villa Kerylos
Imp. Eiffel. *04 93 76 44 09.* *tägl.* *25. Dez.*
www.villa-kerylos.com

Aufgang zur eleganten Belle-Époque-Rotunde (1886) in Beaulieu

Èze ㉑

Straßenkarte F3. *3000.* *Pl Général de Gaulle (04 93 41 26 00).* *So.* **www**.eze-riviera.com

Èze ist ein *village perché (siehe S. 20f)* in besonders aufregender Lage: ein Haufen dicht gedrängter alter Häuser, einige davon 427 Meter hoch über dem Meer. Vom **Jardin Exotique**, der um die Ruinen einer Burg angelegt ist, hat man einen fantastischen Ausblick bis nach Korsika.

Bummeln Sie durch die autofreien Straßen bis zur Kirche (18. Jh.) mit der Christusbüste aus Olivenholz.

Jardin Exotique
Rue du Château. *04 93 41 10 30.* *tägl.* *Weihnachten.*

Hotels und Restaurants an der Riviera und in den Alpes Maritimes *siehe Seiten 194–197 und 210–212*

La Turbie ㉒

Straßenkarte F3. *3200.*
2, pl Detras (04 93 41 21 15).
Do. **www**.ville-la-turbie.fr

Hoch über Monte Carlo liegt einer der schönsten Aussichtspunkte der Riviera. Die Grande Corniche führt über Berge und Schluchten und durch Tunnel nach La Turbie. Der Duft von Bougainvilleen und Jasmin erfüllt das charmante alte Dorf. Dort stehen noch zwei mittelalterliche Tore und, an der Römerstraße Via Julia, die ältesten Häuser des Ortes aus dem 11. bis 13. Jahrhundert.

Blick vom Dorf La Turbie auf Le Trophée des Alpes

Musée du Trophée des Alpes

Cours Albert 1er. *04 93 41 20 84.* *Di–So.* *1. Jan, 1. Mai, 1., 11. Nov, 25. Dez.*
La Turbies bekannteste Sehenswürdigkeit ist Le Trophée des Alpes. Das Römerdenkmal aus weißem Stein markierte die Grenze zwischen Italien und Gallien. Der römische Senat ließ es 6 v. Chr. zu Ehren von Kaiser Augustus errichten, der 13 v. Chr. 44 ligurische Stämme unterworfen hatte. Das ursprünglich 50 Meter hohe Denkmal besaß Nischen mit Statuen der siegreichen Feldherren und war über Stufen zu begehen.

Detail des Denkmals

Nach Abzug der Römer trug man den Bau Stück für Stück ab. Der hl. Honoratus schlug eigenhändig auf dieses vorchristliche Kultobjekt ein. Später diente es als Festung und als Steinbruch. Als Savoyen 1707 die Provence angriff, befahl Louis XIV die (nur teilweise gelungene) Zerstörung des Denkmals, damit es nicht in Feindeshand fiele. 1905 begann die Restaurierung, die ab 1923 von Edward Tuck fortgesetzt wurde. Die rühmende Inschrift ist dabei originalgetreu wiederhergestellt worden.

Ein Museum auf dem Gelände dokumentiert anhand von Fragmenten des Baus, Skulpturen, Inschriften, Zeichnungen und einem Miniaturmodell die Geschichte des Siegesdenkmals.

Von seinen Terrassen bietet sich ein großartiger Panoramablick bis Èze und Cap Ferrat. Das 480 Meter tiefer gelegene Monaco scheint zum Greifen nah, so als blicke man aus einer Loge auf das Bühnenbild einer Stadt.

Auch Dante Alighieri (1265–1321) war von La Turbie und dem Denkmal beeindruckt. Die Lobesworte des Dichters hält eine Tafel in der Rue Comte-de-Cessole fest. Vom Ende der Straße bietet sich ein guter Blick auf das Denkmal.

Église St-Michel-Archange

tägl.
Das Römerdenkmal lieferte Baumaterial für diese Barock-Kirche (18. Jh.). Innen beeindrucken der Marmoraltar und ein Abendmahltisch aus Onyx und Achat (17. Jh.). Zu den religiösen Bildwerken zählen zwei Arbeiten von Jean-Baptiste van Loo, einem Künstler aus Nizza, ein Veronese zugeschriebenes Porträt des hl. Markus und eine Pietà der Schule von Bréa.

Trophée des Alpes

Dieses Denkmal bestand aus einem quadratischen Podium, über dem ein Säulenring mit einem gestuften Spitzkegel ruhte. Darüber thronte die Statue des Augustus.

Die sechs Meter hohe Statue von Kaiser Augustus

Der Säulenring besaß Nischen für Statuen von den Feldherren des Augustus.

Die Inschrift nennt die Namen der 44 besiegten Stämme mit einer Widmung für Kaiser Augustus.

Monaco ㉓

Familienwappen der Grimaldis

Autofahrer sollten über die reizvolle Küstenstraße Moyenne Corniche anreisen. Inmitten von modernen Hochhäusern scheint Monacos bewegte Vergangenheit unendlich fern. Deren Schauplatz war Monaco-Ville, der älteste Teil der Stadt, wo auch Palast, Kathedrale und Museen liegen. Er bedeckt eine ebene, steil abfallende Landzunge, die 792 Meter weit ins Meer ragt. Hier siedelten Griechen, später Römer. Der Genuese François Grimaldi kaufte Monaco 1309. Trotz heftiger Familienfehden hat sich das Reich der Grimaldis, deren Wappen zwei Mönche mit Schwertern zeigt, als weltweit ältestes noch bestehendes Fürstentum erhalten.

Modernes Monaco
Aus Platzmangel baute man in die Höhe. So entstand die heutige eindrucksvolle Skyline.

Palais Princier
Das Palais war ab dem 14. Jahrhundert Regierungssitz der Grimaldis. Der heutige Bau stammt aus dem 16./17. Jahrhundert. Die Wache aus französischen carabiniers *schreibt die Verfassung vor* (siehe S. 94).

Cathédrale
Der neoromanische, cremefarbene Bau thront auf einem Felsvorsprung. Zu seinen Schätzen zählen zwei frühe Bilder von Louis Bréa: La Pietà *und* St-Nicolas (siehe S. 94).

Musée Océanographique
Das hoch über dem Meer erbaute Museum besitzt eines der besten Aquarien Europas. Es ist zugleich ein Forschungszentrum (siehe S. 94).

INFOBOX

Straßenkarte F3. *35 000.* *15 km südwestlich von Nizza.* *Place Ste-Dévote (08 36 35 35 35).* *2a, blvd des Moulins (00 377 92 16 61 16).* *tägl.* *Festival du Cirque (Jan), Grand Prix (Mai), Fête Nationale (19. Nov).* **www**.visitmonaco.com

Théâtre du Fort Antoine
Eine alte Festung wurde in dieses Theater umgewandelt, das im Sommer eine breite Programmpalette bietet.

Die **Monte Carlo Story** illustriert Monacos Geschichte mehrsprachig mit Filmen und historischen Fotografien.

Typische Altstadtvilla
Im Labyrinth der Passagen finden sich Brunnen, kleine Plätze und elegante Fassaden.

Fürstenfamilie

Von 1949 bis 2005 wurde Monaco von dem geschäftstüchtigen Fürsten Rainier Louis Henri Maxence Bertrand de Grimaldi regiert, 26. Herrscher des Geschlechts und Nachfahre jenes Grimaldi, der 1297 als Mönch getarnt in die Festung von Monaco eindrang. Damals reichte Monacos Territorium bis Antibes und Menton. 1956 heiratete Rainier die Schauspielerin Grace Kelly, die 1982 bei einem Autounfall ums Leben kam. Gracia Patricias Sohn Albert ist seit Rainiers Tod im Jahr 2005 Fürst von Monaco und Familienoberhaupt. Im Juli 2011 heiratete Fürst Albert II die frühere Schwimmerin Charlene Wittstock in einer standesamtlichen Zeremonie im Thronsaal.

Fürst Rainier III und Grace Kelly bei ihrer Verlobungsfeier 1956

Monaco: Monte Carlo

Art-déco-Eingang, Café de Paris

Das Panorama von Monte Carlo mit seinen Steilhängen ist weltbekannt. Zur Rallye Monte Carlo reisen Zuschauerscharen, zur Opernsaison weltberühmte Sänger an. Monte Carlo ist nach Charles III benannt, der hier 1856 das erste Casino eröffnete, um Monacos Bankrott abzuwenden. Der Erfolg war so groß, dass er 1883 die Steuerpflicht abschaffte. Königin Victoria schalt Monte Carlo einst einen Sündenpfuhl – anders als viele weitere Blaublütige, die wie Edward VII zu Dauergästen wurden. Charles Garnier, der Architekt der Pariser Oper, schuf hier das prunkvolle Casino und die Oper. Zwischen Monaco-Ville und Monte Carlo erstreckt sich um die Luxusyachten im Hafen der Bezirk La Condamine, ein Einkaufs- und Geschäftszentrum.

Blick auf Monte Carlo
La Turbie (siehe S. 89) *ist einen Halt wert – allein wegen des Panoramas.*

Jardin Exotique
Im milden Klima gedeihen exotische Pflanzen. Vor rund 200 000 Jahren waren die Grotten von Menschen und Tieren bewohnt (siehe S. 94).

La Condamine
Beim Flanieren über die von Albert I angelegten Kais kann man die Yachten bestaunen. Rainier III fügte ein Wassersportstadion hinzu. Hier finden auch Jahrmärkte statt.

INFOBOX

Straßenkarte F3. *Place Ste-Dévote.* *2a, blvd des Moulins (00 377 92 16 61 16).* ***Grimaldi Forum*** *(Kulturzentrum)* *00 377 99 99 30 00.* *tägl.* *Rallye Monte Carlo (Jan), Festival International de Feux d'Artifice (Feuerwerksfest, Juli/Aug).* *tägl.* **www**.monte-carlo.mc

Le Café de Paris
Frauenliebling Edward VII war hier regelmäßiger Gast. Das Dessert crêpe suzette *wurde nach einer seiner Begleiterinnen benannt.*

Salle Garnier
Charles Garnier entwarf den Saal (1879), in dem u.a. Nijinski, Caruso und Sarah Bernhardt auftraten.

Casino
Charles Deville Wells machte 1891 bei einer dreitägigen Spielorgie aus 400 Pfund mehr als eine Million Francs. Sein Erfolg inspirierte zu der Melodie The Man Who Broke the Bank at Monte Carlo.

Überblick: Monaco

Monaco ist nach dem Vatikan der zweitkleinste Staat der Welt. Mit 1,9 Quadratkilometern ist er etwa nur halb so groß wie der New Yorker Central Park. Die Bürger, zu 20 Prozent Monegassen, zahlen keine Steuern und erzielen das weltweit höchste Pro-Kopf-Einkommen. »Monegasco«, ein provenzalischer Dialekt, taucht auch in Straßennamen auf: So heißt es *carrigiu* statt *rue*, *piaca* statt *place*. Amtssprache ist Französisch, Währung der Euro. Wegen der komplizierten Straßenführung sollten Autofahrer Routen sorgsam planen.

Beim Großen Preis von Monaco

Palais Princier

Place du Palais. 00 377 93 25 18 31. Apr–Okt: tägl.

Der Schlosspalast ist Monacos Regierungssitz. Ihn bewachen Kanonen, die Louis XIV gestiftet hat, und Garden (Wachablösung tägl. 11.55 Uhr). Der kostbar möblierte, mit Fresken geschmückte Palast ist nur im Sommer zu besichtigen. In der Cour d'Honneur erklingen Sommerkonzerte.

Musée des Souvenirs Napoléoniens et Archives Historiques du Palais

Place du Palais. 00 377 93 25 18 31. tägl. (Jan–März: Di–So). 1. Jan, 25. Dez.

Dieses Museum vermittelt Regionalgeschichte, verbunden mit Erinnerungen an Napoléon, der weitläufig mit den Grimaldis verwandt war. Im Erdgeschoss stehen einige Büsten des Kaisers.

Casino

Place du Casino. 00 377 98 06 21 21. tägl. ab 14 Uhr. **www**.montecarlocasinos.com

Charles Garnier *(siehe S. 51)*, Architekt der Pariser Oper, renovierte das Casino 1878. Die Terrasse eröffnet einen großartigen Blick auf Monaco. Das Interieur zeigt sich im Stil der Belle Époque. Roulette wird in der Salle Europe gespielt, Blackjack spielt man in den Salons Privés. Das Sun Casino ist im Stil eines Zirkus ausgestaltet und bietet amerikanische Glücksspiele.

Musée National (Poupées et Automates)

17, av Princesse Grace. 00 377 93 30 91 26. tägl. 1. Jan, Grand Prix, 1. Mai, 19. Nov, 25. Dez.

Die von Garnier entworfene Villa liegt in einem Rosengarten, den Skulpturen wie der *Junge Faun* von Carpeaux zieren. Das Museum zeigt Puppen aus dem 18./19. Jahrhundert sowie Automaten.

Cathédrale

4, rue Colonel Bellando del Castro. 00 377 93 30 87 70. tägl.

Die Église St-Nicolas (12. Jh.) musste im 19. Jahrhundert dem neoromanischen Gotteshaus weichen. In der Nähe des Altarbildes von Louis Bréa liegen die Gräber von Fürsten und Bischöfen. Blumen übersäen stets das Grab von Fürstin Gracia Patricia.

Meeresforscher Jacques Cousteau

Musée Océanographique

Av St-Martin. 00 377 93 15 36 00. tägl. 1. Jan, 25. Dez. *Kino*. **www**.oceano.mc

Das 1910 eröffnete Museum liegt auf einer Klippe. Seltene Meerespflanzen und -tiere füllen die Aquarien. Zu sehen sind Muscheln, Korallen, Perlen und das lebensgroße Modell eines Riesenkraken. Jacques Cousteau war hier 30 Jahre lang (bis 1988) Direktor. Die Dachterrasse bietet einen herrlichen Blick auf die Küste.

Jardin Exotique

62, blvd du Jardin Exotique. 00 377 93 15 29 80. tägl. 1. Jan, 19. Nov, 25. Dez. (eingeschränkt). **www**.jardin-exotique.mc

Mit seinen tropischen und subtropischen Pflanzen zählt dieser Garten zu den schönsten Europas. In der **Grotte de l'Observatoire** lebten vor 200 000 Jahren Menschen. Das **Musée d'Anthropologie Préhistorique** zeigt prähistorische Werkzeuge, Figuren und Knochen aus der Römerzeit.

Roulettetische in der Salle Europe des Casinos

Hotels und Restaurants an der Riviera und in den Alpes Maritimes *siehe Seiten 194–197 und 210–212*

Peillon ㉔

Straßenkarte F3. *1350.*
04 93 79 91 04 (nur nachmittags).

Das *village perché* auf 373 Metern Höhe markiert, so der Volksmund, das Ende der bewohnten Welt. Schmale Straßen winden sich bergauf, die Häuser sind seit dem Mittelalter kaum verändert. Ein Platz mit Kopfsteinpflaster besticht durch seine Aussicht, die Pfarrkirche aus dem 18. Jahrhundert durch ihren achteckigen Turmaufsatz. Der wahre Schatz sind jedoch die Fresken von Jean Canavesio in der Chapelle des Pénitents. Peillon bietet sich an für Waldwanderungen nach Peille und La Turbie.

Eine Straße in Peillon

Peille ㉕

Straßenkarte F3. *2000.*
La Mairie (04 93 91 71 71).

Vom Kriegerdenkmal des reizenden mittelalterlichen Dorfes blickt man über das Peillon-Tal bis zur Baie des Anges. Hinter dem Dorf ragt der Pic de Baudon (1264 m) mächtig auf. Kopfsteinpflastergassen durchziehen den Ort. Am Ende der Place A-Laugier ruhen unterhalb eines Hauses zwei Bogen auf einem romanischen Pfeiler.

Herren der Burg waren die Grafen von Provence. In der Kirche Ste-Marie aus dem 12. Jahrhundert ist eine mittelalterliche Ansicht von Peille zu sehen, außerdem ein Altarbild (16. Jh.) von Honoré Bertone. Das Rathaus ist in der früheren Chapelle de St-Sébastien (18. Jh.) untergebracht, ein Museum findet sich in der Rue de la Turbie.

Die Gorges de la Vésubie in der Vallée de la Vésubie

Lucéram ㉖

Straßenkarte F3. *1250.*
Place Adrien Barralis (04 93 79 46 50).

Im Herzen des italienisch anmutenden Dorfs erhebt sich das Ziegeldach der Église Ste-Marguerite aus dem 15. Jahrhundert. Sie zeigt primitive Malerei von Nizzas Künstlern, vor allem von Louis Bréa, der das zehnteilige Altargemälde schuf und letztlich Lucéram als Zentrum für religiöse Malerei etablierte. Auch eine schöne silberne Statue der Tarasque *(siehe S. 140)* ist zu bestaunen. Zur Christmette ziehen Schäfer zu Musik von Flöten und Tamburinen in die Kirche, um Lämmer und Früchte darzubringen.

Lucéram, das zwischen zwei Schluchten liegt, mutet italienisch an

Vallée de la Vésubie ㉗

Nizza. *St-Martin-Vésubie.* *St-Martin-Vésubie (04 93 03 21 28).*

Das Tal des Flusses Vésubie enthüllt einige der reizvollsten Szenerien in der Umgebung Nizzas. Der lebhafte Fluss kommt von den schneebedeckten Alpen nahe der italienischen Grenze, läuft an Roquebillière vorbei zum westlichen Abschnitt des Parc National du Mercantour *(siehe S. 97)* und taucht schließlich in die Gorges de la Vésubie ein. 24 Kilometer nördlich des Flughafens von Nizza mündet er in den Var.

Den Fluss Vésubie speisen die Wildbäche Madone de Fenestre und Boréon, die sich bei St-Martin-Vésubie treffen. Der von Wasserfällen, Seen und Gipfeln umrahmte Ort zieht im Sommer Scharen von Bergsteigern an. Die Statue der Notre-Dame-de-Fenestre (12. Jh.) trägt man alljährlich von der Kirche (17. Jh.) zur zwölf Kilometer entfernten Chapelle de la Madone de Fenestre hinauf. Dort wacht sie drei Monate lang im schroffen Hochgebirge.

Bei St-Jean-la-Rivière beginnen die Gorges de la Vésubie. Ein großartiges Panorama bietet sich bei La Madone d'Utelle, über dem Wehrdorf Utelle. Bis zu 224 Meter tief hat sich der Fluss eingegraben. Leider bietet die Talstraße nur wenige Halteplätze, um die Aussicht zu genießen.

Skisport in den Alpes d'Azur

Die Alpes d'Azur bieten gute Wintersportmöglichkeiten. Eine Stunde von der Küste entfernt befinden sich in großartiger Gebirgskulisse mehr als 20 Skiurlaubsorte mit 250 Skipisten. Zum *après-ski* gehören Schlittschuhlaufen, Fahrten im Schneemobil und Kostproben traditioneller Alpenküche wie z.B. Raclette. Im Sommer können Sie in Auron und Isola 2000 im Parc National du Mercantour schwimmen, radeln und reiten – alles in einer Landschaft, die sich deutlich von jener der Côte d'Azur unterscheidet.

Valberg, seit 1935 ein schneesicherer Winterferienort

Auron

Höhe *1600–2100 Meter.*
Lage *97 km von Nizza entfernt, erreichbar über die RN202 und D2205.*
Skipisten *9 schwarze, 15 rote, 16 blaue, 2 grüne Pisten.*
Skilifte *21, inkl. 9 Sessellifte und 3 Seilbahnen.*

Isola 2000

Höhe *2000–2300 Meter.*
Lage *90 km von Nizza entfernt, erreichbar über die RN202, D2205 und D97.*
Skipisten *4 schwarze, 11 rote, 22 blaue, 7 grüne Pisten.*
Skilifte *22, inklusive 9 Sessellifte (Viersitzer) und 2 Seilbahnen.*

Valberg

Höhe *1430–2100 Meter.*
Lage *86 km von Nizza entfernt, erreichbar über die RN202, CD28, CD202 und CD30.*
Skipisten *4 schwarze, 30 rote, 15 blaue, 9 grüne Pisten.*
Skilifte *26, inkl. 6 Sessellifte.*

Eisklettern an gefrorenen Wasserfällen, Nervenkitzel in vielen Urlaubsorten der Alpen

Aufbruch zum Schneeschuhwandern in den Alpes d'Azur

Alpinsport

Auron	Isola 2000	Valberg	
•	•	•	Skilanglauf
		•	Behindertenski
•	•		Pferdeschlittenfahrten
	•		Eisspike-Rennen
•	•	•	Schlittschuhlaufen
	•	•	Kart-Crossfahrten auf Eis
	•	•	Monoski
	•	•	Nachtskifahren
	•		Skijöring
•	•	•	Skischule
•	•	•	Tourenskifahren
•	•	•	Snowboarden
•		•	Reiten
	•	•	Skispringen
	•		Schneescooterbahnen
•	•	•	Schneeschuhwandern
		•	Speed-Ski-Schulen
•	•		Wassersportzentrum

Snowboarder im Skiort Isola 2000

Forêt de Turini 28

L'Escarène, Sospel. *Moulinet, Sospel.* *La Bollène (04 93 03 60 54).*

Dieser feuchte Wald liegt zwischen der milden Küste und den kühlen Alpen, zwischen den Gorges de la Vésubie und dem Vallée de la Bévéra. Hier gedeihen auf einer Fläche von 3497 Quadratkilometern Buchen, Edelkastanien, Ahorn und außergewöhnlich hohe Kiefern.

Der Berg L'Authion (1889 m) am nordöstlichen Rand des Waldes war 1945 Schauplatz heftiger Kämpfe. Ein Denkmal erinnert an die Opfer. Die benachbarte Pointe des Trois-Communes (2082 m) gewährt herrlichen Blick auf die Voralpen und die Gipfel des Parc National du Mercantour.

Parc National du Mercantour 29

Straßenkarte E2 u. F2. *Nizza.* *St-Étienne-de-Tinée, Auron.* *Maison du Parc (04 93 02 42 27).* **www**.mercantour.eu

Der dünn besiedelte, von Gletschern und Felsgipfeln durchzogene Park umfasst ein Fläche von 70 000 Hektar. Hier leben Gämsen, Steinböcke und Mufflons, ursprünglich auf Korsika heimische Wildschafe. Frühmorgens sichtet man zuweilen Murmeltiere, Beute der Steinadler, oder den imposanten Bartgeier, rostgelb gefiedert mit schwarzen Flügeln. Hübsche Farbtupfer setzen bunte Schmetterlinge und Alpenblumen wie die *Saxifraga florulenta*.

Tende 30

Straßenkarte F2. *2000.* *103, avenue du 16 Sep 1947 (04 93 04 73 71).* *Mi.* **www**.tendemerveilles.com

Das düstere Tende bewachte den Pass zwischen Piemont und Provence. Heute umgeht ihn ein Tunnel. Die Schieferhäuser wirken wie aufeinandergestapelt. Von der Burg der Herren von Lascaris zeugt nur noch eine Mauer nahe dem in Terrassen angelegten Friedhof. Das Ortsbild ist von außergewöhnlichen Türmen wie dem der Kirche **Notre-Dame-de-l'Assomption** (15. Jh.) geprägt. Löwen stützen die Säulen, die Innenpfeiler sind aus grünem Schiefer.

Straßenszene im alten Grenzstädtchen Tende

Turm in Tende

Die Vallée des Merveilles, das Juwel des Mercantour-Nationalparks, ist nur mit Führer zu besichtigen. Die Fremdenverkehrsämter in Tende und St-Dalmas erteilen Auskunft. Der kürzeste Weg beginnt am Lac des Mesches. Eine zweistündige Wanderung führt zum Lac Long und zum Refuge des Merveilles. Um den Mont Bégo sind noch etwa 36 000 bronzezeitliche Felszeichnungen (1800–1500 v. Chr.) erhalten.

In Tende lohnt ein Besuch im **Musée des Merveilles**. Erlesene Gemälde zieren die Kirche von La Brigue südöstlich von Tende. Jean Canavesios Fresken (15. Jh.) *La Passion du Christ* und der *Judas pendu* schmücken die nahe **Chapelle Notre-Dame-des Fontaines** (14. Jh.).

Musée des Merveilles
Avenue du 16 Sep 1947. 04 93 04 32 50. Mi–Mo (Juli–Sep: tägl.). Feiertage, 2 Wochen Mitte März u. Mitte Nov.

Saorge 31

Straßenkarte F3. *450.* *La Mairie (04 93 04 51 23).*

Saorge, der schönste Fleck des Roya-Tals, liegt hoch über dem Fluss in einem natürlichen Amphitheater. Die schiefergedeckten Häuser stapeln sich ganz nach Art eines *village empilé*.

Olivenholzschnitzerei hat hier Tradition: Viele der Türstöcke stammen aus dem 15. Jahrhundert, als Saorge als Festung diente. Die Franzosen nahmen es 1794 ein.

Zu den Kirchen zählen die mit einer italienischen Orgel ausgestattete Église du St-Sauveur aus dem 15. Jahrhundert, die Barockkirche des Franziskanerklosters und **La Madone del Poggio** mit Renaissancefresken (auf Anfrage offen).

Blick auf Saorge von der Terrasse des Franziskanerklosters

Sospel 32

Straßenkarte F3. *3000.*
19, av Jean Médecin (04 93 04 15 80). *Do, So.*
www.sospel-tourisme.com

Der Urlaubsort wurde im Zweiten Weltkrieg bombardiert. Ihr Mut trug den Bürgern das Croix de Guerre ein. Der Zollturm (13. Jh.) wurde restauriert. Im Fort St-Roch, 1932 zum Schutz vor Angriffen erbaut, informiert ein Museum über die Maginot-Linie. Die Kirche St-Michel birgt ein Meisterwerk von François Bréa. Wie das romanische Palais Ricci besitzt sie eine schöne Fassade und einen verzierten Innenraum.

Musée de la Ligne Maginot des Alpes
Fort St-Roch. *04 93 04 00 70.*
Apr, Mai, Okt: Sa, So u. Feiertage nur nachmittags; Juni–Sep: Di–So nur nachmittags.

Trompe-l'Œil-Fassaden in Sospel

Gorbio 33

Straßenkarte F3. *1300.*
La Mairie, 30, rue Garibaldi (04 92 10 66 50).

Über 1000 Blumenarten hat man im sonnigen Gorbio-Tal gezählt. Hier werden Obst, Gemüse, Wein und Oliven angebaut. Noch im 19. Jahrhundert sicherten die Oliven das Einkommen.

Der Ort Gorbio ist ein zeitvergessenes *village perché (siehe S. 20f)* mit Meeresblick, wenngleich morgens oft in Nebel gehüllt. Ein alter Brunnen plätschert unverdrossen am Eingang zu den Kopfsteinpflastergässchen, eine Ulme wacht seit 1713 am Platz. Der konische Glockenturm der Kirche ist typisch für die Region. Bei der Juniprozession lebt ein altes Ritual der Büßer auf, dann flackern in den Gassen aus Schneckenhäusern gefertigte Öllämpchen.

Eine Stunde von Gorbio entfernt liegt Ste-Agnès, auf 671 Metern Höhe das höchste *village perché* der Küste.

Das in Olivenhaine gebettete Gorbio am frühen Morgen

Roquebrune-Cap-Martin 34

Straßenkarte F3. *12 000.*
218, av Aristide Briand (04 93 35 62 87). *Mi.*
www.roquebrune-cap-martin.com

In Roquebrune steht Frankreichs einzige noch erhaltene karolingische Burg (10. Jh.). Sie wurde von Conrad I, dem Grafen von Ventimiglia, zum Schutz vor den Sarazenen errichtet und von den Grimaldis *(siehe S. 91)* umgestaltet. Der reiche Engländer William Ingram, einer der ersten Urlauber, die sich hier niederließen, kaufte die Burg 1911 und baute den Turm im mittelalterlichen Stil an.

Ende des 19. Jahrhunderts galt das Cap Martin als feinster Ferienort der Côte d'Azur. Kaiserin Eugénie, Gattin von Napoléon III, und Englands Königin Victoria überwinterten hier. Winston Churchill, Coco Chanel und der irische Dichter W. B. Yeats reisten ebenfalls an. Nach dem Architekten Le Corbusier, der 1965 vor dem Kap ertrank, ist ein Küstenpfad benannt.

Rund um Roquebrune fand man bedeutende prähistorische Relikte, einige in den nahen **Grottes du Vallonet**. Kurz vor dem Dorf, an der Straße nach Menton, steht der erhabene *olivier millénaire*. Das Alter dieses Olivenbaums wird auf rund 1000 Jahre geschätzt.

Roquebrune blieb im Jahr 1467 glücklicherweise von der Pest verschont. Seither führen die Einwohner zum Dank jedes Jahr im August Szenen der Passion Christi auf *(siehe S. 33)*.

Das Château de Roquebrune überragt das Cap Martin

Château de Roquebrune
04 93 35 07 22. *tägl.*

Menton 35

Straßenkarte F3. *28 000.*
Palais de l'Europe; 8, av Boyer (04 92 41 76 76). *Di–So.*
www.tourisme-menton.fr

Die Stadt nahe der Grenze zu Italien ist von Bergen umgeben. Die Strandpromenade dieses »italienischsten« aller Badeorte Frankreichs erstreckt sich Richtung Cap Martin. Ein barocker Platz bildet das Zentrum der Altstadt.

Im milden Klima gedeihen Zitrusfrüchte, was im Februar mit dem Limonenfest *(siehe S. 35)* gefeiert wird. Es gibt hier auch einige tropische Gärten wie den **Jardin Biovès** neben dem **Palais de l'Europe**, einem als Fremdenverkehrs- und Kulturzentrum dienenden Belle-Époque-Casino (1909), oder den **Jardin Exotique** auf dem Gelände der Villa Val Rahmeh. Den **Jardin des Colombières** über der Stadt gestaltete der Künstler und Schriftsteller Ferdinand Bac (1859–1952). Der dortige Johannisbrotbaum gilt als der älteste Frankreichs.

Die Molen bieten schöne Altstadtansichten. Stufen führen zum Parvis St-Michel. Auf diesem mit Grimaldi-Wappen gepflasterten Platz finden Sommerkonzerte statt. Links ragen die Zwillingstürme der barocken **Basilica St-Michel** auf, deren Hauptaltar (1565) Manchello schuf.

Jean Cocteau (1889–1963)

Cocteau, geboren nahe Paris, verbrachte den Großteil seines sehr öffentlich geführten Lebens an der Côte d'Azur. 1955 wurde er in die Académie Française aufgenommen. Der geistreiche Cocteau war ein vielseitiger Künstler. Er schuf Dramen (*La Machine Infernale*, 1934), Romane (*Les Enfants Terribles*, 1929) und war Regisseur surrealistischer Filme. Szenen zu *Orphée* (1950) drehte er in Les Baux *(siehe S. 142)*. Die Eröffnung »seines« Museums (1967) erlebte er nicht mehr.

Mosaik am Eingang des Musée Jean Cocteau in Menton

Musée des Beaux-Arts

Palais Carnolès, 3, av de la Madone. *04 93 35 49 71.* *Mi–Mo.* *Feiertage.*

Das Palais (17. Jh.), einst Sommerresidenz der Fürsten von Monaco, beherbergt Mentons bedeutendstes Museum. Es zeigt Bilder von Graham Sutherland (1903–1980), eines Ehrenbürgers der Stadt, sowie Kunst des 13. bis 18. Jahrhunderts. Auch Werke von Utrillo und Dufy sind hier zu sehen.

Salle des Mariages

17, rue de la République. *04 92 10 50 00.* *Mo–Fr.* *Feiertage.*

Cocteau gestaltete den Saal 1957 aus. Die Fresken zeigen einen Fischer mit seiner Braut sowie die Sage von Orpheus und Eurydike. Provenzalische Symbole sind zu sehen, so ein Fisch als Auge eines Fischers.

Musée Jean Cocteau

Bastion du Vieux Port. *04 93 57 72 30.* *Mi–Mo.* *Feiertage.*

Cocteau überwachte die Umwandlung des Forts (17. Jh.) in das ihm gewidmete Museum. Er entwarf das Mosaik im Erdgeschoss und stiftete einen Gobelin, Bühnenentwürfe und Zeichnungen.

Cimetière du Vieux-Château

Auf einem alten Burggelände liegen, nach Religionen geordnet, die Terrassen dieses Friedhofs. Hier ruhen u.a. Webb Ellis, der »Erfinder« des Rugby, und Rasputins Mörder, Fürst Jussupow.

Musée de Préhistoire Régionale

Rue Lorédan Larchey. *04 93 35 84 64.* *Mi–Mo.* *Feiertage.*

Das Museum für Regionalgeschichte und Archäologie hütet unter anderem den Schädel des 30 000 Jahre alten »Grimaldi-Mannes«.

Blick von Ferdinand Bacs Jardin des Colombières über Menton

DROGUERIE
QUINCAILLERIE
articles Funéraires
droguerie conseil
ICI
Eleco
PRESERVE LA COUCHE D'OZONE
droguerie conseil
Ici, Gamme Ara Bricolage
PRODUITS Kodak
RATICIDE CANADIEN
Service

Var und Îles d'Hyères

Sanft abfallende Hügel, felsige Berge, Wälder und Weinberge prägen das Département Var. Im dünn besiedelten Norden liegen Dörfer verstreut an Gebirgsbächen, in Tälern und auf Anhöhen. Im Süden fallen die Berge zum Meer hin ab und machen diesen Streifen der Côte d'Azur zum reizvollsten Küstenabschnitt Frankreichs.

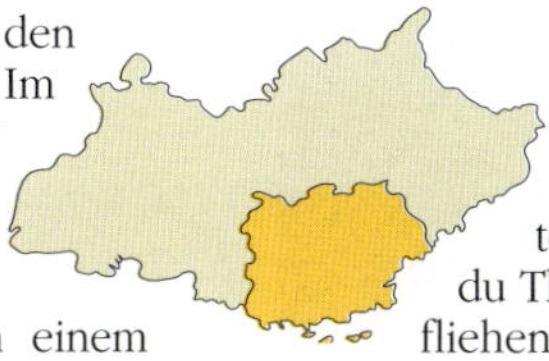

Die Autobahn A8 teilt den Var in zwei Hälften. Im südlichen Teil ist der maritime Einfluss unverkennbar. Toulon, die Hauptstadt des Département, liegt an einem Tiefseehafen, der als Stützpunkt der französischen Mittelmeerflotte dient.

Westlich schließen die hübschen Badeorte Bandol und Sanary an, wo Jacques Cousteau zum ersten Mal Presslufttauchgeräte testete. Östlich erhebt sich über Sandstränden das Massif des Maures. Der berühmteste Ferienort der Gegend, St-Tropez, liegt umgeben von Weinbergen in einer Bucht. Weiter ostwärts, ab Fréjus, Galliens erster Römersiedlung, bildet die rot gefärbte Küste unterhalb der zur Riviera führenden Küstenstraße Corniche de l'Estérel zahllose Buchten. Im Gegensatz zur Küstenregion waren die Gebiete nördlich der Autobahn stets ein Hort der Stille. Zisterzienser suchten in der kargen Abbaye du Thoronet Einsamkeit. Heute fliehen Sommerurlauber vor dem Trubel rund um St-Tropez in den dünn besiedelten Haut Var, dessen Ortschaften mit dem Tuffstein verwachsen scheinen.

Weine der Côtes de Provence und frischer Thunfisch in Hafenlokalen erfreuen den Gaumen. Einen Ohrenschmaus bieten die Klänge der Orgel von St-Maximin-la-Ste-Baume, eine der schönsten gotischen Kirchen der Provence, sowie die Streichquartette beim Festival in den Bergstädtchen um Fayence. Museen und Baudenkmäler stillen den Kulturhunger. Natürlich können Sie hier auch wandern, segeln und sonnenbaden.

Sonnenaufgang über dem Hafen von St-Tropez ***(siehe S. 118–122)***

◁ **Altmodischer Charme: ein Laden im Zentrum von Cotignac, Haut Var** ***(siehe S. 104f)***

Überblick: Var und Îles d'Hyères

Das Département Var umfasst eine Fläche von rund 6000 Quadratkilometern. Rote Klippen und zahlreiche bezaubernde Buchten prägen seine herrliche Küste, vor deren südlichster Spitze die Îles d'Hyères liegen. Landeinwärts betritt man die Welt der Berge. Die Hänge des Massif des Maures und des Haut Var sind Heimat einer faszinierenden Tier- und Pflanzenwelt – sowie vieler Produzenten von Côtes-de-Provence-Weinen.

SIEHE AUCH

- ***Hotels*** S. 197–199
- ***Restaurants*** S. 213

Blick auf die Abbaye du Thoronet

Sehenswürdigkeiten auf einen Blick

Abbaye du Thoronet ⑩
Bandol ⑭
Bargemon ⑥
Barjols ①
Bormes-les-Mimosas ⑳
Brignoles ⑫
Comps-sur-Artuby ③
Draguignan ⑦
Fayence ⑤
Fréjus ㉙
Grimaud ㉕
Haut Var ②
Hyères ⑱
Îles d'Hyères S. 114f ⑰
Le Lavandou ⑲
Les Arcs sur Argens ⑧
Lorgues ⑨
Massif de l'Estérel ㉘
Mons ④
Port-Grimaud ㉔
Ramatuelle ㉒
Sanary-sur-Mer ⑮
Ste-Maxime ㉖
St-Maximin-la-Ste-Baume S. 110f ⑬
St-Raphaël ㉗
St-Tropez S. 118–122 ㉓
Toulon S. 112f ⑯

Touren

Côtes de Provence ⑪
Massif des Maures ㉑

LEGENDE

- Autobahn
- Schnellstraße
- Hauptstraße
- Nebenstraße
- Panoramastraße
- Eisenbahn (Hauptstrecke)
- Eisenbahn (Nebenstrecke)
- Regionalgrenze
- △ Gipfel

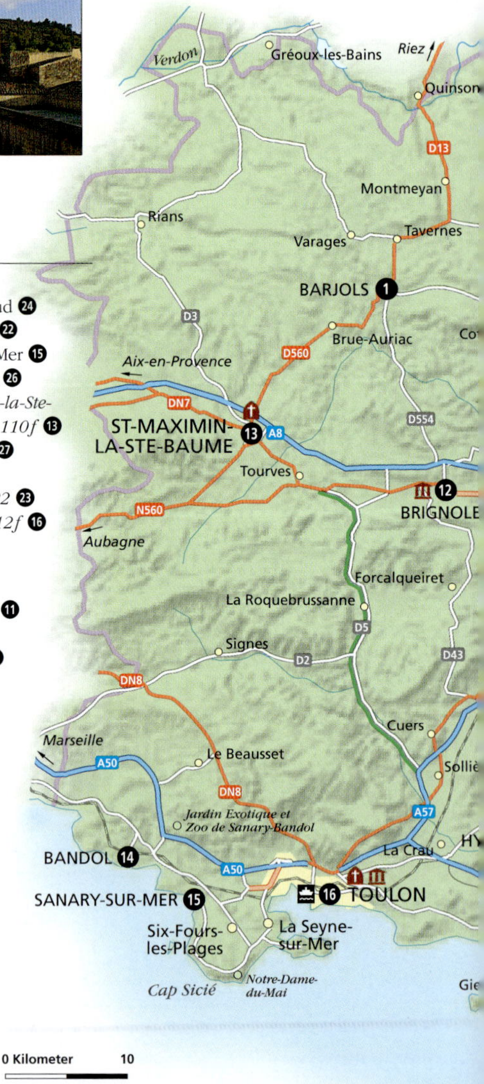

Strand von Les Issambres, nördlich von Ste-Maxime

Im Var und auf den Îles d'Hyères unterwegs

Durch die Maures- und Estérel-Gebirge verlaufen die Autobahn A8 und die Nationalstraße N7. Reizvolle Straßen erschließen die Küste: Die Corniche d'Or gilt als eine der schönsten Küstenstraßen Frankreichs. Der Haut Var ist mit dem Auto bequem zu erreichen. Als Alternative bietet sich die Eisenbahn bis Les Arcs sur Argens, von dort kommt man mit dem Bus weiter. Comps-sur-Artuby eignet sich als Ausgangspunkt für Erkundungen der Gorges du Verdon *(siehe S. 184f)*.

Sträßchen in der Altstadt von St-Tropez

Traditioneller Flötenbauer in Barjols bei der Arbeit

Barjols ❶

Straßenkarte D4. *3000.* *Blvd Grisolle (04 94 77 20 01).* *So.* **www**.barjols.net

Fast 400 Jahre lang war das friedliche, zwischen Wäldern und reißenden Bächen gelegende Barjols eine Stadt der Gerber. 1983 schloss der letzte Betrieb. Seitdem haben sich viele Handwerker hier niedergelassen. Nur hier werden noch zwei traditionelle provenzalische Musikinstrumente gefertigt: *galoubet* (Drei-Loch-Flöte) und *tambourin* (schmale Trommel).

Der *Champignon*-Brunnen in Barjols

Diese Instrumente erklingen jedes Jahr im Januar beim Fest zu Ehren des Schutzheiligen von Barjols, St-Marcel. Alle vier Jahre schlachtet und brät man dabei auf dem Stadtplatz einen Ochsen, bevor in und vor der Kirche Notre-Dame-de-l'Assomption (11. Jh.), wo die Reliquien des hl. Marcel aufbewahrt sind, der »Kutteltanz« aufgeführt wird. Das Fest geht auf das Jahr 1350 zurück, als Barjols einer Belagerung standgehalten hatte. Weitere Informationen dazu erhalten Sie im Fremdenverkehrsbüro.

Überall im Ort stößt man auf steinerne Brunnen wie den bekannten *Champignon*. Den bemoosten »Pilz« an der Place Capitaine Vincens beschattet die angeblich größte Platane der Provence. Zwischen Kirche und ehemaligen Gerbereien hat man das alte Quartier du Réal restauriert. Auffällige Säulenvorbauten, wie etwa an der Renaissance-Fassade des Hôtel de Pontevès, beleben das zuweilen etwas eintönige Straßenbild.

Haut Var ❷

Toulon-Hyères, Nizza. *Les Arcs.* *Aups.* *Aups (04 94 84 00 69).* **www**.aups-tourisme.com

Dieser abgeschiedenste und unberührteste Teil des Département Var steigt zwischen Barjols und Compssur-Artuby zu den Gorges du Verdon *(siehe S. 184f)* an.

Das Zentrum der Region, Aups, liegt im hügeligen Bergland am Rand des Plateaus. Feinschmecker wissen seinen Honig und den im Winter an jedem Donnerstag stattfindenden Trüffelmarkt zu schätzen. Die Stadt wartet mit einem großen alten Platz, Burgruinen und dem restaurierten Renaissanceportal der Église St-Pancrace (15. Jh.) auf. In einem ehemaligen Ursulinenkloster zeigt das sehenswerte **Musée Simon Segal** Werke von Segal und von Pariser Malern sowie diverse Heimatansichten.

Fünf Kilometer nordwestlich, an der D9, steht das Dorf Moissac-Bellevue. Viele der Häuser stammen aus dem 16. und 17. Jahrhundert, die Kirche wird bereits in einem päpstlichen Edikt aus dem Jahr 1225 erwähnt.

Im Süden von Aups liegt Villecroze vor einer Kulisse aus natürlichen, auf zwei Ebenen angeordneten Höhlen. Die Herren von Villecroze ließen die Grotten im 16. Jahrhundert zu Höhlenwohnungen ausbauen, den **Grottes Troglodytes**. Laubengänge in den Straßen und der Burgturm verleihen dem Ort ein schönes mittelalterliches Flair. Eine kurze Fahrt führt ins beliebtere Bergdorf Tourtour. Tourtour bietet schöne Ansichten der Montagne Ste-Victoire, die Cézanne oft malte.

Ansicht des Château Entrecasteaux nahe Cotignac, Haut Var

Das Talstädtchen Salernes liegt fünf Kilometer westlich an der D51. Die rauchenden Öfen der 15 Keramikfabriken hier brennen vor allem die *tomettes*, achteckige Terrakotta-Bodenfliesen.

Wohnhöhlen in Villecroze

Artuby-Brücke (110 m) über den Canyon du Verdon

Westlich von Salernes zeigt sich Cotignac vor einem von Höhlen durchlöcherten Felshang als starker Kontrast zu Villecroze. Hinter dem Rathaus sprudelt ein Bach aus den Felsen. Jenseits davon steht ein Freilichttheater.

Entrecasteaux, 15 Kilometer östlich von Cotignac, ist ein Schloss aus dem 17. Jahrhundert mit einer sehenswerten Sammlung von Gemälden, Gobelins, Möbeln und zahlreichen kunsthandwerklichen Gegenständen. Der Garten, ein Werk von Le Nôtre, ist öffentlicher Grund.

Musée Simon Segal
Rue Albert Premier, Aups. *04 94 70 01 95.* *Juli–Sep: Mi–Mo.*

Grottes Troglodytes
Villecroze. *04 94 70 63 06.* *Mai–Juni, Sep: Mi, Fr, Sa, So Nachmittag; Juli, Aug: tägl.; Okt: Sa, So Nachmittag.*

Château d'Entrecasteaux
83570 Entrecasteaux.
04 94 04 43 95. *So–Fr.* *Mitte Nov–Ostern.*
www.chateau-entrecasteaux.com

Comps-sur-Artuby ❸

Straßenkarte D3. *320.* *La Mairie (04 94 50 24 00).*

Wer sich den Gorges du Verdon *(siehe S. 184f)* von Osten nähert, durchquert das Dorf Comps-sur-Artuby am Fuß eines Felsens, den die restaurierte **Kapelle St-André** (13. Jh.) krönt. Von ihr aus überblickt man die Schluchten des Artuby.

Der östlich gelegene Ort Bargème hat kaum 90 Einwohner. Steile Gassen und Malven prägen das Bild des mit 1094 Metern höchstgelegenen Dorfes des Département Var. Bargème ist ein komplett autofreies Dorf.

Eine teils verfallene, für ihr Alter aber doch erstaunlich gut erhaltene Burg aus dem 14. Jahrhundert überragt Bargème. Der geschnitzte Holzaltar der romanischen **Église St-Nicolas** (13. Jh.) zeigt den hl. Sebastian.

Mons ❹

Straßenkarte E3. *850.* *Place St-Sébastien (04 94 76 39 54).*

Das auf einer Felsnase errichtete Mons ist von Gässchen und Gewölben durchzogen und schlägt jeden Besucher in seinen Bann. Von der Place St-Sébastien aus blickt man von Toulon bis zur Küste Italiens.

Vorläufer war eine keltisch-ligurische Siedlung. Das Viertel Château-Vieux entstand im 10. Jahrhundert, wurde aber im 14. Jahrhundert v.a. von Genuesen ausgebaut, die das stark von der Pest betroffene Dorf neu besiedelten. Die ersten Genuesen kamen 1461 aus Figounia bei Ventimiglia. Ihr Dialekt, *figoun*, konnte sich dank der abgeschiedenen Lage des Dorfes behaupten. In der Nähe finden Sie die *roche taillée*, einen aus dem Fels geschlagenen römischen Aquädukt, sowie Dolmen.

Der Römeraquädukt *roche taillée* bei Mons

Trüffeln

Mit der Hilfe abgerichteter Schweine spürt man diese pikanten Pilze auf, eine Kostbarkeit des Var. Die golfballgroßen Trüffeln werden im Winter, wenn sie am aromatischsten duften, im Wurzelbereich von Eichen gesucht. In der alljährlichen Trüffelsaison wird diese seltene Delikatesse recht teuer auf den Märkten der Region angeboten.

Mit dem Schwein auf Trüffelsuche

Blick über die Ziegeldächer von Bargemon zu den bewaldeten Bergen

Fayence 5

Straßenkarte E3. *5000.* *Pl Léon Roux (04 94 76 20 08).* *Di, Do, Sa.* **www**.ville-fayence.fr

Die hügelige Stadt Fayence befindet sich zwischen Draguignan und Grasse. Sie ist ebenso für ihr Kunsthandwerk wie als Segelflugzentrum bekannt. Der schmiedeeiserne Glockenturm wacht über dem Hang. Ein Sarazenentor und Reste der Befestigungen aus dem 14. Jahrhundert blieben erhalten. Ein einheimischer Steinmetz, Dominique Fossatti, fertigte 1757 den Marmoraltar der im 18. Jahrhundert gebauten **Église St-Jean-Baptiste**. Von ihrer Terrasse schweift der Blick über den Segelflugplatz.

Am Hang gegenüber fällt in der Gemeinde Tourrettes das Château du Puy (1830) ins Auge, das in Teilen der Kadettenschule von Sankt Petersburg ähnelt. General Alexandre Fabre, ein Militäringenieur des Zaren Alexander I., plante den Bau als Museum. Das Vorhaben scheiterte: Noch heute befindet sich das Schloss in Privatbesitz.

In der Nachbarschaft finden sich einige hübsche Dörfer, allen voran Callian und Montauroux im Osten sowie fünf Kilometer westlich **Seillans**, wo der deutsche Maler Max Ernst (1891–1976) seinen Lebensabend verbrachte. Beim Festival de Musique en Pays de Fayence spielen in den reizvollen Kirchen der Umgebung Streichquartette auf.

Keramik und Kunsthandwerk

Fayence, Cotignac, Aups und Salernes sind die Zentren des wiedererblühten provenzalischen Kunsthandwerks. Hier pflegt man Fertigkeiten wie Weben, Töpfern sowie Stein- und Holzschnitzkunst. Regionale Spezialität sind die beliebten Tonwaren. Sie werden aus heimischem Material noch traditionell von Hand gefertigt und mit altüberlieferten Mustern verziert. Beispiele dieser Handwerkskunst sind in den kleinen Läden oder auf Handwerksmessen und Märkten zu finden. Ein Preisvergleich lohnt sich immer.

Töpfer bei der Arbeit

Bargemon 6

Straßenkarte E3. *1400.* *Les Arcs.* *Av Pasteur (04 94 47 81 73).* *Do.* **www**.ot-bargemon.fr

Das erstmals 950 n. Chr. befestigte Dorf besitzt noch drei Stadttore (12. Jh.) und einen Turm (16. Jh.). Über Plätzen und Brunnen hängt der Duft von Mimosen- und Orangenblüten.

Pierre Puget werden die Engelsköpfe am Hochaltar der **Église St-Étienne** (15. Jh.), heute Museé Honoré Camos, sowie ihre Gegenstücke in der **Chapelle Notre-Dame-de-Montaigu** zugeschrieben. Die Kapelle beherbergt eine Eichenholzmadonna, die ein Mönch 1635 hierherbrachte. An der Place de la Mairie gibt es seit 2004 ein **Museum für Mineralien und Fossilien**.

Draguignan 7

Straßenkarte D4. *40 000.* *2, av Lazare Carnot (04 98 10 51 05).* *Mi, Sa.* **www**.tourisme-dracenie.com

Tagsüber herrscht in der einstigen Hauptstadt des Département Var das rege Treiben eines Marktzentrums. Nachts bevölkern junge Leute die Place des Herbes. Baron Hausmann, Stadtplaner des modernen Paris, schuf Draguignans Boulevards (19. Jh.).

Am Ende der Allée d'Azémar steht eine von Auguste Rodin gearbeitete Büste des Ministerpräsidenten Georges Clemenceau (1841–1929), der Draguignan 25 Jahre lang als Abgeordneter vertreten hat.

In der reizvollen Altstadt ersetzt ein 24 Meter hoher uhrenloser Uhrturm (1663) den alten Wehrturm. Sein schmiedeeiserner Aufsatz bietet eine herrliche Aussicht. Die **Église St-Michel** auf der Place de la Paroisse birgt eine Statue des ersten Bischofs von Antibes, des hl. Hermentarius. Dieser soll im 5. Jahrhundert einen Drachen *(dragon)* erlegt haben, auf den der Name Draguignan zurückgeht.

Zwei Museen der Stadt lohnen den Besuch: Das **Musée des Arts et Traditions Provençales** veranschaulicht in Räumen aus dem 17. Jahrhundert die Entwicklung der Region. Rekonstruierte Küchen und Scheunen illustrieren den ländlichen Alltag. Archäologische Funde aus der Gegend zeigt das **Musée Municipal**, darüber hinaus Keramiken und Möbel. Die angrenzende Bibliothek hütet eine reich illustrierte handschriftliche Ausgabe (14. Jh.) des *Roman de la Rose*. Diese Traumallegorie gilt als Frankreichs bedeutendste höfische Dichtung. Eine Besichtigung der Bibliothek ist nur nach Vereinbarung möglich.

Drachentöter Hermentarius

Nordwestlich von Draguignan, an der D955, kann man den gewaltigen prähistorischen Dolmen Pierre de la Fée, den »Märchenstein« *(siehe S. 39)*, bestaunen.

Musée des Arts et Traditions Provençales
15, rue Joseph Roumanille. 04 94 47 05 72. *Di–Sa, So nachmittags.* *1. Mai, 25. Dez.* *eingeschränkt.*

Musée Municipal
9, rue de la République. 04 98 10 26 85. *Mo–Sa.* *Feiertage.*

Der mächtige Dolmen Pierre de la Fée in der Nähe von Draguignan

Les Arcs sur Argens 8

Straßenkarte D4. *6500.* *Pl du Général de Gaulle (04 94 73 37 30).* *Do.*

Das Dorf ist das Zentrum für den Anbau von Côtes-de-Provence-Weinen *(siehe S. 108f)*. Sein mittelalterliches Viertel Le Parage drängt sich um das Château de Villeneuve (13. Jh.). Die **Église St-Jean-Baptiste** (1850) besitzt ein Gemälde von Louis Bréa (1501) sowie eine mechanisch bewegte Krippe.

Östlich von Les Arcs, an der D91, erhebt sich die Abbaye de Ste-Roseline (11. Jh.). Sie ist nach Roseline de Villeneuve benannt, der Tochter des hartherzigen Barons von Arc, Arnaud de Villeneuve. Als der Vater Roseline mit Gaben für die Armen erwischte, sollen sich diese in Rosen verwandelt haben. 1300 trat sie in das Kloster ein. Der gut erhaltene Leichnam der Heiligen ruht in einem gläsernen Schrein in der romanischen **Chapelle Ste-Roseline**. Reicher Renaissance- und Barock-Dekor und ein berühmtes Mosaik von Chagall *(siehe S. 27)* schmücken die Kapelle.

Chapelle Ste-Roseline
Les Arcs sur Argens. 04 94 99 50 30. *Di–So nachmittags.* *Jan, Feiertage.*

Mosaik von Marc Chagall (1887–1985) in der Chapelle Ste-Roseline

Lorgues 9

Straßenkarte D4. *10 000.* *Pl Trussy (04 94 73 92 37).* *Di.*

Lorgues liegt inmitten von Eichen- und Kiefernwäldern, Wein- und Olivengärten. Die Altstadt wurde im 12. Jahrhundert befestigt. Zwei Stadttore (14. Jh.) und Reste der Stadtmauer haben überdauert. Eine mächtige Platane beschattet den hübschen Platz im Zentrum, das zahlreiche Häuser und andere Baudenkmäler des 18. Jahrhunderts sowie eine der längsten und schönsten Platanenalleen Frankreichs besitzt. Die **Collégiale St-Martin** wurde 1788 eingeweiht. Schon ihre Orgel (1857) ist ein Prachtstück, sie wurde von der Lyoner Werkstatt Augustin Zeiger gefertigt. Die Pierre Pugets Schule zugeschriebene Marmorstatue der Maria mit dem Kind (1694) stand einst in der Abbaye du Thoronet.

Abbaye du Thoronet 10

83340 Le Thoronet. **Straßenkarte** D4. *04 94 60 43 90.* *tägl.* *1. Jan, 1. Mai, 1. u. 11. Nov, 25. Dez.*

Die 1146 gegründete Abtei war der erste Zisterzienserbau in der Provence. Mit den romanischen Klöstern

Schlichter Kreuzgang an der Nordseite der Abbaye du Thoronet

Sénanque *(siehe S. 164f)* und Silvacane *(siehe S. 147)* bildet sie die »Zisterzienserdrillinge« der Provence.

Die klare Geometrie von Kirche, Kreuzgang, Dormitorium und Kapitelsaal spiegelt die strengen Ordensregeln wider. Nur der Glockenturm bricht mit den Bauprinzipien der Zisterzienser: Statt aus Holz besteht er aus Stein, um kräftigen Winden zu trotzen.

Das schon im 15. Jahrhundert in Auflösung begriffene Kloster schloss 1791 endgültig seine Pforten. Wie viele der mittelalterlichen Bauten der Provence verdankt es seine Restaurierung Prosper Mérimée. Der Schriftsteller und Inspekteur historischer Denkmäler unter Napoléon III besuchte die Stätte 1834.

Im benachbarten modernen Monastère de Bethléem haben sich etwa 20 Zisterzienserinnen dem Schweigen verpflichtet. Sie bieten in einem Laden ihre Handarbeiten an.

Tour: Côtes de Provence 11

Côtes-de-Provence-Weine werden vom Haut Var bis zur Küste angebaut. Diese Route ist eine Landpartie, auf der Sie bei Dutzenden Winzern Wein kosten und kaufen können. Beginnen Sie bei der Maison des Vins in Les Arcs. Dort können Sie sich über die Weine der Region informieren, vom Erzeuger abgefüllte Weine kaufen und Übernachtungen auf Weingütern buchen. Auf der Strecke liegen interessante Orte. Weitere Informationen über die Weine der Region geben die Seiten 208f.

Entrecasteaux 6
Ein stattliches Schloss (17. Jh.) schmückt Entrecasteaux. Schilder nach Les Saigues bringen Sie zum Château Mentone.

Le Thoronet 4
Das Weingut Domaine de l'Abbaye ist nach der reizvolle Abtei Thoronet benannt.

Carcès 5
Richtung Norden liegt links in einem Tal der Lac de Carcès. Im Ort sind die restaurierte Burg und ihre Gärten sehenswert.

ROUTENINFOS

Länge: *100 km.*
Rasten: *Die Maison des Vins sollte Ihre erste Anlaufstelle sein; sie ist ganztägig geöffnet und führt ein Restaurant. An der Strecke finden Autofahrer ohne Mühe Gelegenheit zur Rast oder für eine Weinprobe; viele Winzereien schließen allerdings zwischen 12 und 14 Uhr. Für ein Picknick empfiehlt sich der Lac de Carcès (siehe auch S. 250f).*

LEGENDE

Routenempfehlung
Andere Straße

Der Sarkophag La Gayole im Musée du Pays Brignolais stammt aus dem 2. oder 3. Jahrhundert v. Chr.

Brignoles ⓬

Straßenkarte D4. *18 000.* **i** *Maison du Tourisme, Carrefour de l'Europe (04 94 72 04 21).* *Sa.* **www**.ville-brignoles.fr

Der wirtschaftlich bedeutende Bauxitabbau (über 1 Mio. Tonnen im Jahr) hat die gesamte Landschaft um Brignoles rot gefärbt. Doch das mittelalterliche Städtchen blickt darüber hinweg. Im Schloss (12. Jh.) befindet sich der mit christlichen und heidnischen Reliefs verzierte Marmorsarkophag La Gayole, das Juwel des **Musée du Pays Brignolais**. Auch ein Betonboot ist dort zu sehen, entworfen von J. Lambot (1814–1887), dem Erfinder des Stahlbetons. Eine Votivsammlung ergänzt die bunte Museumspalette. Der heilige Louis, Schutzpatron von Brignoles und einst Bischof von Toulouse, wurde 1274 in einem Palast neben der Église St-Sauveur geboren. Der Säulenvorbau der Kirche stammt aus dem 12. Jahrhundert. Vom Seiteneingang in der Rue du Grand Escalier führen Stufen in die Stadt.

Musée du Pays Brignolais
2, pl des Comtes de Provence.
04 94 69 45 18. *Mai–Okt: Mo, Di; Nov–Apr: So–Di.* *1. Jan, Ostern, 1. Mai, 1. Nov, 25. Dez.*

Flayosc ⑦
Von der D57 nach Les Arcs sur Argens zweigt ein Weg ab zum Weingut Domaine Rabiega (im Besitz des schwedischen Staats).

Stutzen der Reben nach der Lese

Les Arcs sur Argens ①
Die DN7 führt südlich an der Maison des Vins vorbei. Nahe Les Arcs finden Sie die Chapelle Ste-Roseline *(siehe S. 107)* und eine Winzerei.

Lorgues ③
Hier werden Oliven und Trauben gepresst. Das nahe Château de Berne ist in englischem Besitz.

Vidauban ②
Das Weingut Château d'Astros nahe Vidauban keltert Rot-, Weiß- und Roséweine.

Maison des Vins bei Les Arcs

St-Maximin-la-Ste-Baume ⓭

St-Maximin-la-Ste-Baume mit der Basilika Ste-Marie-Madeleine und dem angegliederten Kloster liegt inmitten von Hügeln und Weinbergen. Der Legende nach steht die Kirche über den Gräbern der hl. Maria Magdalena und des hl. Maximin, Märtyrer und erster Bischof von Aix *(siehe S. 148f)*. 1279 entdeckte man die Gebeine der Heiligen, die wie viele andere Reliquien vor den Sarazenen *(siehe S. 42f)* versteckt worden waren. Charles II, Graf von Provence, ließ 16 Jahre später die Kirche errichten.

Sarkophag des hl. Sidonius
Vier Heilige ruhen in Sarkophagen (4. Jh.) in der Krypta, die einst die Grabkammer einer römischen Villa gewesen sein soll.

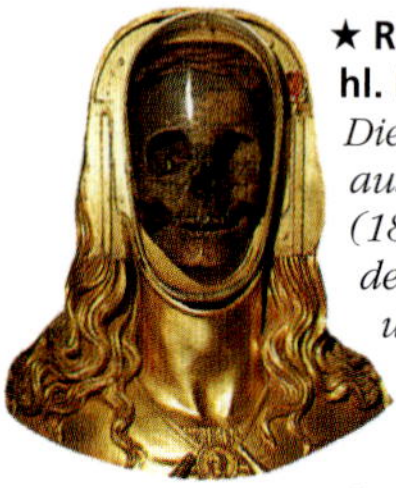

★ Reliquien der hl. Maria Magdalena
Dieser Reliquienschrein aus vergoldeter Bronze (1860) birgt den Schädel der Heiligen. Päpstliche und fürstliche Pilger raubten die anderen sterblichen Überreste.

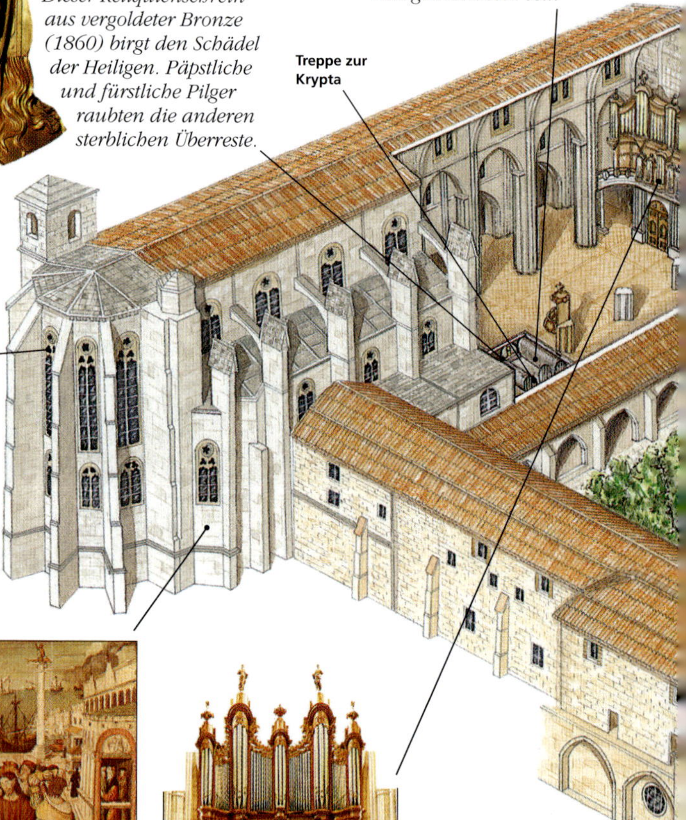

Treppe zur Krypta

Die Apsis wurde im frühen 14. Jahrhundert vollendet. Der Glockenturm war einst ein Treppenturm.

★ Ronzens Flügelaltar (1520)
Die Holztafeln von François Ronzen zeigen u. a. die älteste Darstellung des Papstpalastes von Avignon (siehe S. 44f).

★ Orgel
Jean-Esprit Isnards Orgel aus dem Jahr 1173, mit den rund 3000 Pfeifen, gilt als eine der schönsten Frankreichs. Napoléons Bruder Lucien rettete sie vor den Zerstörungen der Revolution: Bei Besuchen von Amtspersonen ließ er die Marseillaise *spielen.*

Eingang zur Basilika
An der Westfassade der Basilika bilden zwei Holztore ein harmonisches Paar. Ihr kunstvolles Schnitzwerk stellt einen starken Kontrast zum grob wirkenden Rest der Fassade dar. Als die Bauarbeiten 1532 eingestellt wurden, blieb dieser Teil unvollendet.

INFOBOX

Straßenkarte D4.
Place de l'Hôtel de Ville.
04 94 59 84 59.
Basilika und Kloster *tägl. 8.30–18 Uhr (außer während Messen). Sa 18 Uhr, So 10.30 Uhr (Infos zu Messen unter der Woche: 04 94 78 00 19).*
nur Basilika. **www.** ot-stmaximin.provenceverte.fr

Hôtel de Ville
Das Rathaus ist in der Pilgerherberge untergebracht, die sich an das Refektorium und die Klosterkapelle anschließt.

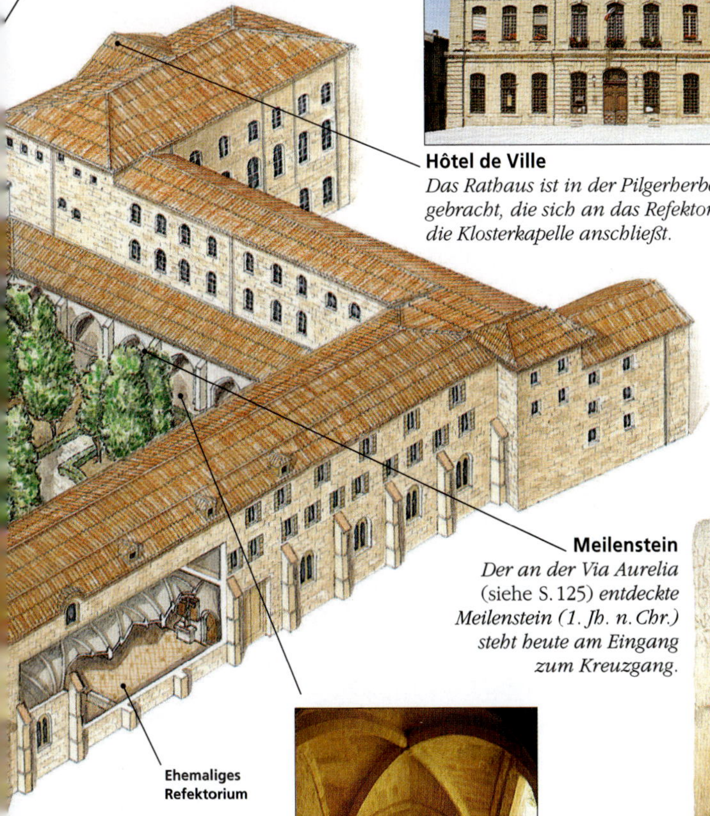

Meilenstein
Der an der Via Aurelia (siehe S. 125) *entdeckte Meilenstein (1. Jh. n. Chr.) steht heute am Eingang zum Kreuzgang.*

Kreuzgang
Der Kreuzgang bildet den Mittelpunkt des königlichen Klosters, das die Mönche 1957 endgültig verließen. Heute beherbergt es ein Hotelrestaurant.

NICHT VERSÄUMEN

- ★ Orgel
- ★ Reliquien der hl. Maria Magdalena
- ★ Ronzens Flügelaltar

Boote im bunten, von Palmen gesäumten Hafen von Sanary-sur-Mer

Bandol ⑭

Straßenkarte C4. *8500.* *Allée Alfred Vivien (04 94 29 41 35).* *tägl.* **www**.bandol.fr

Der heitere Ferienort bietet seinen Gästen eine von Bäumen gesäumte Promenade, ein Casino und einen großen Yachthafen. In der geschützten Bucht herrschen ausgezeichnete Weinbaubedingungen, was man bereits 600 v. Chr. schätzte. Außerhalb der Stadt liegt der **Jardin Exotique et Zoo de Sanary-Bandol**.

Etikett eines Bandol

Jardin Exotique et Zoo de Sanary-Bandol
Quartier Pont d'Aran. *04 94 29 40 38.* *tägl.* *Feiertage vormittags.*
www.zoosanary.com

Sanary-sur-Mer ⑮

Straßenkarte C4. *18300.* *Ollioules-Sanary.* *Maison du Tourisme, 1, quai du Levant (04 94 74 01 04).* *Mi.*
www.sanarysurmer.com

In den warmen, strahlend blauen Gewässern vor Sanary-sur-Mer entwickelte und testete der Meeresforscher Jacques Cousteau seine Presslufttauchgeräte. Tauchen und Fischen (vor allem Thun- und Schwertfisch) sind noch immer ein beliebter Zeitvertreib in diesem netten Urlaubsort, dessen rosa und weiße Häuserzeilen die Bucht säumen. Der Ortsname soll auf St-Nazaire zurückgehen, dem hier eine hübsche Kirche geweiht ist. Der mittelalterliche, heute einem Hotel eingegliederte Stadtturm (um 1300) hütet die Kanone, die im Jahr 1707 eine anglo-sardische Flotte vertrieb. Das Hafenstädtchen zieht schon seit Langem Besucher an: Es war einst Wohnort des britischen Literaten Aldous Huxley (1894–1963). Zwischen den Weltkriegen suchten hier viele deutsche Autoren Zuflucht vor dem Nationalsozialismus, darunter Bertolt Brecht (1898–1956) und Thomas Mann (1875–1955).

Östlich von Sanary wird die Küste rauer und felsiger. An der Spitze der Halbinsel, dem Cap Sicié, füllen Opfergaben von Pilgern die Kapelle **Notre-Dame-du-Mai** (17. Jh.). Steigt man über die Stufen zu ihr auf, schweift der Blick über die Küste und die umliegenden Berge.

Toulon ⑯

Straßenkarte D4. *170000.* *12, place Louis Blanc (04 94 18 53 00).* *Di–So.*
www.toulontourisme.com

Die Bucht des Hafens von Toulon ist Stützpunkt der französischen Mittelmeerflotte. In der Altstadt und an den Kais des alten Hafenbeckens (Vieille Darse) sorgen Bars, Kneipen und Matrosen für seemännische Atmosphäre.

Die Römer wussten Toulons Purpurschnecken *(murex)* zu schätzen, aus denen sie durch Kochen den kostbaren kaiserlichen Farbstoff gewannen. Unter Louis XIV verschönerte Pierre Puget (1620–1694) das Stadtbild. Zwei seiner be-

Barocker Dekor am Eingang des Musée de la Marine

Hotels und Restaurants im Var und auf den Îles d'Hyères *siehe Seiten 197–199 und 213*

kanntesten Arbeiten flankieren das Rathausportal: die marmornen Karyatiden (1657) *Kraft* und *Erschöpfung*. Toulons Hafen wurde im Zweiten Weltkrieg schwer beschädigt. Große Teile der Altstadt werden gerade restauriert. Heute besitzt die Stadt ein großes Opernhaus und einige interessante Museen wie das **Musée des Arts Asiatiques**, das sich in der umgebauten Villa Jules Verne befindet.

Musée National de la Marine

Pl Monsenergue. *04 94 02 02 01.* *Juli, Aug: tägl.; Sep–Juni: Mi–Mo.* *Jan; 1. Mai, 25. Dez.* *eingeschränkt.*

Am Portal wachen Statuen von Mars und Bellona. Einst war es die Pforte zum Stadtarsenal (17. Jh.). Im Inneren stehen die gewaltigen Modelle zweier Schulschiffe, die Galeonen *La Sultane* (1765) und *Duquesne* (1790). Außerdem sind Schiffsschnäbel, Galeonsfiguren, von Pierre Puget geschnitzte Holzskulpturen und verschiedene nautische Instrumente aus dem 18. Jahrhundert wie auch eine Reihe von Bildern ausgestellt.

Musée d'Art de Toulon

113, blvd du Maréchal Leclerc. *04 94 36 81 01.* *Di–So, nachmittags.* *Feiertage.* *teilweise.*

Mittelpunkt des Museums ist eine Ausstellung traditioneller und moderner provenzalischer Malerei. Wanderausstellungen im ersten Stock präsentieren auch internationale Künstler.

Musée du Vieux Toulon

69, cours Lafayette. *04 94 92 29 23.* *Di–Sa, nur nachmittags.* *Feiertage.*

Toulons Verteidigung durch den jungen Napoléon ist ein Schwerpunktthema dieses Museums. Auch alte Waffen und historische Skizzen von Puget fanden hier eine Bleibe.

Cathédrale Ste-Marie-de-la-Seds

Place de la Cathédrale. *tägl.*

Die sehenswerte Kathedrale (11. Jh.) ist direkt mit der Vieille Darse und dem Rathaus verbunden. Bei der Erweiterung (17. Jh.) verlieh man ihr den klassizistischen Anstrich. Ein prachtvoller Barock-Altar sowie Arbeiten von Pierre Puget und Jean-Baptiste van Loo (1684–1745) bereichern das Innendekor.

Toulons Oper an der Place Victor Hugo

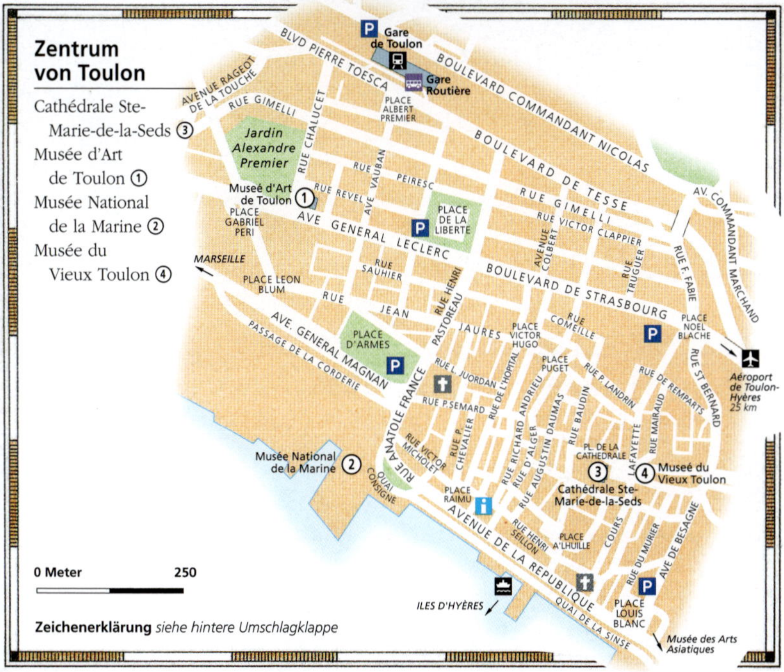

Îles d'Hyères ⓱

Seltener Côte-des-Îles-Wein

Zehn Kilometer vor der Küste liegen die ruhigen Îles d'Hyères mit den drei Hauptinseln Porquerolles, Le Levant und Port-Cros. Die strategische Lage bedingte ihre wechselvolle Geschichte: Griechen, Römer, Sarazenen und Piraten waren unter ihren Besatzern. Heute dienen weite Teile von Le Levant als Militärgelände der französischen Marine. Weinreben, Kiefernwälder und dichte Macchie prägen die Vegetation der größten Insel Porquerolles. Die Waldbestände, die seltenen Vögel und die reiche Unterwasserwelt von Port-Cros stehen seit 1963 unter Naturschutz.

Zur Orientierung

Meeresflora von Port-Cros

Die waldigen Hänge tauchen in klares Wasser, wo zwischen Polstern von Neptungras Fischschwärme ziehen. Eine vorgegebene Schwimmroute erleichtert die Erkundung.

Steinseeigel ***(Paracentrotus lividus)***

Schwarzgrundel ***(Gobius niger)***

Hotels und Restaurants im Var und auf den Îles d'Hyères *siehe Seiten 197–199 und 213*

afen von Port-Cros
'er von Palmen ge- 'iumte Hafen des 'orfes liegt in einer ;eschützten Bucht im 'ordwesten der Insel.

INFOBOX

Straßenkarte D5. *Toulon-Hyères. Hyères. Hyères. von Hyères (Tour Fondue) nach Porquerolles tägl. (Sommer: alle 30 Min.); von Hyères und Le Lavandou nach Port-Cros und Le Levant tägl. (Nov–März: 3–4-mal pro Woche). Porquerolles (04 94 58 33 76).*

Sporttaucher vor den Ufern von Port-Cros

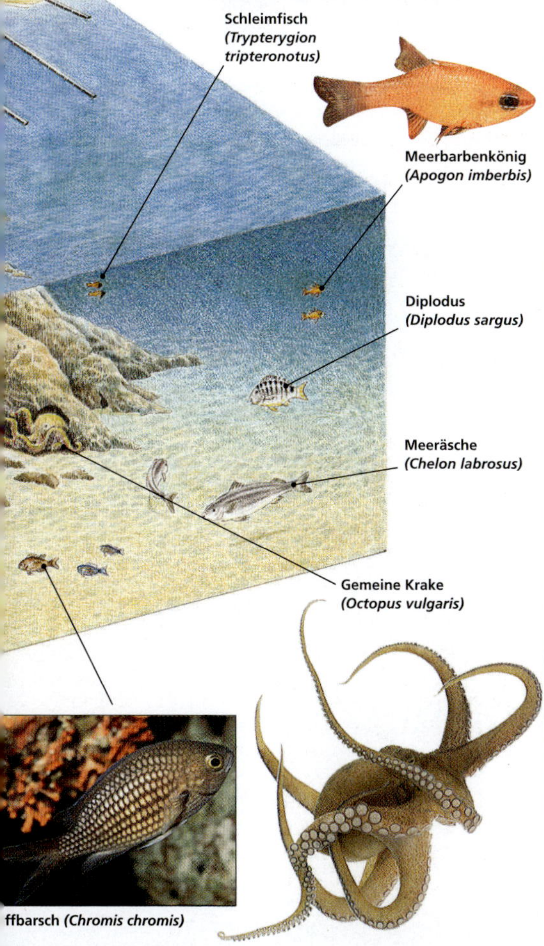

Hyères ⓲

Straßenkarte D4. *50 000. Toulon-Hyères. Av Ambroise Thomas (04 94 01 84 50). Di, Sa u. 3. Do im Monat.* **www**.hyeres-tourisme.com

Das Umland des ältesten Winterkurorts Südfrankreichs wird landwirtschaftlich stark genutzt. Es liefert das ganze Jahr frische Früchte und Gemüse. Hyères bietet drei Bootshäfen und 35 Kilometer Sandstrand. Eine Halbinsel läuft auf die Îles d'Hyères zu.

Hyères-les-Palmiers ist die im 19. Jahrhundert angelegte Neustadt. 1867 begann man hier mit der Palmenzucht, die sich rasch zur größten Europas entwickelte. Hunderte Palmen säumen die Boulevards.

An der Place de la République steht die Hauptkirche des Orts, die romanisch-gotische **Église St-Louis** (1248). Von der Place Massillon verläuft die Rue St-Paul zur **Église St-Paul** (11. Jh.), die viele Votivbilder (17. Jh.) besitzt. Die Straße führt weiter bis zum verfallenen Château und hinauf zum Aussichtspunkt St-Bernard (12. Jh.). Die kubistisch inspirierte **Villa de Noailles** (1924) im Garten der Burg gestaltete Robert Mallet-Stevens für den Vicomte de Noailles (Führung bei Ausstellungen).

Mit zahlreichen exotischen Pflanzen und einem Tierpark warten die **Jardins Olbius Riquier** auf.

Jardins Olbius Riquier
Av Ambroise Thomas. *04 94 00 78 65. tägl.*

Maurische Architektur in der Palmenstadt Hyères

Strand im Schatten von Hotels und Villen, Le Lavandou

Le Lavandou ⑲

Straßenkarte D4. *5600.* *Quai Gabriel Péri (04 94 00 40 50).* *Do.* **www**.ot-lelavandou.eu

Von Le Lavandou setzen regelmäßig Schiffe zu den Îles d'Hyères über. Das frühere Fischerdorf lebt heute fast ausschließlich vom Fremdenverkehr. Bekannt wurde es durch seine zwölf Sandstrände. Das Wassersportzentrum mit Sandstrand an der Promenade bietet reichlich Liegeplätze für Luxusyachten und Motorboote. Das jüngere und weniger betuchte Publikum füllt vor allem die schicken Bars, Nachtclubs und Restaurants mit Leben.

Der Ortsname verweist nicht etwa auf die Lavendelfelder der umgebenden Berge, sondern vielmehr auf ein Waschhaus *(lavoir)*. Charles Ginoux bildete es 1736 auf einem Gemälde ab. Der kleine Ort zog während des 19. Jahrhunderts zahlreiche Künstler an. Der Hauptplatz ist nach dem in Frankreich bekannten Komponisten und Musikkritiker Ernest Reyer (1823–1909) benannt. Von dort rücken die Îles du Levant und Port-Cros in den Blick.

Weite Teile des nahen Brégançon sind Militärgelände. Der französische Präsident hat dort eine Sommerresidenz.

Bormes-les-Mimosas ⑳

Straßenkarte D4. *7000.* *1, pl Gambetta (04 94 01 38 38).* *Mi.* **www**.bormeslesmimosas.com

Das mittelalterliche Dorf liegt im Duft von Oleander und Eukalyptus an einem Hügel nahe dem Dom-Wald. Ein blumengesäumter Weg

Rue Rompi-Cuou, eine der alten Gassen von Bormes-les-Mimosas

Tour: Massif des Maures ㉑

Der Name des uralten Maures-Massivs rührt vom provenzalischen *maouro* (»dunkel« oder »düster«) her. Er spielt auf den zum Teil überaus dichten Bewuchs der Berge an: Edelkastanien, Kiefern, Kork- und andere Eichen verwachsen hier mit Myrrhe und Dornsträuchern zu einem unergründlichen Dickicht. Brände haben stellenweise nur Gestrüpp hinterlassen. Das knapp 60 Kilometer lange und 30 Kilometer breite Gebirge reicht von Hyères bis Fréjus. Die Route führt durch eine wilde, oft menschenleere Landschaft, in der sich flacher, von Korkeichen bedeckter Talgrund mit sehr tiefen Schluchten und mächtigen Gipfeln abwechselt.

Village des Tortues ③
Links der D75 gelangen Sie zum »Schildkrötendorf«. Hier sind Frankreichs letzte wild lebende Landschildkröten beheimatet.

Notre-Dame-des-Anges ④
Neben dem Priorat und seiner Kapelle ragt die höchste Erhebung (780 m) des Massivs auf.

Collobrières ⑤
Eine Brücke führt über den Fluss, an dem das für seine *marrons glacés* (glasierte Maronen) bekannte Dorf liegt.

ROUTENINFOS

Länge: *75 km.*
Rasten: *Collobrières lädt zu einer Mittagspause ein. Besuchen Sie danach die Chartreuse de la Verne (94 48 08 00), zu der eine steile, schmale Straße führt* (siehe auch S. 250 f).

Landarbeiter bei Collobrières

führt um die Burg. Erst im Jahr 1968, ein Jahrhundert nach Einführung der Mimose aus Mexiko nach Südfrankreich, wählte Bormes den Namenszusatz »les Mimosas«. Das beliebte, idyllische Dorf besitzt einen Yachthafen mit gut 800 Liegeplätzen. Sehr steile Gassen wie die Rue Rompi-Cuou (»Halsbrecher«) führen zu Aussichtspunkten und lebhaften Cafés.

Eine Statue vor der sehenswerten **Chapelle St-François** (16. Jh.) erinnert an den hl. Franz von Paula und sein Wirken im Pestjahr 1481. In der Kirche **St-Trophyme** findet man restaurierte Fresken aus dem 18. Jahrhundert. Werke des heimischen Malers Charles Cazin (1841–1901) sind im **Musée d'Arts et Histoire** zu sehen.

Musée d'Arts et Histoire
103, rue Carnot. ☎ *04 94 71 56 60.* ◯ *Mi nachmittags, So vormittags.*

Das von Weinbergen umschlossene Dorf Ramatuelle

Ramatuelle ㉒

Straßenkarte E4. *2300.*
Pl de l'Ormeau (04 98 12 64 00).
Do und So.
www.ramatuelle-tourisme.com

Die Sarazenen nannten das von Weingütern umgebene Bergdorf »Gottesgeschenk« (Rahmatu'llah). Sie hinterließen ein befestigtes Stadttor und eine Vorliebe für Feigen. Ramatuelle zählt (mit Grimaud und Gassin) zu den drei schönsten Dörfern der Halbinsel von St-Tropez. Hier liegt der früh verstorbene Schauspieler Gérard Philipe (1922–1959) begraben. Die jährlichen Theater- und Jazzfestivals des Ortes sind immer gut besucht. Vom nahen Moulins de Paillas (322 m) hat man einen tollen Rundblick. Die Halbinsel endet fünf Kilometer östlich von Ramatuelle.

Blick zwischen Cogolin und Collobrières

La Garde-Freinet ②
Flaschenkorken und Maronenkonfekt sind bekannte Erzeugnisse dieses Dorfes. Im Süden bieten die Ruinen einer Sarazenenfestung einen einzigartigen Ausblick.

Grimaud ①
Von der Place du Château schweift der Blick südwärts über die Küste und westwärts über das Massif des Maures. Das Dorf ist ein Zentrum heimischen Kunsthandwerks *(siehe S. 123).*

Chartreuse de la Verne ⑥
Kastanienwälder umgeben das restaurierte, seit dem 12. Jahrhundert bewohnte Kartäuserkloster.

Cogolin ⑦
In der Manufacture des Tapis können Sie die Herstellung handgefertigter Teppiche beobachten *(siehe S. 221).*

LEGENDE
Routenempfehlung
Andere Straße

Im Detail: St-Tropez ㉓

Der hl. Torpès in seinem Boot

Um den alten Hafen und die nahen Strände drängt sich der alte Stadtkern mit seinen Fischerhäusern. Er wurde nach dem Zweiten Weltkrieg in Teilen originalgetreu wiederaufgebaut *(siehe S. 52)*. Auch traditionelle Fischerboote dümpeln noch im Hafen, Seite an Seite mit schnittigen Yachten jeder Größe und Form. Hinter den Hafencafés am Quai Jean Jaurès wimmelt es in den engen, stets vollen Sträßchen von Boutiquen und Restaurants. Der schmiedeeiserne Glockenturm der Kirche im Zentrum und die Zitadelle am Rand der Stadt wachen über St-Tropez.

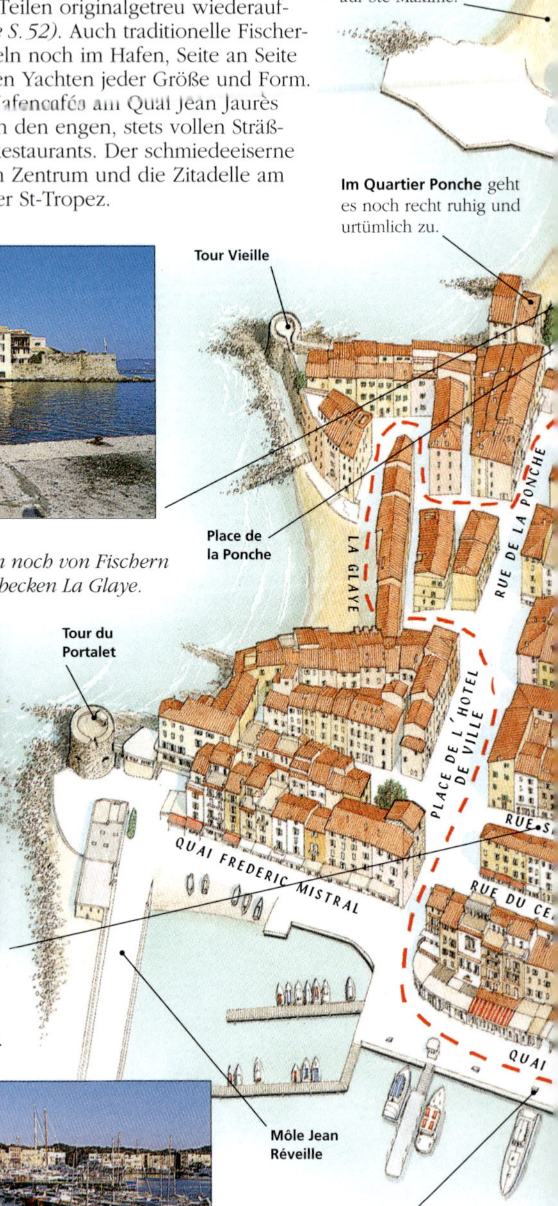

Vom Strand La Fontanette gelangt man zu einem Küstenweg mit Blick auf Ste-Maxime.

Im Quartier Ponche geht es noch recht ruhig und urtümlich zu.

Tour Vieille

Place de la Ponche

Tour du Portalet

Môle Jean Réveille

Port de Pêche
Die Tour Vieille trennt diesen noch von Fischern genutzten Hafen vom Hafenbecken La Glaye.

Altstadt von St-Tropez
Coole Motorradfahrer brausen durch die engen Altstadtgassen von St-Tropez.

★ Quai Jean Jaurès
Hübsch getünchte Häuser und volle Cafés säumen den Kai. Seit über hundert Jahren fasziniert er Besucher und inspiriert Künstler.

Hotels und Restaurants im Var und auf den Îles d'Hyères *siehe Seiten 197–199 und 213*

Blick von den Mauern der Zitadelle
Auf einem Hügel am Ostrand von St-Tropez eröffnet die Zitadelle einzigartige Blicke über die Dächer der Stadt und weit in die Ferne.

INFOBOX

Straßenkarte E4. 5750. *Gare Routière (04 94 56 25 74). Vieux Port, quai Jean Jaurès (08 92 68 48 28). Di u. Sa. Bravades (16.–18. Mai, 15. Juni).*
www.ot-saint-tropez.com

★ Église Notre-Dame de l'Assomption
Die Büste des hl. Torpès trägt man bei der bravade *im Mai durch die Stadt.*

Fenster zum Hafen von St-Tropez (1925/26)
Charles Camoins Bild hängt im Museé de l'Annonciade.

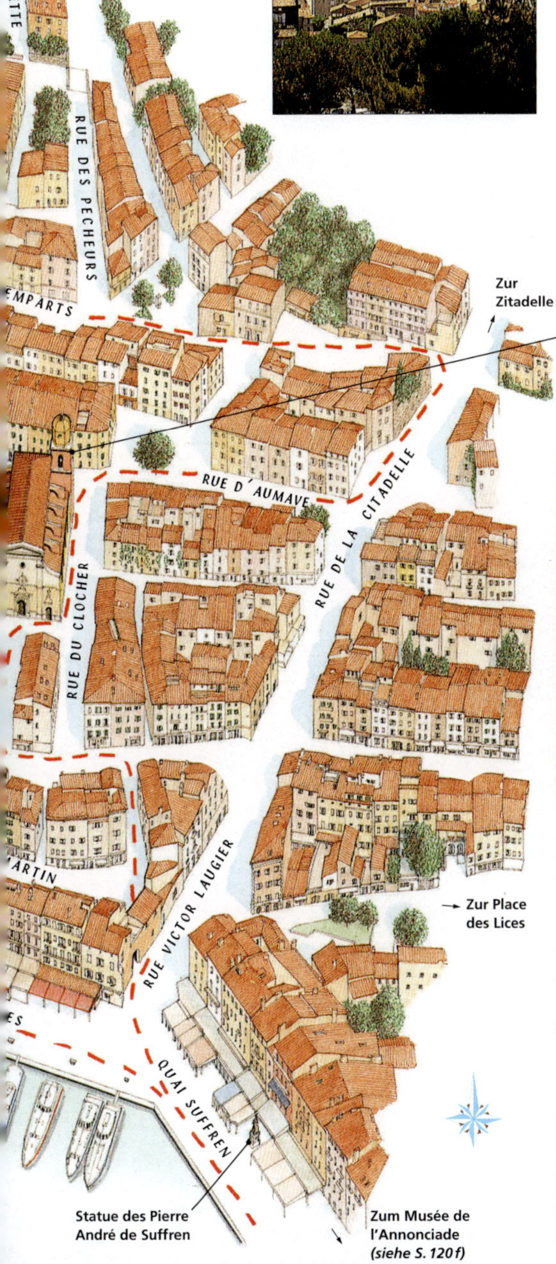

LEGENDE

– – – Routenempfehlung

0 Meter 50

NICHT VERSÄUMEN

★ Église Notre-Dame

★ Quai Jean Jaurès

Musée de l'Annonciade

Diese ungewöhnliche Bildergalerie wurde 1955 in der Chapelle de l'Annonciade (1568) am Alten Hafen von St-Tropez eingerichtet. Im Auftrag des Kunstsammlers Georges Grammont gestaltete Louis Süe (1875–1968) die Kapelle zu einem Museum um. Arbeiten von Paul Signac und Künstlern, die ihm nach St-Tropez gefolgt waren, bildeten den Grundstock der Sammlung. Heute umfasst sie viele postimpressionistische Meisterwerke vom späten 19. bis zum frühen 20. Jahrhundert. 1961 wurden 65 kostbare Gemälde geraubt. Ein Jahr später fand man sie glücklicherweise wieder.

Le Rameur (1914)
Kühner Kubismus von Roger de la Fresnaye.

★ St-Tropez, la Place des Lices et le Café des Arts (1925)
Auf diesem Bild und einigen weiteren hielt Charles Camoin (1897–1965), der Paul Signac nach St-Tropez gefolgt war, den berühmten Platz fest.

★ L'Orage (1895)
Paul Signacs ausdrucksstarkes Bild vermittelt die Spannung vor einem Sturm im Hafen von St-Tropez.

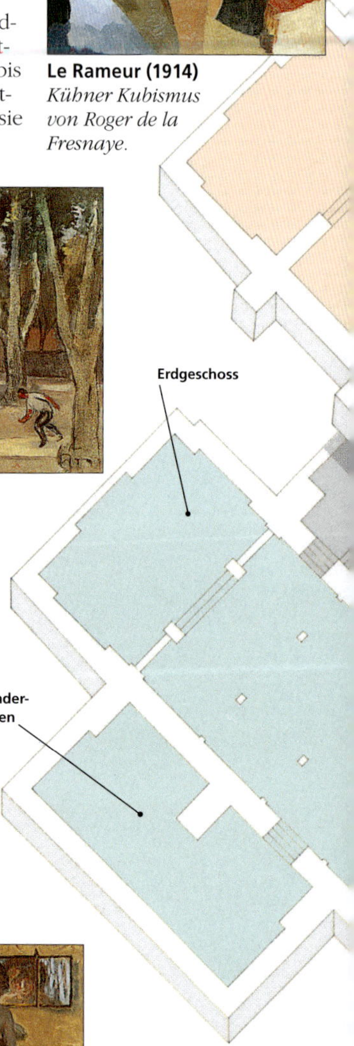

Kurzführer

Da die Räume nicht allen Werken der Sammlung Platz bieten, wechseln die Exponate häufig. Einer der Räume ist Sonderausstellungen vorbehalten, die die Museumskollektion thematisch abrunden.

LEGENDE

- Erdgeschoss
- Zwischengeschoss
- Erster Stock
- Keine Ausstellungsfläche

★ Nu Devant la Cheminée (1919)
Pierre Bonnards Bild verströmt eine warme Sinnlichkeit. Wie so oft verwendete er die zarten Töne einer begrenzten Farbpalette, um mit Licht und Schatten zu spielen.

Le Temps d'Harmonie
Diese Studie (1893–95) fertigte Paul Signac für ein größeres Werk. Die klaren, fließenden Linien weichen deutlich vom pointillistischen Stil ab.

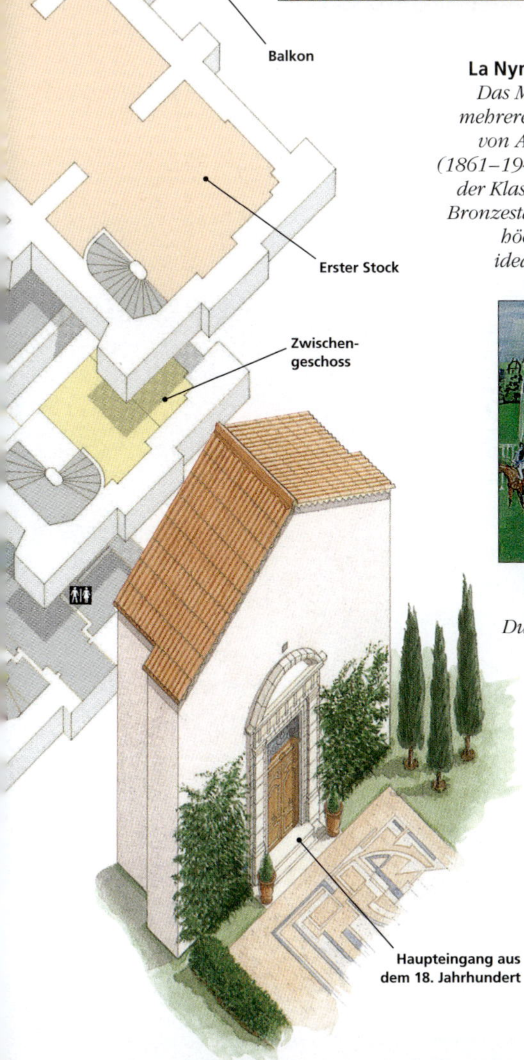

INFOBOX

Quai de l'Epi Le Port, St-Tropez.
04 94 17 84 10.
Mi–Mo 10–12, 14–18 Uhr.
1. Jan, 1. Mai, Himmelfahrt, 25. Dez.
nur Erdgeschoss.
www.saint-tropez.fr

La Nymphe (1930)
Das Museum hütet mehrere Meisterwerke von Aristide Maillol (1861–1944). Diese von der Klassik beeinflusste Bronzestatue beschwört höchst anmutig ideale Schönheit.

Deauville, le Champ de Courses
Das Bild von 1928 belegt Raoul Dufys Vorliebe für mondäne Motive, in diesem Fall eine Rennbahn.

NICHT VERSÄUMEN

★ *L'Orage* von Paul Signac

★ *Nu Devant la Cheminée* von Pierre Bonnard

★ *St-Tropez, la Place des Lices et le Café des Arts* von Charles Camoin

Überblick: St-Tropez

Der Charme dieses beliebten Reiseziels ist gleichzeitig sein Gedeih und Verderb: Alljährlich strömen zur Hochsaison im August über 80 000 Urlauber in die Stadt. Nach ihrem Abzug kehrt St-Tropez jedoch wieder seine beschauliche Natur hervor. Dann blickt es, behütet von Weinbergen und von der strengen Zitadelle bewacht, verträumt und friedvoll über den Golf von St-Tropez. Da im Winter von Norden immer wieder der Mistral heftig bläst, ist und bleibt St-Tropez ein Sommerurlaubsziel.

Straßenkunst zum Verkauf am Quai Jean Jaurès

Kleiner Stadtrundgang

Der Puls der Stadt schlägt nördlich des Musée de l'Annonciade am Alten Hafen. Künstler verkaufen hier ihre Werke. Im Gorille, im Senequier oder im Café de Paris *(siehe S. 219)* kann man wunderbar entspannen.

Die Hafenmole Môle Jean Réveille bietet den besten Blick auf die pittoresken Häuser am Quai Jean Jaurès. Sie waren ein Lieblingsmotiv von Paul Signac (1863–1935), dem viele Maler nach St-Tropez folgten. Ihre Werke hängen im Museé de l'Annonciade *(siehe S. 120f)*.

Der Turm der Église Notre-Dame de l'Assomption überragt die sich vom Hafen ausdehnende Altstadt. Nördlich stehen das Hôtel de Ville und die Tour Suffren, einst Residenz der Stadtherren. Am Kai erinnert eine Statue an Admiral Pierre André de Suffren (1729–1788), den »Schrecken der Engländer«. Dahinter, an der von Cafés gesäumten Place des Lices, spielen Einheimische Pétanque.

Im Osten, jenseits des alten Viertels Ponche und des zeitvergessenen Fischerhafens, erlauben die Wehrmauern der Zitadelle (16. Jh.) prachtvolle Fernblicke. Sie beherbergt das Musée Naval de St-Tropez. Noch etwas weiter östlich, in La Madrague, wohnte Brigitte Bardot. Als sie 1956 in *Und ewig lockt das Weib* die Hauptrolle spielte, ging mit ihrem Stern auch der von St-Tropez auf.

Musée de l'Annonciade

Siehe Seiten 120f.

Fischerboote und luxuriöse Yachten am Quai Jean Jaurès

Église Notre-Dame de l'Assomption

Église Notre-Dame de l'Assomption

Rue de l'Église. Di–So.

In der Barock-Kirche (19. Jh.) zeigt eine Büste den hl. Torpès, Namenspatron der Stadt. Die Römer hatten ihn enthauptet und seinen Leichnam samt einem Hund und einem Hahn in einem Boot ausgesetzt, das hier 68 n. Chr. strandete. Bei der *bravade* jedes Jahr am 16. Mai wird die Büste durch die Stadt getragen.

Zitadelle im Osten von St-Tropez

Musée de la Citadelle

Rue de la Citadelle. 04 94 97 59 43. tägl.

Die Zitadelle kann man besichtigen. Eine Ausstellung zur Geschichte von St-Tropez und der Seefahrt wird nach der Restaurierung 2013 eröffnet.

Maison des Papillons

9, rue Étienne Berny. 04 94 97 63 45. Mo–Sa. 1. Jan, 1. u. 17. Mai, Nov, 25. Dez.

Versteckt in einer schmalen mittelalterlichen Gasse, findet man eine beeindruckende Sammlung von Schmetterlingen aus Frankreich, aber auch seltene Exemplare aus dem Ausland.

Port-Grimaud ㉔

Straßenkarte E4. *150.* *Les Terrasses, rue de l'Amarrage oder 1, blvd des Aliziers, 83310 Grimaud (04 94 55 43 83).* *Do u. So.* **www**.port-grimaud.fr

Den Hafenort schuf der Elsässer Architekt François Spoerry (1912–1999). 1962 kaufte er das sumpfige Deltaland des Flusses Giscle im Westen der Bucht von St-Tropez. Vier Jahre später begann man auf 90 Hektar mit dem Bau von 2500 Häusern an Kanalufern und Bootsliegeplätzen – ein Mini-Venedig. Heute besitzt der Hafen drei Bereiche: Port-Grimaud I, II und III. Angeschlossen sind die Marina und der Strand. Buntglasfenster von Victor Vasarely (1908–1997) erhellen die Kirche **St-François-d'Assise** an der Place d'Église. Von der Kirchturmspitze überblickt man den Hafen. In Wassertaxis *(coches d'eau)* kann man die autofreie Stadt erkunden. Port-Grimaud zählt jährlich rund eine Million Besucher.

Blick von der Église St-François-d'Assise auf Port-Grimaud

Grimaud ㉕

Straßenkarte E4. *2700.* *1, blvd des Aliziers (04 94 55 43 83).* *Do.* **www**.grimaud-provence.com

Auch in Grimaud sind Autos in der Stadt verboten. Das alte, befestigte *village perché* *(siehe S. 20f)* war einst im Besitz der Familie Grimaldi *(siehe S. 91)*. Der Genuese Gibelin de Grimaldi stand Wilhelm dem Guten von Provence bei, der 973 n. Chr. die Sarazenen nach 83 Jahren Besetzung aus diesem Landesteil vertrieb. Zum Dank erhielt der Ritter das Lehen Grimaud. Als die Stadt später die Protestanten unterstützte, ließ Kardinal Richelieu zur Strafe die Burg (11. Jh.) zerstören.

Die hoch gelegene Festung, die sich ideal zur Ausschau nach Feinden eignete, wurde zeitweilig vom Templerorden genutzt. Dieser entstand 1119 während des Ersten Kreuzzugs als geheimer geistlicher Ritterorden mit militärischen und religiösen Aufgaben.

Nur wenige Templerbauten blieben in der Provence erhalten. Die Rue des Templiers wurde früher Rue Droite genannt. Die Arkaden dieser ältesten Straße von Grimaud dienten der Verteidigung: Bei Angriffen wurden sie einfach geschlossen. Der Legende nach hatte der Templerorden hier seinen Sitz, was aber historisch nicht bewiesen ist. Die Église St-Michel (12. Jh.) in derselben Straße zeigt romanischen Stil.

Das von Festungsruinen überragte Grimaud

Ste-Maxime ㉖

Straßenkarte E4. *13 900.* *St-Raphaël, St-Tropez.* *Prom. Simon-Lorière (04 94 55 75 55).* *tägl.*

Am Strand von Ste-Maxime

Gegenüber von St-Tropez, auf der anderen Seite der Bucht, schützen Hügel Ste-Maxime. Der hübsche Ferienort ist zwar das ganze Jahr besucht, Hochsaison ist jedoch der Sommer. Er lockt mit Hafen, Promenade, feinen Sandstränden, Wassersport, Nachtleben, Jahrmärkten und Casino. Ste-Maxime stand unter dem Schutz der Mönche der Lérins-Inseln. Sie tauften den Hafen auf den Namen ihrer Schutzheiligen und bewehrten ihn mit der Tour Carrée des Dames, dem heutigen **Musée de la Tour Carrée**. Der grüne Marmoraltar aus dem 17. Jahrhundert in der Kirche gegenüber stand vorher in der Kartause La Verne im Massif des Maures.

Musée de la Tour Carrée
Place de l'Église. *04 94 96 70 30.* *tägl. 10–12, 15–18 Uhr.* *1. Jan, 1. Mai, 25. Dez, 1 Monat im Winter.*

St-Raphaël 27

Straßenkarte E4. *38 000.* *Quai Albert Premier (04 94 19 52 52).* *Di–So.*
www.saint-raphael.com

Die Stadt wurde zur Römerzeit von wohlhabenden Familien gegründet. Sie siedelten nahe dem heutigen Strandcasino. Napoléon landete bei seiner Rückkehr aus Ägypten 1799 in St-Raphaël. 15 Jahre später brach er von hier in die Verbannung auf.

Jean-Baptiste Karr (1808–1890), ein satirischer Schriftsteller aus Paris, machte St-Raphaëls Vorzüge bekannt und den Ort populär. Im alten Ortskern liegen die Église St-Raphaël (12. Jh.) und das **Musée Archéologique**, das griechische Amphoren und andere Stücke ausstellt.

Musée Archéologique
Place de la Vieille Église. *04 94 19 25 75.* *Di–Sa.* *Feiertage.*

Besucherwerbung für St-Raphaël (Plakat aus dem 19. Jahrhundert)

Massif de l'Estérel 28

Straßenkarte E4. *Nizza.* *Agay, St-Raphaël.* *Quai Albert Premier, St-Raphaël (04 94 19 52 52).*

Das aus Eruptivgestein bestehende Gebirge bildet, obwohl nur 620 Meter hoch, einen starken Kontrast zur Küste. Auch nach vielen verheerenden Waldbränden wirkt es in seiner schroffen Wildheit großteils unversehrt. Bis zur Mitte des 19. Jahrhunderts war die Region ein Schlupfwinkel von Straßenräubern

Das Château de la Napoule ist heute ein Kunstzentrum

und entflohenen Sträflingen. Nachdem Napoléon auf der Rückkehr von seinem Ägyptenfeldzug in St-Raphaël eingezogen war, wurde hier eine seiner Kutschen auf dem Weg nach Paris ausgeraubt.

Am Nordrand des Massivs folgt die DN7 der alten Via Aurelia von Cannes bis Fréjus. Elf Kilometer vor Fréjus führt bei Testannier eine Abzweigung zum Mont Vinaigre, dem höchsten Punkt des Gebirges. Der letzte Abschnitt ist ein 15-minütiger Fußweg. Vom Gipfel hat man einen herrlichen Blick auf die Alpen und das Massif des Maures.

An der Küstenseite verläuft die D1089 entlang dem Massiv. Über faszinierend rote Klippen windet sie sich von St-Raphaël zum Ferienort Agay mit dem besten Anlegehafen dieses Küstenstreifens. Hierher brachten die Römer den roten Porphyr, aus dem sie die Säulen für ihre Bauten in der Provence herstellten.

An der Spitze der Bucht, der Pointe de Beaumette, steht ein Denkmal für den Schriftsteller und Flieger Antoine de St-Exupéry *(siehe S. 29)*. Die Straße führt weiter nach Anthéor und zur Pointe de l'Observatoire. Kurz davor geht es links ab zum Rundweg um das Cap Roux und den Pic de l'Ours. Die Küstenstraße setzt ihren Weg durch Ferienorte fort bis La Napoule, wo die Riviera beginnt. Der Bildhauer Henry Clews (1876–1937) richtete das Schloss von La Napoule wieder her. Die **Fondation Henry Clews** hütet nun seine Werke. Von der Küste verläuft eine Straße landeinwärts zum Col Belle-Barbe. Von ihr führt eine Abzweigung zum Pic du Cap Roux (452 m). Weite Ausblicke belohnen den einstündigen Aufstieg.

Vom Parkplatz am Col Belle-Barbe erreicht man nach einer 40-minütiger Wanderung die Schlucht Mal Infernet beim Lac de l'Écureuil. Landeinwärts vom Col Belle-Barbe führt der Pfad über den Col du Mistral hinauf zum Col des Trois Termes. Dort schlängelt er sich südlich zum Col Notre-Dame, von dem man in etwa 45 Minuten zum stattlichen Pic de l'Ours (496 m) wandern kann. Zwischen ihm und der Küste bietet der Pic d'Aurelle (323 m) ebenfalls herrliche Sicht.

Fondation Henry Clews
1, av Henry Clews, Mandelieu-La Napoule. *04 93 49 95 05.* *tägl. (Nov–Feb: Mo–Fr nachmittags).* *Apr–Sep.*
www.chateau-lanapoule.com

Der Baumbestand im Massif de l'Estérel ist von Bränden bedroht

Fréjus ㉙

Straßenkarte E4. *55 000.* *St-Raphaël.* *249, rue Jean Jaurès (04 94 51 83 83).* *Di, Mi, Fr, Sa u. So.* **www**.frejus.fr

Seine reiche Geschichte macht Fréjus zu einem kulturellen Glanzlicht der Region. Julius Cäsar begründete 49 v. Chr. diese älteste Römersiedlung Galliens, die Augustus großzügig ausbauen ließ. Die Stadt an der Via Aurelia – der unter Augustus angelegten Straße von Rom nach Arles – bedeckte 40 Hektar Land, hatte 30 000 bis 40 000 Einwohner und besaß den nach Marseille bedeutendsten Hafen.

Trotz der schweren Verwüstungen durch die Sarazenen (10. Jh.) sind noch Teile der römischen Stadtmauer erhalten, so ein Turm an der westlichen Porte des Gaules. Gegenüber markierte das Osttor (Porte de Rome) den Endpunkt eines 40 Kilometer langen Aquädukts. Reste der Wasserleitung führen entlang der DN7 zum Fluss Siagnole nahe Mons. Die Ruine des halbrunden Theaters (1. Jh. n. Chr.) dient heute noch als Bühne für Veranstaltungen. Südlich liegt das Prätorium, der Militärstützpunkt der ehemaligen Ostzitadelle. Nördlich der Porte des Gaules, an der Straße nach Brignoles, fassten die **Arènes** (1.–2. Jh. n. Chr.) 6000 Zuschauer. Heute dient das Amphitheater für Musikfeste und als Stierkampfarena.

In der prächtigen **Cathédrale et Cloître St-Léonce** zeigt das Musée Archéologique Fundstücke aus der Region.

Mosaik im Musée Archéologique, Fréjus

Südlich der Stadt blickte einst die Zitadelle Butte St-Antoine auf den Hafen. Der Kanal zwischen Hafen und Meer begann im 10. Jahrhundert zu verschlammen. Die moderne Fréjus-Plage bedeckt das seit dem 18. Jahrhundert vollkommen verlandete Gebiet. Die von Jean Cocteau ausgeschmückte Kapelle Notre-Dame ist ebenso einen Besuch wert wie das Musée d'Histoire Locale. Ein überraschender Anblick ist die buddhistische Pagode (1919) gut zwei Kilometer nördlich der Arènes. Sie erinnert an die Vietnamesen, die im Ersten Weltkrieg im Dienst der französischen Armee fielen.

Brunnen im Zentrum des Kreuzgangs der Kathedrale von Fréjus

Arènes de Fréjus
Rue Vadon. *04 94 51 34 31.* *Di–So.* *Feiertage.*

Cathédrale St-Léonce
Place Formigé. *04 94 51 26 30.* *tägl.; Kreuzgang: tägl. (Okt–Mai: Di–So).* *Feiertage.* *Kreuzgang.*

Cathédrale et Cloître St-Léonce

Die Wehrkirche und das mit Marmorsäulen geschmückte Kloster gehen auf das 12. Jahrhundert zurück. Das von den Sarazenen verschonte Baptisterium stammt sogar noch aus dem 5. Jahrhundert.

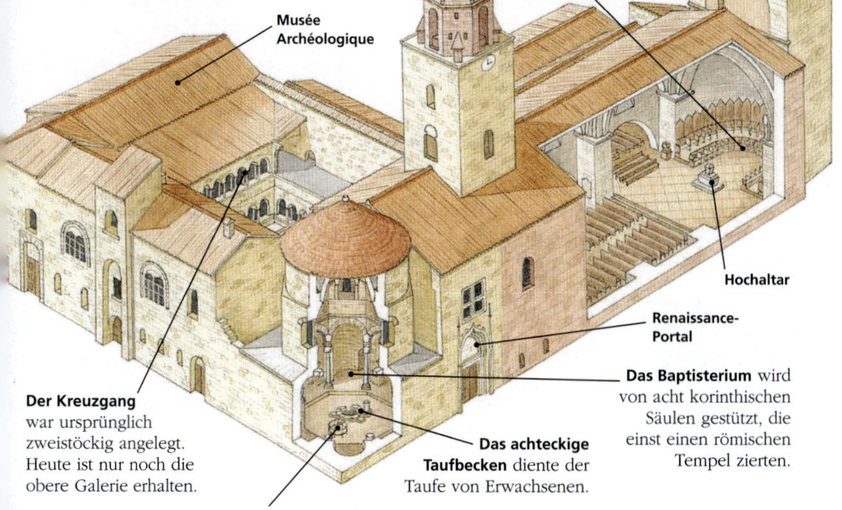

Bouches-du-Rhône und Nîmes

Der südwestliche Winkel der Provence vermittelt ein ganz besonderes Erlebnis. Dies ist das Land van Goghs, der leuchtenden Farben und der Strände mit Wanderdünen. Sein wildester Teil ist die Camargue im Rhône-Delta. Dort leben seit Jahrhunderten Hirten, die wilde Pferde und Rinder hüten.

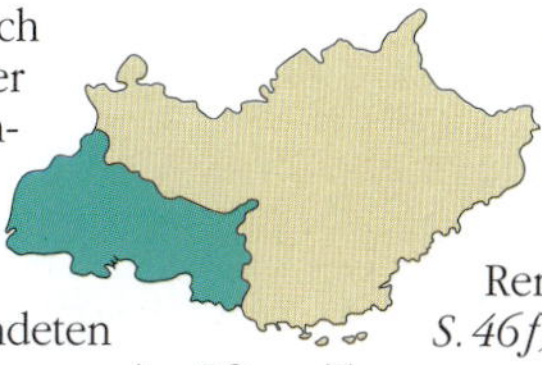

Viele Städte tragen noch Merkmale griechischer und römischer Vergangenheit. Die Griechen siedelten erstmals etwa 600 v. Chr. in Frankreich und gründeten Marseille – heute die zweitgrößte Stadt des Landes und eine Kulturmetropole. Die Römer bauten das Theater von Arles und das Amphitheater von Nîmes. In Glanum finden sich Reste klassischer Gebäude. Das Gerippe eines Aquädukts zieht sich von Uzès bis nach Nîmes – ein Meisterwerk der Baukunst, das mit der Pont du Gard bis heute überdauert hat.

»Ein adlergleiches Geschlecht« nannte der provenzalische Schriftsteller Frédéric Mistral *(siehe S. 28)* die Herren von Baux, die im Mittelalter in Les Baux-de-Provence regierten. Dieses Lehen war im 13. Jahrhundert auch als Liebeshof *(siehe S. 142)* bekannt. Louis IX (der Heilige) baute für die Kreuzfahrer die Stadt Aigues-Mortes. König René der Gute (15. Jh.; *siehe S. 46f)* hielt im Schloss von Tarascon und in Aix-en-Provence, der alten Hauptstadt der Provence, Hof. Die von Renés Vater 1409 gegründete Universität von Aix ist immer noch Mittelpunkt dieser lebhaften Stadt.

Das Gebiet weist großartige Wandermöglichkeiten in herrlicher Landschaft auf, besonders in den Alpilles und um Marseille. Die Filme und Bücher von Marcel Pagnol *(siehe S. 153)* und die Erzählungen von Alphonse Daudet *(siehe S. 143)* sind hier angesiedelt. Die Camargue bietet eine einzigartige Vielfalt von Flora und Fauna sowie Gegenden, in denen Sie reiten und Vögel beobachten können.

Verkaufskörbe auf dem farbenfrohen Markt von Aix-en-Provence

◁ **Die Saulus-Statue von Joseph Sec in Aix-en-Provence *(siehe S. 148f)* wurde 1792 gefertigt**

Überblick: Bouches-du-Rhône und Nîmes

An der Mündung der Rhône liegen die Feuchtwiesen und Sanddünen des Wildtierreservats der Camargue. Landeinwärts locken Städte wie Aix-en-Provence, Nîmes und Arles mit zahlreichen antiken Bauten. Nordöstlich von Arles erheben sich die Alpilles mit überwältigenden Wanderrouten aus der Ebene in die Höhen von Les Baux. St-Rémy-de-Provence bietet sich als Ausgangspunkt für die Erkundung der Alpilles an. Zu den beliebten Küstenstädten zählen Marseille und der Hafenort Cassis. Eine kurze Fahrt- oder Bootsstrecke entfernt liegen Les Calanques, tiefe Buchten zwischen Klippen und Pinienhainen.

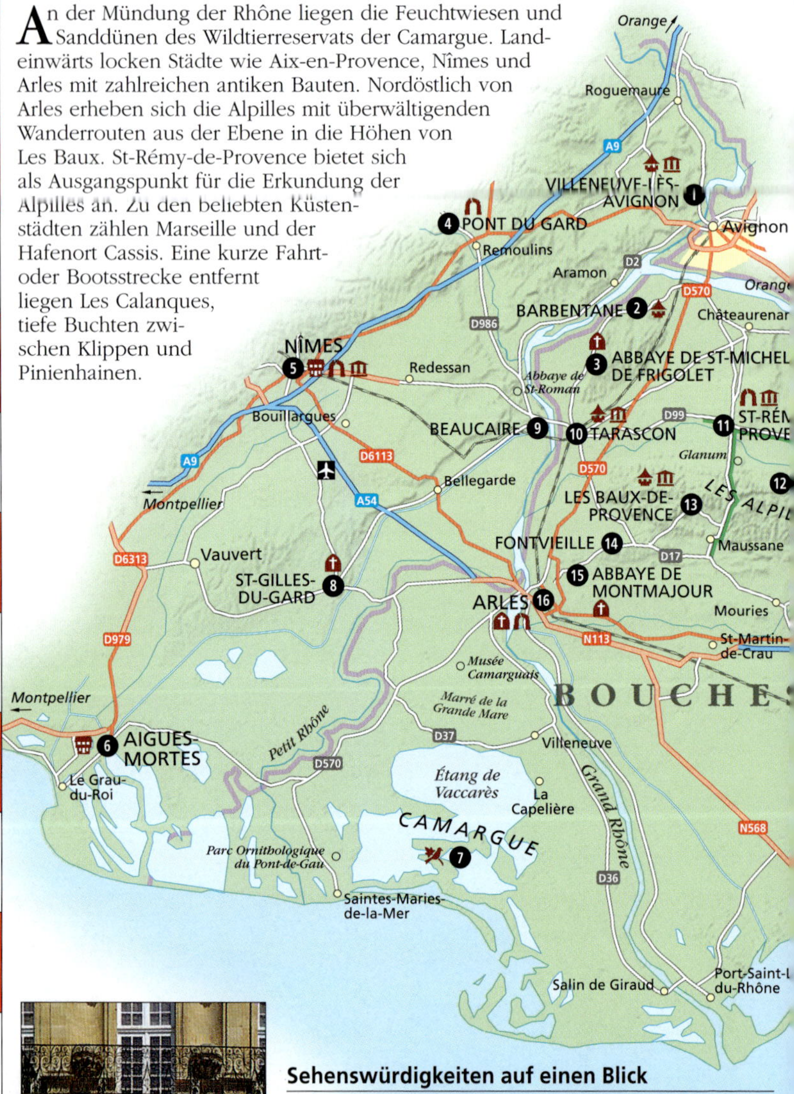

Atlanten zieren den Eingang des Pavillon de Vendôme in Aix

Sehenswürdigkeiten auf einen Blick

- Abbaye de Montmajour 15
- Abbaye de Silvacane 19
- Abbaye de St-Michel de Frigolet 3
- *Aigues-Mortes S. 134f* 6
- *Aix-en-Provence S. 148f* 20
- *Arles S. 144–146* 16
- Aubagne 22
- Barbentane 2
- Beaucaire 9
- *Camargue S. 136–139* 7
- Cassis 24
- Fontvieille 14
- Les Alpilles 12
- Les Baux-de-Provence 13
- Les Calanques 23
- *Marseille S. 150–152* 21
- Martigues 17
- *Nîmes S. 132f* 5
- *Pont du Gard S. 131* 4
- Salon-de-Provence 18
- St-Gilles-du-Gard 8
- St-Rémy-de-Provence 11
- Tarascon 10
- Villeneuve-lès-Avignon 1

Weitere Zeichenerklärungen *siehe hintere Umschlagklappe*

…k über den Hafen auf das Fort St-Jean, Marseille

In Bouches-du-Rhône und Nîmes unterwegs

Auf den *autoroutes* kommt man schnell voran und vermeidet den Stadtverkehr. Die A8 entlang der Riviera stößt 17 Kilometer westlich von Aix auf die Autoroute du Soleil (A7, Paris–Marseille), die A9-Languedocienne führt westwärts über Nîmes nach Spanien. Die bedeutenden Orte sind durch Züge und Busse verbunden (Busverkehr ist auf dem Land wenig entwickelt). Arles und Aix-en-Provence sind günstige Ausgangspunkte. In Arles und Stes-Maries-de-la-Mer in der Camargue (hier können Sie auch zu Pferde die Landschaft erkunden) werden Bootstouren angeboten.

SIEHE AUCH

- ***Hotels*** S. 199–202
- ***Restaurants*** S. 214–216

Teil der Chartreuse du Val-de-Bénédiction, Villeneuve

Villeneuve-lès-Avignon ❶

Straßenkarte B3. *13 000.* *Avignon.* *1, pl Charles David (04 90 25 61 33).* *Do u. Sa.* **www**.villeneuvelesavignon.fr

Der Ort entstand am Ufer der Rhône gegenüber von Avignon. Die Verbindungsbrücke Pont St-Bénézet wird von der 1307 errichteten **Tour de Philippe le Bel** bewacht. Die Turmterrasse in 176 Stufen Höhe bietet einen eindrucksvollen Blick über die Papststadt. Noch faszinierender ist die Aussicht von den beiden 40 Meter hohen Rundtürmen am Eingang zum mächtigen **Fort St-André** (14. Jh.), das Kloster, Kirche und eine kleine Stadt barg.

Zwischen den beiden Bastionen liegt die Église-Collégiale Notre-Dame (14. Jh.). Die *Krönung der Jungfrau* (1453) von Enguerrand Quarton im **Musée Municipal Pierre de Luxembourg** ist das beste Werk der Avignon-Schule. Es wurde für den Abt der **Chartreuse du Val-de-Bénédiction** gemalt (1356 von Innozenz VI. gegründet). Das Kloster hat drei Kreuzgänge und eine Johannes dem Täufer geweihte Kapelle mit Fresken von Giovanetti da Viterbo. Heute dient sie als Kulturzentrum.

Fort St-André
04 90 25 45 35. *Apr–Sep: tägl.; Okt–März: Di–So.* *1. Jan, 1. Mai, 1. u. 11. Nov, 25. Dez.*

Musée Municipal Pierre de Luxembourg
Rue de la République. *04 90 27 49 66.* *Di–So.* *Feb, 1. Jan, 1. u. 11. Nov, 25. Dez.*

Chartreuse du Val-de-Bénédiction
Rue de la République. *04 90 15 24 24.* *tägl.* *1. Jan, 1. Mai, 1. u. 11. Nov, 25. Dez.* *im Sommer.* *im Sommer.* *im Winter.* **www**.chartreuse.org

Barbentane ❷

Straßenkarte B3. *3600.* *Avignon, Tarascon.* *4 cours Jean Baptiste Rey (04 90 90 85 86).* **www**.barbentane.fr

Die Mitglieder des päpstlichen Hofes von Avignon errichteten ihre Sommerhäuser in Barbentane an den Hängen entlang der Rhône, z. B. die anmutige, im Renaissancestil und mit Arkaden errichtete Maison des Chevaliers gegenüber von Notre-Dame-de-Grace (13.–15. Jh.). Vom Stadtschloss (14. Jh.) blieb nur die 40 Meter hohe Tour Anglica.

Neben dem mittelalterlichen Viertel liegt das **Château de Barbentane**, ein Herrenhaus in italienischem Stil, das 1674 von der Adelsfamilie erbaut wurde, der es heute noch gehört. Außerdem lohnt sich ein Besuch der **Moulin de Mogador** (13. Jh.).

Château de Barbentane
Barbentane. *04 90 95 51 07.* *Ostern–Juni, Okt: Do–Di; Juli–Sep: tägl.; Nov u. März: So.* *Dez–Feb.*

Provenzalische Puppe mit Gefährt, Château de Barbentane

Abbaye de St-Michel de Frigolet ❸

Straßenkarte B3. *04 90 95 70 07.* *tägl. ab 16.30 Uhr; Gruppen tel. voranmelden.* **www**.frigolet.com

Die Abtei liegt südlich von St-Michel de Frigolet in der Landschaft La Montagnette. Ein Kreuzgang und eine kleine Abteikirche stammen aus dem 12. Jahrhundert, im Zuge der Bauarbeiten zur 1858 gegründeten Prämonstratenserabtei wurde jedoch eine der prachtvollsten Kirchen jener Zeit erbaut.

Das Innere wurde mit Sternen und Heiligen auf Säulen und Deckengewölben bemalt. Nach einem Exil in Belgien zu Beginn des 20. Jahrhunderts kehrten die Mönche (heute gibt es noch 15 Mönche im Kloster) nach Frigolet zurück. In der Abbaye gibt es ein Restaurant sowie 40 Zimmer zum Übernachten. Die Mönche verkaufen hausgemachten Kräuterlikör.

Die Decke der Abteikirche von St-Michel de Frigolet

Pont du Gard ❹

Straßenkarte A3. 🚉 *Nîmes.*
ℹ *Route du pont du Gard, 30210 Vers (08 20 90 33 30).*
www.pontdugard.fr

Die um 19 v. Chr. errichtete Brücke ist Teil des Aquädukts, der Wasser von Uzès ins römische Nîmes *(siehe S. 132f)* führte. Brücken, Gräben und Tunnel wurden gebaut, um täglich 20 Millionen Liter Wasser über rund 50 Kilometer zu leiten. Der Pont du Gard überwindet das Gardon-Tal und stellt den wichtigsten Abschnitt des Aquädukts dar. Bis zu sechs Tonnen schwere Kalksteinblöcke wurden dafür zum Gardon gebracht. Die oberste Bogenreihe trug den Wasserkanal, die beiden darunterliegenden dienten dem Verkehr.

Man weiß nicht genau, wie lange der Aquädukt in Betrieb war, bis ins 9. Jahrhundert hinein war er aber noch voll funktionstüchtig. Im Mittelalter wurde der mittlere Bogengang als Verkehrsweg benutzt. Doch danach verfiel er und wurde erst im 19. Jahrhundert restauriert. Im **Site du Pont du Gard** wird die Geschichte der Brücke in einem Museum und einem Auditorium eindrucksvoll veranschaulicht.

Der Pont du Gard, mit 48 Metern höchster aller römischen Aquädukte

Steinmetzzeichen aus dem 18. Jahrhundert

Vorgesetzte Steine stützten das Baugerüst

Die Reste des Aquädukts

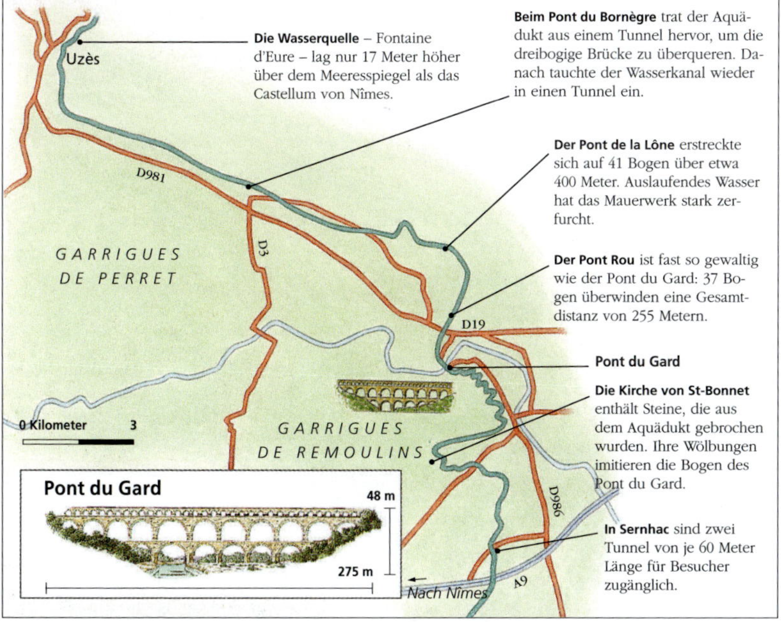

Nîmes 5

Werbeplakat einer *féria*

Ein prächtig geformter schwarzer Stier am Ende der Avenue Jean Jaurès symbolisiert die Stierkampftradition von Nîmes. Während der drei *férias* pro Jahr *(siehe S. 32, 34)* drängen die Massen ins römische Amphitheater Les Arènes. Die römische Architektur zieht Besucher das ganze Jahr in die Stadt, die auch eine bedeutende Kunststätte ist. Ihre Textilindustrie hat Denim *(de Nîmes)* hervorgebracht, den Jeansstoff der Cowboys der Camargue. Die meisten Läden führen provenzalische Stoffe *(siehe S. 221)*.

Überblick: Nîmes

Die ersten Einwohner von Nîmes waren Veteranen des Ägyptenfeldzugs von Kaiser Augustus (31 v. Chr.), denen die Stadt ihr Wappen verdankt: ein Nilkrokodil, an eine Palme gekettet. Dieses Symbol begegnet einem nahezu überall – vor allem auf vielen Straßenschildern.

Stadtwappen: Krokodil, an eine Palme gekettet

Breite Boulevards lassen die Stadt atmen, moderne Architektur, Kunst und Design schaffen ein stilvolles Flair. Einige der neuen Bauwerke wie die Fontaine du Crocodile auf der Place du Marché sind so bekannt wie das Castellum.

Les Arènes

Blvd des Arènes. *04 66 21 82 56.* *tägl.* *Féria des Vendanges u. Aufführungstage.* *teilweise.* **www**.arenes-nimes.com

Unter den römischen Ruinen der Stadt ist das Amphitheater (1. Jh.) die beeindruckendste. Mit 130 mal 100 Metern und 22 000 Sitzplätzen ist es nur geringfügig kleiner als jenes von Arles *(siehe S. 146)*. Es wurde als Schauplatz für Gladiatorenkämpfe errichtet – für Besucher gibt es eine Demonstration der Kampftechnik. Nach dem Zusammenbruch Roms 476 wurde es Festung und Ritterquartier. Es gilt als besterhaltenes römisches Amphitheater überhaupt.

Porte d'Auguste

Boulevard Amiral Courbet.

Durch das Tor mit einem Mittelbogen von sechs Meter Höhe und vier Meter Breite zogen die Reiter und Fuhrwerke über die Via Domitia. Die Römerstraße war ein wichtiger Verkehrsweg, er führte mitten durch Nîmes von der Hauptstadt Rom bis nach Spanien. Eine antike Inschrift zeigt, dass die Stadtmauern 15 v. Chr. auf einer Länge von nahezu sechs Kilometern errichtet wurden.

Das Amphitheater: Stierkampfarena während der *férias*

Musée du Vieux Nîmes

Place aux Herbes. *04 66 76 73 70.* *Di–So.* *1. Jan, 1. Mai, 1. Nov, 25. Dez.*

Der aus dem 17. Jahrhundert stammende Bischofspalast östlich der Kathedrale beherbergt das historische Museum. Das Sommerzimmer mit Möbeln im Directoire- und Empire-Stil bietet einen schönen Ausblick auf die Altstadt.

Carré d'Art

Place de la Maison Carrée. *04 66 76 35 70.* *Di–So.*

Vor der Maison Carrée befindet sich der Carré d'Art. Der moderne, lichtdurchflutete Komplex wurde von Norman Foster entworfen und im Jahr 1993 eröffnet.

Der Carré d'Art von Norman Foster

Maison Carrée

Pl de la Maison Carrée. *04 66 21 82 56.* *tägl.* *1. Jan, 1. Mai, 25. Dez.* **www**.arenes-nimes.com

Die Maison Carrée (»quadratisches Haus«) wurde im Auftrag von Marcus Agrippa im hellenistischen Stil (mit korinthischen Säulen um die Haupthalle) errichtet. Sie gilt als besterhaltener römischer Tempel. Colbert, der Erste Minister des Sonnenkönigs, wollte ihn nach Versailles versetzen. Ein 3-D-Film zeigt die Geschichte von Nîmes.

Musée Archéologique et Musée d'Histoire Naturelle

13 bis, blvd Amiral Courbet. *04 66 76 74 80.* *Di–So.* *1. Jan, 1. Mai, 1. u. 11. Nov, 25. Dez.*

Die Galerie im Erdgeschoss enthält vorrömische Skulpturen, darunter Büsten gallischer Krieger und Friese, aber auch zeitgenössische Kunstobjekte.

Im Stock darüber vermitteln gallorömische Werkzeuge und Haushaltsgeräte, Glaswaren und Bronzeobjekte eine Vorstellung jener Zeit. Zur Töpfereisammlung zählt der vorrömische Krieger von Grézan. Die Kapelle dieses einstigen Jesuitenkollegs stellt zeitgenössische Exponate aus.

Antike Statue

Musée des Beaux-Arts

Rue Cité Foulc. *04 66 67 38 21.* *Di–So.* *1. Jan, 1. Mai, 1. Nov, 25. Dez.*

Hier sehen Sie Gemälde von Boucher, Rubens und Watteau und im Erdgeschoss das große römische Mosaik *Die Hochzeit des Admetus*, das 1883 im ehemaligen Markt von Nîmes entdeckt wurde.

Cathédrale Notre-Dame et St-Castor

Pl aux Herbes. *04 66 67 67 00.* *tägl. während der Gottesdienste.*

Die Kathedrale (11. Jh.) liegt im Zentrum der Altstadt. Sie wurde im 19. Jahrhundert umfassend ausgebaut. Ein teilweise romanischer Fries mit Szenen des Alten Testaments ziert die Westfront.

Castellum

Rue de la Lampèze.

Zwischen Porte d'Auguste und Tour Magne liegt im römischen Wall das Castellum, ein Turm zur Speicherung des Wassers, das von Uzès über den Aquädukt und den Pont du Gard *(siehe S. 131)* herangeführt und über Kanäle in der Stadt verteilt wurde.

Les Jardins de la Fontaine

Quai de la Fontaine. *04 66 21 82 56.*

Der bedeutendste Erholungspark der Stadt liegt am Ende der Avenue Jean Jaurès. Er wurde nach einer im 18. Jahrhundert erschlossenen Quelle benannt. Der Tempel der Diana (2. Jh.) war Teil einer Bäderanlage und ist heute nur noch Ruine. Im Mittelalter lebten hier Benediktinerinnen, die den Tempel zur Kirche umwandelten. Sie wurde in den Religionskriegen zerstört.

Auf dem Mont Cavalier (114 m) steht die 34 Meter hohe, achteckige Tour Magne. Sie ist der höchste Turm der römischen Stadtmauer und ältestes erhaltenes römisches Bauwerk (15 v. Chr.) in Frankreich. 140 Stufen führen zum reizvollen Ausblick auf den Mont Ventoux hinauf.

INFOBOX

Straßenkarte A3. *140 000.*
Nîmes-Arles-Camargue.
Boulevard Talabot.
6, rue Auguste (04 66 58 38 00). *tägl.*
Féria de Pentecôte (Mai/Juni), Féria des Vendanges (Ende Sep).
www.ot-nimes.fr

L'Obéissance Récompensée **von Boucher, Musée des Beaux-Arts**

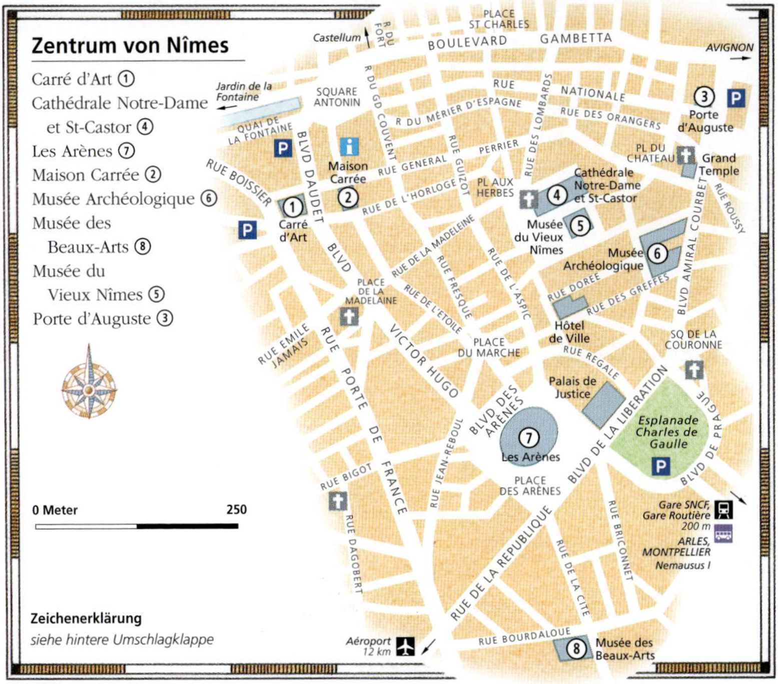

Aigues-Mortes ❻

Isoliert und massig ragt Aigues-Mortes (»tote Wasser« auf Provenzalisch) aus den Salzwiesen der Camargue. Der Ort hat sich seit der Zeit seiner Fertigstellung um 1300 kaum verändert. Damals hatte die Rhône jedoch noch nicht den Schlick angeschwemmt, der heute die Stadt vom Meer trennt. Über Kanäle wurden die Quader für die Stadtmauer aus den Steinbrüchen von Beaucaire herbeigeschafft. Der Stadtgründer, Louis IX, setzte 1248 im Schatten der Tour de Constance Segel zu seinem Kreuzzug *(siehe S. 42f)*. Nur im Hundertjährigen Krieg konnten Breschen in die Befestigungen geschlagen werden.

König Louis IX
Ludwig der Heilige baute Aigues-Mortes als seinen einzigen Mittelmeerhafen. Nur durch Lockangebote konnte man neue Bewohner für diesen ungastlichen Flecken Erde finden.

In der Tour de la Poudrière wurden Waffen und Schießpulver gelagert.

Porte de l'Arsenal

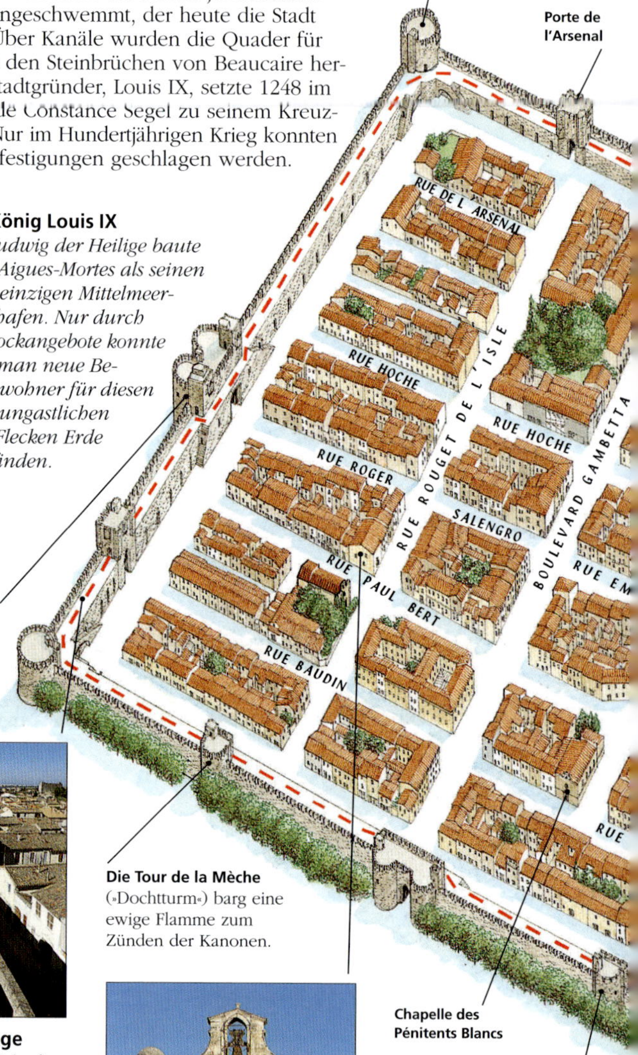

Die Porte de la Reine wurde nach Anna von Österreich benannt, die 1622 die Stadt besuchte.

Die Tour de la Mèche (»Dochtturm«) barg eine ewige Flamme zum Zünden der Kanonen.

Chapelle des Pénitents Blancs

Tour du Sel

★ Befestigungsanlage
Zur Stadtmauer (1634 m) gehören zehn Tore, sechs Türme, Schießscharten und überhängende Latrinen.

Chapelle des Pénitents Gris
Der 1400 gegründete Orden nutzt noch heute die um 1607 erbaute Kapelle. Bei der Palmsonntagsprozession laufen die »Graukutten« Seite an Seite mit ihren weißkuttigen früheren Rivalen.

NICHT VERSÄUMEN

★ Befestigungsanlage

★ Tour de Constance

Porte de la Marine
Sie war das größte Tor zum Hafen. Die Schiffe legten an der Porte des Galions an und wurden an riesigen Metallringen (organeaux) *vertäut.*

INFOBOX

Straßenkarte A4. *8000.*
30 km W Montpellier.
Av de la Liberté. *Rte de Nîmes.* *Pl St-Louis (04 66 53 73 00).* *Mi, So.* *Nuits d'Encens (Juni), Nuits du Sel (Juli), Festival St-Louis (Aug).*
www.ot-aiguesmortes.fr

Place St-Louis
Dieser reizvolle, von Cafés umgebene Platz liegt baumbeschattet im Zentrum der Stadt. In seiner Mitte erhebt sich Louis IX auf einem Sockel, dessen Reliefs Teile von Kreuzzugschiffen zeigen.

Notre-Dame des Sablons wurde bereits vor der Stadtgründung erbaut.

Tour des Bourguignons
Nach einem Massaker (1421) übernahmen die Gascogner die Stadt von Burgund. Die Toten wurden teilweise »gepökelt« im Turm bestattet.

★ Tour de Constance
Hier darbten religiös Verfolgte: Katholiken, dann Calvinisten, später Hugenotten (wie Marie Durand, die 1768 nach 38 Jahren Kerkerhaft freikam).

LEGENDE

– – – Routenempfehlung

0 Meter 100

Camargue ❼

Gardians hüten Pferde und Rinder

Dieser ebene, kaum bewohnte Landstrich zählt zu den wichtigen Feuchtgebieten und naturgeschichtlichen Sehenswürdigkeiten Europas. Ausgedehnte Salzwiesen, Seen, Weiden und Sanddünen bilden auf 140 000 Hektar ein artenreiches Landschaftsidyll. Camargue-Pferde streifen über die Grasgebiete oder werden von Hirten, den *gardians* *(siehe S. 22)*, geritten, die Schwarzrinder hüten. Auch zahlreiche Wasser- und Sumpfvögel sind hier heimisch, darunter auch Scharen von Flamingos. Nördlich des Schutzgebiets wird Reis angebaut. Viele Besucher beschränken ihre Erkundung auf die Straße zwischen Arles und Stes-Maries-de-la-Mer und lassen die schönste Flora und Fauna links liegen.

Camargue-Bullen
Zu bestimmten Zeiten treiben die gardians *die Schwarzviehbullen für die örtlichen Stierkämpfe und den Verkauf nach Spanien zusammen.*

Camargue-Pferde
Die Tiere stammen von alten Pferderassen ab. Das Fohlenfell wechselt zwischen viertem und siebtem Jahr seine Farbe.

Im Vogelschutzgebiet Parc Ornithologique du Pont-de-Gau *(siehe S. 138f)* leben die meisten Vögel der Camargue. Zweimal jährlich rasten hier mehr als 350 Zugvogelarten während ihrer Reise.

Vögel der Camargue

Vogelliebhaber fühlen sich hier – vor allem im Frühling, wenn die Zugvögel auf dem Flug nach Norden rasten – wie im Paradies. Zu den einheimischen Vögeln zählen Seidenreiher und Rohrweihen. Hier liegt das Brutgebiet der Dünnschnabelmöwe. Auch die Kolbenente brütet hier.

Seidenreiher ***(Egretta garzetta)***

Dünnschnabelmöwe ***(Larus genei)***

Rohrweihe ***(Circus aeruginosus)***

Brachschwalbe ***(Glareola pratincola)***

Stelzenläufer ***(Himantopus himantopus)***

Kolbenente ***(Netta rufina)***

Europäische Biber

Der Biber wurde zu Beginn des 20. Jahrhunderts wegen seines Fells gejagt und dabei nahezu ausgerottet. Seit 1905 sind die nachtaktiven Tiere geschützt. In den 1970er Jahren bildeten sie hier wieder Kolonien.

INFOBOX

Straßenkarte B4. ✈ *90 km östl. Montpellier Méditerranée.* 🚉 🚌 *Av Paulin Talabot, Arles.* ℹ *5, av van Gogh, Stes-Maries-de-la-Mer (04 90 97 82 55; 04 90 97 10 82).* *Pèlerinage des Gitans (Mai, Ende Okt).* **www**.parc-camargue.fr

Flamingos

Etwa 10 000 Paare dieser exotischen Vögel brüten in der Camargue. In den Sümpfen des Étang de Vaccarès sieht man sie häufig bei der Futtersuche. Ihr Hauptbrutgebiet liegt in den südlicheren Salzlagunen.

Musée Camarguais ***(siehe S. 139)***

Informationszentrum des Naturreservats

Salzgewinnung

Das Meerwasser der seichten Lagunen verdunstet in der Sonne und hinterlässt große Salzablagerungen. Diese Flächen bieten reiche Nahrung für Watvögel wie den Säbelschnäbler.

Dünenflora

Die Sanddünen bilden eine Trennlinie zwischen Lagunen, Salzwiesen und Meer. Die Wasserkamille ist eine der vielen Wildblumen.

LEGENDE

- Naturreservatsgrenze
- Wanderweg
- Rad- und Wanderweg

0 Kilometer 5

Überblick: Camargue

Eingang zur Stierkampfarena Méjanes

Der einzigartige Charakter der Camargue hat ungewöhnliche Traditionen hervorgebracht. Die einheimischen Schimmel und Schwarzrinder werden von *manadiers* gezüchtet und von *gardians* (Viehhirten) gehütet sowie mit Brandzeichen versehen. Deren niedrige und weiß gekalkte Hütten sprenkeln die Landschaft. In Stes-Maries-de-la-Mer finden Stierkämpfe statt. Diese Region bietet einen Sandstrand, Wassersportmöglichkeiten und Bootsausflüge. Die Informationsbüros vor Ort halten für Wanderer interessante Tourenvorschläge von Stes-Maries aus bereit. Die schönsten Ausblicke gewährt der sieben Kilometer lange Fuß- und Radweg entlang der Digues-de-la-Mer (Seedeich). Zahlreiche Sehenswürdigkeiten in der Camargue wurden in Museen und Ausstellungen für Natur- und Kulturgeschichte verwandelt.

Unblutiger Stierkampf im Stil der Camargue in Méjanes

Stes-Maries-de-la-Mer

Drei Marien verliehen dem reizenden Ort seinen Namen: Maria Magdalena, Maria Jacobäa (Schwester der Mutter Jesu) und Maria Salome, Mutter der Apostel Jakob und Johannes. Nach der Kreuzigung Jesu trieben sie – so die Legende – im Meer und landeten (zusammen mit anderen, darunter ihre Dienerin Sarah, Lazarus und dessen Schwester Martha) hier, wo sie einen Marienschrein erbauten. Während die übrigen aufbrachen, um zu verkündigen, blieben Maria Jacobäa, Maria Salome und Sarah zurück.

Im Winter ist die weiß gekalkte Stadt ein unscheinbarer Ort. Doch während der Marienfeiern im Mai und Oktober platzt sie aus allen Nähten.

Das größere Fest findet im Mai statt, wenn Zigeuner aus aller Welt eintreffen, um ihre Schutzheilige Sarah zu verehren, die reich verzierte schwarze Madonna in der Krypta der Église-de-Notre-Dame-de-la-Mer (9. Jh.). Ihr Bildnis wird in einer Prozession zum Meer getragen. Danach finden Stierkämpfe, Pferderennen und Flamenco-Tänze statt *(siehe S. 228f)*.

Im gesamten Zentrum der Stadt gibt es schmucke Restaurants mit karierten Tischtüchern sowie Läden, die bunt gemusterte Röcke, Hemden, Tücher, Glücksbringer und Roma-Souvenirs verkaufen. Die hochragende Kirche in der Altstadt lohnt einen Besuch auch wegen des Ausblicks vom Dachwehrgang.

Nur 40 Meter von der Kirche entfernt widmet sich das **Musée Baroncelli** der Zoologie und Archäologie.

In der Umgebung von Stes-Maries (4,5 Kilometer nördlich des Zentrums am Strandsee Étang de Ginès) liegt der **Parc Ornithologique du Pont-de-Gau** mit einer Vielfalt von Vögeln der Camargue *(siehe S. 136)*.

Musée Baroncelli

Ancien Hôtel de Ville, rue Victor Hugo. *04 90 97 87 60.*
Apr–11. Nov: Mi–Mo.

Die Schaustücke beziehen sich auf Rinderzucht und regionale Volkskunde. Sie wurden vom *manadier* Marquis Folco de Baroncelli-Javon (1869–1943) gesammelt, um das Leben der *gardians* sowie die regionalen Bräuche und Überlieferungen zu dokumentieren.

Ginès-Informationszentrum

Pont-de-Gau. *04 90 97 86 32.*
tägl. *1. Jan, 1. Mai, 25. Dez.*
www.parc-camargue.fr

Das Informationszentrum bietet einen großartigen Ausblick auf die Lagunen. Dokumentiert werden Geschichte, Flora und Fauna der Camargue.

Parc Ornithologique du Pont-de-Gau

Pont-de-Gau. *04 90 97 82 62.*
tägl. *25. Dez.*
www.parcornithologique.com

In diesem Reservat finden Sie die meisten der teilweise äußerst scheuen Vogelarten, die in der Region nisten oder auf

Wespenbussard im Vogelpark Pont-de-Gau

Hotels und Restaurants in Bouches-du-Rhône und Nîmes *siehe Seiten 199–202 und 214–216*

ihrem Zug rasten. Bleiben Sie auf den beschilderten Wegen *(siehe S. 136)*.

Musée Camarguais

Parc Naturel Régional de Camargue, Mas du Pont de Rousty (D570, 10 km südwestlich von Arles). *04 90 97 10 82.* *tägl. (Okt–März: Mi–Mo).* *Jan, 1. Mai, 25. Dez.*

Ein traditioneller provenzalischer *mas (siehe S. 22f)*, der bis vor Kurzem noch Teil eines Rinder- und Schafzuchthofes war, wurde zu einem faszinierenden Camargue-Museum umgewandelt. Der Hauptteil des Museums ist in einem riesigen, 1812 erbauten und vorbildlich restaurierten Schafstall untergebracht. Videos und Dias schildern das Leben in der Camargue (vorwiegend im 19. Jh.) sowie die Tier- und Pflanzenwelt des Camargue-Deltas. Zu den Ausstellungsthemen zählen u. a. die Camargue-Cowboys, die »große« und »kleine« Rhône (die in früherer Zeit an Nîmes vorbeifloss) sowie *Mirèio*, das Hauptwerk Frédéric Mistrals. Der Schriftsteller und Meister des Provenzalischen gewann im Jahr 1904 den Literaturnobelpreis *(siehe S. 28)*.

Ein gut ausgeschilderter Weg (3,5 km) schlängelt sich vom Museum zum Marré de la Grande Mare. An markierten Stellen werden eindrucksvolle Beispiele des traditionellen *mas*-Landbaus gezeigt. Ein Aussichtsturm am Ende des Weges bietet grandiose Ausblicke über die faszinierende Landschaft.

Die befestigte Église de Notre-Dame-de-la-Mer (9. Jh.)

Romanische Fassade der Abteikirche von St-Gilles-du-Gard

St-Gilles-du-Gard ❽

Straßenkarte A3. *14 000.* *Nîmes.* *1, pl F. Mistral (04 66 87 33 75).* *Do und So.* **www**.ville-saintgilles.fr

St-Gilles, das »Tor in die Camargue«, ist für seine **Abbaye de St-Gilles** berühmt. 1562, während der Religionskriege, wurde das Gebäude beschädigt, sodass nur noch Westfassade, Krypta und Chor stehen. Die gemeißelte Fassade gilt als schönste der Provence. Zu ihren Reliefs gehört die erste plastische Passionsdarstellung des Christentums (spätes 12. Jh.).

Die von Raymond VI von Toulouse begründete Abteikirche war das erste Priorat des Johanniter-Ritterordens in Europa. Sie wurde bald zum Meilenstein auf der Pilgerroute nach Santiago de Compostela und Hafen für Kreuzritterschiffe *(siehe S. 42f)*. Die Krypta birgt die Gebeine von St-Gilles, einem Eremiten, der auf einem Floß aus Griechenland kommend hier eintraf.

Der Glockenturm der Abtei enthält *La Vis*, eine meisterlich gestaltete Wendeltreppe.

Beaucaire ❾

Straßenkarte B3. *15 000.* *Tarascon.* *24, cours Gambetta (04 66 59 26 57).* *Do u. So.* **www**.ot-beaucaire.fr

Der Stierkampfplatz von Beaucaire befindet sich auf einem der größten Märkte Europas, der sieben Jahrhunderte lang alljährlich stattfand und im Juli bis zu 250 000 Besucher anlockte. Heute findet am 22. Juli ein kleinerer Markt mit Prozession durch den Ort statt. Begründer des Jahrmarkts war 1217 Raymond VI, der auch das **Château de Beaucaire** erweiterte.

Von hier blickten später die französischen Könige über den Fluss herablassend auf ihre provenzalischen Nachbarn. Das Schloss wurde auf Geheiß Kardinal Richelieus teilweise abgebrochen, aber der dreieckige Bergfried und Teile der Mauer deuten die ursprüngliche Größe an. Eine romanische Kapelle liegt innerhalb des Gemäuers. Regelmäßig finden mittelalterliche Darbietungen statt.

Die **Abbaye de St-Roman** (5. Jh.), Europas einziges Höhlenkloster, liegt fünf Kilometer nordwestlich.

Château de Beaucaire

Pl Raymond VII. *04 66 59 90 07.* *Mi–Mo.*

Die einzigartige Höhlenabtei St-Roman bei Beaucaire

Die legendäre Tarasque, Schrecken der Tarasconen

Tarascon ⑩

Straßenkarte B3. *13 500.* *Av de le République (04 90 91 03 52).* *Di, Fr.* **www**.tarascon.org

Das leuchtend weiße **Château Royal de Provence** zählt zu den Sehenswürdigkeiten an der Rhône. Vom höfischen Glanz König Renés des Guten blieb nur wenig. René beendete den Bau, den sein Vater Louis II von Anjou begonnen hatte *(siehe S. 46f)*. Als nach Renés Tod 1480 die Provence an Frankreich fiel, diente das Schloss bis 1926 als Gefängnis. Eine Zugbrücke führt zum Geflügelhof und den Mannschaftsquartieren. Dahinter erheben sich die mächtige Hauptanlage um den Innenhof und die wehrhaften Türme. Gefangenen-Graffiti und einige bemalte Deckenpaneele blieben erhalten. Doch die einzige wirkliche Zierde stellen einige Gobelins dar, die Taten des römischen Feldherrn Scipio (237–183 v. Chr.) bezeugen.

Die nahe gelegene **Collégiale St-Marthe** birgt in der Krypta das Grab der hl. Martha *(siehe S. 42)*. Nach der Legende rettete sie die Einwohner vor der Tarasque. Das Menschen fressende Ungeheuer – halb Löwe, halb Gürteltier – gab der Stadt seinen Namen. Die Rettung wird alljährlich im Juni bei der Fête de la Tarasque *(siehe S. 33)* gefeiert.

In der Altstadt liegt das Cloître des Cordeliers (16. Jh.), wo Konzerte und Ausstellungen stattfinden. In der arkadengesäumten Rue des Halles steht das Rathaus (17. Jh.).

Traditionelles Leben der Region und handbedruckte Stoffe zeigt das **Musée Souleïado**. Das Textilhandwerk wurde 1938 unter dem Namen »Souleïado« (provenzalisch für »Die Sonne durchdringt die Wolken«) wiederbelebt.

Das Museum besitzt Tausende Holzplatten (18. Jh.), von denen viele noch für farbige Drucke verwendet werden. Das Museum **L'Espace de Tartarin** widmet sich Tartarin de Tarascon, der fiktiven Figur aus Daudets (19. Jh.) gleichnamigem Werk *(siehe S. 28)*.

Château Royal de Provence
Blvd du Roi René. *04 90 91 01 93.* *tägl.* *1. Jan, 1. Mai, 1. u. 11. Nov, 25. Dez.*

Musée Souleïado
39, rue Charles Demery. *04 90 91 50 11.* *Di–Sa.* *1. Jan, 1. u. 11. Nov, 25. Dez.*
www.souleiado-lemusee.com

L'Espace Tartarin
55bis, blvd Itam. *04 90 91 38 71.* *Apr–Nov: Mo–Sa.* *1. Mai, 1. u. 11. Nov.*

Das märchenhafte Château Royal de Provence von René dem Guten

St-Rémy-de-Provence ⑪

Straßenkarte B3. *12 000.* *Avignon.* *Place Jean Jaurès (04 90 92 05 22).* *Mi u. Sa.* **www**.saintremy-de-provence.com

St-Rémy ist eine ruhige Provinzstadt und günstiger Ausgangspunkt für die Erkundung der Alpilles, die die Pflanzen für seine traditionellen *herboristeries* (Kräuterläden) liefern. Das **Musée des Arômes** auf dem Boulevard Mirabeau stellt die örtliche Flora vor. St-Rémys **Église St-Martin** besitzt eine hervorragende Orgel, auf der samstags und beim Sommerfestival »Organa« Konzerte gegeben werden. Eins der ansehnlichsten Herrenhäuser aus dem 15. und 16. Jahrhundert ist heute ein Museum: Das **Musée des Alpilles** bietet eine erlesene ethnografische Sammlung.

Kräuter und Gewürze auf dem Markt von St-Rémy

Die Stadt war Geburtsort von Nostradamus (16. Jh.). Der berühmte Arzt und Astrologe kam in einem Haus in der Außenmauer der heutigen Avenue Hoche zur Welt.

Das **Musée Estrine Centre d'Interpretation Van Gogh** im Hôtel Estrine (18. Jh.) verweist auf die Verbindung des Künstlers mit St-Rémy. Nach der Verstümmelung seines Ohres kam er im Mai 1889 in die **Clinique St-Paul**. Gelände und Kreuzgänge (12. Jh.) der Klinik können besichtigt werden. Die Besucherinformation bietet eine Karte mit Landschaftsmotiven an, die van Gogh während seines Aufenthalts malte.

Gleich hinter der Klinik steht Le Mas de la Pyramide, ein halb in den Fels gebautes Gehöft. Auf dem Gelände dieses früheren römischen Stein-

Der Triumphbogen von Glanum aus der Zeit des Augustus, 15 Minuten Fußweg vom Zentrum St-Rémys

bruchs liegt noch eine riesige antike Säule.

Die Überreste dieses ältesten griechischen Gebäudes (4. Jh. v. Chr.) in der Provence stehen in **Glanum** *(siehe S. 40f)*. Die griechisch-römische Stadt liegt im Alpilles-Tal. Les Antiques, die antiken Überreste, bestehen weitgehend aus einem Triumphbogen (10 v. Chr.) mit der Darstellung von Cäsars Sieg über die Griechen und Gallier sowie einem Mausoleum (30 v. Chr.).

Musée des Arômes
34, blvd Mirabeau. *04 90 92 48 70.* *Mo–Sa (Ostern–Sep: tägl.).* *Feiertage.*

Musée des Alpilles
Pl Favier. *04 90 92 68 24.* *Di–Sa.* *1. Jan, 1. Mai, 25. Dez.*

Musée Estrine Centre d'Interpretation Van Gogh
8, rue Estrine. *04 90 92 34 72.* *Di–So (Jan, Feb, Nov, Dez: nur nachmittags).* *eingeschränkt.*

Clinique St-Paul
Route des Baux. *04 90 92 77 00.* *tägl.* *1. Jan, 1. Nov, 25. Dez.*

Glanum
Rte des Baux. *04 90 92 23 79.* *Apr–Aug: tägl.; Sep–März: Di–So.* *1. Jan, 1. Mai, 1. u. 11. Nov, 25. Dez.*
www.monuments-nationaux.fr

Les Alpilles ⓬

Straßenkarte B3. *Arles, Tarascon, Salon-de-Provence.* *Les Baux-de-Provence, St-Rémy-de-Provence, Eyguières, Eygalières.* *St-Rémy-de-Provence (04 90 92 05 22).*

St-Rémy-de-Provence liegt auf der Westseite des Kalksteinmassivs der Alpilles, einer 24 Kilometer langen Bergkette zwischen Rhône und Durance. **La Caume** (387 m), einen der Gipfel, erreicht man von St-Rémy aus (gleich hinter Glanum). Östlich von St-Rémy führt die Straße nach Cavaillon an der Nordseite des Massivs entlang und wendet sich rechter Hand nach Eygalières. Hier lebte der Maler Mario Prassinos (1916–1985), dessen Werk in Notre-Dame-de-Pitié, St-Rémy, zu sehen ist. Gleich hinter dem Ort befindet sich die Chapelle St-Sixte (12. Jh.). Die Straße führt nach Orgon, wo sich Ausblicke auf das Durance-Tal und den Lubéron bieten. Orgon säumt die Ostseite des Massivs. Rechter Hand führt die Straße über die Ruinen von Castel de Roquemartine nach Eyguières, einem hübschen Dorf mit romanischer Kirche. Eine zweistündige Wanderung bringt Sie auf den turmbestandenen Berg Les Opies (493 m). Der Weg ist Teil der GR6 (eine der schönsten Wanderrouten der Provence), die die Bergkette nach Les Baux überquert.

Das Kalksteinmassiv der »Kleinen Alpen« im Herzen der Provence

Kampf der Ritter von Baux gegen die Sarazenen, 1266 (Fresko aus dem späten 18. Jh.)

Les Baux-de-Provence ⓭

Straßenkarte B3. 400.
La Maison du Roy (04 90 54 34 39).

Les Baux besetzt einen Felssporn der Alpilles (das provenzalische *bau* bedeutet »Steilhang«), von dem der Blick über die Camargue *(siehe S. 136–139)* wandert. Die in der Provence einzigartige Lage seiner Festung lockt jährlich rund zwei Millionen Besucher an. Der Ort ist autofrei, neben der Porte Mage finden Sie einen Parkplatz.

Die Herren von Baux errichteten im 10. Jahrhundert ihre Burg. Sie führten ihre Abkunft auf Balthasar, einen der Heiligen Drei Könige, zurück und erkoren den Stern von Bethlehem zum Wappen. Im Umkreis dieser kampferprobten Ritter entwickelten sich damals die Vorstellung der Minne und die Troubadourdichtung, die der literarischen Entwicklung den Weg ebnen sollte.

Am höchsten Punkt der Felskante liegen die Ruinen der Zitadelle. Ihr Eingang, die Tour-du-Brau (14. Jh.), wurde zum **Musée d'Histoire des Baux-de-Provence**. Am Plateaurand erinnert ein Denkmal an den Dichter Charloun Rieu (1846–1924). Im Ortszentrum lohnen die **Fondation Louis Jou** und das **Musée des Santons** einen Besuch. Yves Brayer malte 1974 die Chapelle des Pénitents Blancs, Nachbarin der Église St-Vincent (12. Jh.), aus. Nördlich von Les Baux bietet die **Cathédrale d'Images** ein ungewöhnliches Kunsterlebnis.

Denkmal für den Dichter Charloun Rieu

Musée d'Histoire des Baux-de-Provence

Hôtel de la Tour-du-Brau, rue du Trenca. *04 90 54 55 56.* *tägl.* *eingeschränkt.*

Das kleine archäologische Museum zeigt Funde von Ausgrabungen in Les Baux und Umgebung.

Fondation Louis Jou

Hôtel Brion, Grande Rue. *04 90 54 34 17.* *nach Vereinb.*

Das Museum präsentiert neben mittelalterlichen Büchern auch Stiche seines Namensgebers, des Regionalkünstlers Louis Jou, sowie Drucke und Zeichnungen von Albrecht Dürer und Goya.

Musée des Santons

La Maison du Roy. *04 90 54 34 39.* *tägl.*

Im ehemaligen Rathaus der Altstadt versetzt eine Krippenlandschaft Christi Geburt nach Les Baux. Die handgearbeiteten *santons*, Krippenfiguren aus Ton *(siehe S. 48)*, zeigen Heilige und Einheimische und die Entwicklung der provenzalischen Tracht.

Cathédrale d'Images

Route de Maillane. *04 90 54 38 65.* *tägl.*
www.cathedrale-images.com

Nördlich der Stadt, an der D27 und unweit des Hauptparkplatzes von Les Baux, liegt das »Höllental« Val d'Enfer. Hexen und Geister sollen in dieser zerklüfteten Schlucht gehaust haben, die wohl Dantes Dichtung inspiriert hat. 1822 entdeckte der Mineraloge Berthier hier ein Gestein, das er nach dem Fundort Bauxit nannte. Im Steinbruch bietet die Cathé-

Blick auf die Zitadelle und das Dorf Les Baux

Landkartenhaus von Malchus
& Möllendorf OHG
Schiffstraße 6, 79098 Freiburg
Tel.: 0761 / 23908

IGN 3242 OT
Apt (Luberon)
978-2-7585-0483-[illegible] 12,50 1

regional 527
Provence, Cote d'Azur [illegible] n Kart
978 2 06-718[illegible] 8,99 1

Total: 2 21,49 EUR

Betrag enthält 1,41 EUR MWSt:
1: 7,00% = 1,41 Netto: 20,08
Steuernummer: 0658742[illegible]25
USt Idnr.: DE 814 522 656
03.05.14 12:29:20 64 1-2120

Vielen Dank für Ihren Besuch!
Und nach 19:00 Uhr:
www.das-landkartenhaus.de

drale d'Images, die »Kathedrale der Bilder«, einen audiovisuellen Genuss: Dias mit dreidimensionaler Wirkung werden auf die Kalksteinwände, den Boden und die Decke dieses Naturtheaters projiziert. Die 30 Minuten dauernde Show wird jährlich aktualisiert. Auch die grandiose musikalische Untermalung macht sie zu einem Erlebnis.

Chapelle des Pénitents Blancs in Les Baux

Fontvieille ⑭

Straßenkarte B3. *3500.* *Av des Moulins.* *04 90 54 67 49.* *Mo u. Fr.* **www**.fontvieille-provence.com

Das ansprechende Städtchen liegt im Baux-Tal, in dem Obst und Gemüse angebaut werden. Auf halbem Weg zwischen Arles und den Alpilles eignet sich Fontvieille als Ausgangspunkt für viele Ausflüge. Bis zur Französischen Revolution 1789 war seine Geschichte eng mit jener der Abbaye de Montmajour verflochten. Die Kapellen an den vier Ecken des Ortes errichtete man im Jahr 1721 zum Dank für das Ende der Pest *(siehe S. 48f)*.

Südlich, an der D33, krönt der Moulin de Daudet einen kargen Hügel. Etwas weiter, bei Barbegal, liegen Ruinen eines römischen Aquädukts.

Abbaye de Montmajour ⑮

Straßenkarte B3. Route de Fontvieille. *04 90 54 64 17.* *Apr–Sep: tägl.; Okt–März: Di–So.* *1. Jan, 1. Mai, 1. u. 11. Nov, 25. Dez.* **http**://montmajour.monuments-nationaux.fr

Wie die Arche Noah, um die herum die Sintflut versiegt ist, ragt fünf Kilometer nordwestlich von Arles diese Benediktinerabtei in die Höhe. Zur Bauzeit (10. Jh.) war der Berg ein trockenes Eiland inmitten von Sümpfen. Die wenigen Mönche legten das Marschland zwischen den Alpilles und der Rhône mit viel Aufwand trocken.

Obwohl 1726 ein Feuer die Barockbauten zerstörte, flößt das Kloster Ehrfurcht ein. Seine erste Kirche soll der hl. Trophimus als Zufluchtsort vor den Römern gegründet haben. Das Kloster wurde reich, als im Mittelalter zu Ostern Tausende herbeipilgerten, um Ablass zu erbitten.

Kreuzgang und Turm der Abbaye de Montmajour

Nach 1791 trieben zwei Privatbesitzer Raubbau. Im 19. Jahrhundert wurde die Abtei weitgehend restauriert.

Die Krypta (12. Jh.) der **Église Notre-Dame**, einer der größten romanischen Bauten der Provence, wurde geschickt in den Felshang gehauen. Tiermotive schmücken die Doppelsäulen des Kreuzgangs, den der 26 Meter hohe, nach 1360 errichtete Turm überschattet. 124 Stufen führen auf seine Plattform, von der man weit bis über das Meer blickt. Die in den Hang gebaute schlichte, doch recht stimmungsvolle **Chapelle de St-Pierre** ist ebenso alt wie die Abtei. Gräber liegen über das ganze Anwesen verstreut. Der Hauptfriedhof wurde bei der **Chapelle Ste-Croix** (12. Jh.), wenige Hundert Meter entfernt, in Form eines griechischen Kreuzes angelegt.

Daudets Windmühle

Der Moulin de Daudet ist ein literarisches Denkmal Frankreichs. Der 1840 in Nîmes geborene Alphonse Daudet gelangte in Paris zu Ruhm. Die Mühle ist Schauplatz seiner *Briefe aus meiner Mühle*. Diese Geschichten über die Provence sind seit ihrer Erstveröffentlichung 1860 beliebt. Daudet studierte den Charakter der Bewohner und beschrieb ihr Leben mit Ironie und Pathos. Er selbst lebte nie in der Mühle, gleichwohl machte er einen Müller zum Erzähler der Briefe. Bei seinem Aufenthalt in Fontvieille war er Gast im Château de Montauban (19. Jh.). Er wollte sich hier von Paris erholen, kehrte jedoch dorthin zurück, um seine Geschichten zu Papier zu bringen. Man kann die restaurierte Mühle und ein kleines Daudet-Museum besichtigen.

Im Detail: Arles ⓰

Viele Sehenswürdigkeiten dieser Stadt sind Relikte aus römischer Zeit. Sie alle erreicht man von der zentralen Place de la République aus zu Fuß. Den Norden dieses Platzes säumt das Hôtel de Ville, dahinter, an der belebten Place du Forum, pocht das Herz des modernen Arles. Will man bei einem Kaffee die Einheimischen beobachten, bietet sich der Boulevard des Lices an, auf dem zweimal pro Woche ein viel besuchter Markt stattfindet. Dort und in der nahen Rue Jean Jaurès verkaufen einige Läden leuchtende provenzalische Stoffe. Museumsliebhaber können eine Sammelkarte *(Passeport Avantage)* erstehen, die Zugang zu allen Ausstellungen erlaubt.

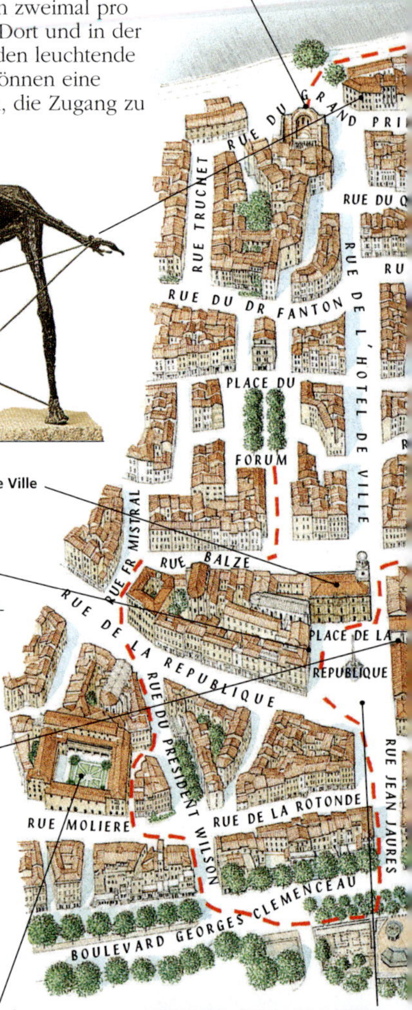

Les Thermes de Constantin bilden den einzigen Überrest des Konstantinischen Palasts (4. Jh.).

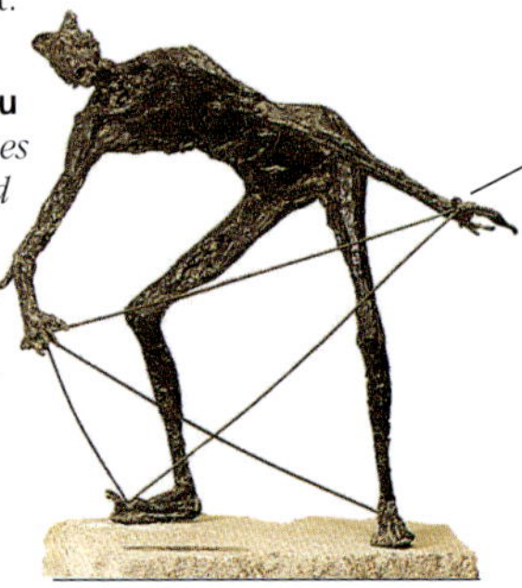

Musée Réattu
Am Ufer der Rhône zeigt dieses Museum Kunst des 18. und 19. Jahrhunderts. Zu seiner modernen Sammlung zählt Germaine Richiers Plastik Le Griffu *(1952).*

Hôtel de Ville

Kryptoportikus
Die drei unterirdischen Gewölbegalerien (1. Jh. v. Chr) dienten als Fundament fü das Forum.

★ Église St-Trophime
Heiligenfiguren und eine Darstellung des Jüngsten Gerichts *schmücken das Portal (12. Jh.) dieser romanischen Kirche.*

Kulturzentrum L'Espace Van Gogh

Römischer Obelisk
Brunnen wie der hier abgebildete umspielen an der Place de la République den Sockel eines Obelisken. Er stand einst in einer römischen Arena jenseits der Rhône.

NICHT VERSÄUMEN
- ★ Église St-Trophime
- ★ Les Arènes
- ★ Théâtre Antique

★ Les Arènes
Das Amphitheater zählt zu den größten und besterhaltenen Römerbauten der Provence. Der oberste Stock eröffnet einzigartige Rundblicke über Arles.

INFOBOX

Straßenkarte B3. 52 000.
Nîmes-Garons. Av P. Talabot. Boulevard des Lices (04 90 18 41 20). Mi, Sa. Féria Pascale (Ostern), Fête des Gardians (1. Mai), Fêtes d'Arles (Juli), Féria du Riz (Sep).
www.arlestourisme.com

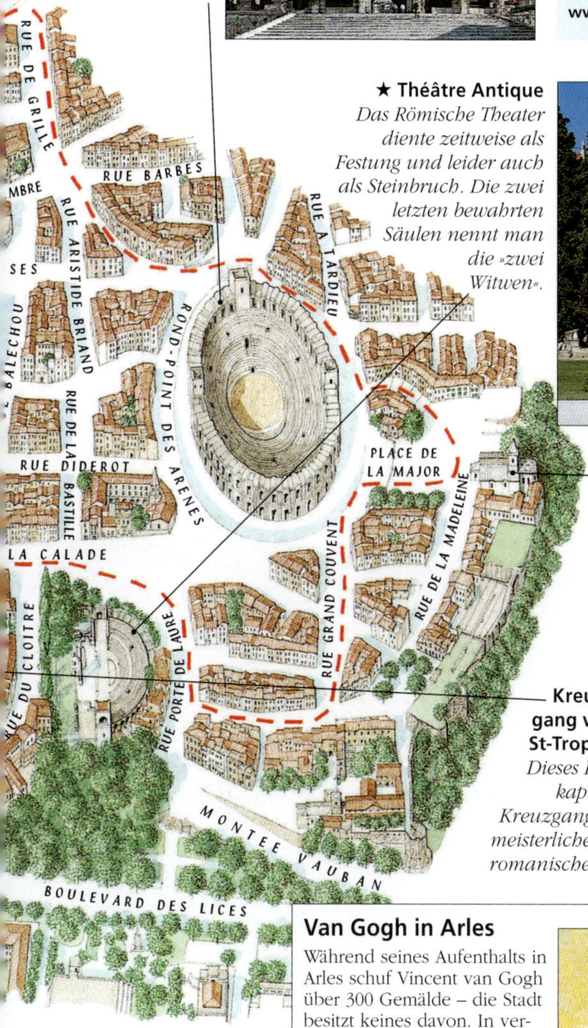

★ Théâtre Antique
Das Römische Theater diente zeitweise als Festung und leider auch als Steinbruch. Die zwei letzten bewahrten Säulen nennt man die »zwei Witwen«.

Notre-Dame-de-la-Major ist dem hl. Georg geweiht. Er ist Schutzpatron der Camargue-Hirten, der *gardians*.

Kreuzgang von St-Trophime
Dieses Reliefkapitell des Kreuzgangs ist ein meisterliches Beispiel romanischer Anmut.

LEGENDE

Routenempfehlung

0 Meter 100

Van Gogh in Arles

Während seines Aufenthalts in Arles schuf Vincent van Gogh über 300 Gemälde – die Stadt besitzt keines davon. In verspäteter Anerkennung des Künstlers hat man im Hôtel-Dieu den Espace Van Gogh mit Ausstellungssaal und Bibliothek eingerichtet. Auch andere Orte erinnern an ihn. Das Café Van Gogh an der Place du Forum sieht wieder so aus, wie van Gogh es in *Café du Soir* abgebildet hat.

***L'Arlésienne* (1888)**

Überblick: Arles

Die Römer machten aus der von Griechen gegründeten Stadt ein »kleines Rom«. Hier, am südlichsten Rhône-Übergang, bauten sie Werften, Bäder, eine Rennbahn und eine Arena. Arles stieg zur Hauptstadt der drei römischen Provinzen Frankreich, Spanien und Britannien auf und ist durch das reiche gallorömische Erbe eine der interessantesten Provence-Städte. Autos sollte man vor den schmalen Altstadtgassen abstellen.

Europa und der Stier, Mosaik im Musée de l'Arles Antique

Sarkophag in Les Alyscamps

Les Arènes

Rond-Point des Arènes. *04 90 49 59 05.* *tägl.* *1. Jan, 1. Mai, 1. Nov, 25. Dez u. für Stierkämpfe.* **www**.arenes-arles.com

Das eindrucksvolle Amphitheater am Ostrand der Altstadt war der größte Römerbau in Gallien. Sein 136 mal 107 Meter weites Oval bot 21 000 Sitzplätze. Einige Innenräume haben Mosaikböden. Heute finden hier regelmäßig provenzalische und spanische Stierkämpfe statt.

Südwestlich schließt sich das elegante **Théâtre Antique** an. Das Halbrund des Römischen Theaters verfügte über ungefähr 2000 Sitzplätze auf Stufenrängen.

Musée de l'Arles Antique

Presqu'île du Cirque Romain. *04 90 18 89 08.* *Mi–Mo.* *1. Jan, 1. Mai, 1. Nov, 25. Dez.* **www**.arles-antique.org

Arles wurde nach Konstantins Taufe 312 n. Chr. christlich. Das Museum zeigt Beispiele für römisch beeinflusste frühchristliche Bildhauerei sowie vorchristliche Kunst, darunter eine Kopie der Venus von Arles und römische Mosaiken.

Kryptoportikus

Rue Balze. *04 90 49 59 05.* *tägl.* *1. Jan, 1. Mai, 1. Nov, 25. Dez.*

Die weitläufigen unterirdischen Galerien *(siehe S. 41)* waren Teil des Forums. Sie besaßen Luftschächte und dienten als Getreidespeicher.

Les Alyscamps

Av des Alyscamps. *tägl.* *1. Jan, 1. Mai, 1. Nov, 25. Dez.*

Die »Elysischen Felder« waren von der Römerzeit bis ins späte Mittelalter eine der berühmtesten Nekropolen der westlichen Welt. Da die Römer sie nachts mieden, trafen sich hier, angeführt vom hl. Trophimus, die Christen. Diese wurden beim Grab des Märtyrers Genesius, eines enthaupteten römischen Beamten, bestattet.

Église St-Trophime

Pl de la République. *04 90 96 88 38.* *tägl.* *1. Jan, 1. Mai, 1. Nov, 25. Dez.* *Kreuzgang.*

Die romanische Kirche zählt zu den schönsten in der Provence. Der Dekor von Portal und Kreuzgang illustriert meisterhaft biblische Szenen. Die Figur am Nordostpfeiler zeigt den hl. Trophimus, der als erster Bischof von Arles gilt (frühes 3. Jh.). Seine Nachbarn sind die Apostel Petrus und Johannes.

Les Thermes de Constantin

Rue du Grand-Prieuré. *04 90 49 36 74.* *tägl. (Nov–Feb: nur nachmittags).*

Die von Kaiser Konstantin 306 erbauten, einstmals riesigen öffentlichen Bäder verfielen, wurden jedoch von Archäologen Ende des 19. Jahrhunderts teilweise restauriert. Die drei verbliebenen Originalbauten sind Zeichen der Genialität römischer Baukunst.

Musée Réattu

10 rue du Grand-Prieuré. *04 90 49 37 58.* *Di–So.* *1. Jan, 1. Mai, 1. u. 11. Nov, 25. Dez.* **www**.museereattu.arles.fr

Der Künstler Jacques Réattu (1760–1833) und seine Zeitgenossen bilden den Mittelpunkt des Museums. Auch Kunst des 20. Jahrhunderts ist vertreten, bereichert durch eine Picasso-Schenkung und eine Fotosammlung.

Blick über die Rhône auf die Stadt Arles

Martigues 17

Straßenkarte B4. *46 000.* *Rond-Point de l'Hôtel de Ville (04 42 42 31 10).* *Do u. So.*
www.martigues-tourisme.com

Am Étang de Berre zwischen Marseille und der Camargue prägen Frankreichs bedeutendste Erdölraffinerien weitgehend das Bild. Am Westufer des Strandsees, nördlich des Canal de Caronte, zieht Martigues, einst Fischerhafen und Künstlerkolonie, immer noch Urlauber an.

Martigues erstreckt sich über die Ufer des Kanals und die Insel Brescon. Dort stellen am Pont San Sébastien noch heute Maler ihre Staffeleien auf. Félix Ziem (1821–1911) war ein glühender Verehrer dieses »kleinen Venedig« *(siehe S. 26)*. Seine farbenfrohen, skizzenhaften Bilder hängen neben Arbeiten von Zeitgenossen im **Musée Ziem**.

Musée Ziem
Boulevard du 14 Juillet. *04 42 41 39 60.* *Mi–So nachmittags (Juli, Aug: tägl.).* *Feiertage.*

Der Canal San Sébastien oder »Spiegel der Vögel«, Martigues

Die Abbaye de Silvacane, im 12. Jahrhundert von Zisterziensern erbaut

Salon-de-Provence 18

Straßenkarte B3. *43 000.* *56, cours Gimon (04 90 56 27 60).* *Mi u. So.*
www.salondeprovence.fr

Die Stadt ist seit dem 15. Jahrhundert für ihre Olivenöl- und Seifenproduktion bekannt. Das befestigte **Château de l'Empéri** war einst Residenz der Erzbischöfe von Arles. Heute illustriert darin das Musée de l'Empéri das Militärwesen vom Absolutismus bis zum Ersten Weltkrieg.

Die Offiziersschule der französischen Luftwaffe, La Patrouille Aérienne de France, hält die Militärtradition aufrecht. Gelegentlich führen Piloten ihre Flugkünste vor.

Nahe der Burg steht die **Église de St-Michel** aus dem 13. Jahrhundert. Die gotische Kirche **St-Laurent** birgt das Grab des französischen Arztes und Astrologen Nostradamus. Salon war die Wahlheimat dieses berühmtesten Bürgers der Stadt. Hier verfasste Nostradamus seine *Les Centuries*. Der Vatikan verbot das 1555 erschienene Werk, da es die schwindende Macht des Papsttums voraussagte. Dies tat Nostradamus' Ruhm keinen Abbruch: 1560 wurde er von Charles IX als Leibarzt in den Dienst genommen.

Nostradamus, Salons berühmtester Bürger

Das Gospelfestival im Juli bietet Konzerte, Performances und Gesangsworkshops.

Château de l'Empéri
Montée du Puech. *04 90 56 22 36.* *Mi–Mo.* *1. Jan, 1. Mai, 1. Nov, 24./25. u. 31. Dez.*

Abbaye de Silvacane 19

Straßenkarte C3. *04 42 50 41 69.* *Juni–Sep: tägl.; Okt–Mai: Mi–Mo.* *1. Jan, 1. Mai, 25. Dez.*
www.ville-la-roque-d-antheron.fr

Wie die beiden anderen Zisterzienserklöster der Provence liegt die Abtei (12. Jh.) sehr abgeschieden. Ein Bus fährt regelmäßig von Aix-en-Provence ins nächstgelegene Dorf La Roque-d'Anthéron. Die Abtei wurde über einem Benediktinerkloster errichtet. Das Gelände war einst ein »Schilfwald« *(silva cannorum)*. Im nüchternen Stil der Zisterzienser fehlt jeglicher Zierrat. Die Kirche mit Haupt- und zwei Seitenschiffen sowie überwölbtem Querhaus ist ein Resonanzraum. Die Arkaden des Kreuzgangs (13. Jh.) erinnern an einen Taubenschlag. Nach dem Bau des Refektoriums (14. Jh.) verließen die Mönche das Kloster. Nach der Revolution geriet es in Staatsbesitz. Seit dem 20. Jahrhundert wird es wieder als Abtei genutzt.

Aix-en-Provence ⑳

Die frühere Hauptstadt der Provence ist heute Universitätsstadt. Kosmopolitisch geht es in den Bars und Restaurants der Rue de la Verrerie zu. Louis II von Anjou gründete 1409 die Universität, die unter seinem Sohn, dem »guten König« René *(siehe S. 46f)*, aufblühte. Der Wohlstand förderte die Bautätigkeit im 17. Jahrhundert: Man riss die Mauern der alten Römerstadt Aquae Sextiae ab und legte den von Stadtpalästen gesäumten Prachtboulevard Cours Mirabeau an. Die bekannten Brunnen kamen im 18. Jahrhundert dazu.

Cours Mirabeau, der großzügigste Boulevard in Aix

Überblick: Aix

Die Altstadt zwängt sich nördlich des Cours Mirabeau zwischen die Cathédrale St-Sauveur und die Place d'Albertas. Zu den Sehenswürdigkeiten zählen das Musée des Tapisseries im ehemaligen Bischofspalast und das Hôtel de Ville (17. Jh.), das Rathaus. Pierre Pavillon legte es 1655–70 um einen Hof herum an. Davor lädt der Blumenmarkt ein. In der Nähe ragt der Uhrturm (16. Jh.) auf.

Vor den Toren der Altstadt liegen die Römerthermen (Thermes Sextius) mit den Kuranlagen (18. Jh.).

Die eleganteste Straße, der Cours Mirabeau, ist nach dem Revolutionsführer und begnadeten Redner Graf Mirabeau benannt. Läden, Patisserien und Cafés, allen voran das berühmte Les Deux Garçons aus dem 18. Jahrhundert *(siehe S. 219)*, besetzen die Nordseite des Boulevards. Elegante Palais säumen die Südseite: das Hôtel de Villars (Nr. 4; 1710); das Hôtel d'Isouard de Vauvenargues (Nr. 10; 1710), einst Residenz des Marquis von Entrecasteaux, der hier seine Frau umbrachte; das Hôtel d'Arbaud Jouques (Nr. 19; 1730); das Hôtel de Forbin (Nr. 20; 1658) sowie das Hôtel d'Espagnet (Nr. 38), in dem die Nichte von Louis XIII, die Herzogin von Montpensier, wohnte.

An den Cours Mirabeau schließt südlich das unter Erzbischof Michel Mazarin erbaute Quartier Mazarin an. Dort ist in der ältesten gotischen Kirche, St-Jean-de-Malte, das Musée Granet.

Detail am Pavillon de Vendôme

Cathédrale St-Sauveur

34, pl des Martyrs de la Résistance. *04 42 23 45 65.* *tägl.* *für Kreuzgang.*
www.cathedrale-aix.net

Eine Besichtigung der Kathedrale über der Altstadt ist ein Gang durch die Kunstgeschichte. Die Tore des Hauptportals schnitzte Jean Guiramand 1504 aus Walnussholz. Innen fällt eine Taufkapelle (4./5. Jh.) ins Auge: Ihre Renaissancekuppel ruht auf korinthischen Säulen (2. Jh.). Sie entstammen einer Basilika, die hier neben dem römischen Forum stand. Sehenswert ist Nicolas Froments dreiflügeliger Altar *Der brennende Dornbusch* (1476, *siehe S. 46f*). An der Südseite liegt der romanische Kreuzgang.

Musée des Tapisseries

28, pl des Martyrs de la Résistance.
04 42 23 09 91. *Mi–Mo.*
1. Jan, 1. Mai, 24./25. u. 31. Dez.

Außer herrlichen Beauvais-Teppichen (17./18. Jh.) zeigt das Museum Kostüme und Bühnenentwürfe aus der Zeit nach 1948, die alle für das jährliche Festival d'Art Lyrique *(siehe S. 33)* gefertigt wurden.

Musée du Vieil Aix

17, rue Gaston-de-Saporta.
04 42 21 43 55. *Mitte Apr–Mitte Okt: Mi–So.*

Die bunte heimatkundliche Sammlung schließt Möbel, eine »sprechende Krippe« (19. Jh.) sowie einige Figuren der Fronleichnamsprozessionen ein.

Blumenmarkt vor dem Hôtel de Ville (17. Jh.)

Musée d'Histoire Naturelle

6, rue Espariat. *04 42 27 91 27.* *tägl.* *1. Jan, 1. Mai, 24./25. Dez, 31. Dez.*
www.museum-aix-en-provence.org

Das naturgeschichtliche Museum residiert im Hôtel Boyer d'Eguilles (1675), entworfen und erbaut von Pierre Puget. Es hütet mineralogische und paläontologische Sammlungen (mit vor Ort gefundenen Eiern von Dinosauriern).

Cézannes Atelier, eingerichtet wie zu Lebzeiten des Künstlers

Musée Granet

Pl St-Jean de Malte. 04 42 52 88 32. Di–So. 1. Jan, 1. Mai, 25. Dez.

www.museegranet-aixenprovence.fr

Das Museum residiert in einer Malteserpriorei (17. Jh.). Der Maler François Granet (1775–1849) vermachte Aix eine Sammlung französischer, italienischer und flämischer Gemälde. Dazu zählen das *Porträt von Granet* sowie *Jupiter und Thetis* (beide von Ingres), Werke von Cézanne und Granet sowie archäologische Funde aus Aquae Sextiae.

Fondation Vasarely

1, av Marcel Pagnol. 04 42 20 01 09. Jan, Feb: Mi–So; März–Dez: Di–So. Feiertage. nur Erdgeschoss.

www.fondationvasarely.org

Die hier seit Mitte der 1970er Jahre gezeigte Reihe schwarzweißer metallener Sechsecke des Op-Art-Künstlers Victor Vasarely ist zu einem Wahrzeichen der Stadt geworden. Neben Vasarelys Kunstwerken zeigt die Stiftung viele Arbeiten nationaler und internationaler Künstler. Sie sind in der ganzen Stadt zu bewundern.

INFOBOX

Straßenkarte C4. *140 000.* *Av Victor Hugo.* *Av de l'Europe.* *Les allées provençales, 300, av Giuseppe Verdi (04 42 16 11 61).* *tägl.* *Festival d'Art Lyrique (Juli).*

www.aixenprovencetourism.com

Atelier Paul Cézanne

9, av Paul Cézanne. *04 42 21 06 53.* *März–Dez: tägl.; Dez–Feb: Mo–Sa.* *1. Jan, 1. Mai, 25. Dez.* *(Apr–Sep).*

www.atelier-cezanne.com

Von der Kathedrale führt ein Weg zum Atelier Paul Cézannes *(siehe S. 26)* nördlich der Altstadt. Es ist seit Cézannes Tod 1906 kaum verändert. Hier malte er *Les Grandes Baigneuses*. Von hier blickt man auf eines seiner Motive, die Montagne Ste-Victoire.

Pavillon de Vendôme

13, rue de la Molle. *04 42 91 88 75.* *Mi–Mo.* *1. Jan, 1. Mai, 25. u. 26. Dez.*

Der Pavillon, eines der schönsten Palais in Aix, wurde 1667 für Kardinal de Vendôme erbaut. Zwei Atlanten *(siehe S. 48)* stützen das Portal. Die Einrichtung ist provenzalisch.

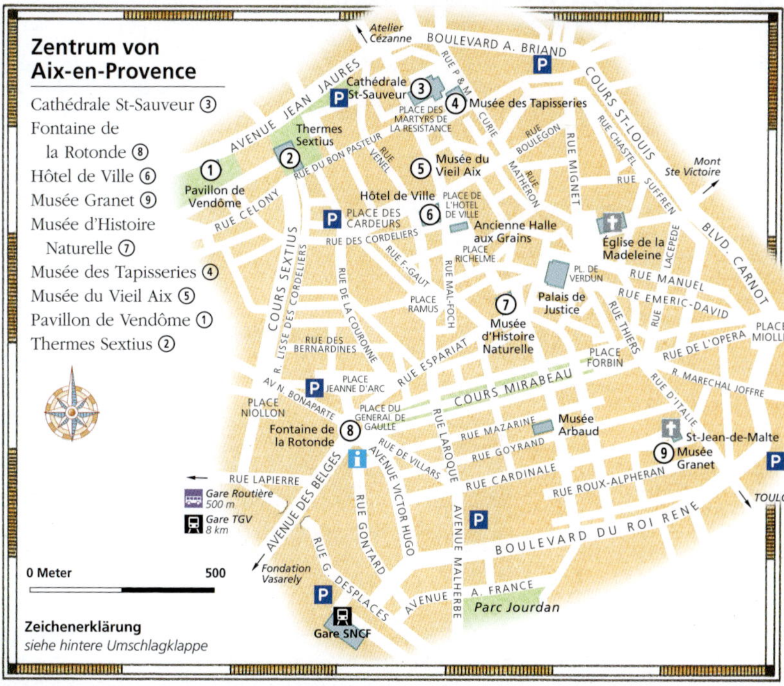

Marseille ㉑

Frankreichs wichtigste Hafen- und älteste Großstadt liegt überraschend reizvoll. Mittelpunkt ist der Vieux Port, nördlich schließen sich die Anlagen von Industrie- und Handelshafen sowie die Altstadt an. 2013 ist Marseille Kulturhauptstadt Europas. Aus diesem Anlass wird vor allem das Hafengebiet und das Gebiet zwischen La Joliette und Bahnhof neu gestaltet. Im Frühjahr 2013 eröffnet das Musée des Civilisations de l'Europe et de la Méditerranée (MuCEM) am Fuß des Fort Saint-Jean.

Notre-Dame-de-la-Garde wacht über dem Vieux Port

Überblick: Marseille

Vom Hafenende verläuft der breite Boulevard La Canebière (»Hanfstraße«) landeinwärts. Einst verband er die Hanffelder mit dem Hafen, wo man aus dem Hanf Taue fertigte.

Am Ende der Canebière erhebt sich die neugotische Église des Réformés. Wendet man sich dort zunächst nach links und dann nach rechts, gelangt man über den Boulevard Longchamp zum Palais Longchamp, einem Kolonnaden-Halbrund um einen Brunnen. Hinter dem Palast liegt der Stadtzoo.

Im Süden, jenseits vieler Einkaufsstraßen, steht die Basilika Notre-Dame-de-la-Garde. Von ihr genießt man einen schönen Blick.

Nördlich des Vieux Port, am Quai d'Arenc, ragt Zaha Hadids 2011 fertiggestellter, 147 Meter hoher CMA-CGM-Turm in den Himmel – das neue Wahrzeichen Marseilles.

Wer vormittags den Fischmarkt am Quai des Belges besucht, kann anschließend in einem der Fischlokale eine *bouillabaisse* *(siehe S. 206)* essen. Hinter dem Quai und der Kirche St-Ferréol, hat man im Jardin des Vestiges Reste einer griechischen Siedlung (4. Jh. v. Chr.) entdeckt. Infos zu Marseille unter www.marseille-tourisme.com

La Vieille Charité

2, rue de la Vieille Charité. *04 91 14 58 80.* *Di–So.* *Feiertage.*

www.vieille-charite-marseille.org

Die restaurierte Vieille Charité gilt als schönster Bau der Altstadt. Pierre Puget (1620–1694) entwarf das Armenkrankenhaus im Auftrag von Louis XIV. Der Bau sollte ursprünglich Umsiedler vom Land aufnehmen. Er gruppiert sich um eine Kapelle mit ovaler Kuppel, die Ausstellungen dient. Im ersten Stock zeigt das Musée d'Archéologie Méditerranéenne eine kleine, aber kostbare Sammlung altägyptischer Funde. Im zweiten Stock wird Kunst aus Afrika und Ozeanien präsentiert.

Cathédrale de la Major

Place de la Major. *04 91 90 53 57.* *tägl.*

Im Westen der Altstadt stellt die neobyzantinische Kathedrale (1893) Größe über Geschmack. Ihre Krypta birgt Bischofsgräber. Daneben steht die reizende Ancienne Cathédrale de la Major (11. Jh.), die teils dem Bau ihrer Nachfolgerin weichen musste. Innen sind ein Reliquienaltar (1073) sowie ein Altar (15. Jh.) zu bewundern.

Musée des Docks Romains

28, pl Vivaux. *04 91 91 24 62.* *Di–So.* *Feiertage.*

Während des Wiederaufbaus der Nachkriegszeit stieß man auf römische Hafenanlagen, die zum Teil von den Fundamenten eines Wohnblocks bedeckt sind. Über dem Ausgrabungsgelände hütet ein kleines Museum die sehenswerten Funde.

Palais Longchamp (19. Jh.) mit imposanter Brunneneinfassung

Stand auf dem täglichen Fischmarkt am Quai des Belges, Alter Hafen

Musée du Vieux Marseille

Maison Diamantée, 2, rue de la Prison. *04 91 55 28 68.* *Di–So.* *Feiertage.*

Am Quai du Port am Alten Hafen befindet sich das Hôtel de Ville. Dahinter präsentiert das Stadtmuseum provenzalische Möbel (18. Jh.), Hausrat und *santons*. Es ist in der Maison Diamantée (16. Jh.) untergebracht – benannt nach den diamantenförmigen Fassadensteinen.

Musée d'Histoire de Marseille

Centre Bourse, cours Belsunce. *04 91 90 42 22.* *Mo–Sa.* *Feiertage.* **www**.museum-marseille.org

Das Museum im Einkaufszentrum Centre Bourse ist ein guter Startpunkt für eine Stadtbesichtigung. Modelle zeigen die Stadt während der Blütezeit der griechischen Besiedlung. Von hier gelangt man zum Jardin des Vestiges mit altgriechischen Befestigungsanlagen und Docks (1. Jh.).

Musée Cantini

19, rue Grignan. *04 91 54 77 75.* *Di–So.* *Feiertage.*

Dieses Museum befindet sich im Hôtel de Montgrand aus dem 17. Jahrhundert. Die Kunstsammlung aus dem 20. Jahrhundert (gestiftet vom Bildhauer Jules Cantini) umfasst Gemälde der *Fauves* sowie von bekannten Kubisten und Surrealisten.

Musée de la Faïence

157, av de Montredon. *04 91 72 43 47.* *Di–So.* *Feiertage.*

Das neu eröffnete Keramikmuseum von Marseille liegt im Château Pastré (19. Jh.). Zu sehen sind über 1200 Keramiken von der Jungsteinzeit bis zur Gegenwart.

Festungsähnliche Mauern der Kirche Abbaye de St-Victor

Abbaye de St-Victor

Place St-Victor. *04 96 11 22 60.* *tägl.* *für die Krypta.*

Zwischen der Kirche Notre-Dame und dem Hafen erhebt sich Marseilles Meisterwerk sakraler Architektur. Die Wehrkirche zählte zu den mächtigsten Klöstern der Provence. Der hl. Cassian gründete es im 5. Jahrhundert zu Ehren des hl. Viktor. Dieser Schutzpatron der Seeleute und Müller war zwei Jahrhunderte zuvor den Märtyrertod gestorben. Vom 11. bis 14. Jahrhundert baute man die Abtei aus. Die Krypta unter der Kirche umfasst Katakomben, Sarkophage und die Grotte des hl. Viktor. Die Kirche ist am 2. Februar zum Gedenken an die Landung der drei Marien *(siehe S. 41)* Wallfahrtsziel.

INFOBOX

Straßenkarte C4. *850 000.* *25 km NW von Marseille.* *Pl Victor Hugo.* *SNCM, 61, bd des Dames; Château d'If, Quai de la Fraternité.* *4, la Canebière (08 26 50 05 00).* *Mo–Sa.* *Fête de la Chandeleur (2. Feb).*

Basilique de Notre-Dame-de-la-Garde

Rue Fort du Sanctuaire. *04 91 13 40 80.* *tägl.*

Die imposante neobyzantinische Basilika (19. Jh.) thront im Süden der Stadt auf einem 155 Meter hohen Felsen. Der Aufstieg lohnt sich auf alle Fälle. Eine goldene Madonna krönt den Glockenturm. Der Innendekor ist überwiegend Werk der Düsseldorfer Malerschule. Viele Besucher kommen wegen der einzigartigen Aussicht hierher.

Musée Grobet-Labadié

140, blvd Longchamp. *04 91 62 21 82.* *Di–So.* *Feiertage.*

Im Norden der Stadt, am Ende des Boulevard Longchamp, steht Marseilles schönstes, erlesen eingerichtetes Haus. Es wurde 1873 für den Marseiller Kaufmann Alexandre Labadié erbaut. Seine Tochter Marie-Louise schenkte 1919 das Haus samt seinen Kunstschätzen der Stadt. Das Museum birgt eine beeindruckende Sammlung von Möbeln, Tapisserien, Bildern (17.–19. Jh.) und Musikinstrumenten. Zu den Ausstellungsstücken gehören auch Dudelsäcke aus Seide und Elfenbein.

Ausschnitt aus der *Geißelung Christi* im Musée Grobet-Labadié

Palais Longchamp

42, blvd Longchamp. **Musée des Beaux-Arts** Di–So. Feiertage.
Musée d'Histoire Naturelle
04 91 14 59 50. Di–So.
Feiertage.

Das Palais (19. Jh.) beherbergt das Musée des Beaux-Arts und das Musée d'Histoire Naturelle mit vielen Tierpräparaten. Das Musée des Beaux-Arts besitzt Werke einheimischer Künstler sowie Gemälde französischer, italienischer und flämischer Meister. Es wurde 2012 nach einer Generalüberholung wiedereröffnet.

Le Sacrifice de Noé **von Pierre Puget im Musée des Beaux-Arts**

Château d'If – Gefängnis im Roman und in der Realität

Château d'If

04 91 59 02 30. tägl. (Sep–März: Di–So). Feb–Nov.
http://if.monuments-nationaux.fr

Dichtung und Wahrheit vermengen sich bei dieser Inselburg. Das bis zum 16. Jahrhundert öde Eiland war nur Fischern vertraut. 1516 entschied sich François I, hier ein Fort zu errichten. Es wurde 1529 gebaut und diente von 1580 bis zum Ersten Weltkrieg als Gefängnis. Fiktive Gestalten wie der Graf von Monte Christo oder der Mann mit der eisernen Maske zählten ebenso zu den Insassen wie der Comte de Mirabeau. 1516 wurde hier das erste Nashorn auf europäischem Boden kurzzeitig untergebracht *(siehe S. 47)*.

Cité Radieuse

280, blvd Michelet. 04 91 16 78 00 (Informationen zu Führungen).

Als Denkmal moderner Architektur wurde die Cité Radieuse (»Strahlende Stadt«) 1952 errichtet. Zu dieser Betonkonstruktion Le Corbusiers zählen Läden, Sozialzentren, Schulen und Krippen *(siehe S. 25)*.

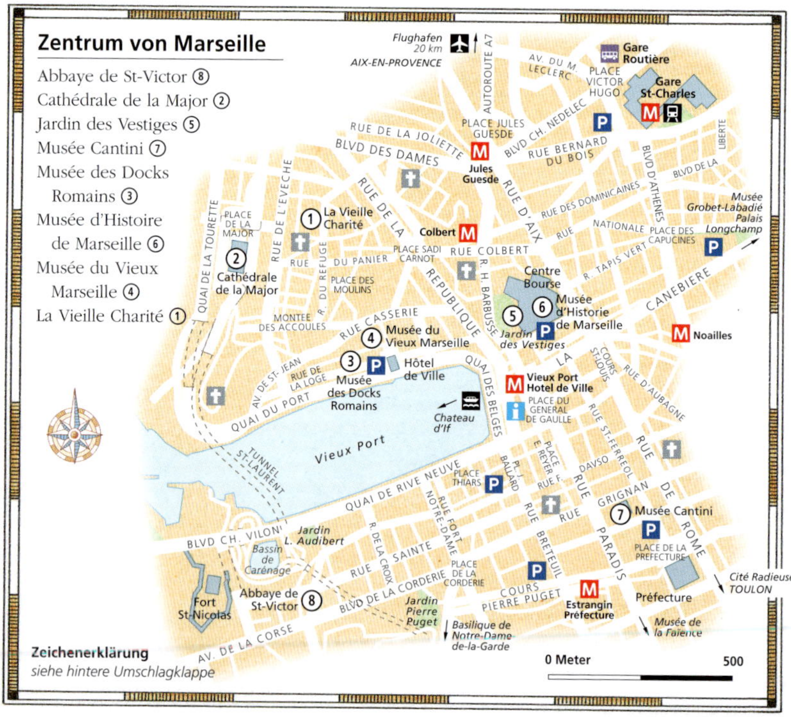

Aubagne ㉒

Straßenkarte C4. *45 000.*
8, cours Barthélemy (04 42 03 49 98). Di, Do, Sa, So.
www.agglo-paysdaubagne.com

Marcel Pagnols Leben und Schaffen sind die Hauptattraktion dieses bescheidenen Marktfleckens. Hinzu kommt die Tradition der Herstellung von Keramik und *santons (siehe S. 48)*. Die Werke sehen Sie in der Ausstellung *Petit Monde de Marcel Pagnol* gegenüber der Besucherinformation.

Außerhalb des Ortes befindet sich seit 1962 das Hauptquartier der Fremdenlegion. Dort zeigt das **Musée de la Légion Étrangère** Erinnerungen an Einsätze von Mexiko bis Indochina.

Musée de la Légion Étrangère
Chemin de la Thuilière. *04 42 18 12 41. Di, Mi, Fr–So (Okt–Mai: Mi, Sa u. So). eingeschränkt.*
www.legion-etrangere.com

Plakat für Pagnols Film *Angèle*

Marcel Pagnol

Ein Schild am Cours Barthélemy Nr. 16 in Aubagne erinnert an die Geburtsstätte (1895) des Schriftstellers und Regisseurs. Er wuchs im nordwestlich gelegenen La Treille auf. Seine Kenntnis der Provence bereicherte Erzählungen wie *Jean de Florette* und *Manon des Sources*. Das Office de Tourisme bietet einen Circuit Marcel Pagnol an – Wege und Fahrtrouten nach La Treille und zu anderen Stätten für Pagnols Inspiration.

Les Calanques ㉓

Straßenkarte C4. *Marseille. Marseille, Cassis. Cassis. Cassis, Marseille. Cassis (08 92 25 98 92).*

Zwischen Marseille und Cassis wird die Küste von *calanques* zerschnitten – reizvollen Buchten zwischen weißen Klippen. Sie ragen tief in das blaue Wasser und bieten Naturhäfen, reiches Meeresleben sowie hinreißende Ausblicke von den Felsspitzen *(siehe S. 30f)*. Die steilen Wände locken Kletterer.

Manche Buchten sind nur per Boot zu erreichen. Port-Miou, die Cassis nächstgelegene *calanque*, ist zu Fuß zugänglich. Dahinter liegt Port-Pin mit schattiger Bucht und Pinien. Am reizvollsten ist En-Vau mit seinem Sandstrand und den Felsnadeln, die aus dem Meer steigen. Auf der Westseite können Sormiou und Morgiou mit dem Auto erreicht werden.

Bei Sormiou wurde 1991 eine Höhle entdeckt, deren Zugang 100 Meter unter dem Meeresspiegel liegt. Sie ist mit Tierdarstellungen verziert, die an jene von Lascaux in der Dordogne erinnern.

Vergessen Sie nicht, dass die Parkplätze bei den Stränden von Les Calanques für Diebstähle berüchtigt sind.

En-Vau, schönstes Fleckchen der Calanques, an der Küste bei Cassis

Cassis ㉔

Straßenkarte C4. *8000.*
Le Port (08 92 25 98 92). Mi u. Fr. **www**.ot-cassis.fr

Cassis, das beliebte Feriendomizil von Künstlern wie Derain, Dufy und Matisse, ist ein reizender Hafenort, versteckt in Kalksteinhügeln. Bereits die Römer bauten hier Villen. In Marseilles Blütezeit (17. Jh.) entstanden etliche Herrenhäuser. Bis ins 19. Jahrhundert war Cassis ein Fischereizentrum, noch heute wird es für seine Fischdelikatessen gerühmt – insbesondere Seeigel mit einem Glas Weißwein. Das **Musée Municipal Mediterranéen** in der Pfarrei von 1703 zeigt Exponate bis hin zur Griechenzeit (einige vom Meeresgrund geborgen). Es weist Cassis als wichtigen Handelshafen bis zum Zweiten Weltkrieg aus, als die Schiffe im Hafen von Deutschen zerstört wurden. Sie finden auch Arbeiten des Landschaftsmalers Félix Ziem *(siehe S. 26)* sowie weiterer Künstler des 20. Jahrhunderts, z. B. von Winston Churchill, der hier malen lernte.

Neben den Calanques locken drei weitere Strände. Die Plage de la Grande Mer gilt als schönster. Dahinter strebt die Promenade des Lombards auf die roten Klippen östlich der Stadt zu.

Musée Municipal Méditerranéen
Hôtel de Ville, place Baragnon.
04 42 01 88 66. Mi–Sa. Feiertage. eingeschränkt.

Vaucluse

Die Vaucluse ist eine Region des Weins und des Lavendels, der Trüffeln und der Melonen. Nicht wenige Besucher erlagen ihrem einzigartigen Zauber und blieben für immer. In der idyllischen Landschaft des Lubéron verbrachte Picasso seine letzten Jahre. Auch das von Steinbrüchen geprägte Roussillon wurde vielfach in den Werken heimischer wie ausländischer Schriftsteller gerühmt.

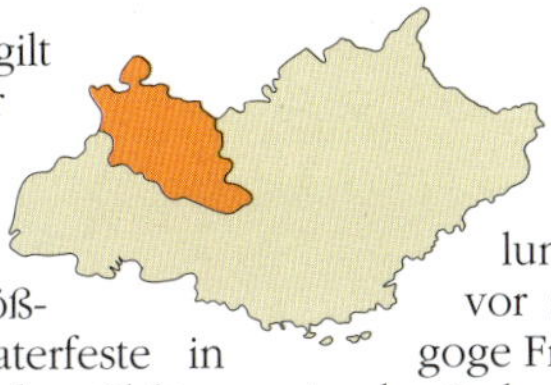

Als Juwel der Vaucluse gilt Avignon, Heimstatt der Päpste während ihres »babylonischen Exils« (1309–77) und heute Gastgeber eines der größten Musik- und Theaterfeste in Frankreich. Das Papstschloss Châteauneuf-du-Pape ist heute zwar eine Ruine, das Dorf produziert allerdings noch immer ausgezeichnete Weine. Die Weine des Rhône-Tals sind zu Recht begehrt. Die Weinfelder ziehen sich nordöstlich bis zu den Flanken des Mont Ventoux, des in diesem Teil höchsten Berges der Provence.

Erstaunlich ist auch das römische Vermächtnis: Theater und Triumphbogen von Orange, die Ruinen von Vaison-la-Romaine, die nicht von den nachfolgenden Zivilisationen überbaut wurden. Auch Carpentras war einst römische Siedlung, aber es rühmt sich vor allem der ältesten Synagoge Frankreichs. Die Geschichte der Juden, denen in der Vaucluse päpstlicher Schutz zuteilwurde, zählt zur lebendigen religiösen Vergangenheit der Region. Dazu gehört auch der brutale Kreuzzug des Barons von Oppède (1545) gegen Häretiker, dem zahlreiche Orte zum Opfer fielen.

In Lacoste, nahe Oppède, führt ein Weg zum Schloss von Frankreichs extravagantestem Liebhaber – dem Marquis de Sade. Ein weniger weltlicher Schriftsteller war Petrarca, der in Fontaine-de-Vaucluse wohnte.

Weinbewachsene Fassade eines Hauses in Le Bastidon (nahe dem Lubéron)

◁ **Lavendelfeld in voller Blüte bei Valréas, einer Exklave des Départements Vaucluse**

Überblick: Vaucluse

Der Name »Vaucluse« stammt vom lateinischen *vallis clausa* (»abgeschiedenes Tal«). Das Gebiet umfasst 3540 Quadratkilometer und wird westlich von der Rhône, südlich von der Durance und östlich von den Voralpen begrenzt. Es besitzt einige Bergketten, die der Mont Ventoux *(siehe S. 160)* beherrscht. Im Westen befinden sich die bizarren Dentelles-Felsnadeln, im Süden das Vaucluse-Plateau, wo sich der Sorgue durch die wildromantische Landschaft von Fontaine-de-Vaucluse zieht.

Sehenswürdigkeiten auf einen Blick

Abbaye de Sénanque 9
Ansouis 19
Apt 17
Avignon S. 166–168 12
Bollène 1
Cadenet 18
Caderousse 6
Carpentras 8
Cavaillon 15
Châteauneuf-du-Pape 7
Fontaine-de-Vaucluse 10
Gordes 13
La Tour d'Aigues 21
L'Isle-sur-la-Sorgue 11
Mont Ventoux 4
Orange S. 161–163 5
Pertuis 20
Roussillon 14
Vaison-la-Romaine 2

Touren

Dentelles 3
Petit Lubéron S. 170f 16

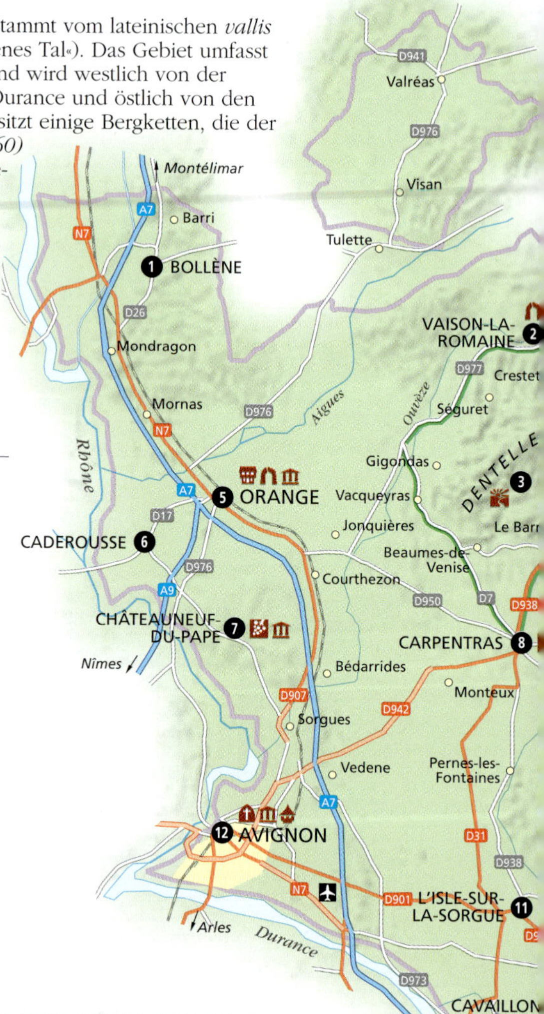

Dächer und Terrassen von Gordes, mit Kirchen und Schloss

Weitere Zeichenerklärungen *siehe hintere Umschlagklappe*

Die berühmte Rhône-Brücke von Avignon; im Hintergrund der Papstpalast

In der Vaucluse unterwegs

Die Hauptverbindungen – die A7 (Autoroute du Soleil) und die begleitende Nationalstraße D907 – folgen dem Rhône-Tal. Ebenso verläuft die Haupteisenbahnlinie mit Haltebahnhöfen in den wichtigsten Städten. Der TGV hält in Avignon. Andere Eisenbahnstrecken dienen vor allem dem Gütertransport, sodass Sie von Avignon aus in Orte wie Vaison-la-Romaine, Carpentras und Orange besser mit dem Bus fahren. In Avignon werden Bootsfahrten auf der Rhône angeboten.

SIEHE AUCH

- ***Hotels*** S. 202f
- ***Restaurants*** S. 216f

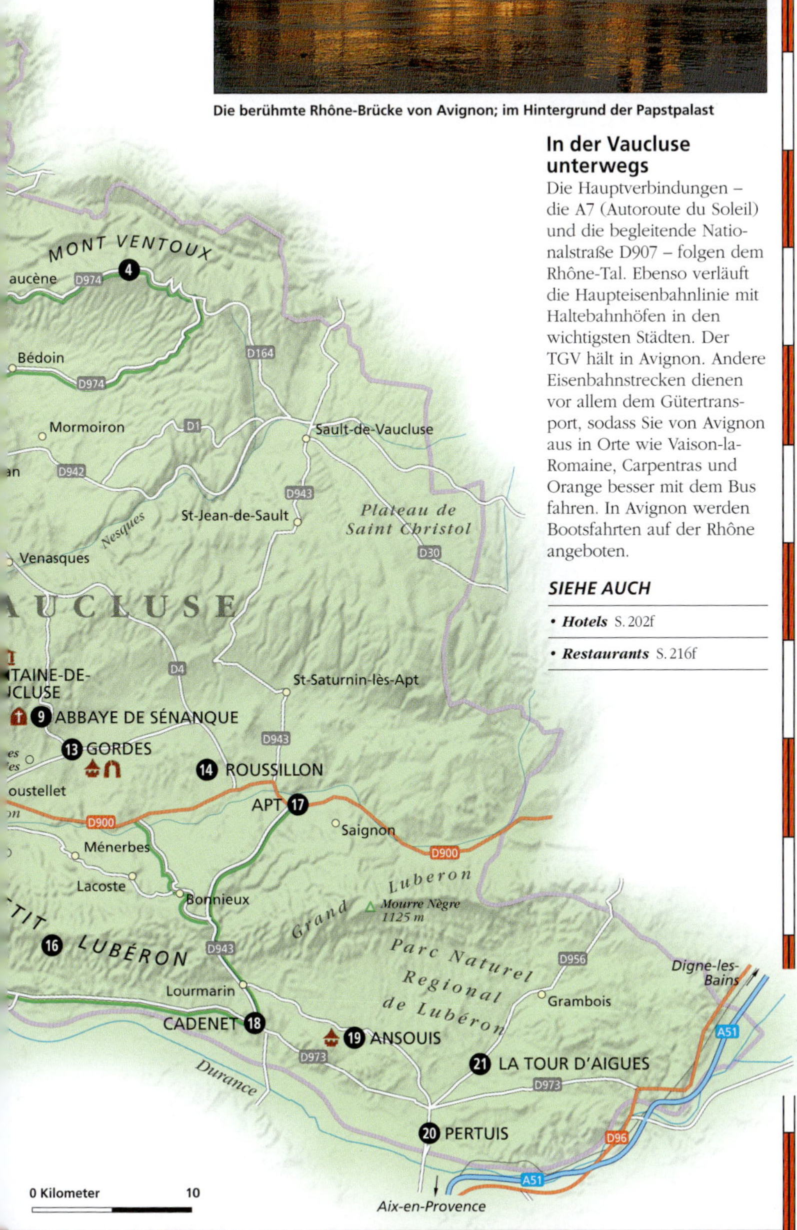

Belvédère-Pasteur-Garten in Bollène

Bollène ❶

Straßenkarte B2. *14 000.*
Pl Reynaud de la Gardette (04 90 40 51 44). *Mo.*
www.bollenetourisme.com

Bollène liegt direkt an der A7, was dem Reiz seiner Boulevards, Uferpromenaden und des Campingplatzes am Ufer des Lez jedoch keinen Abbruch tut. Mitten im Gassengewirr liegt die **Collégiale St-Martin** (11. Jh.) mit hölzernem Satteldach und Renaissance-Portal. Bollène hatte 1882 einen berühmten Gast, Louis Pasteur, der hier seinen Impfstoff gegen Schweinefieber entwickelte. Vom **Belvédère-Pasteur-Garten** oberhalb der Stadt blickt man auf das Rhône-Tal, die Cevennen, das Wasserkraftwerk von Bollène und das Kernkraftwerk des Tricastin. In den letzten zwei Juliwochen findet hier ein Weltmusik-Festival statt.

Nördlich von Bollène liegt die heute unbewohnte ehemalige Albigenser-Bastion Barri. Die primitiven Hütten dienten im Zweiten Weltkrieg Soldaten als Unterschlupf.

Vaison-la-Romaine ❷

Straßenkarte B2. *6700.*
Pl du Chanoine Sautel (04 90 36 02 11). *Di.*
www.vaison-la-romaine.com

Die Straßencafés der Stadt zählen zu den schicksten der Provence. Der neue und der antike Stadtteil liegen gegenüber der Haute-Ville, der Oberstadt, am anderen Flussufer. Vaison ist ein beliebter Zweitwohnsitz wohlhabender Pariser. Bereits in der Antike zog es viele Römer hierher. Die keltischen Vocontier lebten hier zusammen mit den römischen Machthabern, was die Einwohnerzahl damals auf rund 10 000 ansteigen ließ. Die obere der beiden Ausgrabungsstätten, Puymin, umfasst ein römisches Theater mit einer in den Felsen gehauenen Bühne, das 6000 Zuschauern Platz bietet und während des Tanz-Sommerfestivals im Juli genutzt wird. Viele römische Funde stammen aus der Villa einer wohlhabenden Familie, der Maison au Dauphin, und einem eleganten öffentlichen Gebäude. Überall stehen detailgenaue Repliken antiker Statuen, deren Originale man im **Musée Théo Desplans** findet. Dessen Sammlung vermittelt einen Eindruck vom damaligen Alltagsleben und umfasst u. a. eine Silberbüste (3. Jh.) aus einem Patrizierhaus aus dem Ausgrabungsgelände La Villasse. Unter den weißen Marmorstatuen ist auch ein überlebensgroßer Akt des Kaisers Hadrian neben seiner Gattin Sabina. Viele Statuen wurden so konzipiert, dass man bei einem Machthaberwechsel nur den Kopf auszuwechseln brauchte. Ein weiterer Fund entpuppte sich als öffentliche Latrine mit sechs Sitzen.

Mosaik im Museum von Vaison-la-Romaine

Die Haute-Ville, die mittlerweile von zahlreichen Künstlern und Handwerkern bewohnt ist, erreicht man über eine mehr als 2000 Jahre alte römische Brücke mit einem einzigen Bogen von 17 Metern. Man betritt die Oberstadt durch ein Wehrtor aus dem 14. Jahrhundert. Sehenswert sind die romanische **Kathedrale** und die Ruinen einer Burganlage aus dem Jahr 1160.

Römische Stadt
Fouilles de Puymin und Musée Théo Desplans, pl du Chanoine Sautel. *04 90 36 50 48.* *tägl.* *Jan – Mitte Feb.*

Garten mit einer Silberbüste (3. Jh.) in Vaison-la-Romaine

Tour: Dentelles ❸

Dentelles (»Spitzen«) de Montmirail ist der Name einer Bergkette, deren bizarre Zacken sich über eine Länge von 15 Kilometern erstrecken. Die Dentelles sind keineswegs so hoch und unwegsam, wie sie auf den ersten Blick wirken. Die von Ginster, Pinien, Eichen und Mandelbäumen gesäumten Bergwege zählen vielmehr zu den schönsten und am bequemsten begehbaren der ganzen Provence. Wer zu Fuß die Landschaft genossen hat, kann sich in einem der malerischen Bergdörfer mit Côtes-du-Rhône-Wein und köstlichem Ziegenkäse stärken.

Muscat-Weinstöcke, Beaumes-de-Venise

Das Weingut Gigondas

Vaison-la-Romaine ①
Der bei betuchten Parisern beliebte Ort besteht aus einem römischen und einem mittelalterlichen Teil. Zu den vielen Sehenswürdigkeiten zählt die Kathedrale mit dem Sarkophag des hl. Queninus (6. Jh.) und einer romanischen Kapelle.

Malaucène ②
Der Uhrturm dieser ehemaligen Hugenottenfestung diente während der Religionskriege *(siehe S. 46f)* als Wachturm.

Le Barroux ③
Vom ehemaligen Château der Herren von Baux in dem winzigen Dorf inmitten von Oliven- und Aprikosenhainen bietet sich eine herrliche Aussicht.

Beaumes-de-Venise ④
Aus dieser Stadt mit ihren vielen Restaurants stammt der berühmte Muscat, ein alkoholreicher Weißwein, der sowohl mittags als auch abends zum Dessert getrunken wird.

Vacqueyras ⑤
In diesem Dorf wurde der Troubadour Raimbaud geboren. Sehenswert ist die Kirche mit einem Baptisterium aus dem 6. Jahrhundert.

Gigondas ⑥
Der hiesige Rotwein, der u.a. von den Gebrüdern Roux gekeltert wird, gilt als ausgezeichnet. Das Schloss (14. Jh.) wurde von den Grafen von Orange errichtet.

LEGENDE

- Routenempfehlung
- Andere Straße

0 Kilometer 2

ROUTENINFOS

Länge: *50 km.*
Rasten: *Für einen Zwischenstopp abseits der Route eignen sich das Bergdorf Crestet, Lafare, ein Dorf am Fuß des 627 Meter hohen Rocher du Turc, oder Montmirail, ein Kurort aus dem 19. Jahrhundert.*

Weitere Zeichenerklärungen *siehe hintere Umschlagklappe*

Mont Ventoux ❹

Avignon. 3000.
Avenue de la Promenade, Sault-en-Provence (04 90 64 01 21).
www.ventoux-en-provence.com

Der »Provenzalische Riese«, ein 1912 Meter hohes Kalksteinmassiv, ist die höchste Erhebung in diesem Teil der Provence. Wenn kein Schnee liegt, erreicht man den Parkplatz auf dem Gipfel gut mit dem Auto. Die Bergkuppe liegt etwa von Dezember bis Mai unter einer Schneedecke, wirkt aber wegen des Kalksteins auch im Sommer wie schneebedeckt.

Bis 1973 wurden an der Südflanke des Mont Ventoux Autorennen ausgetragen. Oldtimer-Rennen finden im Juni in Bédoin statt. Die Straßen wurden ausgebaut und die gefährlichsten Haarnadelkurven entschärft. Die Bergstrecke ist bei Teilnehmern der Tour de France berüchtigt. 1967 starb hier der Fahrer Tom Simpson kurz vor dem Gipfel.

Für den Aufstieg muss man rund fünf Stunden einrechnen. Petrarca *(siehe S. 45)*, der im Mai 1336 als Erster den Gipfel erklommen haben soll, machte sich im Morgengrauen in Malaucène auf den Weg. Er brauchte allerdings deutlich länger, da es damals noch keine Fußwege gab.

Automobilrallye am Mont Ventoux (1904)

Gipfel des Mont Ventoux bei Mistral

Auf dem Gipfel weht oft der kalte, Mistral genannte Nordwind (Ventoux stammt vom lateinischen *ventosus*, »der Windige«). Er vertreibt aber auch alle Wolken, sodass der Gipfel oft vor der tiefblauen Kulisse des Himmels liegt und herrliche Fernsicht bietet.

Für eine Besteigung bieten sich drei Ausgangspunkte an: Malaucène (im Norden), Bédoin (im Süden) und Sault (im Osten). Aber auch vom nordöstlich gelegenen Brantes ist der Aufstieg durch das Toulourenc-Tal möglich. In Malaucène und Bédoin können Touren für Gruppen organisiert werden, die den Sonnenaufgang auf dem Mont Ventoux erleben möchten. Die 21 Kilometer lange Straße von Malaucène führt an der Chapelle Notre-Dame-du-Groseau (12. Jh.) und der Source Vauclusienne, einer Quelle, deren Wasser die Römer nach Vaison-la-Romaine leiteten, vorbei. Dann kommt der Wintersportort Mont Serein. Von hier sind es noch fünf Kilometer bis zum Gipfel. Fährt man wieder ins Tal, passiert man den Col des Tempêtes. Der Wintersportort Le Chalet-Reynard liegt an der Abzweigung nach Sault und zu den Gorges de la Nesque.

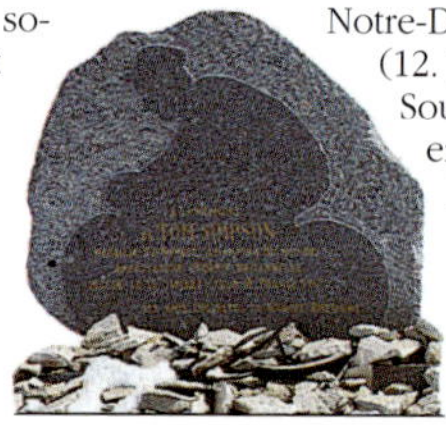

Gedenktafel für den Radsportler Simpson

Flora der Provence

Aufgrund des starken Temperaturgefälles zwischen Hoch- und Tieflagen reicht die Vegetation an den Hängen von Lavendelfeldern und Pfirsichbäumen am Fuß des Berges über Eichen-, Buchen- und Nadelwälder bis hin zu arktischen Pflanzenarten am Gipfel. Hauptblütezeit ist der Juni.

Manns-Knabenkraut ***(Orchis mascula)***

Alpenmohn ***(Papaver rhaeticum)***

Stängelloser Enzian ***(Gentiana clusii)***

Hotels und Restaurants in der Vaucluse *siehe Seiten 202f und 216f*

Orange 5

Straßenkarte B2. 30 000.
5, cours Aristide Briand (04 90 34 70 88). *Do.*
www.otorange.fr

Die historische Altstadt birgt zwei der schönsten römischen Bauwerke: das Théâtre Antique d'Orange *(siehe S. 162f)* sowie den Arc de Triomphe, der an Julius Cäsars Eroberung Galliens und seinen Sieg über die griechische Flotte erinnert. Mit Orange verbindet man auch Côtes-du-Rhône-Weine, Oliven, Honig und Trüffeln. Die Besucher schätzen auch die Gassen um das Hôtel de Ville (17. Jh.), die unvermittelt in schattige Plätze mit gemütlichen Straßencafés münden.

Altar in einer Seitenkapelle der Ancienne Cathédrale Notre-Dame

Römerstadt

Als die Römer 105 v. Chr. erstmals versuchten, Gallien zu erobern, wurden sie hier geschlagen. 100 000 Soldaten kamen ums Leben. Drei Jahre später triumphierten die Römer über die Gallier und ließen zum Zeichen des Sieges den Arc de Triomphe an der Via Agrippa zwischen Arles und Lyon errichten. Heute steht der Triumphbogen ein wenig außerhalb der Stadt.

Altstadt

Das Altstadtviertel umschließt das Rathaus (17. Jh.) und die **Ancienne Cathédrale Notre-Dame** mit dem in den Religionskriegen *(siehe S. 46f)* beschädigten romanischen Portal. Die Place des Frères-Mounet wird von der Bühnenwand des antiken Theaters beherrscht, die Louis XIV einst als »schönste Mauer des Königreiches« pries. Von der **Colline St-Eutrope** hat man einen herrlichen Blick auf Stadt und Rhône-Tal. Hier liegt auch die Burgruine der Fürsten von Orange, die durch Heirat dem niederländischen Königshaus, den Oraniern, ihren Namen gaben.

Arc de Triomphe

Avenue de l'Arc de Triomphe.

Das monumentale Tor ist mit Kriegsszenen und Fabelwesen verziert. Über den seitlichen Bogen ist Kriegsgerät dargestellt. Die gallischen Gefangenen symbolisieren den Machtanspruch Roms. Anker und Taue stehen für die Überlegenheit der römischen Flotte.

Als Moritz von Oranien 1622 die Stadt befestigen und dabei die römischen Bauten als »Steinbrüche« verwenden ließ, entging der Triumphbogen seinem Schicksal nur, weil er als Wehrburg in die Anlage integriert wurde.

Musée d'Orange

Rue Madeleine Roch.
04 90 51 17 60. *tägl.*

Die Ausstellungsstücke im Hof und im Erdgeschoss geben Aufschluss über die Stadtgeschichte. Dazu gehört u.a. eine Katasterplatte aus über 400 Marmorfragmenten, die auf den 77 n. Chr. vorgenommenen Grundstückserhebungen zwischen Bollène und Auzon beruht. Außerdem sieht man Porträts der Angehörigen des Hauses Oranien sowie Werke des Malers Sir Frank Brangwyn (1867–1956). In einem Raum wird gezeigt, wie im 18. Jahrhundert Stoffe bedruckt wurden.

Steinrelief mit Zentaur im Musée d'Orange

L'Harmas de Fabre

Route d'Orange. *04 90 70 15 61.*
Apr–Okt: Do–Di.

In Sérignan-du-Comtat, acht Kilometer nordöstlich von Orange, liegt *L'Harmas*, das Anwesen des bekannten Insektenforschers und Dichters Jean-Henri Fabre (1823–1915). Das Museum mit seiner interessanten Insekten- und Pilzsammlung sowie der botanische Garten ziehen viele Besucher an.

Triumphbogen zu Ehren des siegreichen Julius Cäsar

Théâtre Antique d’Orange

Das antike Theater von Orange zählt zu den besterhaltenen römischen Bauwerken in Europa. Es wurde zu Anfang der christlichen Zeitrechnung am Fuß der Colline St-Eutrope erbaut. Die Portale in der Bühnenrückwand bildeten schallreflektierende Hohlräume. Heute macht sich die gute Akustik bei Konzerten bezahlt. In der *cavea* nahmen bis zu 7000 Zuschauer entsprechend ihrem sozialen Status Platz. Vom 16. bis zum 19. Jahrhundert wurden im Theater Häuser gebaut. Über der Bühne befindet sich ein neues Dach auf einem 60 Meter hohen Träger. In den Grotten hinter den Rängen illustriert eine Multimedia-Show die Geschichte des Theaters.

Segelhalterung
An den Außenmauern sieht man Kragsteine, die die Masten für das Zeltdach trugen.

Antikes Theater

Diese Rekonstruktion zeigt das Theater, wie es zur Zeit der Römer ausgesehen haben könnte. Seinen Ruhm verdankt es der außergewöhnlichen Bühnenwand – der einzigen, die aus römischer Zeit erhalten blieb.

Haupteingang

Ein Zeltdach, das sogenannte *velum*, bot Schutz vor Sonne und Regen.

Der Bühnenvorhang *(aulaeum)* wurde zu Beginn der Aufführung nicht nach oben, sondern nach unten gezogen. Er wurde mit einer in den Boden eingelassenen Winde bewegt.

Nachtaufführungen
Kulturelle Veranstaltungen wie Les Chorégies d’Orange, *ein Theater-, Opern-, Tanz- und Konzertfestival, dem einst auch Sarah Bernhardt beiwohnte, finden hier seit 1869 statt* (siehe S. 33). *Auch Rockgruppen treten hier gern auf.*

Bühnenwand
Die massive Konstruktion aus rotem Kalkstein ist 103 Meter lang, 36 Meter hoch und über 1,8 Meter dick.

Kaiser Augustus
Die Statue beherrscht die Bühnengalerie. Zu seinen Füßen kniet eine Figur in Bundhosen, vermutlich der besiegte Feind. Die anderen Statuen wurden zerstört, die des Augustus jedoch aus Bruchstücken rekonstruiert und 1951 wieder in ihrer Nische aufgestellt.

INFOBOX

Rue Madeleine Roch. *04 90 51 17 60.* *März, Okt: tägl. 9.30–17.30 Uhr; April, Mai, Sep: tägl. 9–18 Uhr; Juni–Aug: tägl. 9–19 Uhr; Nov–Feb: tägl. 9.30–16.30 Uhr.* *1. Jan, 25. Dez.* **www**.theatre-antique.com

Nebenräume *(parascaenae)* dienten den Schauspielern zwischen ihren Auftritten als Aufenthaltsraum oder zur Aufbewahrung von Requisiten.

Bühnenwand
Die Innenseite der Bühnenwand (frons scaenae) *weist Marmor-Inkrustationen auf. Ein Zentaurenfries umrahmte das dem Kaiser vorbehaltene Portal.*

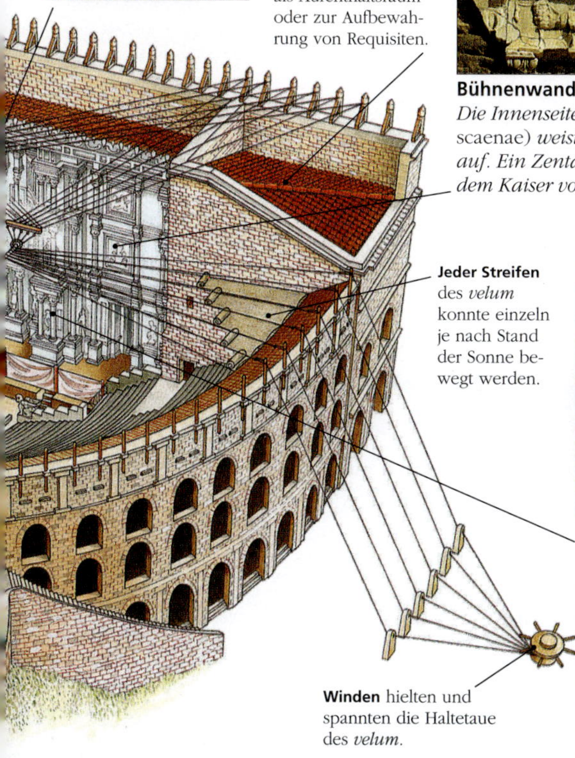

Jeder Streifen des *velum* konnte einzeln je nach Stand der Sonne bewegt werden.

Winden hielten und spannten die Haltetaue des *velum*.

Marmorsäulen
Vor der Bühnenwand erhob sich eine dreigeschossige Kolonnadenreihe mit vielen Marmorsäulen, von denen nur zwei erhalten sind. An den Oberflächen brachen sich die Schallwellen, was den Echoeffekt vermied.

Römischer Tempel
Nachdem 22 Häuser abgerissen worden waren, stieß man bei Ausgrabungen 1925–37 westlich des Theaters auf Fragmente von Tempeln und ein halbkreisförmiges Areal. Zusammen mit dem Theater bildete diese Anlage ein sogenanntes Augusteum, *das der Verehrung römischer Kaiser gewidmet war.*

Romanische Kirche in Caderousse

Caderousse 6

Straßenkarte B2. *2700.* *La Mairie (04 90 51 90 69).* *Di.*

Dieses Dorf an der Rhône liegt an der Stelle, wo Hannibal 218 v. Chr. auf dem Weg nach Rom mit seinen Elefanten den Fluss überquert haben soll. Jahrhundertelang ertrugen die Bewohner schicksalsergeben die regelmäßigen Überschwemmungen. 1856 hatten sie schließlich genug und bauten einen bis heute erhaltenen Damm, dessen vier Tore bei Hochwassergefahr geschlossen werden können. Sehenswert ist vor allem die romanische **Église St-Michel**, der im 16. Jahrhundert die gotische Chapelle St-Claude hinzugefügt wurde.

Châteauneuf-du-Pape 7

Straßenkarte B3. *2000.* *Sorgues, dann Taxi.* *Pl du Portail (04 90 83 71 08).*

Der bekannteste Côtes-du-Rhône-Wein wurde nach einem unscheinbaren Dorf benannt, das fast ausschließlich aus Weinkellereien und Restaurants besteht, in denen der gleichnamige hiesige AOC-Wein verkauft wird. Das sehenswerte **Musée du Vin** vermittelt einen Überblick über die Geschichte und den derzeitigen Stand des Weinanbaus in dieser Region.

Am höchsten Punkt des Dorfes stehen die Ruinen des **Château des Papes**, einer Festung, die während der Religionskriege im 16. Jahrhundert niedergebrannt wurde. Die Burg wurde 1317 unter Papst Johannes XXII. errichtet, der hier als erster Exil-Papst Wein anbauen ließ. Es sollte jedoch 400 Jahre dauern, bis dieser Wein zu Weltruhm gelangte. Heute wird auf 350 Weingütern Châteauneuf-du-Pape gekeltert. Der nahe Ort Pernes-les-Fontaines ist für seine 40 Brunnen bekannt, vor allem die Fontaine du Cormoran (18. Jh.). Bis 1914 gab es für jeden Brunnen einen Brunnenwärter.

Musée du Vin
Rte d'Avignon, Châteauneuf-du-Pape. *04 90 83 70 07.*
tägl. *1. Jan, 1. Mai, 25. Dez.*
teilweise.

Carpentras 8

Straßenkarte B3. *29 000.*
97 place 25 Août 1944 (04 90 63 00 78). *Fr.*

Die Hauptstadt des Comtat Venaissin liegt im Herzen des Côtes-du-Ventoux-Anbaugebiets.

An der Stelle der Stadtmauer, von der nur noch die Porte d'Orange erhalten ist, führen heute breite Boulevards ringförmig um die Altstadt. Die **Synagoge** (15. Jh.) der einst großen jüdischen Gemeinde ist die älteste Frankreichs. Obwohl der Vatikan die Juden nicht offen verfolgte, traten doch viele zum Christentum über. Die Bekehrten wurden im 15. Jahrhundert durch die *Porte juive* zur Taufe in die **Cathédrale St-Siffrein** geführt. Sie birgt Werke provenzalischer Maler, die Strahlenglorie des Holzschnitzers Jacques Bernus (1650–1728) und eine Schatzkammer. Im *Hôtel-Dieu* befindet sich auch eine Apotheke (18. Jh.). Trachtenliebhaber zieht es zum **Musée Comtadin-Duplessis**.

Synagoge
Pl Maurice Charretier. *04 90 63 00 78.* *Mo–Fr.* *jüdische Feiertage.*

Cathédral St-Siffrein
Pl de Gaulle. *04 90 63 08 33.*
Mo, So nachm.

Musée Comtadin-Duplessis
234, blvd Albin Durand.
04 90 63 04 92. *Mi–Mo.*
Feiertage, Okt–Mai.

Apotheke des *Hôtel-Dieu* (18. Jh.) in Carpentras

Abbaye de Sénanque 9

Straßenkarte C3. *04 90 72 05 72.* *Feb–Mitte Nov: Mo–Sa u. So nachmittags; Mitte Nov–Jan: nur nachmittags mit Führung.*
www.senanque.fr

Die inmitten von Lavendelfeldern gelegene Abbaye de Sénanque erreicht man gut von Gordes *(siehe S. 169)*. Wie die beiden anderen erhaltenen Zisterzienserabteien der Provence *(siehe S. 43)* wirkt auch diese harmonisch und bescheiden. Das Kloster wurde 1148 von einem Abt

Weinanbau im Umland von Châteauneuf-du-Pape

und zwölf Mönchen gegründet. Mit dem Bau der schlichten Klosterkirche wurde zwölf Jahre später begonnen.

Die Dächer einiger Gebäude sind noch mit Kalksteinplatten, sogenannten *lauzes*, bedeckt, die auch zum Bau der für diese Gegend typischen *bories* *(siehe S. 169)* dienten. Seine Blüte erlebte Sénanque im frühen 13. Jahrhundert, als der Abtei noch ein Teil des umliegenden Landes gehörte. Doch mit dem Wohlstand kam im 14. Jahrhundert auch die Korruption. Im 17. Jahrhundert lebten hier nur noch zwei Mönche. Im Jahr 1854 wurde die Abtei von Zisterziensern verwaltet, von denen einige hier noch von 1926 bis 1969 wohnten. Zur Restaurierung der Abtei wurde die *Association des Amis de Sénanque* gegründet. Seit 1988 leben hier wieder Zisterziensermönche, die Ackerbau betreiben und zum Teil vom Verkauf ihrer Erzeugnisse leben.

Abbaye de Sénanque

Fontaine-de-Vaucluse ⑩

Straßenkarte B3. *600.* *Avignon.* *Résidence Jean Gardin (04 90 20 32 22).* **www**.oti-delasorgue.fr

Die Quelle der Sorgue ist eines der Naturwunder der Provence. Zahlreiche Flüsse bahnen sich ihren Weg durch das landschaftlich interessante Hochland der Vaucluse. Am Ufer steht der **Moulin à Papier Vallis Clausa**, wo seit dem 15. Jahrhundert Papier mit der Hand geschöpft wird. Heute verkauft man hier Landkarten, Drucke und Lampenschirme. In dem unterirdischen Museum **Éco-Musée du Gouffre** sind die Funde eines Höhlenforschers ausgestellt, der 30 Jahre lang die Höhlen und Wasserfälle der Sorgue erforschte. Das **Musée d'Histoire 1939–45**, das die Widerstandsbewegung im Zweiten Weltkrieg zum Thema hat, ist ein Symbol für den unbeugsamen Willen der Mitglieder. Das heutige **Musée Bibliothèque Pétrarque** diente dem Dichter Petrarca 16 Jahre lang als Wohnung. Hier schrieb er über seine Liebe zu Laura von Avignon.

Fontaine-de-Vaucluse – Quelle der Sorgue

Moulin à Papier Vallis Clausa
Chemin du Gouffre. *04 90 20 34 14.* *tägl.* *1. Jan, 25. Dez.* **www**.vallis-clausa.com

Éco-Musée du Gouffre (Musée de Spéléologie)
Chemin du Gouffre. *04 90 20 34 13.* *Feb–15. Nov: tägl.*

Musée d'Histoire 1939–45
Chemin du Gouffre. *04 90 20 24 02.* *Apr–Okt: Mi–Mo; Nov–Dez u. März: Sa, So.* *Jan, Feb, 1. Mai, 25. Dez.*

Musée Bibliothèque Pétrarque
Rive gauche de la Sorgue. *04 90 20 37 20.* *Apr–Okt: Mi–Mo.*

L'Isle-sur-la-Sorgue ⑪

Straßenkarte B3. *21 000.* *Pl de la Liberté (04 90 38 04 78).* *Mo, Do, Sa, So (Antiquitäten).* **www**.oti-delasorgue.fr

Die hübsche Kleinstadt an der Sorgue zieht jedes Wochenende Antiquitätenliebhaber an. Hier wurde einst in 70 Wassermühlen Korn gemahlen und Öl gepresst. Die Kirche **Notre-Dame-des-Anges** (17. Jh.) ist innen prächtig verziert. Das Fremdenverkehrsamt ist in einer Kornkammer (18. Jh.) untergebracht. Das Hôpital (18. Jh.) zeigt in der Apotheke Fayencen.

Wassermühle nahe der Place Gambetta, L'Isle-sur-la-Sorgue

Im Detail: Avignon ⓬

St Jerome, Petit Palais

Die im Norden und Westen von der Rhône begrenzte mittelalterliche Hauptstadt des Département Vaucluse gilt als Tor zur Provence. Sie ist von einer 4,5 Kilometer langen Stadtmauer mit 39 Türmen und sieben Toren umschlossen. Kultur wird in dieser Stadt, die eine Universität, ein Opernhaus und Theater vorzuweisen hat, großgeschrieben. Straßen und Plätze sind eine einzige Freiluftbühne, und das im Juli stattfindende Theaterfestival zählt mittlerweile zu den bedeutendsten kulturellen Ereignissen Europas.

Chapelle St-Nicolas
Der nach dem Schutzheiligen der Fischer benannte Bau besteht aus einer unteren (13. Jh.) und einer aufgestockten oberen Kapelle (15. Jh.). Man betritt ihn durch die Tour du Châtelet.

★ Pont St-Bénézet
1177 soll ein Hirte mit dem Bau dieser in dem bekannten Lied Sur le pont d'Avignon *besungenen Brücke begonnen haben.*

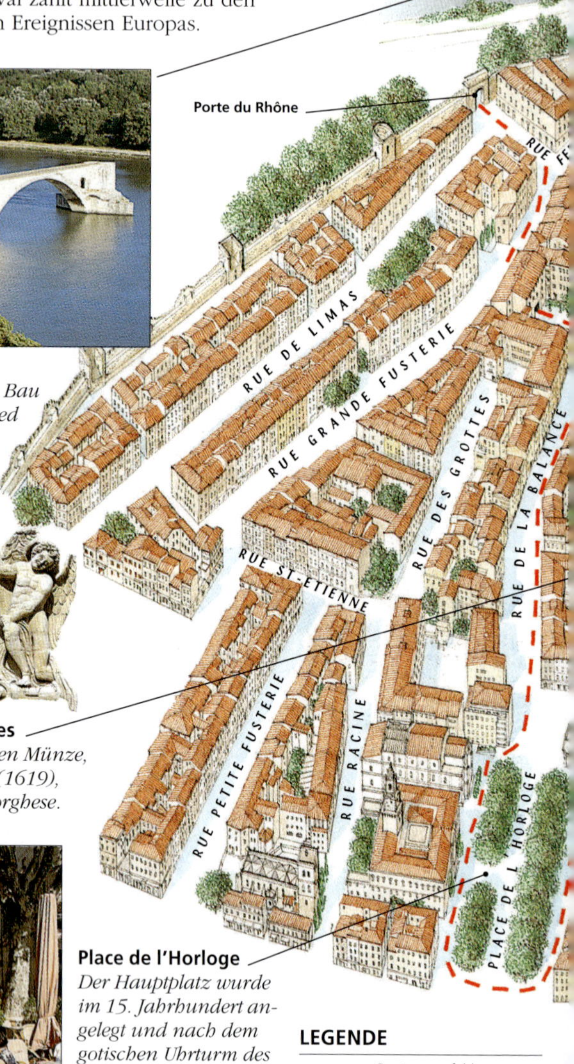

Hôtel des Monnaies
Diese Fassade der ehemaligen Münze, des Hôtel des Monnaies (1619), trägt das Wappen der Borghese.

Place de l'Horloge
Der Hauptplatz wurde im 15. Jahrhundert angelegt und nach dem gotischen Uhrturm des Rathauses benannt. Viele der umliegenden Bauten stammen aus dem 19. Jahrhundert.

LEGENDE

– – – Routenempfehlung

0 Meter 100

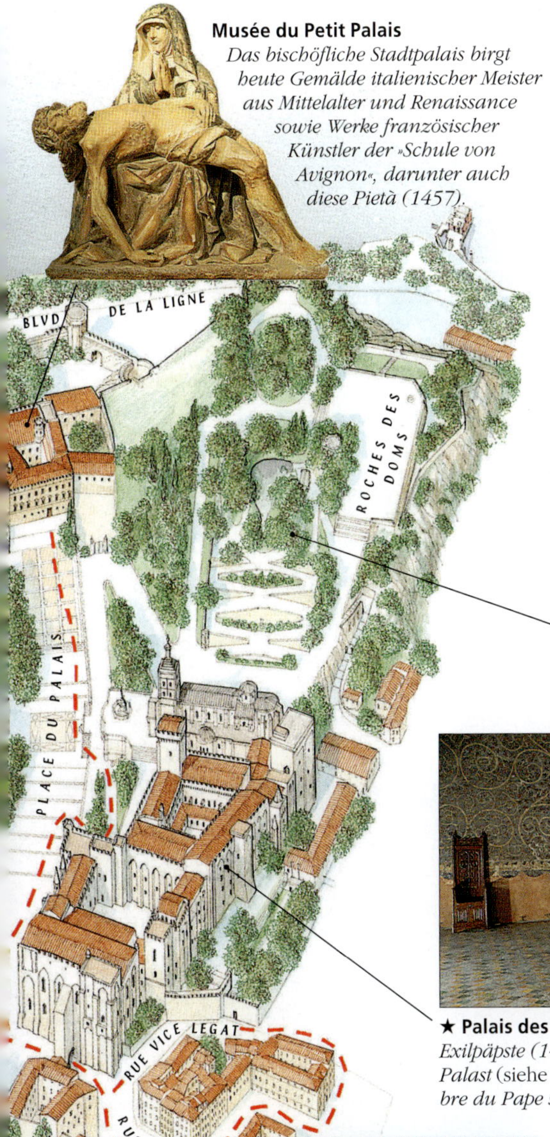

Musée du Petit Palais
Das bischöfliche Stadtpalais birgt heute Gemälde italienischer Meister aus Mittelalter und Renaissance sowie Werke französischer Künstler der »Schule von Avignon«, darunter auch diese Pietà (1457).

INFOBOX

Straßenkarte B3. *92 000.*
8 km bis Avignon-Caumont.
Blvd St-Roch. *41, cours Jean Jaurès (04 32 74 32 74).*
Di–So. *Le Festival d'Avignon* (siehe S. 229).
www.avignon-tourisme.com

Rocher des Doms
Der hinter Notre-Dame-des-Doms ansteigende Felsen war schon von Kelten besiedelt.

★ Palais des Papes
Exilpäpste (14. Jh.) ließen den imposanten Palast (siehe S. 44f) *errichten. In der Chambre du Pape sind bunte Fliesen zu sehen.*

Église St-Pierre
Die Kirche wurde zwischen dem 14. und 16. Jahrhundert erbaut. Die Westportale schuf Antoine Valard 1551. Kleinod im Innern ist eine Kanzel aus dem 15. Jahrhundert.

NICHT VERSÄUMEN

★ Palais des Papes

★ Pont St-Bénézet

Überblick: Avignon

Massive Mauern umschließen eine der faszinierendsten Städte Südfrankreichs. Auf einem Stadtbummel sieht man Trompe-l'Œil-Fenster und Herrenhäuser wie das des Königs René in der Rue du Roi-René. Die Straße mündet in die Rue des Teinturiers – benannt nach den Tuchmachern und -färbern. Von hier führt eine Brücke zur Chapelle des Pénitents Gris (16. Jh.).

Blick über die Rhône auf das Palais des Papes in Avignon

Palais des Papes

Place du Palais. *04 90 27 50 00.*
tägl. (Zeiten variieren).
www.palais-des-papes.com

Der Palast *(siehe S. 44f)* vermittelt einen Eindruck vom durchaus luxuriösen Leben der sieben Päpste, die hier 1309–77 residierten. Sie besaßen ihre eigene Münze und schützten sich mit Wehranlagen gegen Angriffe.

Man betritt den Palast durch die Porte des Champeaux unterhalb der beiden Türme und gelangt in das unter Clemens VI. erbaute Palais Neuf (1342–52), das an den Südflügel des Palais Vieux (1334–42) von Benedikt XII. grenzt. Im Innenhof der Cour d'Honneur, des Neuen Palastes, finden Aufführungen des Festival d'Avignon statt. Die Chambre du Pape in der Tour des Anges zeichnet sich durch ihre Bodenfliesen aus, die Chambre du Cerf durch die auf Matteo Giovanetti und andere Künstler zurückgehenden Jagdszenen.

Das durch zwei Wehrtürme mit quadratischem Grundriss geschützte Palais Vieux hat einen Kreuzgang im Zentrum und Säle wie den Großen Speisesaal (Grand Tinel) und das Konsistorium (Salle du Consistoire), den Saal für Empfänge. Hier hängen Bildnisse der Päpste. Die benachbarte Kapelle birgt Deckenfresken von Giovanetti.

Bodenfliese aus der Chambre du Pape

Cathédrale Notre-Dame-des-Doms

Pl du Palais. *04 90 86 81 01.* *tägl.* **www**.cathedrale-avignon.fr

Der Bau der Kirche wurde im 12. Jahrhundert begonnen. Sie wurde mehrmals zerstört und wieder aufgebaut. Die Madonna auf der Spitze des Turms kam erst im 19. Jahrhundert hinzu. Der alte Altar (12. Jh.) befindet sich zusammen mit dem Grabmal Benedikts XII. in der vorderen linken Seitenkapelle.

Musée du Petit Palais

Place du Palais. *04 90 86 44 58.*
Mi–Mo. *1. Jan, 1. Mai, 1. Nov, 25. Dez.*
www.petit.palais.org

Der um einen Arkadenhof errichtete »Kleine Palast« wurde 1318 erbaut und 1474 auf Wunsch des Michelangelo-Mäzens Kardinal Rovere, des späteren Papstes Julius II., modernisiert. Er ist seit 1958 Museum und birgt Kunst aus dem Mittelalter und der Frührenaissance, u.a. Werke von Simone Martini (1280–1344) und Botticelli. Hier hängen auch einige Fresken und Skulpturen aus der Schule von Avignon sowie Madonnenbilder.

Musée Lapidaire

27 rue de la République.
04 90 85 75 38. *Mi–Mo.*
1. Jan, 1. Mai, 25. Dez.
www.musee-calvet-avignon.com

Die ehemalige Jesuitenkirche (17. Jh.) birgt keltisch-ligurische, ägyptische, gallische und römische Architekturfragmente und Skulpturen sowie eine Tarasque (2. Jh.).

Musée Calvet

65, rue Joseph Vernet. *04 90 86 33 84.* *Mi–Mo.* *1. Jan, 1. Mai, 25. Dez.* *teilweise.*
www.musee-calvet-avignon.com

Das Museum wurde 2003 ausgebaut, um Platz für Schätze zu schaffen, die zuvor im Archiv lagerten. Die Kunstsammlung des 19./20. Jahrhunderts ist das Glanzstück des Museums, sie birgt Werke von Soutine, Manet, Dufy, Gleizes und Marie Laurencin.

Musée Angladon

5, rue Laboureur. *04 90 82 29 03.* *Mi–So, nur nachmittags.*
www.angladon.com

Dieses Museum zeigt eine Privatsammlung des 18./19. Jahrhunderts in einer raffinierten Kombination aus modernster Technologie und persönlichem Ambiente.

Collection Lambert

Musée d'Art Contemporain, 5, rue Violette. *04 90 16 56 20.*
Sep–Juni: Di–So; Juli, Aug: tägl.
1. Mai.
www.collectionlambert.com

Das Museum befindet sich in einem eleganten Haus in der Stadtmitte nahe der Kunstschule. Die außergewöhnliche Sammlung zeitgenössischer Kunst hat der Galerist Yvon Lambert der Stadt für 20 Jahre überlassen. Sie wurde in den 1960er Jahren begonnen und umfasst einen Querschnitt der bedeutendsten Kunstrichtungen seit dieser Zeit.

Gordes ⓭

Straßenkarte C3. *2000.*
Pl de Château (04 90 72 02 75).
Di. **www**.gordes-village.com

Teure Restaurants und Hotels prägen den kleinen Ort. Am Gipfel thronen eine Renaissanceburg und die Kirche St-Firmin. Die Burg ist die eigentliche Hauptattraktion von Gordes, aber auch die verwinkelten Gassen haben ihren Reiz. Seit der Kubist André Lhote 1938 zum ersten Mal hierherkam, ist Gordes bei Künstlern beliebt.

Das **Château de Gordes** wurde im 16. Jahrhundert an jener Stelle errichtet, wo bereits im 12. Jahrhundert eine Burg gestanden haben soll. Hauptsehenswürdigkeiten der Burg sind der verzierte Kamin (16. Jh.) in der Halle im Untergeschoss sowie das Renaissanceportal am Eingang. Die Burg wurde von dem Künstler Victor Vasarely gemietet und restauriert, der hier 1970 ein Vasarely-Museum eröffnete. Es zeigt aber auch eine Reihe von Werken des flämischen Malers Pol Mara.

Bories

Unter *bories* versteht man Steinhütten aus mörtellos zusammengefügten Kalksteinplatten *(lauzes)* mit bis zu 1,5 Meter dicken Mauern. Sie wurden auf rund 2000 v. Chr. datiert und mehrmals nachgebaut. Heute sind noch etwa 3000 *bories* erhalten, viele davon auf Feldern. Hier suchte man bei schlechter Witterung Schutz oder lagerte seine Geräte. Das Village des Bories nahe Gordes umfasst zwanzig restaurierte Hütten.

In unmittelbarer Nähe von Gordes liegt das **Village des Bories**, ein Steinhüttendorf aus der Bronzezeit, das erkennen lässt, wie sich das ländliche Leben noch bis ins 20. Jahrhundert gestaltete.

Château de Gordes
04 90 72 02 75. *tägl.*
1. Jan, 25. Dez.

Village des Bories
Rte de Cavaillon. *04 90 72 03 48.* *tägl.* *1. Jan, 25. Dez.*
teilweise.

Terrassenartig schmiegt sich Gordes an den steilen Hang

Roussillon ⓮

Straßenkarte C3. *1200.* *Pl de la Poste (04 90 05 60 25).* *Do.*
www.roussillon-provence.com

Der warme Farbton der Ockerfelsen, die Roussillon wie ein Kranz umringen, verleiht dem Dorf Charme und eine farbliche Harmonie ohnegleichen. Man hat mindestens 17 Ockertöne in und um Roussillon entdeckt, insbesondere im ehemaligen Steinbruch Chaussée des Géants (»Weg der Riesen«). Die Steinbrüche liegen rund 45 Gehminuten östlich der Besucherinformation. Bizarre Zacken kennzeichnen das Val des Fées (Feental) mit den Falaises de Sang (Blutfelsen). Vom Aussichtsplateau bei der Kirche oberhalb des Hauptplatzes hat man einen herrlichen Blick auf die Landschaft.

Vor dem Einsetzen des Baubooms war Roussillon ein ruhiges Dorf. Anfang der 1950er Jahre zog der amerikanische Soziologe Laurence Wylie für ein Jahr mit seiner Familie nach Roussillon. Seine soziokulturellen Studien des Dorflebens hielt er in dem Buch *Dorf im Vaucluse* fest. Er gelangte darin zu dem Schluss, dass die Bewohner trotz aller existierenden Feindseligkeiten und Spannungen eine hart arbeitende, produktive Gemeinschaft bilden. Der Autor Samuel Beckett, der sich im Zweiten Weltkrieg hier versteckt hielt, war dagegen vom dörflichen Alltag weniger angetan.

Triumphbogen in Cavaillon

Cavaillon ⓯

Straßenkarte B3. *26 000.*
Pl François Tourel (04 90 71 32 01). *Mo.*
www.cavaillon-luberon.com

Den schönsten Blick auf die Ausläufer des Lubéron, den Mont Ventoux und die Alpilles hat man wohl vom Aussichtsplateau vor der Chapelle St-Jacques. Rund um das Dorf werden Obst und Gemüse, vor allem Melonen, angebaut. Die Gegend um Cavaillon ist eines der größten Obst- und Gemüseanbaugebiete Frankreichs und wird im Département Vaucluse nur noch von Apt übertroffen.

Auf der Colline St-Jacques befand sich bereits ein keltisches Oppidum, das von den Römern übernommen wurde. Aus der damaligen Blütezeit ist noch ein Stadtgründungsbogen (1. Jh.) auf der Place Duclos erhalten. Einige Funde aus der Römerzeit sind im **Musée Archéologique** in der Grande Rue ausgestellt, die von der Cathédrale St-Véran (6. Jh.) in Richtung Norden führt. Die Synagoge in der Rue Hébraïque stammt von 1772, ihre Vorgängerin aus dem 14. Jahrhundert. Das **Musée Juif Comtadin** befasst sich mit der Geschichte des Judentums in der Provence.

Musée Archéologique
Hôtel Dieu, Porte d'Avignon.
04 90 76 00 34. *Mai–Sep: Mi–Mo.*

Musée Juif Comtadin
Rue Hébraïque. *04 90 76 00 34.*
Okt–März: Mo, Mi–Sa; Apr–Sep: Mi–Mo. *1. Jan, 1. Mai, 25. Dez.*

Tour: Petit Lubéron ⓰

Der Parc Naturel Régional nimmt rund 1200 Quadratkilometer dieses von Cavaillon in östlicher Richtung bis nach Manosque in den Alpes-de-Haute-Provence reichenden Kalksteinmassivs ein. Etwa 50 Dörfer liegen in dem fast unberührten Wanderparadies. Von hier stammen so berühmt-berüchtigte Persönlichkeiten wie der Baron d'Oppède oder der Marquis de Sade. Die beiden Hauptorte sind Apt und Lourmarin. Die durch die Combe de Lourmarin verlaufende D943 teilt den Naturpark in zwei Hälften: den Grand Lubéron *(siehe S. 172)* und den Petit Lubéron. Kalkfelsen, Talkessel und Zedernwälder prägen die Landschaft.

Oppède-le-Vieux ①
Die dominierende Burgruine gehörte Jean Maynier, Baron d'Oppède, dessen blutige Kreuzzüge gegen die Valdenser im Lubéron im Jahr 1545 elf Dörfer zerstörten.

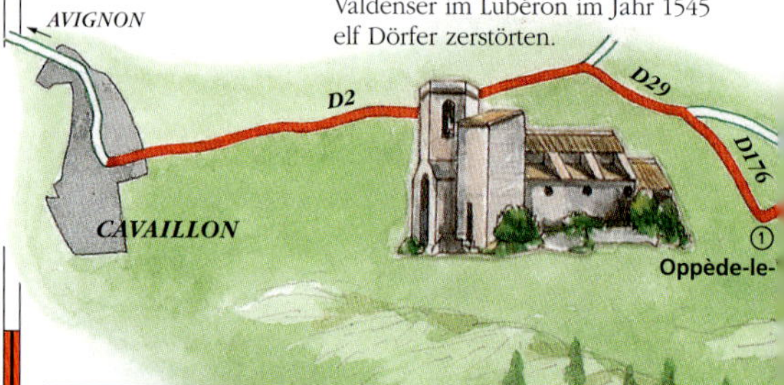

Zedernwald-Naturlehrpfad

LEGENDE

- Routenempfehlung
- Andere Straße

Flora und Fauna

Der Parc Naturel Régional zeichnet sich durch seine Artenvielfalt aus. Die Nordseite der Berge ist zerklüftet, die Südseite geschützter und lieblicher. Diese Landschaft mit weißen Kreide- und rötlichen Ockerfelsen, Zedernwäldern und tiefen Schluchten bietet Tieren und Pflanzen unterschiedlichste Lebensräume. Viele Informationen zu Wander- und Autorouten gibt es bei der Maison du Parc in Apt *(siehe S. 172)*.

Affen-Knabenkraut (Orchis simia) *wächst auf sonnigen, kreidehaltigen Wiesen.*

Die schroffen Bergspitzen des Petit Lubéron

ROUTENINFOS

Länge: *40 km.*
Rasten: *Im Petit und Grand Lubéron empfehlen sich Ménerbes (mehrere Cafés), Bonnieux (Mittagspause), der Zedernwald (schöne Picknickplätze) und Lourmarin (Wahlheimat und letzte Ruhestätte von Albert Camus). Im Zentrum der Dörfer findet man schwer einen Parkplatz, man muss daher mit einem längeren Anmarsch rechnen.* **www**.parcduluberon.fr

Ménerbes ②
Am Fuß des praktisch uneinnehmbaren Ortes befindet sich das Musée du Tire-Bouchon, das eine Sammlung an Korkenziehern aus dem 17. Jahrhundert präsentiert.

Lacoste ③
Nur wenig ist vom Schloss des Marquis de Sade erhalten, der 1778 wegen Perversionen zu zwölf Jahren Gefängnis verurteilt wurde. Dort schrieb er seine Memoiren.

Bonnieux ④
Das Musée de la Boulangerie schildert die Geschichte des Brotbackens. Angenehm ist der Naturlehrpfad durch den Zedernwald.

Lourmarin ⑤
Das Schloss gehörte der Familie der Gräfin von Agoult, die mit Franz Liszt (1811–1886) verheiratet war. Eine ihrer Töchter heiratete Richard Wagner.

Wildschweine (Sus scrofa, *frz.* sanglier) *sind bei Jägern und Feinschmeckern begehrt.*

Der Uhu (Bubo bubo, *provenzal.* dugas) *ist die größte europäische Eulenart.*

Biber (Castor fiber, *frz.* castor) *bauen ihre Dämme im Calavon und in der Durance.*

Grand Lubéron

Östlich der Combe de Lourmarin bildet der Mourre Nègre mit 1125 Metern die höchste Erhebung. Das herrliche Gipfelpanorama ist die Belohnung für mehrere Stunden Aufstieg (parken Sie Ihr Auto bei Auribeau). Diese einmalig schöne Landschaft kennt keinen Besucherrummel. Der Blick vom Gipfel reicht von Digne über das Lure-Gebirge, das Durance-Tal und die Ebene um Apt bis zum Étang de Berre und weiter zum Mont Ventoux.

Apt ⓱

Straßenkarte C3. *11 500.* *Avignon.* *20, av Philippe de Girard (04 90 74 03 18).* *Di u. Sa.* **www**.ot-apt.fr

Apt ist das nördliche Tor zum Parc Naturel Régional du Lubéron *(siehe S. 170f)*. Näheres zu Flora, Fauna, *gîtes d'étapes* (Rastplätzen) und Wanderwegen erfährt man im Park in der Maison du Parc Naturel Régional, einem Herrenhaus des 17. Jahrhunderts.

Im Herzen der Altstadt wird auf einem netten Platz Pétanque gespielt. Außerhalb des Ortes sieht man Kirschbäume, so weit das Auge reicht.

Das **Musée de l'Aventure Industrielle** zeigt, wie Apt im 18. und 19. Jahrhundert durch die Produktion von Kristallfrüchten und irdenem Geschirr prosperierte. Heute ist Apt für kandierte Früchte, Trüffeln, Lavendelessenz und Töpferwaren bekannt. Der samstägliche Markt wird nicht nur wegen der provenzalischen Spezialitäten geschätzt, sondern auch wegen des Unterhaltungsangebots: Jazz, Drehorgelspieler und Straßentheater. Empfohlen seien die Ausflüge zum nordöstlich gelegenen Ockerfelsen von Rustrel, der schönsten Ockerformation an der Dôa. Sehenswert sind auch einige bizarre Felssporne, die Cheminées des Fées.

Die mittelalterliche **Cathédrale Ste-Anne** liegt im Herzen der Altstadt. Der Legende nach sollen die Gebeine der hl. Anna im 3. Jahrhundert nach Apt gebracht und vom ersten Bischof der Stadt in der Kathedrale versteckt worden sein. Die erste Seitenkapelle links, die Chapelle Royale, ist nach Anna von Österreich benannt. Nach der Geburt des Thronfolgers unternahm sie eine Wallfahrt nach Apt und stiftete eine Kapelle, die 1670 fertiggestellt wurde. Die Sakristei birgt den Reliquienschrein und eine Standarte vom ersten Kreuzzug (1096–99). Außerdem lohnt sich der Besuch des Hôtel d'Albertas (17. Jh.).

Stickarbeit aus dem 14. Jahrhundert

Nördlich der Kirche liegt das **Musée Archéologique**. Zu den Exponaten zählen prähistorische Feuersteine, Werkzeug, gallorömische Inschriften, Mosaiken und Schmuck (melden Sie sich tel. an). Im 2. Stock sind Fayencen zu sehen.

Etwas außerhalb von Apt befindet sich das **Observatoire Sirène** – durch die idyllische Lage und die hochmoderne Technologie ein idealer Ort zum Sternegucken.

Musée de l'Aventure Industrielle
Place du Postel. *04 90 74 95 30.* *Mai–Sep: Mi–So; Okt–Apr: Mi–Sa.* *Feiertage.*

Cathédrale St-Anne
Rue Ste-Anne. *04 90 04 85 44.* *Sa.*

Musée Archéologique
27, rue de l'Amphithéâtre. *04 90 74 95 30.* *nur für Gruppen nach Voranmeldung.*

L'Observatoire Sirène
D34 Lagarde d'Apt. *04 90 75 04 17.* *tägl. nach Voranmeldung.* *Feiertage.*
www.obs-sirene.com

Konfitüre – ein typisches Erzeugnis aus Apt

Hotels und Restaurants in der Vaucluse *siehe Seiten 202f und 216f*

Cadenet 18

Straßenkarte C3. *4000.* *Avignon.* *11 pl du Tambour d'Arcole (04 90 68 38 21).* *Mo u. Sa (Mai–Okt: Bauernmarkt).*

Cadenet liegt am Fuß eines Hügels im Durance-Tal. Beachtenswert sind seine Burgruine und die Kirche (14. Jh.). Ihr Taufbecken besteht aus einem römischen Sarkophag. Auf dem Hauptplatz findet im Sommer der *marché paysan* (Bauernmarkt) statt. Hier steht auch die Statue des Trommlers von Arcole, André Estienne, dessen Trommelwirbel 1796 die Österreicher, die Gewehrfeuer zu hören glaubten, zum Rückzug bewog.

Der Trommler von Arcole, Cadenet

Ansouis 19

Straßenkarte C3. *1200.* *Pl du Château (04 90 07 50 29).* *So.* **www**.sourireduluberon.com

Von 1160 bis 2008 befand sich der Renaissancebau des **Château d'Ansouis** im Besitz der Familie Sabran. Im 13. Jahrhundert wurden alle vier Töchter von Gersende de Sabran und Raymond Bérenger IV – Eléonore, Margaret, Sancy und Béatrice – Herrscherin über ein Königreich: Frankreich, England, Rumänien und Neapel. 1298 heiratete Elzéar de Sabran Delphine de Puy, eine reiche Nachfahrin des Vicomte de Marseille. Die beiden gelobten sich ewige Keuschheit und wurden 1369 heiliggesprochen. Der Wehrturm und der insgesamt vier Türme sind noch erhalten. Im Innern gibt es eine Prunktreppe und einen Wachsaal mit Rüstungen vom 17. bis 19. Jahrhundert. Zu den Parkanlagen gehört der im Stil der Renaissance angelegte »Garten Eden«. Sehenswert ist auch das **Musée Extraordinaire de Georges Mazoyer** südlich des Orts: Die Sammlung provenzalischer Möbel ist in den Kellerräumen eines Hauses des 15. Jahrhunderts untergebracht. Im Keller findet man zudem eine Unterwassergrotte.

Château d'Ansouis
04 90 77 23 36. *Apr–Okt: Mi–Mo.* *14.30, 15.30, 16.30 Uhr.* *Nov–März.*

Musée Extraordinaire de Georges Mazoyer
Rue du Vieux Moulin. *04 90 09 82 64.* *tägl. nachm.*

Das Schlafgemach der Herzogin im Château d'Ansouis

Pertuis 20

Straßenkarte C3. *20000.* *Le Donjon, pl Mirabeau (04 90 79 15 56).* *Mi, Fr, Sa.* **www**.vivreleluberon.com

Die einstige Hauptstadt des Pays d'Aigues ist heute ein ruhiger Flecken, dessen fruchtbares Umland im Lauf der Zeit an Aix-en-Provence fiel. Hier wurde der Vater des Grafen von Mirabeau geboren, nach dem auch der Platz vor dem Uhrturm (13. Jh.) benannt ist. Die **Église St-Nicolas** wurde im 16. Jahrhundert im gotischen Stil wieder aufgebaut. Sie birgt u. a. ein Triptychon (16. Jh.) und zwei Marmorstatuen (17. Jh.). Südlich davon liegt die zinnenbewehrte **Tour St-Jacques** (14. Jh.).

Triumphbogenportal der Schlossanlage von La Tour d'Aigues

La Tour d'Aigues 21

Straßenkarte C3. *4600.* *nach Pertuis.* *Château de la Tour d'Aigues (04 90 07 50 29).* *Di.* **www**.sourireduluberon.com

Das Städtchen am Fuß des Grand Lubéron wurde nach einem Wehrturm aus dem 10. Jahrhundert benannt. Das Schloss ist wie das von Lourmarin und das von Ansouis im Stil der Renaissance erbaut. Der Marquis de Cental ließ es auf den Fundamenten einer mittelalterlichen Festung errichten. Das in der Französischen Revolution (1789–94) beschädigte, dem Triumphbogen von Orange *(siehe S. 161)* ähnelnde Portal wurde zum Teil restauriert. Im Keller gibt es zwei Museen, eines zur hiesigen Architektur, das andere zur regionalen Keramikherstellung.

Salle de l'Habitat Rural en Pays d'Aigues et Musée des Faïences et des Céramiques
Château de La Tour d'Aigues.
04 90 07 42 10. *tägl.*
Sep–Juli: Mo vorm., Di nachm., So vorm.; 1. Jan, 25. Dez.

Alpes-de-Haute-Provence

Dieser Teil der Provence ist noch weitgehend unberührt, die Luft ist sauberer als im restlichen Frankreich. Landschaft und Klima können hier erstaunlich rau sein. Mancherorts ist die Entwicklung an der Unzugänglichkeit des Geländes gescheitert. Dort wird die ländliche Tradition auch heute noch gepflegt.

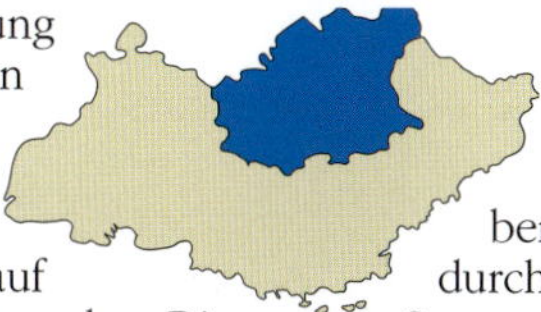

Künstliche Bewässerung hat diese Bergregion in fruchtbares Land verwandelt. Nirgends wächst heute z.B. mehr Lavendel als auf dem Plateau de Valensole. Die jungen Pfirsich-, Apfel- und Birnbäume gedeihen nur dank des Wassers der Durance, die seit einiger Zeit durch Staudämme und Wasserkraftwerke genutzt wird. Dies hat nicht nur Arbeitsplätze geschaffen, sondern der gesamten Region Wohlstand beschert. Eine weitere Entwicklung ist das Kernforschungszentrum Cadarache bei Manosque. Die Einwohnerzahl der Stadt ist binnen Kurzem auf 20300 gestiegen und hat so die der Hauptstadt Digne-les-Bains übertroffen. Letztere zieht mit ihrem gesunden Klima seit mehr als 100 Jahren Kurgäste aus aller Welt an und ist mittlerweile bemüht, ihre Attraktivität durch Skulpturen in den Straßen weiter zu steigern. Landschaft und Klima sind nicht ohne Einfluss auf die Geschichte und Architektur dieser Gegend geblieben. Überall thronen majestätische Zitadellen, so etwa in Sisteron, das 1815 von Napoléon erobert wurde, oder in der Grenzstadt Entrevaux. Städte und Häuser sollten Schutz vor rauen Wintern und dem eisigen Mistral bieten. Für die Unannehmlichkeiten des Wetters wird man allerdings durch Seen, hohe Berge, wildromantische Täler und die ganze Farbenpracht der Alpenflora reichlich entschädigt.

Zum Trocknen ausgelegte Lavendelbündel (in der Nähe der Gorges du Verdon)

◁ Olivenhain unweit der Festungsstadt Entrevaux *(siehe S. 187)*

Überblick: Alpes-de-Haute-Provence

Diese einsame, zerklüftete Bergregion im Norden der Provence erstreckt sich über rund 6500 Quadratkilometer. Mitten durch diese wildromantische Bergwelt fließt die Durance, der wichtigste Fluss der Gegend. Zufluss erhält sie u. a. vom Verdon, der sich seinen Weg durch den europäischen »Grand Canyon«, die Gorges du Verdon, bahnt. Noch urwüchsiger wird die Landschaft im Nordosten, etwa am Mont Pelat im Herzen des Parc National du Mercantour. Weiter südlich liegt das Plateau de Valensole, das im Juli von einem ausgedehnten Lavendelteppich bedeckt wird.

Lavendelfelder auf dem Plateau de Valensole

Sehenswürdigkeiten auf einen Blick

Annot 18
Barcelonnette 3
Castellane 16
Colmars 5
Digne-les-Bains 6
Entrevaux 19
Forcalquier 9
Gréoux-les-Bains 11
Les Pénitents des Mées 7
Lurs 8
Manosque 10
Mont Pelat 4
Moustiers-Ste-Marie 15
Riez 13
Seyne-les-Alpes 2
Sisteron 1
St-André-les-Alpes 17
Valensole 12

Tour

Gorges du Verdon S. 184f 14

LEGENDE

- Autobahn
- Hauptstraße
- Nebenstraße
- Panoramastraße
- Eisenbahn (Nebenstrecke)
- Staatsgrenze
- Regionalgrenze
- Gipfel

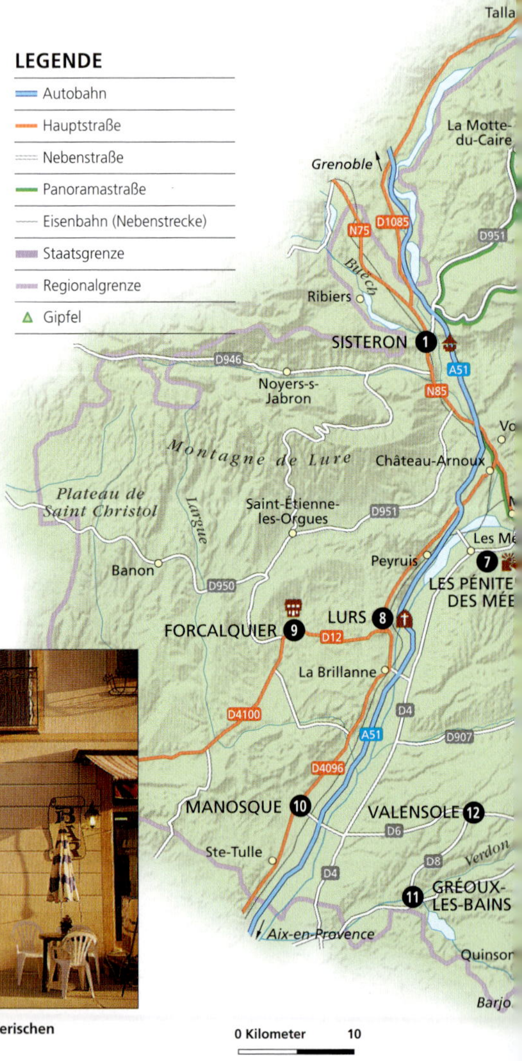

Gemütliche provenzalische Bar im malerischen alten Ortsteil von Castellane

Weitere Zeichenerklärungen *siehe hintere Umschlagklappe*

In Alpes-de-Haute-Provence unterwegs

Die Durance weist den Weg in die Haute-Provence. Die A51 von Aix-en-Provence folgt dem Flusslauf bis nach Sisteron. Nationalstraßen führen entlang der Durance Richtung Norden bis zum Lac de Serre-Ponçon und dann Richtung Osten entlang der Ubaye nach Barcelonnette. Auch die Hauptstadt Digne-les-Bains ist über Nationalstraßen gut zu erreichen. Die Eisenbahnlinie folgt ebenfalls der Durance. Sie verbindet Sisteron und Manosque mit Aix-en-Provence.

SIEHE AUCH

- **Hotels** S. 203
- **Restaurants** S. 217

Der imposante Rocher de la Baume unweit von Sisteron

Sisteron ❶

Straßenkarte D2. *7500.*
Hôtel de Ville, 1 pl de la République (04 92 61 12 03). Mi u. Sa.
www.sisteron.fr

Nähert man sich Sisteron von Norden oder von Süden, erkennt man sofort die militärische Schlüsselstellung der »Pforte zur Provence«. Sie liegt inmitten von Olivenhainen in einem schmalen Tal an der Durance – im Schatten einer eindrucksvollen Zitadelle.

Die auf eine mittelalterliche Wehrburg (12. Jh.) zurückgehende **Zitadelle** bietet einen hervorragenden Blick auf das Durance-Tal. Von Juni bis September kann man vom Rathaus zur Zitadelle mit einem kleinen Zug fahren. Wehrturm, Burgverlies, Kapelle sowie Türme und Befestigungsmauern sind noch erhalten. Sie bilden die Kulisse für die *Nuits de la Citadelle*, ein Sommerfest mit Musik, Theater und Tanz. Die Kathedrale **Notre-Dame-des-Pommiers** (1160) auf dem Hauptplatz ist ein typisches Beispiel für provenzalische Romanik. Im östlichen Teil befindet sich die Chapelle des Visitandines, sie beherbergt das neue **Musée Terre et Temps**. Folgen Sie den Schildern in die Altstadt mit ihren *andrônes* genannten, von kleinen Läden, Cafés und Bars gesäumten Treppengässchen. Der **Rocher de la Baume** am anderen Flussufer ist ein beliebter Kletterfelsen.

Typisch provenzalischer Hof unweit von Seyne

Zitadelle
04200 Sisteron. *04 92 61 06 00.*
Apr–11. Nov: tägl.

Die Zitadelle von Sisteron hoch über dem Durance-Tal

Seyne-les-Alpes ❷

Straßenkarte D2. *1300.*
Place d'Armes (04 92 35 11 00). Di u. Fr. **www**.*seynelesalpes.com*

Das kleine Bergdorf liegt in 1210 Meter Höhe oberhalb der Vallée de la Blanche. Auf den umliegenden Weiden grasen Pferde und Maultiere. Alljährlich findet hier ein Pferde- und Maultiermarkt statt. Von **Notre-Dame-de-Nazareth** (13. Jh.), einer romanischen Kirche mit gotischen Portalen, Sonnenuhr und großer Fensterrose, führt ein Weg zur **Zitadelle**, die 1693 von Vauban errichtet wurde und einen Wachturm aus dem 12. Jahrhundert umschließt. Die Skigebiete St-Jean, Le Grand Puy und Chabanon machen Seyne zu einem beliebten Wintersportort.

Barcelonnette ❸

Straßenkarte E2. *3000.*
Place Frédéric Mistral (04 92 81 04 71). Mi u. Sa.
www.barcelonnette.com

Im abgeschiedenen Ubaye-Tal liegt inmitten eines Halbrunds schneebedeckter Berge die nördlichste Stadt der Provence. Kopfsteinpflaster, Cafés und Restaurants sowie Souvenirläden, die regionale Spezialitäten verkaufen, prägen das Bild der Stadt, die 1231 nach ihrem Gründer Raymond Bérenger V, dem Grafen von Barcelona und der Provence, benannt wurde. Die umliegenden Berge ver-

Napoléon in der Provence

Napoléon wusste bei seiner Rückkehr aus dem Exil, dass sein Weg nach Paris ihn über Sisteron führen würde. Am 1. März 1815 schiffte er sich auf Elba ein und landete mit 1026 Soldaten im Golfe de Juan.

Von dort wollte er über Grenoble nach Norden ziehen. Seine erste Zwischenstation war Grasse, wo ihm die Menschen alles andere als wohlgesonnen waren. Napoléon und seine Getreuen ließen Wagen, Kanonen und Pferde zurück und bewältigten auf Trampelpfaden schwierigstes Gelände und rund 1000 Meter Höhenunterschied. In Digne aß er im Hôtel du Petit Paris zu Mittag. Die Nacht verbrachte er im Château Malijai, wo er auf Nachricht von der Royalisten-Bastion Sisteron wartete. Er hatte Glück: Die Zitadelle war unbewacht – am 5. März zog er, freundlich begrüßt, in die Stadt ein. Eine Gedenktafel in der Rue du Jeu-de-Paume erinnert daran.

***Napoléon überquert die Alpen* (1800) von Jacques-Louis David**

Eine der vielen Villen in dem Ort Barcelonnette

leihen dem Ort ein Schweizer Ambiente – jedoch mit deutlichen mexikanischen Einflüssen. Da die Gebrüder Arnaud mit der Textilherstellung in Barcelonnette nicht genügend Geld verdienten, versuchten sie – gefolgt von vielen anderen – ihr Glück in Mexiko. Nach ihrer Rückkehr (Anfang 20. Jh.) wurden ringsherum prunkvolle Villen errichtet.

In einer dieser Villen ist das **Musée de la Vallée** untergebracht, das sich mit der mexikanischen Verbindung befasst. Vier Filialen verteilen sich im Ubaye-Tal auf St-Paul, Jausiers, Pontis und Le Lanzet. Im Sommer ist hier außerdem ein Informationsstand für den Parc National du Mercantour, der sich entlang der italienischen Grenze bis zu den Alpes Maritimes *(siehe S. 97)* erstreckt und wegen seiner Flora, Fauna und zwei archäologischen Stätten sehenswert ist.

Musée de la Vallée
10, av de la Libération. *04 92 81 27 15. Mi–Sa nachm.; Juli, Aug: tägl. Mitte Nov–Mitte Dez. im Sommer.*

Mont Pelat ❹

Digne-les-Bains, Thorame-Verdon. Colmars, Allos. pl de la Coopérative, Allos (04 92 83 02 81).

Der Berg ist mit 3050 Metern der höchste in den provenzalischen Alpen. Ringsum sieht man Berge und Pässe, von denen einige bis in den Juni hinein gesperrt sind. Im Osten liegt z. B. der Col de Cayolle (2327 m) an der D2202, im Westen der Col d'Allos (2250 m) an der D908. Südlich des Mont Pelat, im Herzen des Parc National du Mercantour, erstreckt sich der idyllisch gelegene, kristallklare Lac d'Allos umringt von schneebedeckten Gipfeln. Mit einer Fläche von 50 Hektar ist er der größte Bergsee in ganz Europa. Die Gegend wartet mit einem weiteren Superlativ auf: Mit einer Passhöhe von 2862 Metern ist auch die Cime de la Bonette an der D64 nordöstlich des Mont Pelat in ganz Europa unübertroffen. Von hier hat man den wohl schönsten Blick auf die umliegenden Berge.

Der höchste Pass Europas, die Cime de la Bonette

Colmars 5

Straßenkarte E2. *340.* *Ancienne Auberge Fleurie (04 92 83 41 92).* *Di u. Fr (Juni–Sep).* **www**.colmars-les-alpes.fr

Die ungewöhnlich gut erhaltene befestigte Stadt liegt zwischen zwei mittelalterlichen Wehrburgen. Von der begehbaren, zwölf Meter breiten Stadtmauer blickt man auf holzgedeckte Dächer. Die Stadt wurde nach dem Hügel *collis Martis* benannt, auf dem sie errichtet wurde. Dort stand einst ein römischer Marstempel. Die Befestigungsanlage stammt von Vauban. Im Norden der Stadt führt eine Straße zur gut erhaltenen Festung **Fort de Savoie** (17. Jh.). Von der Porte de France gelangt man zu den Ruinen des Fort de France.

Im Sommer kann man sich entweder auf den *soleillades* (»Sonnenfänger«) genannten Holzbalkonen entspannen oder auf einer Bergwanderung die Landschaft genießen. Von Colmars führt eine 30-minütige Wanderung bis zum Wasserfall Cascade de la Lance.

Das mächtige Fort de Savoie überragt den Ort Colmars eindrucksvoll

Fort de Savoie
04370 Colmars. *04 92 83 41 92.* *Juli–Aug: nachmittags; Sep: nur nach Vereinb.* *obligatorisch.*

Digne-les-Bains 6

Straßenkarte D2. *18 000.* *Pl du Tampinet (04 92 36 62 62).* *Mi u. Sa.* **www**.ot-dignelesbains.fr

Die Hauptstadt des Département verfügt über heiße Quellen und ist seit der Zeit der Römer ein beliebter Kurort. Zahlreiche Kurgäste erhoffen sich im Etablissement Thermal südöstlich der Stadt Heilung. Großzügig angelegte Straßen wie der nach dem einheimischen Mathematiker und Astronomen Pierre Gassendi (1592–1655) benannte Boulevard Gassendi machen die Stadt sehr angenehm. Jedes Jahr im August findet hier, in der *capitale de la Lavande*, das bekannte Lavendelfest *(siehe S. 229)* statt. In letzter Zeit hat sich die Stadt zu einem bedeutenden Zentrum für moderne Plastiken entwickelt, die sie mittlerweile überall beleben.

Das **Musée Gassendi** zeigt Gemälde französischer, italienischer und holländischer Meister (16.–19. Jh.), Werke zeitgenössischer Künstler sowie wissenschaftliche Instrumente aus dem 19. Jahrhundert. Zu den porträtierten Persönlichkeiten des Orts zählt Alexandra David-Néel, eine furchtlose Weltenbummlerin, die 1969 mit 101 Jahren verstarb. Ihr Haus, *Samten-Dzong* (»Meditationsburg«), birgt heute das **Musée Alexandra David-Néel** mit einem tibetischen Kulturzentrum. Am nördlichen Ende des Boulevard Gassendi steht die **Grande Fontaine** aus dem 19. Jahrhundert. Die imposante Kathedrale **Notre-Dame-du-Bourg** (1200–1330) ist die größte romanische Kirche der Provence.

Straßenplastik in Digne

Sehenswert ist außerdem der **Jardin Botanique des Cordeliers** in einem ehemaligen Nonnenkloster. Hier findet man eine große Sammlung einheimischer Pflanzen und Heilkräuter.

Musée Gassendi
64, blvd Gassendi. *04 92 31 45 29.* *Mi–Mo.* *Feiertage; 25. Dez–2. Jan.* **www**.musee/gassendi.org

Musée Alexandra David-Néel
27, av Maréchal Juin. *04 92 31 32 38.* *tägl.* *dreimal tägl. (Okt–Juni: dreimal).* **www**.alexandra/david/neel.org

Jardin Botanique des Cordeliers
Couvent des Cordeliers, av Paul Martin. *04 92 31 59 59.* *März–Nov: Mo–Fr.* *Feiertage.*

Les Pénitents des Mées ❼

Straßenkarte D3. *Marseille.* *St-Auban.* *Les Mées.* *21, blvd de la République (04 92 34 36 38).*

Eine der eigenartigsten geologischen Formationen dieser Region sind die Pénitents des Mées, eine mehr als 100 Meter hohe und über zwei Kilometer lange Felsgruppe, bei der es sich um zu Stein erstarrte Mönche handeln soll. Der Legende zufolge hatten die Mönche des Lure-Gebirges einige maurische Frauen, die zur Zeit der Sarazenenkriege im 6. Jahrhundert in die Hände eines Edelmannes gefallen waren, etwas zu begierig angestarrt und wurden zur Strafe von dem in einer nahe gelegenen Höhle hausenden Eremiten St-Donat in Felsen verwandelt. An der Nordseite der Felsen liegt das Dorf Les Mées. Von der Kapelle St-Roch aus kann man die bizarre Felsformation am besten sehen.

Blick auf die bizarr geformten Pénitents des Mées

Lurs ❽

Straßenkarte D3. *390.* *La Brillanne.* *Apr–Sep: 04700 Lurs (04 92 79 10 20); Okt–März: Mairie (04 92 79 95 24).*

Die Stadt fiel im 9. Jahrhundert auf Befehl Karls des Großen an die Bischöfe von Sisteron und die Fürsten von Lurs. Anfang des 20. Jahrhunderts nahezu unbewohnt, siedelten sich hier erst nach dem Zweiten Weltkrieg wieder Menschen an, vor allem Drucker und Grafiker, die jedes Jahr bei einem Wettbewerb von sich reden machen.

Man betritt die von einer mittelalterlichen Stadtmauer umgebene Altstadt durch die Porte d'Horloge. Nördlich des restaurierten Schlosses der Fürstbischöfe beginnt die von 15 Kapellen gesäumte, 300 Meter lange **Promenade des Évêques** (»Straße der Bischöfe«), die zur Kirche Notre-Dame-de-Vie führt. Letztere lohnt allein wegen des Blicks auf Mohnfelder und Olivenhaine sowie auf das Durance-Tal einen Abstecher.

Fährt man die N96 Richtung Norden, erreicht man die **Prieuré de Ganagobie** (12. Jh.). Die Kirche birgt wunderschöne, nach byzantinischem Vorbild gestaltete Mosaiken. Die Mönche lesen täglich Messen, an denen Besucher teilnehmen können.

Prieuré de Ganagobie
N96, 04310. *04 92 68 00 04.* *Di–Sa nachm., So.*

Fußbodenmosaik in der Prioratskirche (12. Jh.) von Ganagobie

Le Train des Pignes

Ein besonderes Erlebnis ist eine Fahrt auf dem Chemin de Fer de Provence von Digne-les-Bains bis Nizza – auf einem der wenigen erhaltenen Teilstücke eines zwischen 1891 und 1911 erbauten Schienennetzes, das ursprünglich die Côte d'Azur mit den Alpen verbinden sollte.

Heute verkehrt der von einer Diesellok gezogene, aus zwei Waggons bestehende Train des Pignes ganzjährig viermal täglich. Er befördert sowohl Besucher als auch Einheimische auf dem Weg zur Arbeit. Langsam zuckelt er die eingleisige Strecke entlang, an der tosenden Asse de Moriez vorbei, über 16 Viadukte, 15 Brücken und durch 25 Tunnel.

Die mitunter holprige Fahrt führt durch wunderschöne Landstriche, z. B. zwischen St-André-les-Alpes und Annot, wo man die *grés d'Annot* sieht *(siehe S. 187)*. Die einfache Fahrt dauert ca. drei Stunden und kann bei Bedarf unterbrochen werden. Ein Zwischenstopp empfiehlt sich in Entrevaux *(siehe S. 187)*. Tickets sind unter der Rufnummer 04 92 03 80 80 erhältlich. www.trainprovence.com

Skriptorium im Couvent des Cordeliers in Forcalquier

Forcalquier ❾

Straßenkarte C3. *5000.* *13, pl du Bourguet (04 92 75 10 02).* *Mo., Do.* **www**.forcalquier.com

In dem Städtchen unter der Burgruine und der Wallfahrtskapelle Notre-Dame-de-Provence (19. Jh.) erinnert nur noch die Altstadt an die Blütezeit Forcalquiers als eigener Staat und Hauptstadt der Region. Der bunte Wochenmarkt lockt heute noch Künstler und Handwerker an.

Außer einigen Fassaden ist lediglich ein Tor, die Porte des Cordeliers, erhalten. Im benachbarten Couvent des Cordeliers (1236) sind die Grafen von Forcalquier beigesetzt.

Das **Musée Départemental Ethnologique** im nahen Mane dokumentiert eindrucksvoll die wechselreiche Geschichte der Menschen der Haute-Provence und ihrer Kultur.

Das **Observatoire de Haute-Provence** wurde südlich der Stadt errichtet, nachdem hier die sauberste Luft und die geringste Nebelbildung von ganz Frankreich festgestellt worden waren.

Musée Départemental Ethnologique
N100, Mane. *04 92 75 70 50.* *tägl. (Nov: nur So).* *Jan, 24., 25., 31. Dez.* *für Gruppen.*

Observatoire de Haute-Provence
St-Michel-l'Observatoire.
04 92 70 64 00. *Ostern–Nov: Mi nachmittags.* *obligatorisch.* **www**.obs-hp.fr

Manosque ❿

Straßenkarte C3. *20400.* *Pl du Docteur Joubert (04 92 72 16 00).* *Sa.* **www**.manosque-tourisme.com

Die Stadt verdankt dem Kernforschungszentrum Cadarache Wohlstand, aber auch ein hohes Verkehrsaufkommen. In der Fußgängerzone sind zwei Tore (13. und 14. Jh.) erhalten: die Porte Saunerie und die Porte Soubeyrand. Der Parfumladen in der Rue Grande war einst die Werkstatt, in der der Vater des Schriftstellers Jean Giono *(siehe S. 28)* arbeitete. Dessen Leben wird im **Centre Jean Giono** geschildert. Der 1907 in Syrien geborene Maler Jean Carzou malte das **Couvent de la Présentation** mit apokalyptischen Allegorien aus.

Centre Jean Giono
3, blvd Élémir Bourges. *04 92 70 54 54.* *Di–So (Okt–März: Di–Sa).* *Feiertage.*

Couvent de la Présentation
9, blvd Élémir Bourges. *04 92 87 40 49.* *Apr–Aug: Di–So; Okt– Mai: Mi–Sa nachmittags.* *23. Dez–3. Jan.*

Gréoux-les-Bains ⓫

Straßenkarte D3. *2000.* *7 pl Hôtel de Ville (04 92 78 01 08).* *Di u. Do.* **www**.greoux-les-bains.com

Die Heilkräfte der Thermalquellen waren bereits den Römern bekannt. Auch heute noch sprudeln im Etablissement Thermal im Osten des Dorfes an der Avenue du Verdon stündlich 100000 Liter heißes, schwefelhaltiges Wasser aus dem Boden.

Wie die meisten Kurorte hat auch Gréoux das Ambiente der Blütezeit im 19. Jahrhundert bewahrt. Die Ruine einer Tempelritter-Burg wird heute

Lavendel und Lavendin

Die berühmteste Pflanze der Provence überzieht das Plateau de Valensole jedes Jahr im Juli mit einem lavendelblauen Teppich. Der hier seit dem 19. Jahrhundert angebaute Lavendel deckt 80 Prozent des weltweiten Bedarfs. Die Ernte dauert bis September. Dann werden die Pflanzen zwei bis drei Tage getrocknet und zum Destillieren gegeben.

Seit die Hybridpflanze Lavendin immer mehr an Bedeutung gewinnt, dient der echte Lavendel überwiegend der Herstellung von Parfum, während Lavendin den Duftstoff für Seifen liefert.

Lavendelernte in der Haute-Provence

Plateau de Valensole, eines der größten Lavendelanbaugebiete der Provence

als Freilufttheater genutzt. Das Museum **Le Petit Monde d'Émilie** zeigt 148 Miniaturen von 1832 bis heute, darunter Puppen, Trachten und Modelleisenbahnen.

Le Petit Monde d'Émilie
16, av des Alpes. 04 92 78 16 52. *Mitte März–Nov: Mo–Fr nachm.* *Feiertage.* *für Gruppen.*

Galloromisches Kurhaus in Gréoux-les-Bains

Valensole 12

Straßenkarte D3. *3000.* *Place des Héros de la Résistance (04 92 74 90 02).* *Sa.* **www**.valensole.fr

Das Zentrum von Frankreichs größtem Lavendelanbaugebiet liegt am Rand des Plateau de Valensole und wird von einer gotischen Kathedrale mit mächtigen Türmen überragt. Hier wurde 1763 Admiral Villeneuve, der glücklose Gegner von Admiral Nelson in der Schlacht von Trafalgar, geboren. Überall wird selbst gemachter Lavendelhonig verkauft. Im **Musée Vivant de l'Abeille** wird der Alltag einer Honigbiene anhand von Fotos und Videos anschaulich erklärt. Im Sommer kann man Bienenstöcke besichtigen und Imkern bei der Arbeit zusehen.

Musée Vivant de l'Abeille
Rte de Manosque. 04 92 74 85 28. *Di–Sa.* *Feiertage.*

Riez 13

Straßenkarte D3. *1700.* *Pl de la Mairie (04 92 77 99 09).* *Mi u. Sa.* **www**.ville-riez.fr

Am Rand des Plateau de Valensole liegt auch dieses urwüchsige Dorf, in dem Keramik, *santons*, Honig und Lavendel verkauft werden. Der Glanz vergangener Tage spiegelt sich in den vielen eleganten Renaissancefassaden der Herrenhäuser in der Altstadt wider. Durch die Porte Ayguière (spätes 13. Jh.) gelangt man in die ruhige Allee Grand Rue. Besonders schön sind die Fassaden der Nummern 27 und 29.

Sehenswert sind die Überreste eines römischen Apollotempels aus dem 1. Jahrhundert n. Chr. Sie stehen auf freiem Feld unweit des Colostre-Ufers. Hier siedelte einst die *Colonia Julia Augusta Apollinaris Reiorum*. Am anderen Ufer findet man ein seltenes Beispiel merowingischer Architektur: ein kleines Baptisterium (5. Jh.).

Das Dorf besitzt viele Brunnen. Die Fontaine Benoîte gegenüber der Porte Sanson stammt von 1819, es existierte an dieser Stelle jedoch bereits im 15. Jahrhundert ein Brunnen. Die Fontaine de Blanchon aus dem 17. Jahrhundert wird von einer unterirdischen Quelle gespeist. Vor der Zeit der Antibiotika und Impfstoffe wurden hier die Kleider der Kranken gewaschen. Vom Wasser der Fontaine de Saint-Maxime hieß es einst, dass es heilende Kräfte für die Augen habe.

Versteinerung eines Stelzvogels im Fremdenverkehrsbüro in Riez

Tour: Gorges du Verdon ⓮

Die atemberaubenden Gorges du Verdon zählen zu den spektakulärsten Naturdenkmälern in Frankreich. Der Verdon, ein Zufluss der Durance, hat sich bis zu 700 Meter tief in den Fels gegraben. Für die gesamte Schlucht braucht man mindestens einen Tag, es gibt aber eine kurze Route, auf der man die Hauptattraktionen zu sehen bekommt. Den westlichen Eingang zur Schlucht bildet Moustiers-Ste-Marie, den östlichen Castellane. Autofahrer müssen sich auf Haarnadelkurven und enge Straßen direkt neben dem Abgrund einstellen. Außerdem ist die Fahrbahn manchmal bis in das späte Frühjahr hinein vereist.

Wanderer in einer Schlucht

Moustiers-Ste-Marie ④
Die Stadt ist für ihre Fayencen berühmt *(siehe S. 186)*.

Aiguines ③
Das liebevoll restaurierte Schloss (17. Jh.) oberhalb des Dorfes bietet einen schönen Blick auf den Lac de Ste-Croix.

Blumenfassade in Moustiers

LEGENDE

- Routenempfehlung
- Andere Straße
- Aussichtspunkt

ROUTENINFOS

Länge: *113 km.*
Rasten: *In La Palud-sur-Verdon finden sich einige Cafés. Zum Mittagessen empfiehlt sich Moustiers-Ste-Marie. Castellane bietet mit einigen Hotels und Campingplätzen gute Übernachtungsmöglichkeiten.*

Das tiefblaue Wasser des riesigen Lac de Ste-Croix

Tipps für Sportler

Seit Isadore Blanc (1875–1932) die Gorges du Verdon 1905 erstmals vollständig durchfuhr, zieht die Schlucht Abenteuerlustige an. Hier kommen Wanderer, Kletterer, Kanuten und Wildwasserfahrer voll auf ihre Kosten *(siehe S. 231)*. Doch Vorsicht: Der Fluss ist nicht überall befahrbar, und die teilweise reißende Strömung erschwert das Steuern an manchen Stellen erheblich!

Wildwasser-Rafting auf dem reißenden Verdon

Schluchterkunder Isadore Blanc

Point Sublime ⑥
Dies ist einer der besten Aussichtspunkte. Beschilderte Wege führen in die Schlucht hinab. In den langen Tunneln ist eine Taschenlampe erforderlich.

Castellane ①
Ein Uhrturm und ein Tor sind in der Altstadt des beliebten Urlaubsortes noch erhalten *(siehe S. 186)*.

Pont de Tusset

Pont de l'Artuby ②
Parken Sie am Anfang oder Ende der Brücke (100 m lang) über den Artuby, und genießen Sie das herrliche Panorama. Die Brücke zieht Bungee-Jumper magisch an.

Blick über die wildromantische Verdon-Schlucht

Moustiers-Ste-Marie ⓯

Straßenkarte D3. 👥 *700.* 🚌
ℹ *Place de l'Église (04 92 74 67 84).*
Fr vormittags, Handwerksmarkt (Juli/Aug). **www**.moustiers.eu

Die Lage des kleinen Orts ist atemberaubend: Seine Häuser wurden unterhalb zerklüfteter Felsen direkt an den Abgrund gebaut. Im Zentrum ragt der dreistöckige Glockenturm der Pfarrkirche auf. Von hier führt ein Weg in Serpentinen hinauf zur Chapelle Notre-Dame-de-Beauvoir mit Panoramablick auf die Gorges du Verdon *(siehe S. 184f)*.

Auf der anderen Seite der Schlucht ist ein Felseinschnitt, über den sich eine 227 Meter lange Eisenkette mit einem fünfzackigen goldenen Stern spannt. Dieser wurde 1957 erneuert. Es heißt, der Vorgänger sei im 13. Jahrhundert von dem Kreuzritter Baron Blacas zum Dank für seine Befreiung aus sarazenischer Gefangenschaft *(siehe S. 42)* gestiftet worden.

Moustiers ist wegen seiner spektakulären Lage und der berühmten Fayencen äußerst beliebt. Historische Stücke findet man im **Musée de la Faïence**. Reproduktionen sind in der Stadt erhältlich. Das neue **Musée de la Préhistoire** in Quinson 40 Kilometer weiter südlich ist ein Muss.

Musée de la Faïence
Moustiers-Ste-Marie. ☎ *04 92 74 61 64.* ◯ *Apr–Okt: Mi–Mo (Juli, Aug: tägl.); Nov–März: Sa, So nachm.* ● *Jan.*

Enge Straßen in Moustiers

Die Chapelle Notre-Dame-du-Roc auf einem Felsen hoch über Castellane

Castellane ⓰

Straßenkarte D3. 👥 *1600.* 🚌
ℹ *Rue Nationale (04 92 83 61 14).*
Mi u. Sa. **www**.castellane.org

Dieser Ort zählt zu den Besuchermagneten der Gorges du Verdon. Im Sommer wimmelt es in der Innenstadt nur so von Gästen. Das Dorf und die umliegenden Campingplätze werden von einem 180 Meter hohen Felsen überragt, auf dem die 1703 errichtete Kapelle **Notre-Dame-du-Roc** thront. Hinter der Kirche führt ein Weg steil nach oben. Für die Anstrengung (Gehzeit: 30 Min.) wird man mit herrlicher Aussicht belohnt. Castellane war einst eine Befestigungsanlage, deren Bewohner mehrere Invasionen abwehrten. Das Ende der Belagerung durch die Hugenotten 1586 wird jedes Jahr mit einem Feuerwerk anlässlich der *Fête des Pétardiers* gefeiert (letzter Sa im Jan).

Die Befestigungsanlagen wurden im 14. Jahrhundert völlig erneuert, nachdem der größte Teil der aus der Römerzeit stammenden Stadt in die Verdon-Schlucht abgestürzt war. Das Leben der Stadt spielt sich auf der von kleinen, traditionsreichen Hotels gesäumten zentralen Place Marcel-Sauvaire ab.

Von der Stadtmauer sind lediglich die Tour Pentagonale und ein kleines Teilstück der alten Mauer – gleich hinter der Église St-Victor (12. Jh.) auf dem Weg hinauf zur Kapelle – erhalten.

Fayencen aus Moustiers

Die wichtigste Periode der Fayence-Töpferei von Moustiers dauerte von deren Anfang 1679 bis Ende des 18. Jahrhunderts, als bereits ein Dutzend Manufakturen diese Tongefäße mit Zinnglasur herstellten. Dann kam der Niedergang und 1874 das endgültige Aus. Erst 1925 erweckte Marcel Provence das Handwerk wieder zum Leben. Er fertigte Fayencen nach der ursprünglichen Methode, und seither wird diese Tradition in Moustiers fortgeführt.

Ihren charakteristischen Glanz verdanken die Moustiers-Fayencen dem Mönch Antoine Clérissy, der im 17. Jahrhundert das Rezept für die Zinnglasur aus Faenza mitbrachte. Mit der Einführung spanischer Glasurtechniken kamen 1738 die beliebten leuchtend bunten Blumenmotive.

Viele Töpfer pflegen diese Tradition in unterschiedlicher Perfektion. Dabei kann man ihnen im *atelier* zusehen.

Glasierte Fayence-Terrine aus Moustiers

St-André-les-Alpes ⓱

Straßenkarte D3. *920.*
Place Marcel Pastorelli (04 92 89 02 39). Mi u. Sa.

Der beliebte Ferienort liegt am sandigen Nordufer des Lac de Castillon, direkt am Zusammenfluss von Isolde und Verdon. Das in der Nähe entstandene Paradies für Rafter, Kajakfahrer, Kanuten, Schwimmer und Angler ist der Aufstauung des Verdon durch den 90 Meter hohen Barrage de Castillon zu verdanken.

Lavendelfelder und Obstbäume prägen das Bild des reizvollen Hinterlandes. Paragliding ist in dieser Gegend so beliebt, dass einer der hier ansässigen Winzer seinen Wein mittlerweile als »Wein der Adler« verkauft.

Ein steiler Zickzackpfad führt zur Zitadelle von Entrevaux

Annot ⓲

Straßenkarte E3. *1040.*
Boulevard St-Pierre (04 92 83 23 03). Di. **www**.annot.fr

Annot liegt im Vaïre-Tal, an der Strecke des Train des Pignes *(siehe S. 181)*, und besitzt einen geradezu alpenländischen Charme. Das Gelände wird von zahllosen Gebirgsbächen durchzogen, zerklüftete Felsen und eine Reihe tiefer Felshöhlen prägen das Landschaftsbild.

Viele Einheimische haben ihre Häuser unmittelbar an die senkrecht stehenden Sandsteinfelsen, die sogenannten *grés d'Annot*, gebaut. Die Altstadt beginnt gleich hinter der Hauptstraße. Zu sehen gibt es eine romanische Kirche und enge Straßen mit hohen Häusern, deren ursprüngliche Fensterstürze aus dem 15. bis 18. Jahrhundert bis heute erhalten sind.

Eine romantische Fahrt bietet im Sommer an fast jedem Sonntag ein von einer Dampflokomotive gezogener Zug aus der Belle Époque (1909) zwischen Puget-Théniers und Annot.

Häuser in Annot – direkt an riesige Sandsteinfelsen gebaut

Entrevaux ⓳

Straßenkarte E3. *950.*
Porte Royale (04 93 05 46 73). Fr. **www**.entrevaux.info

Wenn man die Zugbrücke überquert und die Stadt durch die imposante Porte Royale betritt, versteht man, warum Entrevaux »Märchenstadt« genannt wird. Das Tor zur Ville Forte wird von zwei Türmen, Porte de France und Porte d'Italie, eingerahmt. Anfang August findet hier alle zwei Jahre das Musikfestival *(siehe S. 33)* statt.

Die 1690 von Vauban entworfenen Anlagen machten Entrevaux zu einer der am besten befestigten Städte an der Grenze zwischen Frankreich und Savoyen. Sogar die Kathedrale (17. Jh.) wurde geschickt in die turmbewehrte Stadtmauer integriert.

Im Gegensatz zu den meisten anderen Wehrburgen wurde die Zitadelle nicht auf einer Anhöhe errichtet, sondern auf einem einzeln aufragenden Felsen 135 Meter oberhalb des Dorfes. Sie ist über einen steilen Zickzackpfad zu erreichen.

TRASTEVERE
restaurant TRASTEVERE pizzeria
NICE
NI.256027

Zu Gast in der Provence

Hotels

Über einen Mangel an Hotels kann man sich in der Provence nicht beklagen. In manchen Gegenden reihen sich Unterkünfte dicht aneinander. Die Spanne reicht von Luxushotels wie dem Carlton in Cannes bis hin zu kleinen Pensionen auf dem Land, die zumeist für Herzlichkeit, Ruhe und gute Küche bürgen. Die Hotelauswahl auf den Seiten 194–203 ist nach Département, Stadt und Preisklasse geordnet. Sie umfasst Hotels aller Preisklassen aus dem gesamten Gebiet der Provence. Auswahlkriterien waren die Ausstattung und das Preis-Leistungs-Verhältnis. Wer sich lieber selbst versorgen möchte, erhält im Folgenden auch einige nützliche Informationen zu Ferienwohnungen, den sogenannten *gîtes*, zu Jugendherbergen sowie zu Campingplätzen.

Portier des Négresco

Hotelsuche

Die Provence und die Côte d'Azur bieten Quartiere für alle Ansprüche. Seit Jahrhunderten werden Fremde in den Dörfern und Hafenstädtchen mehr oder weniger luxuriös beherbergt. Einige der schönsten und preisgünstigsten Unterkunftsmöglichkeiten an der Küste findet man beiderseits des Var zwischen Toulon und St-Tropez. Extravagant wird es erst weiter östlich, zwischen Fréjus und Menton, aber auch dort gibt es Unterkünfte für jeden Geschmack und Geldbeutel: vom exklusiven Eden-Roc am Cap d'Antibes, dem Lieblingshotel vieler Filmstars, bis zum Hôtel des Arcades (15. Jh.) in Biot.

Auch die größeren Städte im Hinterland können eine Vielzahl von Hotels vorweisen – von alten Patrizierhäusern in Aix-en-Provence und Arles bis zu einfachen Gasthöfen im Lubéron und im Département Var –, und sogar die meisten Dörfer haben zumindest ein kleines Hotel. Es gibt auch noch verborgene Schätze wie umgebaute Landhäuser und mittelalterliche Priorate inmitten farbenprächtiger Lavendelfelder.

Wer sich nach Ruhe sehnt, sollte sein Quartier weiter nördlich in der wildromantischen Haute-Provence suchen, etwa in einem Château, einer *auberge* oder einem *relais de poste* mit rustikalem Ambiente und guter Küche.

Ländliche Idylle findet man in den Bergen des Département Var, im Lubéron-Nationalpark oder in den Ausläufern des Mont Ventoux, exquisitere Unterkünfte dagegen in der Universitätsstadt Aix, im früheren Papstsitz Avignon oder auch in der Römerstadt Arles. Das viel geschmähte Marseille ist trotz allem eine pulsierende, kosmopolitische Großstadt mit ausgezeichneten Hotels und Restaurants.

Der Prachtbau des Hôtel Carlton in Cannes *(siehe S. 195)*

Hotelpreise

Einzelzimmer kosten in der Regel genauso viel wie Doppelzimmer. Die Preise gelten pro Zimmer, nicht pro Person. Mehrwertsteuer und Bedienung sind außer bei Vollpension *(pension)* und Halbpension *(demi-pension)* inbegriffen, nicht dagegen das Frühstück. Wer im Hotel frühstücken möchte, sollte vorher Bescheid geben.

Zimmer mit Dusche sind oft um 20 Prozent günstiger als Zimmer mit Bad. In abgelegeneren Gegenden bieten Hotels

◁ Hafenidylle in der Provence

meist nur Halbpension an. In der Nachsaison (Okt–März) liegen die Zimmerpreise in der Provence deutlich niedriger. Viele Hotels schließen für fünf Monate und öffnen erst Ostern wieder. An der Côte d'Azur haben viele Hotels günstige Pauschalangebote. Es lohnt sich, im Reisebüro oder direkt in den Hotels nachzufragen. Sogar einige der größten und berühmtesten Hotels gehen dann im Preis deutlich nach unten, denn auch die Luxushotels an der Küste müssen im Winter sehen, woher sie ihre Gäste bekommen. Während der Feste *(siehe S. 32–35 und 228f)* haben die Preise dagegen Hochsaison.

Hôtel de Paris ***(siehe S. 196)***

Hotelkategorien

Französische Hotels werden offiziell in fünf Kategorien eingeteilt: von einem bis fünf Sterne. Die Sterne geben Auskunft über die Ausstattung und den Komfort, nicht aber über Sauberkeit, Atmosphäre und Freundlichkeit des Personals. So kommt es, dass einige der reizvollsten Hotels nur wenige Sterne haben, während hochkarätigere sich als Massenabfertigungsbetriebe entpuppen.

Ausstattung

Die Ausstattung variiert je nach Lage und Kategorie. In abgelegeneren Gegenden verfügen die meisten Hotels über ein Restaurant im Haus und fast alle über einen Frühstücksraum oder eine Terrasse. Viele der Drei-Sterne-Hotels haben einen Swimmingpool. Hotels auf dem Land bieten genügend Gästeparkplätze, die Hotels in den Städten zum Teil Tiefgaragen oder eigene bewachte Parkplätze. In den meisten Hotels gibt es auf den Zimmern Telefon. TV-Geräte sind dagegen etwas seltener, vor allem außerhalb der großen Städte. Die Zimmer sind meist mit einem französischen Bett *(grand lit)* ausgestattet.

Viele Unterkünfte sind dadurch entstanden, dass man alte Gebäude in Hotels umgebaut hat. Das verleiht dem Hotel zwar einen gewissen Charme, kann aber auch bedeuten, dass Strom und Wasser machen, was sie wollen, oder einem nachts die Decke auf den Kopf bröckelt.

Am Kopfende des Bettes findet man meist die typisch französische Nackenrolle. Wer darauf nicht schlafen kann, sollte sich ein Kopfkissen *(oreiller)* geben lassen. Wenn man ein Zimmer mit Bad oder Toilette wünscht, muss man darauf ausdrücklich hinweisen, denn das *cabinet de toilette* enthält lediglich Waschbecken und Bidet.

Auch in der Provence wird morgens das schmale französische Frühstück serviert, im Sommer oft im Freien. Abendessen gibt es in den Hotels bis 21 Uhr. An Sonntagen ist das Restaurant in vielen Hotels abends geschlossen. Die Zimmer sollten am Abreisetag bis 12 Uhr geräumt sein, sonst zahlen Sie extra.

Die elegante Hotelhalle des Grand-Hôtel du Cap-Ferrat ***(siehe S. 196)***

Reservierung

In der Hochsaison muss man im Voraus buchen, vor allem in den beliebten Hotels an der Küste. Oft wird eine Anzahlung verlangt. Empfehlungen und nähere Informationen dazu liefern die Fremdenverkehrsämter *(siehe S. 237)*, die auch die Reservierung übernehmen. In der Nachsaison kann man auch noch am Anreisetag vor Ort ein Zimmer finden, es empfiehlt sich jedoch, sich vorher telefonisch zu vergewissern, ob das Hotel geöffnet hat.

Das Eden-Roc ***(siehe S. 195)***

Mit Kindern reisen

Familien mit Kindern bekommen meist ohne Aufpreis zusätzliche Betten ins Zimmer gestellt, da die Preise pro Zimmer und nicht pro Person gelten. Nur wenige Hotels wollen keine Kinder, manche legen allerdings auf gutes Benehmen großen Wert. In ländlichen Gegenden verfügen manche Hotels über moderne Bungalowanlagen für Familien mit Kindern.

Ein Schlosshotel, wie es für die Provence typisch ist

Klassische Familienhotels

Eine preisgünstige Alternative sind Familienhotels, die es beinahe in jedem Dorf gibt. Die Atmosphäre ist locker, und Kinder, Hunde oder Katzen sind hier willkommen. Restaurant und Bar stehen abends auch Nicht-Hausgästen offen. Im jährlich erscheinenden Verzeichnis von *Logis de France*, das man beim französischen Fremdenverkehrsamt erhält, sind all diese, häufig auf einheimische Küche spezialisierten Ein- bis Zwei-Sterne-Gasthöfe mit Übernachtungsmöglichkeit *(auberges)* aufgeführt. Bei den meisten handelt es sich um einfache Häuser. Abseits der ausgetretenen Pfade entdeckt man in vielen Gegenden auch Unterkünfte in malerischen Landhäusern oder sogar preisgünstige Hotels am Meer.

Hotelketten

Abseits der großen Autorouten findet man selten Häuser großer Hotelketten. Wer eine preisgünstige Unterkunft am Stadtrand sucht, trifft mit **Campanile**, **Formule 1** und **Ibis** eine gute Wahl. Die Zimmer sind komfortabel und modern und können telefonisch mit Kreditkarte gebucht werden. Solche Hotels sind die letzte Rettung, wenn sonst alles voll ist, allerdings fehlen ihnen die persönliche Note und der Charme eines echten provenzalischen Hotels. Häufig findet man in der näheren Umgebung eine Unterkunft zum selben Preis, die ist dann aber oft nicht ganz so proper.

Die eigentlich für Geschäftsreisende gedachten modernen Hotelketten finden sich in den meisten großen Städten. **Sofitel**, **Novotel** und **Mercure** sind in Aix-en-Provence, Avignon, Nizza und Marseille vertreten. Weitere Auskünfte erteilt das französische Fremdenverkehrsamt **Maison de la France** in Frankfurt.

AUF EINEN BLICK

Hotelketten

Campanile
www.campanile.com

Formule 1
☎ 0892 688 900 (Frankreich).
☎ 01805 449 559 (Deutschland).
www.hotelformule1.com

Ibis, Novotel, Sofitel, Mercure
☎ 08 25 01 20 11.
www.accorhotels.com

Ferienwohnungen

Inter Chalet
Heinrich-v.-Stephan-Str. 25, 79100 Freiburg.
☎ 0761 21 00 77.
www.interchalet.com

Maison des Gîtes de France
59, rue St-Lazare, 75009 Paris.
☎ 01 49 70 75 75.
www.gites-de-france.com

Jugendherbergen

BIJ Aix-en-Provence
37 bis, blvd Aristide-Briand.
☎ 04 42 91 98 01.

CRIJ Marseille
96, la Canebière.
☎ 04 91 24 33 50.
www.crijpa.com

CRIJ Nice
19, rue Gioffredo.
☎ 04 93 80 93 93.
www.crijca.fr

CROUS
☎ 01 40 51 36 00.
www.crous-paris.fr

Deutsches Jugendherbergswerk
Bismarckstraße 8, 32756 Detmold.
☎ 05231 74 01 0.
www.djh.de
Internationale Buchungen:
www.hihostels.com

FUAJ (Fédération Unie des Auberges de Jeunesse)
☎ 01 44 89 87 27.
www.fuaj.org

Camping

Deutscher Camping-Club e.V.
Mandlstr. 28, 80802 München.
☎ 089 380 14 20.
www.camping-club.de

Fédération Française de Camping-Caravaning
78, rue de Rivoli, 75004 Paris. ☎ 01 42 72 84 08.
www.ffcc.fr

Behinderte Reisende

APF
17, blvd Auguste Blanqui, 75013 Paris.
☎ 01 40 78 69 90.
www.apf.asso.fr

GIHP
32, rue de Paradis, 75010 Paris.
☎ 01 43 95 66 36.
FAX 01 45 40 40 26.
www.gihpnational.org

Bundesverband Selbsthilfe Körperbehinderter
Altkrautheimer Straße 20, 74238 Krautheim.
☎ 06294 42 81 50.
www.bsk-ev.org

Weitere Informationen

Atout France
Französische Zentrale für Tourismus (früher: Maison de la France).
In Deutschland
Postfach 100128, 60001 Frankfurt am Main.
FAX 069 74 55 56.
In Österreich
☎ 01 503 28 92 (Ortstarif).
www.franceguide.com
www.rendezvousenfrance.com

Frühstückspensionen

In ländlichen Gegenden kann man auch in Landhäusern und Bauernhöfen übernachten. Solche Gästezimmer *(chambres d'hôtes)* stehen in allen möglichen Variationen zur Verfügung. Sie sind in den Prospekten der Fremdenverkehrsämter aufgeführt. Viele werden von der Organisation **Gîtes de France** vermittelt. Achten Sie auf eventuelle Hinweisschilder am Straßenrand. Auf der Website der Organisation haben Sie die Möglichkeit, Ihre Unterkunft ganz bequem online zu buchen.

Gîtes-de-France-Logo

Jugendherbergen

Für Alleinreisende sind Jugendherbergen die preisgünstigste – und oft gar nicht mal so komfortarme – Alternative. Erforderlich ist lediglich ein von Ihrem Jugendherbergsverband ausgestellter Mitgliedsausweis. Im Sommer kann man auch in Studentenwohnheimen logieren. Für weitere Informationen wenden Sie sich an **CROUS**, das Centre Régional des Œuvres Universitaires.

Die Fakultäten der bedeutendsten Universität der Region verteilen sich auf Aix-en-Provence und Marseille. Weitere große Hochschulen sind in Avignon und Nizza ansässig. In jeder Universitätsstadt findet man das **Bureau Information Jeunesse (BIJ)** und das **Centre Régional Information Jeunesse (CRIJ)**. Sie versorgen Interessenten mit Details zum studentischen Leben und bieten Informationen hinsichtlich preiswerter Unterkünfte.

Ferienwohnungen

Ferienwohnungen sind bei Provence-Urlaubern sehr beliebt. Es gibt daher mittlerweile etliche Unternehmen, die sich auf die Vermietung solcher Unterkünfte spezialisiert haben – das französische Fremdenverkehrsamt empfiehlt u.a. **Inter Chalet**. Ausführliche Listen bekommt man bei **Maison des Gîtes de France** (die Mietdauer beträgt hier mindestens eine Woche).

Oft wohnen die Vermieter in der Nähe. Sie sind zwar meist sehr hilfsbereit, sprechen allerdings oft nur Französisch. Allzu großen Luxus darf man in den Wohnungen nicht erwarten. Die Unterkünfte sind eher einfach, aber immer sehr sauber.

Camping

Camping war in der Provence schon immer beliebt und ist auch heute noch eine preisgünstige Möglichkeit, Land und Leute kennenzulernen. Die Ausstattung reicht von einfachen Plätzen auf einem Feld oder einem Weinberg bis hin zu wahren Campingparadiesen vornehmlich an der Riviera, die über Extras wie Erlebnisschwimmbad, Satellitenfernsehen und zahlreiche andere Einrichtungen verfügen. Über Campingreisen in die Provence informiert auch der **Deutsche Camping-Club**.

Auf manchen Zeltplätzen darf man allerdings nur mit dem sogenannten *camping carnet* campen, das u.a. bei der **Fédération Française de Camping-Caravaning** erhältlich ist.

Behinderte Reisende

Die überwiegend alten provenzalischen Hotels sind leider meist nur bedingt behindertengerecht. Größere Hotels verfügen in der Regel über einen Lift, und auch das Personal ist behinderten Gästen gern behilflich. Ein Verzeichnis rollstuhlgerechter Hotels erhalten Sie von der **Association des Paralysés de France (APF)**.

Ausführliche Informationen erteilen das **Groupement pour l'Insertion des Personnes Handicapées Physiques (GIHP)** sowie die Reisedienste der jeweiligen lokalen Behindertenverbände.

Weitere Informationen

Das französische Fremdenverkehrsamt **Atout France** (früher: Maison de la France) hält zahlreiche informative Broschüren bereit, z.B. *Riviera: Hotels*. Die Agentur Loisirs Accueil bietet ihren Kunden Pauschalangebote für Hotels, Camping, *gîtes* und Pensionen. Weitere Informationen unter: www.loisirs-accueil.fr

Camping – eine beliebte Art, die Provence kennenzulernen

Hotelauswahl

Die Hotels wurden aufgrund ihrer Ausstattung, ihrer Lage und ihres guten Preis-Leistungs-Verhältnisses ausgewählt und sind nach Regionen geordnet aufgeführt. Innerhalb der Regionen sind die Unterkünfte nach Preiskategorie – von preisgünstig bis kostspielig – und darin wiederum alphabetisch aufgelistet.

PREISKATEGORIEN

Die folgenden Preise gelten für ein Standard-Doppelzimmer mit Dusche pro Nacht, inkl. Steuern und Service, ohne Frühstück:

€ unter 90 Euro
€€ 90–140 Euro
€€€ 140–180 Euro
€€€€ 180–260 Euro
€€€€€ über 260 Euro

Riviera und Alpes Maritimes

ANTIBES L'Auberge Provençale €€

61, pl Nationale, 06600 04 93 34 13 24 FAX 04 93 34 89 88 ***Zimmer*** *6* ***Straßenkarte*** *E3*

Das große Gebäude steht unter Schatten spendenden Platanen am zentralen Platz der Stadt. Obwohl sie in einem der trendigsten Orte der Riviera liegt, vermittelt die *auberge* eine gemütlich gediegene Atmosphäre. Große, saubere Zimmer mit rustikalen Möbeln. Exzellentes Preis-Leistungs-Verhältnis. **www.aubergeprovencale.com**

ANTIBES Mas Djoliba €€€

29, av Provence, 06600 04 93 34 02 48 FAX 04 93 34 05 81 ***Zimmer*** *13* ***Straßenkarte*** *E3*

Das Mas Djoliba ist ein altes Bauernhaus inmitten von üppigem Grün und in bequemer Entfernung zu Antibes und den Stränden gelegen. Der Swimmingpool auf der Terrasse ist von Palmen umgeben. Überraschend günstiges Preis-Leistungs-Verhältnis. ● Ende Oktober–Anfang Februar. **www.hotel-djoliba.com**

BEAULIEU-SUR-MER La Reserve de Beaulieu €€€€€

5, blvd du Maréchal Leclerc, 06310 04 93 01 00 01 FAX 04 93 01 28 99 ***Zimmer*** *37* ***Straßenkarte*** *E3*

Das elegante Hotel im Herzen Beaulieus und nahe dem Yachthafen bietet äußerst komfortable Zimmer. Alle sind in hellen, warmen Pastelltönen eingerichtet, haben große Doppelbetten, Internet-Zugang und Safe. Der herrliche Salzwasserpool ist beheizt und liegt gleich am Meer. ● Mitte Okt–Mitte Dez. **www.reservebeaulieu.com**

BIOT Hôtel des Arcades €

16, pl des Arcades, 06410 04 93 65 01 04 FAX 04 93 65 01 05 ***Zimmer*** *12* ***Straßenkarte*** *E3*

Das Gasthaus aus dem 15. Jahrhundert ist eine Oase der Ruhe an der Place des Arcades. Die Zimmer sind recht klein, haben aber viel Charme. Die oben gelegenen Räume besitzen Terrassen mit Blick über die Hügel aufs Meer. Bar, Frühstückszimmer und Restaurant. **www.hotel-restaurant-les-arcades.com**

BIOT Domaine du Jas €€€

625, route de la Mer, 06410 04 93 65 50 50 FAX 04 93 65 02 01 ***Zimmer*** *19* ***Straßenkarte*** *E3*

Das Hotel am Rand von Biot bietet mehr Luxus, als seine drei Sterne erwarten lassen. Der beheizte Pool auf der Terrasse wird von Palmen und Oleanderbüschen beschattet. Die Zimmer sind gut ausgestattet, eine kostenlose Garage steht zur Verfügung. Kein Restaurant, aber kleine Snacks auf Anfrage. **www.domainedujas.com**

CANNES Blue Riva €

35, rue Hoche, 06400 04 93 38 33 67 FAX 04 93 38 65 22 ***Zimmer*** *15* ***Straßenkarte*** *E4*

Niemand braucht zu wissen, wo man absteigt, selbst wenn man das Privileg hat, über den berühmten roten Teppich schreiten zu dürfen. Das Hotel unweit des Palais des Festivals und des Strands hat unschlagbare Preise. Die Besitzer geben sich für ihre Gäste viel Mühe – mit hellen, sauberen Zimmern und freiem WLAN. **www.hotel-blueriva.com**

CANNES Eden Hôtel €€€

133, rue d'Antibes, 06400 04 93 68 78 00 FAX 04 93 68 78 01 ***Zimmer*** *116* ***Straßenkarte*** *E4*

Dieses Hotel ist hell und hochmodern möbliert – dazu kommt ein Hauch von Retro-Design der 1960er Jahre. Zur Anlage gehören Pool und Hallenbad, Whirlpool, Massageraum und ein Fitness-Center. Günstig zu den Einkaufsmeilen der Stadt gelegen. **www.eden-hotel-cannes.com**

CANNES Hôtel Molière €€€

5–7, rue Molière, 06400 04 93 38 16 16 FAX 04 93 68 29 57 ***Zimmer*** *24* ***Straßenkarte*** *E4*

Das Gebäude aus dem 19. Jahrhundert liegt nur einige Minuten von la Croisette, Cannes' Uferpromenade, entfernt. Helle, gemütliche Zimmer geben den Blick auf den schönen Garten frei, der für den fehlenden Swimmingpool entschädigt. Sehr gefragtes Haus, also rechtzeitig buchen! **www.hotel-moliere.com**

CANNES Hotel 3.14 €€€€

5, rue François Einesy, 06400 04 92 99 72 25 FAX 04 92 99 72 12 ***Zimmer*** *96* ***Straßenkarte*** *E4*

Das Hotel 3.14 wirkt ein wenig schrullig – jedes der fünf Stockwerke ist einem Kontinent gewidmet –, zudem könnte das Restaurant durchaus besser sein, dennoch ist es eine gute Alternative zu anderen, teilweise sehr unpersönlichen Häusern in Cannes. Der nahe Strand ist einer der lebhaftesten der Stadt. **www.3-14hotel.com**

Zeichenerklärung *siehe hintere Umschlagklappe*

CANNES Hôtel Splendid €€€€
4–6, rue Félix Faure, 06400 Tel. *04 97 06 22 22* FAX *04 93 99 55 02* **Zimmer** *62* **Straßenkarte** *E4*

Wessen Reisebudget nicht für das berühmte Carlton ausreicht, dem sei dieses Hotel – eine Art Hochzeitstorte mit Belle-Époque-Fassade – empfohlen. Vom Dachrestaurant hat man einen herrlichen Blick auf den Yachthafen. Guter Service und eine warmherzige Atmosphäre. **www.splendid-hotel-cannes.fr**

CANNES Carlton InterContinental €€€€€
58, la Croisette, 06400 Tel. *04 93 06 40 06* FAX *04 93 06 40 25* **Zimmer** *338* **Straßenkarte** *E4*

Das stattlichste der Grandhotels. Hier logieren die oberen Zehntausend. Während des Filmfestivals ist die Reservierungsliste schier endlos. Stattlich ist am Ende auch die Rechnung, aber dafür gibt es Zimmer mit Art-déco-Einrichtung und unschlagbarem Meerblick. **www.intercontinental.com/cannes**

CAP D'ANTIBES La Jabotte €€
13, avenue Max Maurey, 06160 Tel. *04 93 61 45 89* FAX *04 93 61 07 04* **Zimmer** *10* **Straßenkarte** *E3*

Das kleine Hotel mit der gemütlichen Atmosphäre einer Pension ist nicht von ungefähr im Sommer Wochen im Voraus ausgebucht: Es bietet geschmackvoll eingerichtete Zimmer, freundliches Personal, Strandnähe und vor allem ein unschlagbares Preis-Leistungs-Verhältnis. Abends wird im Innenhof der Aperitif serviert. **www.jabotte.com**

CAP D'ANTIBES La Gardiole et La Garoupe €€€
60–74, chemin de la Garoupe, 06160 Tel. *04 92 93 33 33* FAX *04 93 67 61 87* **Zimmer** *40* **Straßenkarte** *E3*

Pinien und Zypressen umstehen das Gebäude aus den 1920er Jahren. Holzbalken an den Decken und weiß gekalkte Wände schaffen ein ländliches Ambiente. Es gibt helle, luftige Zimmer verschiedener Größe und Preisklasse, eine schattige Terrasse, und im Restaurant wird provenzalische Küche serviert. **www.hotel-lagaroupe-gardiole.com**

CAP D'ANTIBES Hôtel du Cap – Eden-Roc €€€€€
Boulevard Kennedy, 06601 Tel. *04 93 61 39 01* FAX *04 93 67 76 04* **Zimmer** *120* **Straßenkarte** *E3*

Ein wirklicher Palast ist das 1870 erbaute Hôtel du Cap – Zufluchtsort für die Reichen und Berühmten, die mit der eigenen Yacht den Hotelpier anlaufen. Es gibt Luxussuiten, Apartments und Blockhütten am Strand. Hinzu kommen ein riesiger Meerwasserpool, exzellente Küche und tadelloser Service. **www.hotel-du-cap-eden-roc.com**

ÈZE Hermitage du Col d'Èze €€
Grande Corniche, 06360 Tel. *04 93 41 00 68* FAX *04 93 41 24 05* **Zimmer** *32* **Straßenkarte** *F3*

Das preiswerteste Hotel im ansonsten recht teuren Èze – und das, obwohl im Juli und August Halbpension obligatorisch ist. Die wunderbare Lage, nicht weit von der Stadt selbst, bietet einen herrlichen Blick auf die Berge. Eine gute Wahl für einen Zwischenstopp oder auch für den längeren Aufenthalt. **www.ezehermitage.com**

ÈZE Château Eza €€€€€
Rue de la Pise, 06360 Tel. *04 93 41 12 24* FAX *04 93 41 16 64* **Zimmer** *10* **Straßenkarte** *F3*

Das Château umfasst eine Reihe mittelalterlicher Gebäude, die am Gipfel von Ezes »Adlerhorst« stehen. Einst lebte hier der schwedische Prinz Wilhelm, heute ist das Ensemble ein Luxushotel mit eleganten Zimmern und atemberaubender Aussicht. Preisgekröntes Restaurant und Privatstrand. **www.chateaueza.com**

ÈZE La Chèvre d'Or €€€€€
Rue du Barri, 06360 Tel. *04 92 10 66 66* FAX *04 93 41 06 72* **Zimmer** *37* **Straßenkarte** *F3*

Die »Goldene Ziege« hat über die Jahre nach und nach die halbe Ortschaft Èze vereinnahmt. Jedes der luxuriösen Zimmer ist individuell ausgestattet. Die Wege im weitläufigen Garten säumen Skulpturen. Zum Anwesen gehören ein Pool sowie drei Restaurants, die alle eine erstklassige Haute Cuisine pflegen. **www.chevredor.com**

JUAN-LES-PINS Eden Hotel €
16, av Louis Gallet, 06160 Tel. *04 93 61 05 20* FAX *04 93 92 05 31* **Zimmer** *17* **Straßenkarte** *E3*

Sie werden kaum eine bessere Unterkunft zu diesem Preis in Juan-les-Pins finden. Das Gebäude aus den 1930er Jahren besitzt noch verblichenen Charme, die Zimmer sind einfach, die Lage in Strandnähe entschädigt für den fehlenden Pool. Kein Restaurant, aber das Frühstück wird auf einer gemütlichen Terrasse serviert.

JUAN-LES-PINS Hôtel des Mimosas €€
Rue Pauline, 06160 Tel. *04 93 61 04 16* FAX *04 93 92 06 46* **Zimmer** *34* **Straßenkarte** *E3*

Palmen umstehen das nette Hotel, das Ende des 19. Jahrhunderts erbaut wurde: Es bietet Stil und Charakter für wenig Geld. Die kühlen, gemütlichen Zimmer sind einfach möbliert. Fragen Sie nach einem mit Balkon über dem Swimmingpool oder im Erdgeschoss. Die zur Straße hin sind etwas laut. **www.hotelmimosas.com**

MENTON Hôtel Aiglon €€
7, av de la Madone, 06500 Tel. *04 93 57 55 55* FAX *04 93 35 92 39* **Zimmer** *28* **Straßenkarte** *F3*

Das komfortable Aiglon in Strandnähe bietet einen beheizten Swimmingpool und einen üppigen Garten. Das beliebte Restaurant hat Tische auf der mit Palmen bestandenen Terrasse. Nicht die billigste Unterkunft in Menton, aber man bekommt etwas für sein Geld. **www.hotelaiglon.net**

MENTON Hôtel Napoléon €€
29, porte de France, 06500 Tel. *04 93 35 89 50* FAX *04 93 35 49 22* **Zimmer** *44* **Straßenkarte** *F3*

Das moderne Hotel hat einfache Zimmer sowie Suiten mit Blick auf das Meer und die Berge im Angebot, einige haben auch einen Balkon. Die Eisdiele am Privatstrand verkauft Eisbecher nach Gewicht. Das Restaurant am Strand ist sehr empfehlenswert und zudem ganzjährig geöffnet. **www.napoleon-menton.com**

Straßenkarte *siehe hintere Umschlaginnenseiten*

MONACO Novotel Monte Carlo €€€€

16, blvd Princesse Charlotte, 98000 00 377 99 99 83 00 FAX 00 377 99 99 83 10 **Zimmer** 218 **Straßenkarte** F3

Das moderne, stylishe Novotel Monte Carlo ist eine günstige Alternative zu den klassischen Grandhotels in Monaco. Es liegt günstig in Gehdistanz zum Bahnhof sowie zum Casino und dem Grimaldi Forum. Von den Zimmern in den höheren Etagen hat man einen wunderbaren Blick. **www.novotel.com**

MONACO Columbus €€€€€

23, av des Papalins, 98000 00 377 92 05 90 00 FAX 00 377 92 05 91 67 **Zimmer** 181 **Straßenkarte** F3

Ein neuer Stern am monegassischen Hotelhimmel: sehr modern, mit viel dunklem Marmor und glänzendem Metall. Die Zimmer sind mit Einrichtungen wie Breitband-Internet auf dem neuesten Stand. Es gibt einen Pool, ein Top-Fitness-Center sowie ein exzellentes Restaurant und eine beeindruckende Zigarrenbar. **www.columbushotels.com**

MONACO Hôtel de Paris €€€€€

Pl du Casino, 98000 00 377 98 06 30 00 FAX 00 377 98 06 59 13 **Zimmer** 191 **Straßenkarte** F3

Das opulente Hôtel de Paris war ein Jahrhundert lang das Flaggschiff unter Monacos Grandhotels. Aller erdenklicher Komfort, unaufdringlicher Service, wunderbares Essen und ideale Lage in Casinonähe. Unter den Gästen waren Queen Victoria und andere Monarchen, Filmstars und Industriemagnaten. **www.hoteldeparismontecarlo.com**

MONACO L'Hermitage €€€€€

Square Beaumarchais, 98000 00 377 98 06 40 00 FAX 00 377 98 06 59 70 **Zimmer** 280 **Straßenkarte** F3

Der Belle-Époque-Palast gehört zu den vornehmsten Hotels in Europa: Es gibt einen Wintergarten mit markanter Glaskuppel, ein exzellentes Restaurant und eine Marmorterrasse. Riesige Zimmer bieten allen Komfort. Hier sollten Sie sich einquartieren, wenn Sie gerade im Casino abgeräumt haben. **www.hotelhermitagemontecarlo.com**

NIZZA Hôtel Windsor €€

11, rue Dalpozzo, 06000 04 93 88 59 35 FAX 04 93 88 94 57 **Zimmer** 57 **Straßenkarte** F3

Das Hôtel Windsor hat ein breites Angebot an Dienstleistungen und Einrichtungen, darunter einen Pool im exotischen Palmengarten, einen Kinderspielplatz sowie ein Wellness-Center mit Sauna und Massagen. Einige der Zimmer sind individuell von Künstlern der Gegend gestaltet. Snackbar und Restaurant. **www.hotelwindsornice.com**

NIZZA Nice Garden Hotel €€

11, rue du Congrès, 06000 04 93 87 35 62 FAX 04 93 82 15 80 **Zimmer** 9 **Straßenkarte** F3

Grünflächen sind in Nizza eher rar gesät – umso beliebter ist das kleine Hotel mit seinem Privatgarten. Die Zimmer – alle blicken auf den Garten – sind hell und geschmackvoll ausgestattet, manche wirken richtiggehend romantisch. Das Frühstück kann man im Schatten eines Orangenbaums einnehmen. **www.nicegardenhotel.com**

NIZZA Hôtel Le Grimaldi €€€

15, rue Grimaldi, 06000 04 93 16 00 24 FAX 04 93 87 00 24 **Zimmer** 46 **Straßenkarte** F3

Das Grimaldi bietet provenzalischen Charme zu erschwinglichen Preisen. Es liegt nur wenige Gehminuten von den autofreien Einkaufsstraßen und vom Strand entfernt. Die kleinen, aber komfortablen Zimmer sind in den hellen Farben der Provence eingerichtet. Nette Bars und gute Restaurants findet man um die Ecke. **www.le-grimaldi.com**

NIZZA Le Négresco €€€€€

37, promenade des Anglais, 06000 04 93 16 64 00 FAX 04 93 88 35 68 **Zimmer** 121 **Straßenkarte** F3

Das Négresco ist die Grande Dame der Hotels an der Riviera – seit der Eröffnung 1913 eine Institution an der Promenade des Anglais. Die Liste prominenter Gäste ist endlos lang. Ausgesuchte Kunstgegenstände, unaufdringlicher Service und modernster Komfort – eines der besten Hotels der Welt. **www.hotel-negresco-nice.com**

ST-JEAN-CAP-FERRAT La Fregate €

11, av Denis Séméria, 06230 04 93 76 04 51 FAX 04 93 76 14 93 **Zimmer** 10 **Straßenkarte** F3

Familiengeführtes Hotel mit einfach ausgestatteten Zimmern in einer kleinen Hafenstraße. Es hat kein Restaurant (nur einen kleinen Frühstücksraum), aber Möglichkeiten zum Ausgehen gibt es in unmittelbarer Nähe genug. Ideal, wenn Sie mit kleinem Budget reisen oder auf der Durchreise sind.

ST-JEAN-CAP-FERRAT Hôtel Le Panoramic €€€

3, av Albert 1er, 06230 04 93 76 00 37 FAX 04 93 76 15 78 **Zimmer** 20 **Straßenkarte** F3

Von dem günstigen Hotel hat man einen wunderschönen Blick. Der Garten und die Terrasse führen aufs Meer und die umgebenden Hügel hinaus, in denen sich fantastische Villen verstecken. Es gibt keine Klimaanlage, aber es weht permanent eine frische Brise vom Meer. **www.hotel-lepanoramic.com**

ST-JEAN-CAP-FERRAT Grand-Hôtel du Cap-Ferrat €€€€€

71, boulevard du Général de Gaulle, 06230 04 93 76 50 50 FAX 04 93 76 04 52 **Zimmer** 53 **Straßenkarte** F3

An der Südspitze des Cap Ferrat liegt eines der teuersten Hotels der Welt. Die überwältigenden Räumlichkeiten sind von tropischen Gärten umgeben. Eine Standseilbahn bringt die Gäste zum riesigen Meerwasserpool, wo schon Charlie Chaplin seinen Kindern das Schwimmen beibrachte. **www.grand-hotel-cap-ferrat.com**

ST-JEAN-CAP-FERRAT Royal Riviera €€€€€

3, av Jean Monnet, 06230 04 93 76 31 00 FAX 04 93 01 23 07 **Zimmer** 96 **Straßenkarte** F3

Das Luxushotel erinnert nicht umsonst an die nahe Villa Kerylos *(siehe S. 88)*. Seine Lage – mit Privatstrand – in dem glamourösen Urlaubsort ist erstklassig. Einige der Zimmer scheinen für den Preis überteuert, aber der Top-Service macht das durchaus wett. Die neue L'Orangerie mit Blick auf den Pool bietet 16 Zimmer. **www.royal-riviera.com**

Preiskategorien *siehe Seite 194* **Zeichenerklärung** *siehe hintere Umschlagklappe*

ST-PAUL-DE-VENCE Hostellerie des Remparts €€

72, rue Grande, 06570 04 93 32 09 88 FAX 04 93 24 10 47 **Zimmer** 9 **Straßenkarte** E3

Das Remparts im Herzen des malerischen *village perché* bietet modernen Komfort in mittelalterlicher Umgebung. Die Zimmer sind mit Antiquitäten ausstaffiert, alle haben eine wundervolle Aussicht. Das Städtchen ist autofrei und der Parkplatz ein Stück entfernt – das Haus ist also nicht geeignet für Gäste mit Gehbehinderung.

ST-PAUL-DE-VENCE Le Saint Paul €€€€€

86, rue Grande, 06570 04 93 32 65 25 FAX 04 93 32 52 94 **Zimmer** 16 **Straßenkarte** E3

Das einzige Luxushotel innerhalb der Stadtmauern von St-Paul ist ein exklusiver Zufluchtsort für gut betuchte Reisende. Die Zimmer sind üppig ausgestattet. Von der Terrasse des Restaurants blickt man auf die Hügel ringsum. Das Haus ist nicht per Auto erreichbar, die Koffer werden selbstverständlich abgeholt. **www.lesaintpaul.com**

VENCE La Villa Roseraie €€

128, av Henri Giraud, 06140 04 93 58 02 20 FAX 04 93 58 99 31 **Zimmer** 10 **Straßenkarte** E3

Farbenfrohe Einrichtungsgegenstände aus der Provence schmücken die Zimmer der eleganten Belle-Époque-Villa, die mittlerweile das beliebteste Hotel in Vence ist. Reservierungen sind Monate im Voraus zu tätigen. Im wunderschönen Garten wird das Frühstück unter Palmen und Magnolien serviert. **www.villaroseraie.com**

VILLEFRANCHE Hôtel Versailles €€€

7, boulevard Princesse Grace, 06230 04 93 76 52 52 FAX 04 93 01 97 48 **Zimmer** 46 **Straßenkarte** F3

Das moderne Hotel bietet alle Annehmlichkeiten, u. a. einen Swimmingpool, ein auf provenzalische Küche spezialisiertes Restaurant und Zimmer mit Aussicht. Der einzige Nachteil ist seine Lage an einer belebten Durchgangsstraße – wodurch man es andererseits aber auch leicht finden kann. Sichere Parkplätze. **www.hotelversailles.com**

VILLEFRANCHE Hôtel Welcome €€€€

1, quai Amiral Courbet, 06230 04 93 76 27 62 FAX 04 93 76 27 66 **Zimmer** 35 **Straßenkarte** F3

Das ockerfarbene Hotel bietet altertümlichen Charme und einen schönen Blick auf Bucht und Hafen. Die meisten Zimmer haben Balkon oder Terrasse. Fragen Sie nach Zimmern mit Meerblick. Der Künstler Jean Cocteau residierte hier in den 1920er Jahren. **www.welcomehotel.com**

Var und Îles d'Hyères

BORMES-LES-MIMOSAS Le Grand Hôtel €€

167, route de Baguier, 83230 04 94 71 23 72 FAX 04 94 71 51 20 **Zimmer** 48 **Straßenkarte** D4

Das Hotel trägt seinen Namen schon aufgrund der grandiosen Lage im Massif des Maures, hoch über dem Mittelmeer, zu Recht. Die schönen Zimmer (einige mit Balkon), eine wunderbare Aussicht, die sonnige Terrasse und der freundliche Service sorgen für einen unvergesslichen Aufenthalt. **www.augrandhotel.com**

BORMES-LES-MIMOSAS Domaine du Mirage €€€

38, rue de la Vue des Îles, 83230 04 94 05 32 60 FAX 04 94 64 93 03 **Zimmer** 33 **Straßenkarte** D4

Das Hotel im viktorianischen Stil liegt versteckt oberhalb der Bucht von Le Lavandou, mit dem Auto erreicht man in zehn Minuten die schönen Strände. Die Aussicht von den Balkonen ist einmalig, das Personal aufmerksam. Am Pool werden mittags kleine Gerichte serviert, abends gibt es ein Menü. **www.domainedumirage.com**

COGOLIN Hostellerie du Cigalou €€€€

Place Gambetta, 83230 04 94 41 51 27 FAX 04 94 46 20 73 **Zimmer** 20 **Straßenkarte** E4

Das Hotel mit 20 Zimmern liegt an der Hauptstraße des Orts, hat aber einen ruhigen Garten mit Pool. Die schlichten Zimmer wirken einladend. Mit dem Fahrrad lässt sich die Umgebung gut erkunden. Das einfache Frühstück wird entweder auf dem Zimmer, auf der Terrasse oder im Winter am Kamin serviert. **www.hostellerieducigalou.com**

COLLOBRIÈRES Hôtel des Maures €

19, boulevard Lazare-Carnot, 83310 04 94 48 07 10 FAX 04 94 48 02 73 **Zimmer** 10 **Straßenkarte** D4

Kleines, einfaches Hotel in Familienbesitz mit exzellentem Preis-Leistungs-Verhältnis. Das angeschlossene Restaurant ist für seine traditionell provenzalische Küche weithin bekannt. Die Zimmer sind nicht sehr groß, die Badezimmer liegen auf dem Flur, das Haus ist aber eine gute Empfehlung für Reisende mit schmalem Budget.

FAYENCE Moulin de la Camandoule €€

Chemin de Notre-Dame-des-Cyprès, 83440 04 94 76 00 84 FAX 04 94 76 10 40 **Zimmer** 11 **Straßenkarte** E3

Das friedliche Hotel in einer umgebauten Olivenmühle aus dem 15. Jahrhundert liegt in einem Tal unterhalb des Orts. Die alten Olivenpressen, die der Ölgewinnung dienten, können noch bewundert werden. Das Restaurant bietet gute traditionell provenzalische Küche, im Terrassengarten kann man sonnenbaden. **www.camandoule.com**

FOX-AMPHOUX Auberge du Vieux Fox €€

Pl de l'Église, 83670 04 94 80 71 69 FAX 04 94 80 78 38 **Zimmer** 8 **Straßenkarte** D4

Die vielen mittelalterlichen Spuren des alten Templergebäudes entschädigen reichlich für die etwas kleinen Zimmer. Das in einem rustikalen Speisesaal servierte Essen des Restaurants ist exzellent und zieht die Einheimischen aus der näheren und weiteren Umgebung an. Die Terrasse mit den Sonnenschirmen bietet eine schöne Aussicht.

Straßenkarte *siehe hintere Umschlaginnenseiten*

FRÉJUS Hôtel Arena €€

145, rue Général de Gaulle, 83600 04 94 17 09 40 FAX 04 94 52 01 52 ***Zimmer*** *36* ***Straßenkarte*** *E4*

Hier schlägt das Herz der Provence – das gilt für die in warmen Farben und mit bunten Fliesen ausgestatteten Räume ebenso wie für das exzellente Restaurant. Die Zimmer gehen auf idyllische Patios hinaus, im üppigen Garten gedeihen Palmen, Oleander und Geranien. **www.hotel-frejus-arena.com**

GRIMAUD VILLAGE Hostellerie du Côteau Fleuri €€

Pl des Pénitents, 83310 04 94 43 20 17 FAX 04 94 43 33 42 ***Zimmer*** *14* ***Straßenkarte*** *E4*

Die Aussicht auf das Massif des Maures ist nur eine der Attraktionen des Gasthauses aus grauem Stein. Das Restaurant ist auf Fischgerichte spezialisiert. Es verfügt über eine riesige Feuerstelle, im Sommer wird das Essen auf der blumengeschmückten Terrasse serviert. ● Nov–Mitte Dez. **www.coteaufleuri.fr**

HYÈRES Hôtel du Soleil €

Rue du Rempart, 83400 04 94 65 16 26 FAX 04 94 35 46 00 ***Zimmer*** *20* ***Straßenkarte*** *D4*

Das charmante, von Efeu überwucherte alte Haus thront auf einem Hügel hoch über der reizenden mittelalterlichen Stadt. Einige der geschmackvoll und traditionell eingerichteten Zimmer bieten Meerblick, andere indes sind etwas dunkel. Es gibt eine sonnige Terrasse mit schattigen Tischen. **www.hotel-du-soleil.fr**

ÎLE DE PORQUEROLLES Auberge des Glycines €€€€€

Pl d'Armes, 83400 04 94 58 30 36 FAX 04 94 58 35 22 ***Zimmer*** *11* ***Straßenkarte*** *D5*

Ein wunderbares Inselrefugium im Herzen des Ortes, unweit von Pier und Kirche. Die Zimmer sind mit Antiquitäten eingerichtet, ebenso der Speisesaal, in dem ein großes offenes Feuer brennt. Frühstück und Abendessen gibt es im schattigen Patio. Halbpension. **www.auberge-glycines.com**

ÎLE DE PORT-CROS Le Manoir d'Hélène €€€€

Port-Cros, 83400 04 94 05 90 52 FAX 04 94 05 90 89 ***Zimmer*** *22* ***Straßenkarte*** *D5*

Das Le Manoir d'Hélène liegt auf einer paradiesischen Insel in einem Herrenhaus aus dem 19. Jahrhundert. Besonders nett sind der freundliche Empfang und das Essen unter Eukalyptusbäumen. Halbpension ist obligatorisch, aber bei der guten Küche hier sollte das niemanden abschrecken.

LA CADIÈRE D'AZUR Hostellerie Bérard €€€

Rue Gabriel-Péri, 83740 04 94 90 11 43 FAX 04 94 90 01 94 ***Zimmer*** *38* ***Straßenkarte*** *C4*

Das Kloster aus dem 11. Jahrhundert ist heute ein schönes Gästehaus mit beheiztem Pool, schattiger Terrasse, üppigem Garten und einem bekannten Restaurant. Die Zimmer, ehemalige Zellen, sind gemütlich und geräumig. Hier werden Kochkurse, Weinverkostungen und Malseminare angeboten. **www.hotel-berard.com**

LA CELLE Abbaye de la Celle €€€€€

Place du Général de Gaulle, 83170 04 98 05 14 14 FAX 04 98 05 14 15 ***Zimmer*** *10* ***Straßenkarte*** *D4*

Das einstige Benediktinerkloster gehört heute Alain Ducasse, der die Leitung der Küche Benoît Witz anvertraut hat. Das erstklassige Personal garantiert einen rundum entspannenden Aufenthalt. Die gesamte Hotelanlage ist wunderschön. Noch mehr Ruhe bieten die Zimmer mit eigenem Garten. **www.abbaye-celle.com**

LE LAVANDOU Hôtel le Rabelais €

2, rue Rabelais, 83980 04 94 71 00 56 FAX 04 94 71 82 55 ***Zimmer*** *20* ***Straßenkarte*** *D4*

Dieses Hotel am Meer verfügt über freundlich eingerichtete, sonnendurchflutete Zimmer, auch wenn einige davon etwas klein sind. Von der blumengeschmückten Terrasse können Sie in Ruhe dem quirligen Hafentreiben zusehen. Im Sommer gibt es Frühstück im Freien. Der Badestrand liegt ganz in der Nähe. **www.le-rabelais.fr**

LES ARCS SUR ARGENS Logis du Guetteur €€€

Pl du Château, 83460 04 94 99 51 10 FAX 04 94 99 51 29 ***Zimmer*** *13* ***Straßenkarte*** *D4*

Das Hotel ist Teil einer Burg aus dem 11. Jahrhundert und liegt hoch über dem Ort. Natursteinwände und Holztüren tragen zum mittelalterlichen Ambiente bei. Die Zimmer verfügen trotzdem über allen modernen Komfort. Von den Verteidigungsmauern aus hat man eine herrliche Aussicht. **www.logisduguetteur.com**

PORT-GRIMAUD Hôtel le Suffren €€€

16, place du Marché, 83310 04 94 55 15 05 FAX 04 94 55 15 06 ***Zimmer*** *19* ***Straßenkarte*** *E4*

Das nette Hotel in dem unscheinbaren Ort bietet einladende Zimmer mit Blick auf den Hafen oder den Marktplatz, und das bei einem sehr guten Preis-Leistungs-Verhältnis. Nach St-Tropez kommt man schnell per Boot. Sechs Apartments und drei Einzelzimmer gehören zum Angebot. Für Familien geeignet. **www.hotelleriedusoleil.com**

RAMATUELLE La Réserve €€€€€

Chemin de la Quessine, 83350 04 94 44 94 44 ***Zimmer*** *23* ***Straßenkarte*** *E4*

La Réserve bietet 23 Suiten und Zimmer sowie ein 1000 Quadratmeter großes Spa in einer wunderschönen Umgebung nicht weit von St-Tropez entfernt. Die Zimmer sind modern mit allen Annehmlichkeiten eingerichtet. Es gibt eine Bar und ein Restaurant. Aufenthalt ab drei Übernachtungen möglich. **www.lareserve-ramatuelle.com**

SEILLANS Hôtel des Deux Rocs €€

Pl Font d'Amont, 83440 04 94 76 87 32 FAX 04 94 76 88 68 ***Zimmer*** *13* ***Straßenkarte*** *E3*

Das Herrenhaus aus dem 18. Jahrhundert am ruhigen Stadtplatz lockt mit familiärer Atmosphäre und mediterraner Küche. Einige Zimmer sind kleiner und dunkler als die anderen; die nach vorne hinaus sind die besten. Im Sommer werden die Mahlzeiten neben dem Stadtbrunnen aufgetischt. **www.hoteldeuxrocs.com**

Preiskategorien *siehe Seite 194* **Zeichenerklärung** *siehe hintere Umschlagklappe*

ST-TROPEZ Lou Cagnard €

Av Paul Roussel, 83990 04 94 97 04 24 FAX 04 94 97 09 44 ***Zimmer*** *19* ***Straßenkarte*** *E4*

Die Zimmer in diesem Hotel, einem alten Stadthaus, sind schön eingerichtet. Klimaanlage gibt es in 15 Zimmern, die Räume zur Straße sind etwas laut. Wer zeitig reserviert, bekommt jedoch noch ein Zimmer zum schönen Garten. Das Hotel liegt nur einige Minuten von der lebhaften Place des Lices entfernt. **www.hotel-lou-cagnard.com**

ST-TROPEZ Château de la Messardière €€€€

Route de Tahiti, 83990 04 94 56 76 00 FAX 04 94 56 76 01 ***Zimmer*** *118* ***Straßenkarte*** *E4*

Im größten Luxushotel von St-Tropez fühlt man sich fast wie in einem stillen *château*. Das Haus liegt inmitten eines herrlichen Grundstücks. Es ist nicht so leicht zu finden, aber die Suche lohnt sich. Die Küche ist einzigartig, der Service tadellos. Vom Stadtzentrum bringt Sie ein Shuttle-Service ins Hotel. **www.messardiere.com**

ST-TROPEZ Le Byblos €€€€€

Av Paul Signac, 83990 04 94 56 68 00 FAX 04 94 56 68 01 ***Zimmer*** *97* ***Straßenkarte*** *E4*

Das Höchste an Glamour für alle, für die Geld keine Rolle spielt. Ein luxuriöser Komplex aus bunten Häuschen bildet den Kern des wahrscheinlich besten Resorts am Mittelmeer. In den überwältigenden Schlafzimmern fühlt sich jeder wie ein Filmstar. Dazu gibt es natürlich einen Beautysalon und ein großes Spa. **www.byblos.com**

ST-TROPEZ Pastis Hôtel St Tropez €€€€€

6, avenue du Général Leclerc, 83990 04 98 12 56 50 FAX 04 94 96 99 82 ***Zimmer*** *9* ***Straßenkarte*** *E4*

St-Tropez verführt zum Protzen. Dieses Gästehaus mit seinen neun Zimmern, ausgestattet mit zeitgenössischer Kunst und einem bunten Mix aus Antiquitäten und modernen Stilmöbeln, wird von Gästen mit Sinn für Raffinesse geschätzt. Beheizter Pool. Einen Dresscode gibt es ausdrücklich nicht. **www.pastis-st-tropez.com**

TOULON All Seasons Toulon Centre Congrès €€

Pl Besagne, 83000 04 98 00 81 00 FAX 04 94 41 57 51 ***Zimmer*** *139* ***Straßenkarte*** *D4*

Das freundliche, in warmen Farben ausgestattete Hotel liegt direkt am Palais des Congrès nahe dem Hafen. Palmen und Buntglasfenster schaffen Atmosphäre im großzügigen Restaurant, das traditionelle Mittelmeerküche mit innovativem Touch bietet. **www.accorhotels.com**

TOURTOUR La Bastide de Tourtour €€€

Route de Flayosc, 83690 04 98 10 54 20 FAX 04 94 70 54 90 ***Zimmer*** *25* ***Straßenkarte*** *D4*

Das alte Gebäude direkt am Ortsrand bietet einen Panoramablick auf die Pinienwälder des Haut Var. Einige der Zimmer haben Balkone mit gleichfalls bester Aussicht. Das Restaurant in einem Raum mit Gewölbedecke serviert klassische französische Gerichte. Swimmingpool und Tennisplatz gibt es auch. **www.bastidedetourtour.com**

Bouches-du-Rhône und Nîmes

AIX-EN-PROVENCE Hôtel des Augustins €€

3, rue Masse, 13100 04 42 27 28 59 FAX 04 42 26 74 87 ***Zimmer*** *29* ***Straßenkarte*** *C4*

Dieses Hotel befindet sich in einem umgebauten Kloster aus dem 12. Jahrhundert; die Rezeption war früher die Kapelle. Große, gemütliche Zimmer in provenzalischem Stil machen das Hôtel des Augustins zu einem Ort echter Entspannung. Kein Restaurant, aber viele Ausgehmöglichkeiten in der Nähe. **www.hotel-augustins.com**

AIX-EN-PROVENCE Hôtel Saint Christophe €€

2, av Victor Hugo, 13100 04 42 26 01 24 FAX 04 42 38 53 17 ***Zimmer*** *67* ***Straßenkarte*** *C4*

Das Hotel in einem wunderbaren Stadthaus bietet ein exzellentes Preis-Leistungs-Verhältnis. Die Zimmer verfügen über allen modernen Komfort. Buchen Sie rechtzeitig, um eines mit Balkon zu bekommen! Im Erdgeschoss befindet sich eine altertümlich anmutende, sehr belebte Brasserie. **www.hotel-saintchristophe.com**

AIX-EN-PROVENCE Hôtel Cézanne €€€€

40, av Victor Hugo, 13100 04 42 91 11 11 FAX 04 42 91 11 10 ***Zimmer*** *56* ***Straßenkarte*** *C4*

Moderne Boutique-Hotels findet man in der Provence selten. Der Designer Charles Montemarco hat für sein Haus einen an Cézannes Werke angelehnten Stil mit gewagten Farben und Stilobjekten gefunden. Das Design strebt höchsten Komfort an, von den Kingsize-Betten bis zum üppigen Frühstück. **http://cezanne.hotelaix.com**

ARLES Hotel de l'Amphithéâtre €

5–7, rue Diderot, 13200 04 90 96 10 30 FAX 04 90 93 98 69 ***Zimmer*** *28* ***Straßenkarte*** *B3*

Das preiswerte Hotel zeichnet sich durch viel Charakter und seine gute Lage unweit des Amphitheaters von Arles aus. Einige der Zimmer sind wenig geräumig, aber die Ausstattung im provenzalischen Stil macht das wett. Die Gemeinschaftsräume sind einladend, das Personal ist hilfsbereit. Parkplatz. **www.hotelamphitheatre.fr**

ARLES Hôtel Calendal €€

5, rue Porte de Laure, 13200 04 90 96 11 89 FAX 04 90 96 05 84 ***Zimmer*** *38* ***Straßenkarte*** *B3*

Die Zimmer dieses preisgünstigen Hotels im historischen Zentrum von Arles sind unterschiedlich groß, aber allesamt charmant eingerichtet. Einige haben Balkone mit Aussicht auf die Arena oder das Römische Theater. Das Frühstück wird im Garten unter Palmen serviert. **www.lecalendal.com**

Straßenkarte *siehe hintere Umschlaginnenseiten*

ARLES Hôtel d'Arlatan €€

26, rue du Sauvage, 13200 ☎ *04 90 93 56 66* FAX *04 90 49 68 45* **Zimmer** *47* **Straßenkarte** *B3*

Die frühere Stadtresidenz der Comtes d'Arlatan ist eines der schönsten Hotels in der Gegend. Glasscheiben im Salonboden geben den Blick auf römische Fundamentreste aus dem 4. Jahrhundert frei. Ummauerter Garten, gepflasterte Terrasse und viele Antiquitäten in den individuell eingerichteten Zimmern. ● Nov–März. **www.hotel-arlatan.fr**

ARLES L'Hôtel Particulier à Arles €€€€

4, rue de la Monnaie, 13200 ☎ *04 90 52 51 40* FAX *04 90 96 16 70* **Zimmer** *13* **Straßenkarte** *B3*

Hat man dieses versteckte Kleinod von Hotel erst einmal entdeckt, möchte man es gar nicht mehr verlassen. Hier wohnt man wie in einer aristokratischen Residenz – mit Privatgarten und Swimmingpool. Die Zimmer sind elegant und mit antiken Möbeln eingerichtet, der Service ist tadellos. **www.hotel-particulier.com**

CASSIS Le Clos des Arômes €

10, rue Abbé Paul Mouton, 13260 ☎ *04 42 01 71 84* FAX *04 42 01 31 76* **Zimmer** *14* **Straßenkarte** *C4*

Das ruhige Hotel in einem behutsam renovierten Cassis-Haus liegt mitten in einem üppigen Garten voller Blumen und Buschwerk. Das Clos des Arômes bietet ein hervorragendes Preis-Leistungs-Verhältnis und ist infolgedessen oft ausgebucht; reservieren Sie also rechtzeitig. **www.le-clos-des-aromes.com**

CASSIS Les Jardins de Cassis €€

Rue Auguste Favier, 13260 ☎ *04 42 01 84 85* FAX *04 42 01 32 38* **Zimmer** *36* **Straßenkarte** *C4*

Der angenehmste Aufenthaltsort am malerischen Hafen von Cassis ist dieses Hotel. Die Zimmer verteilen sich auf mehrere kleine pastellfarbene Gebäude. Der Pool liegt in einem Garten mit Zitronenbäumen und Bougainvilleen. Das Restaurant (Juni–Sep) serviert mittags mediterrane Gerichte. **www.hotel-lesjardinsde-cassis.com**

FONTVIEILLE La Régalido €€€€

Rue Frédéric Mistral, 13990 ☎ *04 90 54 60 22* FAX *04 90 54 64 29* **Zimmer** *15* **Straßenkarte** *B3*

Das Régalido, in einer umgebauten Olivenmühle im Herzen des verschlafenen Fontvieille gelegen, ist ein luxuriöses und freundliches Hotel mit geschmackvoll eingerichteten Zimmern und schönem Garten voller Palmen und Feigen. Das Restaurant serviert gute provenzalische Gerichte. **www.laregalido.com**

LES BAUX-DE-PROVENCE L'Hostellerie de la Reine Jeanne €

Grande Rue, 13520 ☎ *04 90 54 32 06* FAX *04 90 54 32 33* **Zimmer** *10* **Straßenkarte** *B3*

Das alte Gebäude im Herzen eines der nettesten und bekanntesten Provencedörfer bietet schöne, individuell eingerichtete Zimmer zu äußerst niedrigen Preisen sowie Panorama-Ansichten des Städtchens und des Tals. Nicht unbedingt für Kleinkinder geeignet. Die Parkplatzsuche ist eine echte Herausforderung. **www.la-reinejeanne.com**

LES BAUX-DE-PROVENCE Auberge de la Benvengudo €€€

Vallon de l'Arcoule, 13520 ☎ *04 90 54 32 54* FAX *04 90 54 42 58* **Zimmer** *23* **Straßenkarte** *B3*

Das frühere Bauernhaus mit seinen efeubewachsenen Wänden beherbergt eines der nettesten Hotels in Bouches-du-Rhône. Gemütliche Zimmer, ein großer Garten, Swimmingpool und Tennisplatz stehen zur Verfügung. Guter Ausgangspunkt für Ausflüge mit dem Auto. Restaurant mit regionaler Küche. **www.benvengudo.com**

MARSEILLE Hôtel Saint Ferréol €€

19, rue Pisancon, 13000 ☎ *04 91 33 12 21* FAX *04 91 54 29 97* **Zimmer** *19* **Straßenkarte** *C4*

Das kleine, moderne Hotel am Vieux Port hat etwas dezent Glamouröses. Die Zimmer sind klein, aber gut ausgestattet und durchdacht eingerichtet. Die meisten verfügen über Schallschutzfenster (wichtig im lauten Marseille!), einige Bäder haben Whirlpool. **www.hotel-stferreol.com**

MARSEILLE Sofitel Marseille Vieux Port €€€

36, boulevard Charles Livon, 13007 ☎ *04 91 15 59 00* FAX *04 91 15 59 50* **Zimmer** *134* **Straßenkarte** *C4*

Das im minimalistischen Stil mit dunklem Holz und schnörkellosen Möbeln ausgestattete Hotel bietet eine einzigartige Aussicht auf den Vieux Port. Buchen Sie, wenn möglich, eines der 28 Zimmer mit Terrasse. Die wichtigsten Sehenswürdigkeiten liegen in der Nähe. Dachrestaurant mit Panoramablick. **www.sofitel-marseille-vieuxport.com**

MARSEILLE Villa Massalia €€€

17, place Louis Bonnefon, 13008 ☎ *04 91 72 90 00* FAX *04 91 72 90 01* **Zimmer** *140* **Straßenkarte** *C4*

Die Architektur der Villa Massalia erinnert ein wenig an das Château Borély (18. Jh.) in Marseille. Die Räume sind mit zeitgenössischen Möbeln ausgestattet und in warmen Farben gehalten. Das Haus liegt in einer schicken Wohngegend unweit des Borély-Parks und des Strands. **http://marseille.concorde-hotels.com**

MAUSSANE-LES-ALPILLES L'Oustaloun €

Place de l'Église, 13520 ☎ *04 90 54 32 19* FAX *04 90 54 45 57* **Zimmer** *7* **Straßenkarte** *B3*

Diese Kleinstadt ist im Sommer weniger überlaufen als etwa Les Baux. Am Marktplatz findet sich die kleine Herberge L'Oustaloun in einem Stadthaus aus dem 16. Jahrhundert. Sie bietet einfache, freundliche Zimmer. Der kühle Speisesaal ist bei sommerlicher Hitze ein angenehmer Zufluchtsort. **www.loustaloun.com**

NÎMES Hôtel Kyriad Nîmes Centre €

10, rue Roussy, 30000 ☎ *04 66 76 16 20* FAX *04 66 67 65 99* **Zimmer** *28* **Straßenkarte** *A3*

Das Hotel liegt in einer ruhigen, zentrumsnahen Seitenstraße nahe der Cathédrale Notre-Dame et St-Castor *(siehe S. 133)*. Die Gemeinschaftsräume sind mit Stierkampfdevotionalien bestückt. Die Zimmer sind individuell ausgestattet, die oberen gewähren einen Blick über die Dächer der Stadt. **www.hotel-kyriad-nimes.com**

Preiskategorien *siehe Seite 194* **Zeichenerklärung** *siehe hintere Umschlagklappe*

NÎMES L'Orangerie €€

755, rue Tour de l'Évêque, 30000 04 66 84 50 57 FAX 04 66 29 44 55 **Zimmer** 37 **Straßenkarte** A3

Dieses moderne, aber ansprechende Hotel besitzt einen eigenen Swimmingpool. Einige der in hellen mediterranen Farben gestalteten Zimmer haben Balkon, andere bieten ein Bad mit Whirlpool. Im hochklassigen Restaurant werden hauptsächlich Produkte der Region serviert. **www.orangerie.fr**

NÎMES Imperator Concorde €€€

Quai de la Fontaine, 30900 04 66 21 90 30 FAX 04 66 67 70 25 **Zimmer** 60 **Straßenkarte** A3

Schon Ernest Hemingway und Ava Gardner waren in diesem charmanten Hotel aus den 1930er Jahren zu Gast. Es bietet allen Komfort, den man von einem Vier-Sterne-Haus der noblen Concorde-Gruppe erwarten kann, inklusive eines exzellenten Restaurants und eines schönen Innenhofs. **www.concorde-hotels.com**

NÎMES New Hotel de la Baume €€€

21, rue Nationale, 30000 04 66 76 28 42 FAX 04 66 76 28 45 **Zimmer** 34 **Straßenkarte** A3

Das New Hotel im Herzen der Altstadt von Nîmes überrascht mit einem großen Treppenaufgang und einem offenen Innenhof; beides stammt aus dem 17. Jahrhundert, als das Haus noch privat genutzt wurde. Die Zimmer sind geräumig und in einem Mix aus traditionellem und modernem Stil eingerichtet. **www.new-hotel.com**

SAINTES-MARIES-DE-LA-MER Hôtel de Cacharel €€

Route de Cacharel, 13460 04 90 97 95 44 FAX 04 90 97 87 97 **Zimmer** 16 **Straßenkarte** B4

Die historische Farm im Herzen der Camargue war früher das Zuhause der *gardians*, der Hirten, die Viehzucht im Marschland betrieben. Heute ist das Hotel unter Pferdeliebhabern ein Geheimtipp. Es gibt kein Restaurant, aber Wurst- und Käseplatten auf Bestellung. **www.hotel-cacharel.com**

SAINTES-MARIES-DE-LA-MER Mas de la Fouque €€€€€

Route du Petit Rhône, 13460 04 90 97 81 02 FAX 04 90 97 96 84 **Zimmer** 27 **Straßenkarte** B4

Im luxuriösesten Hotel der Camargue lässt man viel Geld – aber man weiß, wofür. Die Zimmer haben Terrassen zur Lagune. Tennisplätze, Minigolf und ein Stall mit den berühmten weißen Pferden der Region stehen zur Verfügung. Wenn Sie stilvoll anreisen wollen: Einen Hubschrauberlandeplatz gibt es auch. **www.masdelafouque.com**

SALON-DE-PROVENCE L'Abbaye de Ste-Croix €€€€

Route de Val de Cuech, 13300 04 90 56 24 55 FAX 04 90 56 31 12 **Zimmer** 21 **Straßenkarte** B3

Dieses malerische Hotel liegt in einer Abtei aus dem 12. Jahrhundert. Die Einrichtung der Zimmer, frühere Mönchszellen, ist rustikal; von der schattigen Terrasse mit Pool hat man einen atemberaubenden Blick auf die Umgebung. Das Restaurant ist stolz auf seine Regionalküche. ● Nov–Apr. **www.hotels-provence.com**

ST-RÉMY-DE-PROVENCE Hôtel l'Amandière €

Av Théodore Aubanel, 13210 04 90 92 41 00 FAX 04 90 92 48 38 **Zimmer** 25 **Straßenkarte** B3

Das Hotel in einem üppigen Garten vor der Stadt ist ein friedlicher Zufluchtsort. Zimmer, Garten und der Pool sind gewollt rustikal gehalten. In der Nähe zieht der Canal Alpilles vorbei, wo man wunderbar spazieren gehen und ein sommerliches Picknick genießen kann. **http://hotel-amandiere.com**

ST-RÉMY-DE-PROVENCE Hôtel Sous Les Figuiers €€

3, avenue Taillandier, 13210 04 32 60 15 40 FAX 04 32 60 15 39 **Zimmer** 12 **Straßenkarte** B3

Das Hotel erreicht man vom Stadtzentrum zu Fuß in gut zwei Minuten. Sein Name verweist auf die alten Feigenbäume in seinem Garten. Auf diesen blicken alle 13 Zimmer. Zehn von ihnen haben eine Terrasse. Feigen sind auch im Frühstücksraum u. a. als köstliche Marmelade präsent. **www.hotel-charme-provence.com**

ST-RÉMY-DE-PROVENCE Le Mas des Carassins €€

1, chemin Gaulois, 13210 04 90 92 15 48 FAX 04 90 92 63 47 **Zimmer** 17 **Straßenkarte** B3

Malerisch zwischen Lavendelfeldern und Olivenhainen liegt das typisch provenzalische Bauernhaus vor der Stadt. Das Gebäude wurde behutsam renoviert und hat seinen alten Charme behalten. Das Restaurant ist dreimal pro Woche und nur für Hotelgäste geöffnet. Swimmingpool. **www.masdescarassins.com**

ST-RÉMY-DE-PROVENCE Domaine de Valmouriane €€€€

Ancienne route des Baux, 13210 04 90 92 44 62 FAX 04 90 92 37 32 **Zimmer** 13 **Straßenkarte** B3

Dieses schöne, luxuriös umgebaute Landhaus aus dem 18. Jahrhundert ist von Weinbergen und Pinienwäldern umgeben. Die Zimmer sind mit provenzalischen Möbeln und bunten Textilien gestaltet. Das Restaurant serviert regionale Gerichte. Bar mit offenem Kamin, schattige Terrasse am Swimmingpool. **www.valmouriane.com**

ST-RÉMY-DE-PROVENCE L'Hôtel des Ateliers de l'Image €€€€

36, boulevard Victor Hugo, 13210 04 90 92 51 50 FAX 04 90 92 43 52 **Zimmer** 32 **Straßenkarte** B3

Das moderne Hotel mit dem Thema »Fotografie« ist in einer ehemaligen Konzerthalle untergebracht. Zimmer und Gänge sind entsprechend dekoriert, ein Fotolabor im Haus ermöglicht den Gästen, eigene Aufnahmen zu entwickeln. Das Restaurant bietet eine Kombination aus französischer und japanischer Küche. **www.hotelphoto.com**

VILLENEUVE-LÈS-AVIGNON Hôtel de l'Atelier €€

5, rue de la Foire, 30400 04 90 25 01 84 FAX 04 13 33 71 41 **Zimmer** 23 **Straßenkarte** B3

In dem friedvollen Hotel in einem Haus aus dem 16. Jahrhundert gibt es überall antike Möbel, Kunstgegenstände und alte Holzdecken zu bewundern. In der Lobby dominiert eine prächtige gemauerte Feuerstelle. Die Dachterrasse bietet Sonne und Schatten, große Blumenkästen sorgen für betörenden Duft. **www.hoteldelatelier.com**

Straßenkarte *siehe hintere Umschlaginnenseiten*

VILLENEUVE-LÈS-AVIGNON La Magnaneraie €€€€

37, rue Champ de Bataille, 30400 04 90 25 11 11 FAX 04 90 25 46 37 **Zimmer** *29* **Straßenkarte** *B3*

Das Haus, in dem man im 15. Jahrhundert Seidenraupen züchtete, ist heute ein friedliches Hotel. Einige der Zimmer haben französische Fenster auf den Patio hinaus. Das Restaurant ist mit schönen Fresken verziert. Auch der Garten ist ein hübscher Platz für ein Essen. **www.hostellerie-la-magnaneraie.com**

Vaucluse

AVIGNON Hôtel Bristol €€

44, cours Jean Jaurès, 84000 04 90 16 48 48 FAX 04 90 86 22 72 **Zimmer** *67* **Straßenkarte** *B3*

Auf den ersten Blick wirkt das Hotel nicht sonderlich einladend. Seine Lage fünf Gehminuten vom Bahnhof entfernt und in einer der reizendsten Straßen der Stadt machen das Bristol indes zu einer guten Wahl. Die schlichten Räume sind unterschiedlich groß. Das Personal ist sehr hilfsbereit. **www.bristol-hotel-avignon.com**

AVIGNON Hôtel de l'Horloge €€€

1–3, rue Félicien David, 84000 04 90 16 42 00 FAX 04 90 82 17 32 **Zimmer** *66* **Straßenkarte** *B3*

Das Hotel in einem Gebäude des 19. Jahrhunderts liegt für Besucher ideal mit Blick auf die Place de l'Horloge. Alle Zimmer sind modern ausgestattet, fünf von ihnen verfügen zudem über eine Terrasse. Kostenloses WLAN gibt es im ganzen Haus. Das Personal ist freundlich und hilfsbereit. **www.hotel-avignon-horloge.com**

AVIGNON Hôtel d'Europe €€€€

14, pl Crillon, 84000 04 90 14 76 76 FAX 04 90 14 76 71 **Zimmer** *44* **Straßenkarte** *B3*

In diesem Hotel – einem der besten in Avignon – hat angeblich schon Napoléon übernachtet. Die Zimmer oben haben Aussicht auf den Papstpalast, der nächtens mit Flutlicht angestrahlt wird. Das Restaurant bietet Haute Cuisine und exzellente Weine. Friedvoller Garten mit plätscherndem Springbrunnen. **www.heurope.com**

AVIGNON La Mirande €€€€€

4, pl de la Mirande, 84000 04 90 14 20 20 FAX 04 90 86 26 85 **Zimmer** *19* **Straßenkarte** *B3*

Quasi im Schatten des Papstpalastes liegt das zweifellos beste Hotel der Stadt. Das im Stil des 18. Jahrhunderts schön restaurierte Gebäude war früher Kardinalsresidenz. Das barock eingerichtete Restaurant gehört zu den besten der Region und besitzt eine von Bäumen bestandene Terrasse. **www.la-mirande.fr**

GORDES Le Mas de Romarins €€

Route de Sénanque, 84220 04 90 72 12 13 FAX 04 90 72 13 13 **Zimmer** *13* **Straßenkarte** *C3*

Dieses Landhaus aus dem 18. Jahrhundert wurde zu einem komfortablen und ruhigen Drei-Sterne-Hotel umgebaut. Offene Kamine und provenzalische Fliesen in den Bädern sorgen für mediterranes Flair. Das Frühstück gibt es auf einer schönen Terrasse. Der Swimmingpool liegt inmitten von Blumenbeeten. **www.masromarins.com**

LE BARROUX Hôtel les Géraniums €

Pl de la Croix, 84330 04 90 62 41 08 FAX 04 90 62 56 48 **Zimmer** *22* **Straßenkarte** *B2*

Ein altes Gebäude in schöner Lage bietet einfache, aber gemütliche Zimmer. Die Räume im modernen Anbau sind ein wenig größer. Das Restaurant, mit originalem Holzdekor und einer schönen Terrasse, serviert traditionelle provenzalische Gerichte. **www.hotel-lesgeraniums.com**

LE BARROUX Hostellerie Le Paradou €€

Route d'Apt, 84160 04 90 68 04 05 **Zimmer** *6* **Straßenkarte** *C3*

Die Besitzer Eric Bouyer und seine thailändische Frau Meena haben hier einen ruhigen Rückzugsort geschaffen. Asiatische Gärten, exotisches Dekor und ein feines thailändisches Restaurant machen die Hostellerie Le Paradou zu einer willkommenen Alternative in der Provence. **www.hostellerieleparadou.com**

LOURMARIN Auberge de la Fenière €€€

Route de Cadenet, 84160 04 90 68 11 79 FAX 04 90 68 18 60 **Zimmer** *16* **Straßenkarte** *C3*

Im Herzen des Grand Lubéron liegt dieses Hotel mit seiner herrlichen Aussicht. Die Zimmer wurden modernisiert und neu gestaltet; eines hängt voller Ölgemälde, ein anderes ist mit Körben und Flechtwerk dekoriert. Als Besonderheit sind auch zwei Zigeunerwagen zu mieten. **www.reinesammut.com**

LOURMARIN Le Mas des Guilles €€€

Route de Vaugines, 84160 04 90 68 30 55 FAX 04 90 68 37 41 **Zimmer** *28* **Straßenkarte** *C3*

Der provenzalische *mas* liegt in einem 20 Hektar großen Park und ist noch heute ein Geheimtipp. Seine Gäste schätzen vor allem die gemütliche und persönliche Atmosphäre. Die Zimmer sind stilecht eingerichtet und bieten eine wunderbare Aussicht. Es gibt Tennisplätze und einen Swimmingpool. **www.guilles.com**

LOURMARIN Le Moulin de Lourmarin €€€€

Rue du Temple, 84160 04 90 68 06 69 FAX 04 90 68 31 76 **Zimmer** *19* **Straßenkarte** *C3*

Das Hotel in einer früheren Ölmühle besitzt noch den alten Mühlstein und darf sich seiner regionalen Küche rühmen *(siehe S. 217)*. Die Zimmer wirken durch die alten Steinwände etwas düster und sind vielleicht nicht das Wahre für längere Ferien, aber gut für die Übernachtung nach einem exzellenten Mahl. **www.moulindelourmarin.com**

Preiskategorien *siehe Seite 194* **Zeichenerklärung** *siehe hintere Umschlagklappe*

PERNES-LES-FONTAINES Mas de la Bonoty €

Chemin de la Bonoty, 84210 Tel. *04 90 61 61 09* FAX *04 90 61 57 02* ***Zimmer*** *8* ***Straßenkarte*** *B3*

Dieses renovierte Bauernhaus aus dem 17. Jahrhundert, umgeben von Lavendelfeldern und Olivenhainen, bietet rustikale Zimmer – auf modernen Komfort muss aber nicht verzichtet werden. Im Speisesaal sind viel altes Mauerwerk und mächtige Holzbalken zu sehen. Wunderbare Sicht auf den Mont Ventoux. **www.bonoty.com**

ROUSSILLON Le Mas de Garrigon €€

Route de St-Saturnin d'Apt, 84220 Tel. *04 90 05 63 22* FAX *04 90 05 70 01* ***Zimmer*** *9* ***Straßenkarte*** *C3*

Inmitten von Pinienwäldern liegt dieses friedvolle Bauernhaus. Hier werden vor allem kultivierte Gäste angesprochen, beispielsweise durch klassische Musik, die abends in den Gemeinschaftsräumen erklingt. Die Zimmer sind in freundlichen Farben gehalten und greifen Themen aus Literatur oder Malerei auf. **www.masdegarrigon-provence.com**

SÉGURET Domaine de Cabasse €€

Route de Sablet, 84110 Tel. *04 90 46 91 12* FAX *04 90 46 94 01* ***Zimmer*** *13* ***Straßenkarte*** *B2*

Das Hotel gehört zu einem Weingut, und entsprechend sind Verkostungen Teil des Programms für die Gäste. Die Zimmer sind gemütlich und sauber, wenn auch etwas einfach. Das Restaurant ist für seine regionale Küche und die umfangreiche Weinkarte berühmt. Schöner Swimmingpool. **www.cabasse.fr**

SÉGURET La Table du Comtat €€€

Le Village, 84110 Tel. *04 90 46 91 49* FAX *04 90 46 94 27* ***Zimmer*** *8* ***Straßenkarte*** *B2*

Ein Natursteinbau aus dem 14. Jahrhundert am höchsten Punkt des mittelalterlichen Dorfes garantiert eine herrliche Aussicht. Das hilfsbereite Personal ist freundlich und gibt gern Tipps zum Wandern und Radfahren in der Gegend. Das Restaurant ist erstklassig.

VAISON-LA-ROMAINE (LE CRESTET) Le Mas d'Hélène €€

Quartier Chante Coucou, 84110 Tel. *04 90 36 39 91* FAX *04 90 28 73 40* ***Zimmer*** *12* ***Straßenkarte*** *B2*

Der Mas d'Hélène liegt in einem drei Hektar großen Park mit Blick auf den Mont Ventoux. Das Hotel vereint auf gelungene Weise den traditionellen Stil der Provence mit modernem Komfort. Im Garten kann man wunderbar entspannen. Vollpension ist zu empfehlen – die Küche ist ausgezeichnet. **www.lemasdhelene.com**

Alpes-de-Haute-Provence

CASTELLANE Nouvel Hôtel du Commerce €€

Pl de l'Église, 04120 Tel. *04 92 83 61 00* FAX *04 92 83 72 82* ***Zimmer*** *34* ***Straßenkarte*** *D3*

Das Hotel bietet sich an für ein oder zwei Übernachtungen in der malerischen Stadt, um von hier aus die Gegend zu erkunden. Die Zimmer gehen auf den Marktplatz oder die Klippen hinaus. Schön ausgestattete, makellos saubere Zimmer und ein Speisesaal mit angenehm luftiger Veranda. ● Nov–März. **www.hotel-fradet.com**

CHÂTEAU-ARNOUX La Bonne Étape €€€€

Chemin du Lac, 04160 Tel. *04 92 64 00 09* FAX *04 92 64 37 36* ***Zimmer*** *18* ***Straßenkarte*** *D2*

Die Wirtsfamilie legt großen Wert auf guten Service. Die Zimmer sind mit wunderbaren Antiquitäten ausgestattet, jedes hat seinen eigenen Charakter. Das Restaurant genießt einen guten Ruf für seine klassisch-französische Küche und die elegante Atmosphäre. **www.bonneetape.com**

FORCALQUIER Charembeau €€

Route de Niozelles, 04300 Tel. *04 92 70 91 70* FAX *04 92 70 91 83* ***Zimmer*** *25* ***Straßenkarte*** *C3*

Das Charembeau ist ein fantastischer Ort, um zu entspannen. Das schöne Bauernhaus aus dem 18. Jahrhundert ist umgeben von Hügeln und Wiesen. In den umliegenden Dörfern gibt es etliche gute Restaurants. Das köstliche Frühstück wird auf dem Zimmer oder auf der Terrasse serviert. ● Nov–Mitte März. **www.charembeau.com**

MOUSTIERS-STE-MARIE La Bonne Auberge €

Rue Principale »Le Village«, 04360 Tel. *04 92 74 66 18* FAX *04 92 74 65 11* ***Zimmer*** *19* ***Straßenkarte*** *D3*

Das Hotel bietet viel fürs Geld, was Lage und Ausstattung betrifft. Zu Fuß kommt man bequem zu den Restaurants und Cafés in Moustiers, mit dem Auto schnell zur wildromantischen Schlucht von Verdon. Einfache, helle Zimmer, gutes Essen, schöner Swimmingpool. **www.bonne-auberge-moustiers.com**

MOUSTIERS-STE-MARIE La Bastide de Moustiers €€€€€

Chemin de Quinson, 04360 Tel. *04 92 70 47 47* FAX *04 92 70 47 48* ***Zimmer*** *12* ***Straßenkarte*** *D3*

Das Hotel ist in Gebäuden aus dem 17. Jahrhundert untergebracht, bietet aber jeglichen modernen Komfort. Um das ganze Anwesen breitet sich ein üppiger Garten aus, darüber schweift der Blick zu den umgebenden Bergen. Restaurant mit guter Weinauswahl. **www.bastide-moustiers.com**

REILLANNE Auberge de Reillanne €

D214, Le Pigonnier, 04110 Tel. *04 92 76 45 95* FAX *04 92 76 45 95* ***Zimmer*** *6* ***Straßenkarte*** *C3*

Dieses große, charmante Herrenhaus im Lubéron ist von einem riesigen Garten umgeben. In den Aufenthaltsräumen stehen große Bücherregale; die Zimmer sind rustikal mit Landhausmöbeln eingerichtet. Das Restaurant serviert gute französische Hausmannskost. **www.auberge-de-reillanne.com**

Straßenkarte *siehe hintere Umschlaginnenseiten*

Restaurants

Die Gaumenfreuden tragen wesentlich zur Attraktivität dieser sonnenverwöhnten Region bei. Die Küste ist bekannt für feine Fischrestaurants. Die besten findet man in Marseille und Nizza.

Echt provenzalische Küche bekommt man im Hinterland, z.B. in den Dörfern der Départements Var und Vaucluse. In den Tälern der Haute-Provence ist die Küche zwar weniger raffiniert, aber nicht minder schmackhaft. Typische Spezialitäten sind Wild und Trüffeln. Da den Südländern das Essen heilig ist, herrscht mittags und abends eine geradezu unheimliche Ruhe auf den Straßen der Ortschaften. Mittagessen gibt es etwa von 12 bis 14 Uhr, Abendessen zwischen 19 und 22 Uhr. Cafés und Bars in den Städten haben aber auch länger geöffnet *(siehe S. 218f)*. Auf den Seiten 210–217 sind Restaurants verschiedener Preisklassen aufgeführt. Auswahlkriterien waren die Qualität des Essens sowie Einrichtung und Ambiente der Lokale.

Köstlichkeiten des Meeres

Restaurants

In ländlichen Gegenden gibt es die *ferme auberge*, einen einfachen, zu einem Bauernhof oder Weingut gehörenden Gasthof mit gutem Essen, häufig aus regionalen Produkten. In vielen Hotelrestaurants ist der Zutritt keineswegs nur Hausgästen vorbehalten. Im Gegenteil: Sie sind oft Mittelpunkt des dörflichen Lebens und bieten gute Küche zu vernünftigen Preisen.

In Städten gibt es die übliche Mischung aus amerikanischen Fast-Food-Tempeln und traditionellen Restaurants. Orte wie Aix, Avignon und Nizza verfügen über ein sehr breit gefächertes Angebot an Restaurants, von denen einige zu den besten außerhalb von Paris zählen.

Wer mit dem Auto unterwegs ist, sollte das rot-blaue Schild *»Les Routiers«* beachten. Dabei handelt es sich um Raststätten mit langer Tradition (sei es als Familienrestaurant oder als kleine Brasserie), wo man gut und preiswert essen kann. In der Provence wird wie in ganz Frankreich weitaus mehr Wert auf die Qualität des Essens als auf die Einrichtung des Lokals gelegt. Es gibt aber trotzdem eine ganze Reihe von Restaurants mit Charme und herrlicher Aussicht.

Preise

Die Preise in den ländlichen Gegenden sind im Allgemeinen niedriger als in den Städten. Ein Großteil der Restaurants bietet Menüs an, die preiswerter sind als Essen à la carte. Das Mittagsmenü ist meist günstig. Für etwa 15 Euro bekommt man schon eine Mahlzeit (inkl. Wein). Im Hinterland muss man für ein Abendessen pro Kopf rund 30 Euro rechnen, an der Küste sind die Preise wegen der größeren Konkurrenz niedriger. In Luxusrestaurants an der Côte d'Azur kostet ein Abendessen mindestens 70 Euro pro Person, dafür bekommt man aber auch etwas geboten. Die Gaststätten sind verpflichtet, die Preise am Eingang auszuhängen. Die Bedienung ist inklusive, trotzdem wird meist ein Trinkgeld (ca. fünf Prozent) erwartet. Wer mit Kreditkarte zahlt, hat mit Visa und MasterCard die geringsten Probleme. Auch American Express und Diners Club werden mehr und mehr akzeptiert, Reiseschecks dagegen nur noch selten. Die Bezahlung mit der girocard (Maestro-/EC-Karte) ist in ganz Frankreich weitaus weniger üblich als beispielsweise in Deutschland oder Österreich.

Les Deux Garçons, Aix *(siehe S. 219)*

Entspannen im beliebten Café de Paris in St-Tropez *(siehe S. 219)*

Reservierung

In die noblen Luxusrestaurants an der Côte d'Azur kommt man meist nur mit einer Reservierung. In der Hochsaison erweist diese sich zum Teil auch im kleinsten

Restaurant als unverzichtbar. Auf dem Land findet man meist auch ohne vorherige Reservierung einen Tisch, da der Wirt einfach noch einen dazustellt.

Etikette

Die Franzosen ziehen sich leger, aber gut an, wenn sie essen gehen. Daher sollte man sich auch als Besucher entsprechend kleiden. Strandkleidung ist außer in Cafés und Bars unpassend. Die Liste auf den Seiten 210–217 zeigt, welche Restaurants Wert auf korrekte Kleidung legen.

Speisekarte

Ein Menü besteht meist aus drei Gängen. Der Ober nimmt die Bestellung für die Vorspeise *(entrée)* und den Hauptgang entgegen, das Dessert wird später bestellt. Teurere Menüs haben oft vier Gänge. Dann wird vor dem Dessert noch Käse gereicht. Auf dem Land servieren manche Restaurants sechs Gänge, hier sitzt man leicht mehrere Stunden zu Tisch. Das *entrée* besteht meist aus Salat, Pastete, Suppe oder Schalentieren. Als Hauptgang gibt es entweder Lamm, Huhn, Fisch oder Wild nach Saison. Kaffee wird nach dem Dessert serviert. Wünschen Sie dazu Milch, bestellen Sie *café crème.*

Frühstück in einem Straßencafé

Weinauswahl

Wein ist in der Provence praktisch ein Grundnahrungsmittel, selbst im kleinsten Lokal hat man oft die Qual der Wahl *(siehe S. 208f).* Die Preise sind nicht sehr verlockend, vor allem Flaschenweine sind sehr teuer. Am besten bestellt man nur einen *demi* (0,5 l) oder auch einen *quart* (0,25 l). Französische Weine werden in vier Kategorien eingeteilt. Die unterste Qualitätsstufe ist der Vin de Table, gefolgt vom Vin de Pays und dem Vin Délimité de Qualité Supérieure (VDQS). Höchstes Qualitätsprädikat ist die Appellation d'Origine Contrôlée (AOC). Bestellen Sie im Zweifel den Hauswein *(la réserve).* Die wenigsten Wirte werden ihren Ruf durch einen schlechten Hauswein riskieren wollen.

Das elegante Colombe d'Or in St-Paul-de-Vence *(siehe S. 212)*

Vegetarische Gerichte

Vegetarische Restaurants sind sehr selten, die vegetarische Küche kaum verbreitet. Man kann aber fast überall einen Salat, ein Omelett, eine Gemüsesuppe oder eine vegetarische Vorspeise bestellen. Wenn man Glück hat, gerät man an einen Koch, der ein Gemüsegericht zaubert.

Mit Kindern essen

Da in der Provence grundsätzlich im Kreis der Familie gegessen wird, sind die meisten Restaurants kinderfreundlich. Immer mehr Lokale verfügen über Kinder- und Babystühle. Auch Kinderteller oder kleinere Portionen zu verbilligten Preisen sind immer häufiger im Angebot.

Service

Weil man sich in Frankreich mit dem Essen viel Zeit lässt, ist auch der Service oft langsam. Zudem wird in kleinen Restaurants erst auf Bestellung gekocht.

Behinderte Reisende

Die wenigsten Restaurants sind behindertengerecht. Im Sommer ist es bei Tischen im Freien meist unproblematisch, bitten Sie aber bei der Reservierung trotzdem um einen geeigneten Tisch.

Rauchen

Trotz mancher Versuche, das gesetzliche Rauchverbot in öffentlichen Räumen zu umgehen, haben sich in Frankreich sowohl Bar- und Restaurantbesitzer als auch ihre Gäste weitgehend damit arrangiert. Für eine Zigarette geht man vor die Tür.

Picknick

Ein Picknick auf dem Land wäre nichts ohne Brot, Käse und *charcuterie* von einem der reizenden Märkte der Provence. An vielen der größeren Straßen gibt es ausgewiesene Picknickplätze mit Tischen und Stühlen. An den Landstraßen sind die Plätze am idyllischsten.

Provenzalische Küche

Die Küche der Provence trägt auch den Namen *cuisine du soleil* (»Küche der Sonne«) – aus gutem Grund. Sie ist für ihre Fülle an sonnengereiftem Obst und Gemüse bekannt. Auch der frische Fisch, die Meeresfrüchte und das exzellente magere Fleisch machen sie sehr gesund. Der Käse wird meist aus Ziegenmilch hergestellt. Schlüsselzutaten der Gerichte sind Olivenöl, Knoblauch und duftende Kräuter. Auf den Märkten gibt es Obst und Gemüse im Überfluss: Tomaten, Auberginen, Paprika, Zucchini, frisch gepflückte Kirschen, Melonen, Zitronen und Feigen. Doch die Provence ist und bleibt das Land der Oliven und des Olivenöls.

Oliven und Olivenöl

Aromatische Cavaillon-Melonen auf einem Markt

Gemüse

In der provenzalischen Küche spielt Gemüse die Hauptrolle. Man serviert es roh als Vorspeise mit *aioli* (Knoblauchsauce) oder mit *tapenade* (pürierte Oliven, Kapern und Sardellen). Tomaten und Zucchini werden *à la niçoise* mit Hackfleisch, Reis und Kräutern gefüllt. Zu den kleinen violetten Artischocken gibt es eine Butter-Zitronen-Sauce, oder sie werden mit Schinken gebraten. Lieblingssuppe ist die kräftige *soupe au pistou* (Bohnen und Gemüse mit Pinienkernen, Basilikum und Knoblauch). Ein weiterer Klassiker ist die *ratatouille*. Neben dem berühmten *salade niçoise* findet man auch *mesclun* auf der Speisekarte, eine regionale Mischung aus verschiedenen Blattsalaten (u. a. Feldsalat, Rucola, Löwenzahn).

Fisch

Fisch aus dem Mittelmeer wird in der provenzalischen Küche hoch geschätzt. Die Leidenschaft gipfelt in der *bouillabaisse*. Es finden sich darin u. a. Streifenbarsch, *rascasse* (Skorpionfisch), Seebarbe, Seebrasse, Petersfisch, Seeteufel und Tintenfisch. Rund um Nizza besteht der Hauptfang aus Sardinen und Sardellen. Am besten genießt man den Fisch ein-

Provenzalische Meeresfrüchte aus dem Mittelmeer

Provenzalische Spezialitäten

Frische Feigen

Die Provence hat einige berühmte Gerichte hervorgebracht, am bekanntesten ist vermutlich die *bouillabaisse*. Die Zutaten für diesen Fischeintopf variieren von Ort zu Ort, wobei Marseille den Anspruch auf das Originalrezept erhebt. Mindestens vier verschiedene Fischsorten – u. a. *rascasse* (Drachenkopf) und *grondin* (Knurrhahn) – werden mit Tomaten und Safran gekocht. Zunächst wird der Sud mit Croûtons serviert, dann der Fisch mit *rouille*, einer Knoblauchmayonnaise. Das einst einfache Fischeressen ist heute eine luxuriöse Spezialität, die Sie in vielen Restaurants 24 Stunden im Voraus bestellen müssen. Eine einfachere Variante ist *bourride*, eine Knoblauchfischsuppe. Zu den zahlreichen weiteren Spezialitäten gehören *ratatouille*, *salade niçoise* und gehaltvolle Rindfleischeintöpfe mit Rotwein.

Bouillabaisse
In diesen provenzalischen Klassiker gehören u. a. Seeteufel, Petersfisch und Seeaal.

Getrocknete Kräuter und Gewürze auf einem Markt in Nizza

fach mit Kräutern gegrillt, z. B. *loup* (Seebarsch) mit Fenchel. An Meeresfrüchten gibt es Muscheln *(moules)*, Krabben, Garnelen *(gambas)* und Seeigel *(oursins)*. Nördlich von Nizza locken Bachforellen, in der Camargue Süßwasseraale. Beliebt sind die *soupe de poissons* (Fischsuppe), provenzalischer Oktopus (mit Weißwein, Tomaten und Kräutern) und *brandade de morue* (pürierter Kabeljau mit Sahne, Kartoffeln und Olivenöl), eine Spezialität aus Nîmes.

Fleisch und Wild

Lamm ist die beliebteste Fleischsorte – vor allem aus Sisteron. Dort ergeben die Bergweiden ein zartes und doch würziges Fleisch. Rind wird meist als *daube* serviert, benannt nach dem kugelförmigen Terrakottagefäß *(daubière)*, in dem das Fleisch geschmort wird. Sehr köstlich ist auch *bœuf gardian*, ein Fleischeintopf aus der Camargue mit dem typischen Reis der Region. An Wildgerichten gibt es vor allem Wildkaninchen, Hase und Wildschwein. Probieren Sie auch die *caillettes* (Pasteten mit Schweinefleisch, Leber, Spinat und Wacholder) und die *saucisson* aus Arles (früher aus Eselfleisch, heute meist aus Schweinefleisch bereitet).

Die berühmten und köstlichen *saucissons d'Arles*

Obst und Honig

Aufwendige Desserts sind selten – ist doch schon das pure Obst so köstlich. Berühmt sind die Melonen aus Cavaillon und Zitronen aus Menton. In Apt werden seit dem Mittelalter kandierte Früchte produziert. Zudem gibt es verschieden aromatisierte Honigsorten (Kastanie, Lavendel und Rosmarin).

Auf der Speisekarte

Beignets des fleurs de courgette (Frittierte Zucchiniblüten)

Fougasse (Brotfladen mit Olivenöl und meist auch Oliven)

Ratatouille (Eintopf aus Auberginen, Tomaten, Zucchini und Paprika)

Salade niçoise (Grüner Salat mit Ei, Oliven, grünen Bohnen, Tomaten und Sardellen)

Socca (Kichererbsenpfannkuchen, Spezialität aus Nizza)

Tarte Tropezienne (Biskuit aus St-Tropez, mit *crème patissière* gefüllt)

Tourte des blettes (Pastete mit Mangold, Rosinen und Pinienkernen)

Artichauts à la barigoule
Babyartischocken, gefüllt mit Schinken und Gemüse, werden in Weißwein gegart.

Loup au fenouil
Seebarsch, mit Fenchel gefüllt, wird gegrillt oder mit Weißwein im Ofen geschmort.

Bœuf en daube
Rind in Wein, Zwiebeln und Knoblauch mariniert, mit Orangenschale und Tomaten.

Provenzalische Weine

Das Weinangebot der Provence könnte kaum verlockender und vielfältiger sein. Auf dem steinigen Boden im Norden reifen unter sengender Sonne die gehaltvollen und erdigen Rotweine, unter denen sich der Châteauneuf-du-Pape besonders auszeichnet. An der Küste im Süden werden leichtere, fruchtigere Weiß- und Roséweine angebaut, aber auch einige gute Rotweine. Besonders zu empfehlen sind der trockene Weißwein aus Cassis sowie die Rot- und Roséweine aus dem winzigen Anbaugebiet um Bandol. Früher galten provenzalische Weine als qualitativ minderwertig, doch dank moderner Anbautechniken und der Einführung geeigneterer Rebsorten hat sich die Qualität deutlich verbessert.

Weinflaschen in der für die Provence typischen Form

Weißweine

Grenache-Gris-Trauben, kombiniert mit anderen Rebsorten, geben dem provenzalischen Weißwein das reiche Bukett und die feine Säure. Die unten aufgeführten Weine passen hervorragend zu Fisch.

Gute Weißweine

- **Clos Ste-Magdeleine**
  Cassis
- **Château Val Joanis**
  Côtes du Lubéron
- **Domaine St-André-de-Figuière**
  Côtes de Provence
- **Domaine Gavoty**
  Côtes de Provence

Ein guter weißer Châteauneuf-du-Pape

Weißer Côtes du Rhône

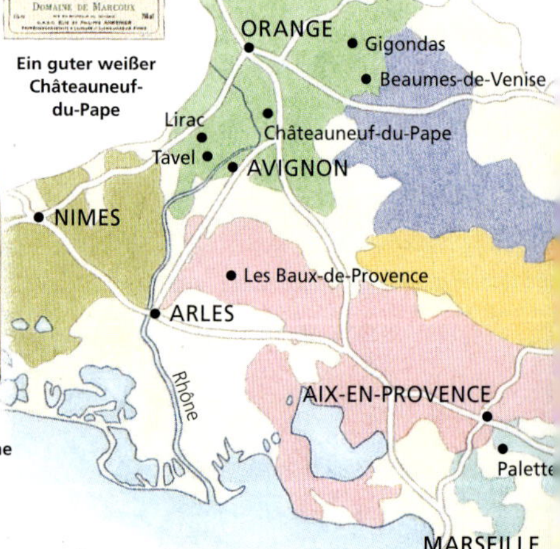

Roséweine

Provenzalischer Rosé ist weit mehr als ein süßer Aperitif-Wein in kegelförmiger Flasche. Rebsorten wie Syrah oder Tavel liefern einen körperreicheren Wein, der zur würzigen, knoblauchreichen provenzalischen Küche passt. Auch der rund um Bandol angebaute *vin gris* gilt als sehr guter Tropfen.

Anbaugebiete der Provence

Die Anbaugebiete konzentrieren sich an den steinigen Hängen *(côtes)* im Südwesten der Region. Les Arcs ist ein guter Ausgangspunkt für eine Tour durch das Côtes-de-Provence-Anbaugebiet *(siehe S. 108f)*.

Gute Roséweine

- **Château Romassan**
  Bandol
- **Commanderie de Bargemone**
  Côtes de Provence
- **Commanderie de Peyrassol**
  Côtes de Provence
- **Domaine la Forcadière**
  Tavel
- **Domaine Gavoty**
  Côtes de Provence

Heller Rosé *(gris)* aus Bandol

Weinberg oberhalb von Cassis

Rotweine

Um Châteauneuf-du-Pape wird ein ausgezeichneter, gehaltvoller Rotwein angebaut, der gut zu herzhaften Fleischgerichten passt. Auch der lagerfähige Bandol ist überaus empfehlenswert. Etwas leichtere Alternativen sind Côtes du Rhône oder Côtes de Provence. Weine aus einem der genannten Rhône-Dörfer sollten von gehobener Qualität sein, wie auch die Weine aus Les Baux-de-Provence oder den Côtes du Lubéron.

Rotwein aus Les Baux

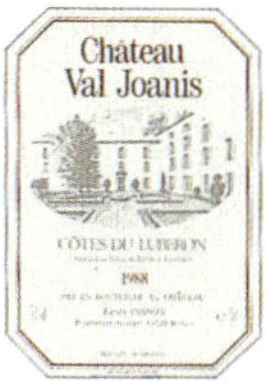

Ein besonders guter Côtes du Lubéron

Erdiger Châteauneuf-du-Pape

Gute Rotweine

- **Château de Beaucastel**
  Châteauneuf-du-Pape
- **Château du Trignon**
  Sablet, Côtes du Rhône
- **Château Val Joanis**
  Côtes du Lubéron
- **Château de Pibarnon**
  Bandol
- **Domaine des Alysses**
  Coteaux Varois
- **Domaine Font de Michelle**
  Châteauneuf-du-Pape
- **Domaine Tempier**
  Bandol

Weinernte im Anbaugebiet Côtes de Provence

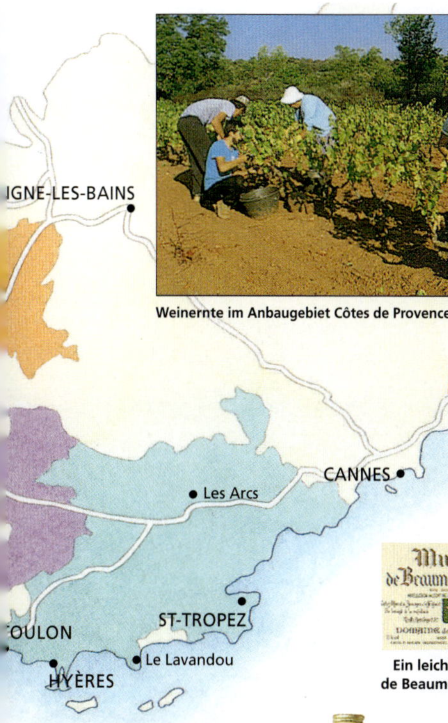

LEGENDE

- Bandol & Côtes de Provence
- Bellet
- Cassis
- Costières de Nîmes
- Coteaux d'Aix-en-Provence
- Coteaux de Pierrevert
- Coteaux Varois
- Côtes de Provence
- Côtes de Ventoux
- Côtes du Lubéron
- Côtes du Rhône

Ein leichter Muscat de Beaumes-de-Venise

Dessertweine

Bei den *vins doux naturels* (natürlich süßen Weinen) ist der Zucker nicht vollständig zu Alkohol vergoren, sie werden dann mit etwas Weinalkohol versetzt. Besonders köstlich sind sie zum Dessert, als kühler Aperitif oder anstelle eines Likörs. Die meisten Dessertweine werden aus der Muscat-Traube gekeltert, ihr Spektrum reicht von extrem süß bis zu betörend duftend, einige sind auch aus der roten Grenache-Traube.

Typische Muscat-Flaschenform

Fruchtbarer Boden des Rhône-Tals

Restaurantauswahl

Die folgenden Restaurants bieten eine angenehme Atmosphäre und überdurchschnittlich gute Küche. Die Lokale sind nach Regionen sortiert und innerhalb der Regionen nach Ort, Preiskategorie und Alphabet aufgelistet. Siehe auch *Provenzalische Küche (S. 206f)* und *Cafés, Bars und Snacks (S. 218f)*.

PREISKATEGORIEN

Preise für ein Drei-Gänge-Menü mit einer halben Flasche Hauswein, inkl. Gedeck, Steuern und Service:

€ unter 30 Euro
€€ 30–45 Euro
€€€ 45–60 Euro
€€€€ 60–90 Euro
€€€€€ über 90 Euro

Riviera und Alpes Maritimes

ANTIBES L'Auberge Provençale €€€
61, pl Nationale, 06600 ☎ *04 93 34 13 24* FAX *04 93 34 89 88* **Straßenkarte** E3

Traditionelle provenzalische Gerichte genießt man hier in zwei stimmungsvollen Gästeräumen. Im Sommer kann man an Tischen in einem reizenden Innenhof Platz nehmen. Auch ein bekannter Küchenchef aus der Gegend ist hier Stammgast. Probieren Sie den Seeteufel mit Chorizo oder das Mittagsmenü (19 Euro).

BAR-SUR-LOUP L'Ecole des Filles €
380, av Amiral de Grasse, 06620 ☎ *04 93 09 40 20* FAX *04 93 42 43 97* **Straßenkarte** E3

Das Lokal in der ehemaligen Dorfschule ist seit Langem ein Renner bei den Einheimischen. Sowohl die Ausstattung als auch das Essen sind genuin provenzalisch. Für die Sommermonate gibt es eine sonnige Terrasse. Es werden À-la-carte-Gerichte und Festpreismenüs angeboten. ● So abends, Mo.

BIOT Les Terraillers €€€€€
11, route Chemin Neuf, 06410 ☎ *04 93 65 01 59* **Straßenkarte** E3

Gepflegtes Restaurant mit üppigen Portionen, großzügig aromatisiert mit Trüffeln und Kräutern der Umgebung. Die *foie-gras*-Schnitzel sind ein Muss und das Lamm schlichtweg ein kulinarischer Hochgenuss. Die Weinkarte listet gute *vins de pays* der Provence. ● Mi u. Do.

CAGNES-SUR-MER Fleur de Sel €€
85, Montée de la Bourgade, 06800 ☎ *04 93 20 33 33* FAX *04 93 20 33 33* **Straßenkarte** E3

Angenehmes Restaurant mit unprätentiösen Gerichten zu günstigen Preisen (vor allem, wenn Sie aus der Tageskarte wählen). Die Einrichtung ist rustikal, die Lage – im Herzen von Haut-de-Cagnes – sehr attraktiv. Auch die Weinauswahl ist passabel. ● Mi.

CAGNES-SUR-MER Le Cagnard €€€€€
45, rue Sous-Barri, Haut-de-Cagnes, 06800 ☎ *04 93 20 73 21* FAX *04 93 22 06 39* **Straßenkarte** E3

Das Herrenhaus aus dem 14. Jahrhundert ist ein Ort für Genießer. Auf der Karte finden sich Trüffeln, Tauben und Langusten – alles perfekt zubereitet und ansprechend serviert. Dazu gibt es einige der besten Weine, die man in der Provence und im Gard bekommt. ● Mo, Di sowie Do mittags.

CANNES 38, The Restaurant €€€
38, rue des Serbes, 06400 ☎ *04 92 99 79 60* FAX *04 92 99 26 10* **Straßenkarte** E4

Üppiger als hier im 38 kann man kaum dinieren: Den Gast erwartet eine der besten Küchen in Cannes, begleitet von exzellentem Service, und das zu erstaunlich akzeptablen Preisen. In erster Linie gibt es Provenzalisches und Fischgerichte, dazu eine riesige Auswahl an Weinen. ● So, Mo.

CANNES La Cave €€€
9, boulevard de la République, 06400 ☎ *04 93 99 79 87* **Straßenkarte** E4

Das Lokal ist seit Jahren bei Einheimischen und Besuchern gleichermaßen beliebt. Sein großes Angebot an traditionellen provenzalischen Gerichten ist durchweg aus frischen Zutaten der Region bereitet. Die Weinkarte weist mehr als 350 Empfehlungen auf, darunter auch erlesene Tropfen heimischer Produzenten. ● Sa mittags, So.

CANNES Le Pastis €€€
28, rue du Commandant André, 06400 ☎ *04 92 98 95 40* **Straßenkarte** E4

Der Dekor des Pastis liegt irgendwo zwischen amerikanischem Diner und französischem Bistro. Hier bekommt man zu jeder Tageszeit eine einfache wie gute Mahlzeit. Die Karte ist vorwiegend mediterran geprägt, mit Gerichten wie *daube à la niçoise* (ein Schmorgericht mit Rindfleisch), aber es gibt auch *Caesar salad* und *steak tartare*.

CANNES Ondine €€€€
15, la Croisette, 06400 ☎ *04 93 94 23 15* **Straßenkarte** E4

Strandrestaurants sind in der Regel gastronomisch wenig ambitioniert. Das Ondine stellt hier eine Ausnahme dar. Der Inhaber Jean-Pierre Silva wählt jeden Tag persönlich auf dem Markt die besten Zutaten für seine Küche aus. Der kulinarische Schwerpunkt liegt augenscheinlich bei Fisch. Die Weinkarte des Hauses ist bemerkenswert gut.

Zeichenerklärung *siehe hintere Umschlagklappe*

CANNES La Palme d'Or €€€€€

73, la Croisette, 06400 Tel. 04 92 98 74 14 FAX 04 93 39 03 38 **Straßenkarte** *E4*

Im Palme d'Or herrscht kein echter Krawattenzwang, aber wer hier zu leger gekleidet ist, fühlt sich schnell etwas fehl am Platz. Das Essen ist exzellent: frischer Fisch und gute, teure Weine. Das Restaurant gehört zum Hôtel Martinez; Reservierung ist erforderlich. ● Jan, Feb.

ÈZE Troubadour €€€

4, rue du Brec, 06360 Tel. 04 93 41 19 03 **Straßenkarte** *F3*

Das Troubadour ist nur zu Fuß zu erreichen. Drei kleine Speiseräume, versteckt hinter dicken mittelalterlichen Mauern, bieten Zuflucht vor der sommerlichen Hitze sowie Tagesmenüs und À-la-carte-Gerichte aus der provenzalischen Küche. ● So u. Mo, außerdem Ende Juni – Mitte Juli und Mitte Nov – Mitte Dez.

GRASSE Bastide St Antoine €€€€€

48, avenue Henri Dunant, 06130 Tel. 04 93 70 94 94 FAX 04 93 70 94 95 **Straßenkarte** *E3*

Jacques Chibois' Restaurant gehört zu einem schicken Designerhotel im zentrumsnahen Viertel St-Antoine. Die Speisekarte ist auf Kenner innovativer französischer Küche zugeschnitten: junge Ente, Trüffeln und viel fantasievoll zubereitetes Gemüse. Die exzellente Weinkarte führt hauptsächlich provenzalische Erzeugnisse auf.

JUAN-LES-PINS Les Pêcheurs €€€€€

10, boulevard Maréchal Juin, Cap d'Antibes, 06160 Tel. 04 92 93 13 30 FAX 04 92 93 15 04 **Straßenkarte** *E4*

Das herrliche Lokal gilt als eines der gastronomischen Flaggschiffe am Cap d'Antibes. Die hochtrabende Bezeichnung verstehen Sie, wenn Sie den Seebarsch mit eingelegten Zitronen, mariniertem Gemüse und Basilikum probieren. ○ Do – Mo mittags und abends. ● Mai – Okt tägl. abends; Juli, Aug mittags.

LA TURBIE Café de la Fontaine €€

4, avenue Général de Gaulle, 06320 Tel. 04 93 28 52 79 FAX 04 92 41 51 50 **Straßenkarte** *F3*

Im unprätentiösen Stadtcafé des bekannten Gastronomen Bruno Cirino essen die besten Küchenchefs der Küste an ihren freien Tagen. Das überzeugende Prinzip – frischeste Zutaten, einfach zubereitet – lässt sich bei Gerichten wie mit Spargel gefüllten Ravioli, gegrilltem Lamm und der himmlischen *tarte aux fraises* genüsslich erfahren.

MENTON Auberge Pierrot-Pierrette €€

Pl de l'Église, 06500 Tel. 04 93 35 79 76 FAX 04 93 35 79 76 **Straßenkarte** *F3*

Das Lokal auf einem Hügel fünf Kilometer von Menton entfernt bietet eine freundliche Atmosphäre in ländlichem Ambiente. Von der Terrasse hat man eine herrliche Aussicht. Die verwendeten Zutaten sind immer ganz frisch. Das Angebot wechselt nach Saison. Empfehlenswert: *écrevisses* (Shrimps) und Ente à l'orange. ● Mo.

MENTON Le Mirazur €€€€€

30, avenue Aristide Briand, 06500 Tel. 04 92 41 86 86 FAX 04 92 41 86 87 **Straßenkarte** *F3*

Mauro Colagreco, der talentierte Küchenchef, stammt aus Argentinien, hat aber unverkennbar italienische Wurzeln. Sein modernes Restaurant verfügt über einen Garten mit tropischen Pflanzen. Wie ein Maler verziert Colagreco die Teller, die Kräuter und Blumen hierfür sammelt er in den Bergen. Das Mittagsmenü kostet um die 35 Euro.

MONACO Maya Bay €€

24, avenue Princesse Grace, 98000 Tel. 00 377 97 70 74 67 **Straßenkarte** *F3*

Küchenchef Christophe Dupuy versieht traditionelle thailändische Gerichte wie in Bananenblättern gebackenen Wolfsbarsch oder Lammcurry mit Basilikum mit einem französischen Touch. Zu dem Restaurant gehört auch eine separate Sushi-Bar. Diese angesagte Location ist bei den Berühmtheiten von Monaco sehr beliebt.

MONACO La Trattoria €€€€

Av Princesse Grace, 98000 Tel. 00 377 98 06 71 71 FAX 00 377 98 06 57 85 **Straßenkarte** *F3*

Das Lokal von Alain Ducasse offeriert günstigere Speisen als seine beiden anderen Restaurants in Monaco. Man kann ein traditionelles Drei-Gänge-Menü bestellen oder verschiedene Antipasti wie Weiße Bohnen mit *pancetta* und Tomaten oder Käse und Schinken. ○ nur abends.

MONACO Le Louis XV €€€€€

Pl du Casino, 98000 Tel. 00 377 98 06 88 64 FAX 00 377 98 06 59 07 **Straßenkarte** *F3*

Auch dieses Lokal wird von Meisterkoch Alain Ducasse betrieben. Edward VII war hier Stammgast; während eines seiner Besuche wurde die *crêpe suzette* (mit Orangenlikör flambiert) erfunden und sogleich nach seiner Geliebten benannt. Göttliches Essen und riesige Weinkarte. ● Di und Mi, Ende Feb – Mitte März, Dez.

MOUGINS Resto des Arts €

Rue du Maréchal-Foch, 06250 Tel. 04 93 75 60 03 **Straßenkarte** *E3*

Das familiäre Restaurant mit einfacher, aber exzellenter regionaler Küche bietet äußerst preiswerte Menüs (vor allem mittags), man kann aber auch sehr gut à la carte essen. Zu den Spezialitäten gehören *daube provençale* (Eintopf vom Rind) und *petits farcis* (mit Hackfleisch, Knoblauch und Gemüse gefüllte Tomaten). ● Mo und Di.

MOUGINS Le Moulin de Mougins €€€€€

Notre-Dame-de-Vie, 3 route départementale, 06250 Tel. 04 93 75 78 24 FAX 04 93 90 18 55 **Straßenkarte** *E3*

Die in dem preisgekrönten Restaurant servierten Speisen sind fast zu schön, um sie zu essen. Chefkoch Sébastien Chambru kreiert mediterran beeinflusste Gerichte. Die besten Tische befinden sich auf der Gartenterrasse, die von interessanten Skulpturen umgeben ist. Reservierung unbedingt nötig.

Straßenkarte *siehe hintere Umschlaginnenseiten*

NIZZA L'Acchiardo €

38, rue Droite, 06000 04 93 85 51 16 **Straßenkarte** F3

Mitten in der Altstadt von Nizza liegt das authentischste Bar-Restaurant der Stadt, mit Einheimischen immer gut gefüllt. Die Fischsuppe hier soll die beste überhaupt sein, aber auch der Rest der Karte ist einen Versuch wert. Der Wein kommt direkt aus dem Fass. Nur Barzahlung! So sowie Sa abends und Aug.

NIZZA Bistrot d'Antoine €€

27, rue de la Préfecture, 06300 04 93 85 29 57 **Straßenkarte** F3

Armand Crespo, der frühere Chef des Lou Cigalon in Valbonne, steht hinter dem Aufschwung des Lokals. Er kauft persönlich die frischen Zutaten auf dem nahen Markt ein. Fleisch vom Grill bildet den Schwerpunkt der Küche: Versuchen Sie den *magret* oder die köstlichen Kalbsnieren. Das Weinangebot ist gut und erschwinglich.

NIZZA Le Chantecler €€€€€

37, promenade des Anglais, 06000 04 93 16 64 00 FAX 04 93 88 35 68 **Straßenkarte** F3

Das Lokal hat seinen hohen Standard aus dem 19. Jahrhundert in unsere Tage herübergerettet. Kunstgegenstände und Wandbehänge vermitteln feudales Flair. Es gibt Festpreismenüs, das Lokal ist aber eher berühmt für seine experimentellen Tagesgerichte. Der Michelin-Stern kommt nicht von ungefähr. Mo, Di, Jan.

PEILLON Auberge de la Madone €€€€

Peillon village, 06440 04 93 79 91 17 FAX 04 93 79 99 36 **Straßenkarte** F3

Ein auf vegetarische Küche spezialisiertes Restaurant ist ungewöhnlich für Frankreich, aber dieses ist seit langer Zeit bekannt und beliebt. Probieren Sie *tourton des pénitents* (Gemüsetarte mit Mandeln). Die Terrasse ist von Olivenbäumen umstanden und bietet eine herrliche Aussicht. Mi.

ROQUEBRUNE-CAP-MARTIN Les Deux Frères €€€

Pl des Deux Frères, 06190 04 93 28 99 00 FAX 04 93 28 99 10 **Straßenkarte** F3

Provenzalisches Lokal mit Schwerpunkten auf Lamm- und Entengerichten. Das Restaurant ist in einer alten Schule zu Hause, an warmen Tagen stehen Tische auf dem Platz davor, und man kann den Blick hinunter nach Monaco und auf das Mittelmeer genießen. Mo sowie Di mittags und So abends, außerdem Mitte Nov–Mitte Dez.

ST-JEAN-CAP-FERRAT Le Pirate €

Nouveau Port, 06230 04 93 76 12 97 **Straßenkarte** F3

Das Restaurant mit Blick auf den malerischen Hafen ist auf Fisch und Meeresfrüchte spezialisiert. Wählen Sie Seeteufel und Hummer mit Knoblauch-Mayonnaise oder eine *bouillabaisse*, die Sie hier unverfälscht bekommen. Die Festpreismenüs sind sehr günstig. mittags (außer Juli–Okt), Apr–Okt auch abends; Mo.

ST-MARTIN-VÉSUBIE La Bonne Auberge €

98, allée de Verdun, 06450 04 93 03 20 49 FAX 04 93 03 20 69 **Straßenkarte** E2

Das alte steinerne Gasthaus Bonne Auberge liegt in einer spektakulären Landschaft. Vor allem auf der schattigen Terrasse isst es sich sehr gemütlich; regionale Gerichte und Weine sind gut und preiswert. Da das Lokal sehr beliebt ist, sollten Sie frühzeitig reservieren. Das zugehörige Zwei-Sterne-Hotel ist einfach und sauber.

ST-PAUL-DE-VENCE La Colombe d'Or €€€

Pl du Général de Gaulle, 06570 04 93 32 80 02 FAX 04 93 32 77 78 **Straßenkarte** E3

Eines der bekanntesten und ursprünglichsten Restaurants in der Provence. Noch immer wird es von den Reichen und Berühmten frequentiert, wie einst, als die impressionistischen Maler hier mit Bildern ihre Mahlzeiten bezahlten. An den Wänden hängen Picassos und Matisses. Traditionelle Küche mit innovativem Touch. Nov–Mitte Dez.

TOUËT-SUR-VAR Restaurant Chez Paul €€

4260, av Général de Gaulle, 06710 04 93 05 71 03 **Straßenkarte** E3

Gemütlicher Familiengasthof in einem schönen Tal des Var. Im Winter und an kühlen Abenden sorgt ein offener Kamin für Stimmung, in der warmen Jahreszeit stehen Tische draußen im üppigen Grün. Klassische hausgemachte Gerichte, preiswerte Weine. Die Öffnungszeiten wechseln je nach Jahreszeit, rufen Sie also vor Ihrem Besuch an.

VENCE Auberge des Seigneurs €€€

1, rue du Dr Binet, 06140 04 93 58 04 24 FAX 04 93 24 08 01 **Straßenkarte** E3

Das Gasthaus im Seitenflügel eines alten Schlosses hat schon Künstler, Adlige und gekrönte Häupter bewirtet. Die Gerichte sind meist provenzalisch, z. B. Lammbraten und frischer Fisch vom Grill. Die Weinkarte ist umfangreich, das Angebot preiswert. So, Mo, außerdem Jan.

VILLEFRANCHE Le Carpaccio €€€

17, promenade des Marinières, 06230 04 93 01 72 97 FAX 04 93 01 97 34 **Straßenkarte** F3

Im Sommer sollten Sie hier unbedingt einen Tisch auf der Terrasse reservieren, um den schönen Blick über die Bucht auf St-Jean-Cap-Ferrat zu genießen. Dank der großen Fensterfront gibt es diese Aussicht auch im Winter. Frischer Fisch, Pizza vom Holzofen und – als Spezialität des Hauses – Carpaccio stellen auch kulinarisch zufrieden.

VILLEFRANCHE L'Oursin Bleu €€€

11, quai Courbet, 06230 04 93 01 90 12 FAX 04 93 01 80 45 **Straßenkarte** F3

Das Aquarium im Foyer lässt schon ahnen, dass man hier auf frischen Fisch spezialisiert ist. Das Lokal liegt an einem lebendigen Yacht- und Fischereihafen; auf der Terrasse stehen Tische unter Sonnenschirmen. Der Speisesaal ist mit maritimen Erinnerungsstücken dekoriert. Di und Jan.

Preiskategorien *siehe Seite 210* **Zeichenerklärung** *siehe hintere Umschlagklappe*

Var und Îles d'Hyères

COGOLIN Grain de Sel €€

6, rue du 11 Novembre, 83110 *04 94 54 46 86* **Straßenkarte** *E4*

Philippe Audibert, früher Chef des Byblos in St-Tropez, führt dieses quirlige Bistro mit Holzterrasse gleich hinter dem Rathaus. In der offenen Küche bereitet er klassische provenzalische Gerichte wie Tintenfischeintopf oder Perlhuhn mit frischen Zutaten zu. Neben der Karte nach Jahreszeit gibt es auch wechselnde Tagesgerichte.

COLLOBRIÈRES La Petite Fontaine €€€

1, pl de la République, 83610 *04 94 48 00 12* FAX *04 94 48 03 03* **Straßenkarte** *D4*

Das Restaurant im Zentrum von Collobrières, einem malerischen Bergdorf, bietet Frikassee vom Huhn mit Knoblauch, Kaninchen mit frischen Kräutern, Ente mit Waldpilzen und andere provenzalische Spezialitäten. Die Weine kommen von der örtlichen Genossenschaft. Mo sowie So abends; außerdem Feb und 2. Woche im Sep.

FAYENCE Le Moulin de la Camandoule €€€

Chemin de Notre-Dame-des-Cyprès, 83440 *04 94 76 00 84* FAX *04 94 76 10 40* **Straßenkarte** *E3*

Seine friedvolle und idyllische Lage macht dieses Hotelrestaurant in einer alten Olivenmühle so außergewöhnlich. Chefkoch Philippe Choisy bereitet ausgezeichnete Menüs und À-la-carte-Gerichte nach provenzalischer Art aus frischen Zutaten der Saison. Das Mittagessen wird meist auf der Terrasse serviert. Mi und Do.

FAYENCE Le Castellaras €€€€

Route de Seillans, 83440 *04 94 76 13 80* FAX *04 94 84 17 50* **Straßenkarte** *E3*

Das Le Castellaras, vier Kilometer vom Zentrum von Fayence entfernt, lohnt die Anfahrt u. a. wegen des Lammfilets mit Sauce Tarragon, der in Olivenöl, Zitrone und Tarragon marinierten Scampi oder der Polenta in Trüffelöl. Die Weinkarte bietet hauptsächlich Côtes-de-Provence-Weine. Mo (außer Juli und Aug), Jan.

ÎLE DE PORQUEROLLES Mas du Langoustier €€€€€

Île de Porquerolles Ouest, 83400 *04 94 58 30 09* FAX *04 94 58 36 02* **Straßenkarte** *D5*

Die von Fisch dominierte Karte dieses Hotelrestaurants bietet gebratenen Petersfisch mit Seeigelrogen, Meeräsche vom Grill, aber auch Waldpilze und *foie gras*, begleitet von provenzalischen Weinen. Den Gästen steht ein Shuttle-Service vom Hafen zum Lokal an der Westspitze der malerischen Insel zur Verfügung. Okt–Apr.

LA CADIÈRE D'AZUR Hostellerie Bérard €€€€

Rue Gabriel-Péri, 83740 *04 94 90 11 43* FAX *04 94 90 01 94* **Straßenkarte** *D4*

Dieses Hotelrestaurant in den Räumlichkeiten eines Klosters aus dem 11. Jahrhundert bietet eine schöne Aussicht auf die Weinberge von Bandol. Chef René Bérard ist ein Künstler, wenn es um Fisch und Meeresfrüchte geht. Zu den exzellenten Gerichten gibt es Weine der Region. Mo und Di.

LA GARDE-FREINET La Faucado €

Boulevard de l'Esplanade, 83680 *04 94 43 60 41* **Straßenkarte** *E4*

In dem gemütlichen Lokal wird klassische mediterrane Küche aus lokalen Produkten serviert. Der Service ist sehr freundlich. In den kühleren Monaten wird der offene Kamin angeheizt. Im Sommer kann man auch in dem schönen Garten im Freien essen.

ST-TROPEZ Le Bistrot Saint Tropez €€€

3, pl des Lices, 83990 *04 94 97 11 33* **Straßenkarte** *E4*

Das Innere der schicken Brasserie wird von gedämpftem Licht und geschickt platzierten Spiegeln bestimmt; die Terrasse geht auf die hübsche Place des Lices hinaus. Die Küche ist international, aber einige französische Klassiker wie Rührei mit Trüffeln und Lammkoteletts mit *câpres*-Pilzen haben überdauert.

ST-TROPEZ Le Caprice des Deux €€€

40, rue du Portail Neuf, 83990 *04 94 97 76 78* **Straßenkarte** *E4*

Ein solideres Restaurant lässt sich in der Stadt kaum finden. Es liegt versteckt in einer der engen verkehrsfreien Straßen von St-Tropez. 57 Euro für ein Menü sind nicht wenig, dafür bekommt man aber Köstlichkeiten wie *foie gras*-Terrine mit Zwiebelmarmelade und Jakobsmuschel-*brochette* auf Trüffelrisotto.

ST-TROPEZ Vague d'Or €€€€€

Plage de la Bouillabaisse, 83990 *04 94 55 91 00* **Straßenkarte** *E4*

Das luxuriöse Hotelrestaurant mit Privatstrand ist bei Leuten beliebt, die das, was sie zweifellos haben, nicht überall zeigen müssen. Der junge Küchenchef Arnaud Donckele macht aus besten regionalen Produkten erlesene Gerichte. Bevor das Restaurant den Winter über schließt, gibt es köstliche Wildgerichte. Okt–Mitte Apr.

TOULON L'Arbre Rouge €€

25, rue de la Comédie, 83000 *04 94 92 28 58* **Straßenkarte** *D4*

So versteckt in den Gassen von Toulon kann dies reizende Lokal leicht übersehen werden. Traditionell provenzalisch bietet die Küche u. a. frische *pistou*-gefüllte Sardinen oder Riesengarnelen mit *persillade*. Die Atmosphäre ist perfekt für ein romantisches Essen. Freundlicher Service. Do sowie Fr u. Sa abends und Sa u. So mittags.

Straßenkarte *siehe hintere Umschlaginnenseiten*

Bouches-du-Rhône und Nîmes

AIGUES-MORTES Le Dit-Vin €€

6, rue du 4 Septembre, 30220 *04 66 53 52 76* **Straßenkarte** *A4*

In dem schicken Restaurant mit Bar wird das Essen entweder in einem denkmalgeschützten Speiseraum oder draußen auf der Terrasse serviert. Auf der Speisekarte stehen klassische mediterrane und französische Gerichte, die wunderschön angerichtet werden. Der Service ist sehr zuvorkommend. Die Weinauswahl ist sehr umfangreich.

AIGUES-MORTES La Salicorne €€€

9, rue Alsace-Lorraine, 30220 *04 66 53 62 67* **Straßenkarte** *A4*

Jean-Claude Achard und seine Frau Lydie reisen um die ganze Welt auf der Suche nach neuen Aromen. Was sie dabei finden, kann man in dem rustikalen Restaurant auf der ungewöhnlichen Speisekarte entdecken, z. B. gewürztes Lamm vom Grill und Seeteufel-*blanquette* mit Sauerampfer. Die Weinkarte hält einige Überraschungen bereit.

AIX-EN-PROVENCE Brasserie Leopold €€

2, av Victor Hugo, 13090 *04 42 26 01 24* FAX *04 42 38 53 17* **Straßenkarte** *C4*

Eine typische Brasserie mit einigen Dutzend Tischen im Erdgeschoss des Hotels Saint-Christophe. Egal ob man ein komplettes Menü, einen Snack oder nur einen Drink möchte: Hier kriegt man alles. Der Schwerpunkt liegt nach wie vor auf regionaler Küche und Brasserie-Klassikern, mit einigen Zugeständnissen an die moderne Küche.

AIX-EN-PROVENCE La Bastide du Cours €€€

43, cours Mirabeau, 13090 *04 42 91 57 56* FAX *04 42 91 57 51* **Straßenkarte** *C4*

Das reizende Hotelrestaurant bietet seinen Gästen die Wahl zwischen der schönen Terrasse und dem gemütlichen Speiseraum im ersten Stock. Die moderne Küche nimmt die Tradition der provenzalischen Küche auf: Das Lamm wird langsam gegart, für das Sushi verwendet man Fisch aus hiesigen Gewässern. ● Mo abends, Di.

AIX-EN-PROVENCE Mas d'Entremont €€€€

Route Nationale 7, 13090 *04 42 17 42 42* FAX *04 42 21 15 83* **Straßenkarte** *C4*

Das Essen hier ist typisch provenzalisch: viel Fleisch, viel Fisch. Die interessante Weinkarte ist sorgfältig zusammengestellt. Im Sommer isst man auf der Terrasse mit Blick auf die Gärten; wenn es kälter ist, speist man drinnen, wo große Fenster den Blick auf den umliegenden Park freigeben. ● 1. Nov–15. März.

AIX-EN-PROVENCE Le Clos de la Violette €€€€€

10, av de la Violette, 13100 *04 42 23 30 71* FAX *04 42 21 93 03* **Straßenkarte** *C4*

Elegantes Lokal in einem schönen Herrenhaus inmitten eines weitläufigen Gartens – der ideale Ort für einen romantischen Abend. Provenzalische Küche mit modernem Einschlag; riesige Weinkarte mit Schwerpunkt auf regionalen Tropfen. Man sollte sich gepflegt kleiden – und kleine Kinder besser zu Hause lassen. ● So u. Mo.

ARLES La Gueule du Loup €

39, rue des Arènes, 13200 *04 90 96 96 69* FAX *04 90 96 96 69* **Straßenkarte** *B3*

Im »Wolfsrachen« geht es wesentlich gastfreundlicher zu, als es der grimmige Name vermuten lässt. Das Essen ist preiswert, die Karte wechselt täglich. Nicht unbedingt etwas für Gourmets auf der Suche nach kulinarischer Offenbarung, aber perfekt in provenzalischer Hausmannskost. ● So sowie Mo mittags.

ARLES Cilantro €€€€

31, rue Porte de Laure, 13200 *04 90 18 25 05* **Straßenkarte** *B3*

Jérôme Laurent vermeidet in seinem schicken, mit Holzboden, gelben Wänden und Wintergarten ausgestatteten Restaurant alles für die Provence Typische. Dafür stehen auch Gerichte wie das Täubchen in einem Mantel aus Kakao- und Tonkabohnen sowie Aromen wie Vanille und Mandeln. Die Desserts sind ebenfalls sehr fantasievoll.

ARLES Lou Marques €€€€

9, boulevard des Lices, 13200 *04 90 52 52 52* FAX *04 90 52 52 53* **Straßenkarte** *B3*

Das Lou Marques – das Restaurant des berühmten Hôtel Jules César – ist eine der ersten Adressen in Arles: zentral gelegen, mit schöner Terrasse und einer Karte, die sich auf klassisch provenzalische Gerichte konzentriert. Hübsches Ambiente: Hotel und Lokal liegen in einem ehemaligen Kloster. ● Sa und So, außerdem Nov–Apr.

ARLES L'Atelier de Jean-Luc Rabanel €€€€€

7, rue des Carmes, 13200 *04 90 91 07 69* **Straßenkarte** *B3*

In dem kleinen Restaurant im Zentrum von Arles werden mittags nicht weniger als sieben und abends 13 Gänge serviert. Jean-Luc Rabanel verwendet vorwiegend Bioprodukte aus dem eigenen Gemüsegarten. Jedes Gericht ist für sich ein Kunstwerk. Reservieren Sie rechtzeitig. Im Bistro nebenan bekommen Sie auch kurzfristig einen Tisch.

LES BAUX-DE-PROVENCE La Riboto de Taven €€€

Chemin du Val d'Enfer, 13520 *04 90 54 34 23* FAX *04 90 54 38 88* **Straßenkarte** *B3*

Der Landgasthof liegt versteckt zwischen den Felsen des Vallon de la Fontaine. Das Restaurant – seit Generationen in Familienbesitz – wird vor allem von den Hotelgästen besucht, bei rechtzeitiger Anmeldung können auch Nicht-Hotelgäste hier speisen. Serviert werden exzellente traditionelle Gerichte der Provence. ● Mitte Nov–März.

Preiskategorien *siehe Seite 210* **Zeichenerklärung** *siehe hintere Umschlagklappe*

LES BAUX-DE-PROVENCE L'Oustau de Baumanière €€€€€

Route Départementale 27, Le Val d'Enfer, 13520 ☎ *04 90 54 33 07* FAX *04 90 54 40 46* **Straßenkarte** *B3*

Das exzellente Restaurant hat zwei Michelin-Sterne, eine inspirierende Speisekarte, eine respektable Weinkarte – und dazu noch eine wunderbare Lage und herrliche Aussicht. Jean-André Charials Küche verbindet provenzalische Tradition mit den besten Errungenschaften der modernen Cuisine. Ein unvergessliches Erlebnis! ● Jan, Feb.

MARSEILLE Le Boucher €€

10, rue de Village, 13006 ☎ *04 91 48 79 65* **Straßenkarte** *C4*

Was von außen wie eine einfache Fleischerei aussieht, ist ein Restaurant für Liebhaber fleischhaltiger Küche. Hier lässt man sich ein gewaltiges Stück Rindfleisch für zwei Personen oder aber *die* Spezialität von Marseille, *pieds et paquets* (Schafsfüße und mit Speck, Knoblauch und Petersilie gefüllter Schafsmagen), schmecken. ● So, Mo.

MARSEILLE Toinou €€

3, cours Saint-Louis, 13001 ☎ *04 91 33 14 94* FAX *0811 45 45 45* **Straßenkarte** *C4*

Das Toinou an einem lebhaften Platz ist der richtige Ort in Marseille für Seafood-Platten. Das Restaurant war ursprünglich eine Imbissbude. Noch heute wird vieles außer Haus verkauft, mittlerweile kann man aber auch entspannt im einfachen Speiseraum essen. Das köstliche *Toinou Spécial* für zwei Personen bietet von allem etwas.

MARSEILLE Les Arcenaulx €€€

25, cours d'Estienne d'Orves, 13000 ☎ *04 91 59 80 30* **Straßenkarte** *C4*

Im früheren Lagerhausviertel des Vieux Port, wo heute das Nachtleben tobt, nimmt das Les Arcenaulx das Gebäude eines Verlags aus dem 17. Jahrhundert ein. Der ideale Ort, um eine Tour durch die Bars der Stadt beginnen oder enden zu lassen. Es gibt Kaninchen, Sardinen und Ingwerkuchen. ● So.

MARSEILLE Le Miramar €€€€

12, quai du Port, 13002 Marseille ☎ *04 91 91 10 40* FAX *04 91 56 64 31* **Straßenkarte** *C4*

Eine der besten Adressen für exzellentes Seafood und *bouillabaisse*. Christian Buffa serviert in seinem Restaurant am Alten Hafen Marseiller Spezialitäten. Die sind so beliebt, dass man mindestens 48 Stunden im Voraus seinen Tisch buchen sollte (im Sommer natürlich einen auf der Terrasse). ● So, Mo.

MARSEILLE 29 Place aux Huiles €€€€

29, place aux Huiles, 13520 ☎ *04 91 33 26 44* **Straßenkarte** *C4*

Das Speiseangebot des eleganten Restaurants im Vieux Port wechselt je nach jahreszeitlichem Angebot. Für kalorienbewusste Gäste wie für Fleischliebhaber oder Freunde asiatischer Fusion-Küche findet sich indes immer etwas auf der Karte. Probieren Sie z. B. *foie gras* mit Cranberry-Chutney. Die Weinkarte bietet exzellente Tropfen. ● So abends.

MARSEILLE Le Petit Nice Passédat €€€€€

160, corniche Kennedy, anse de Maldorme, 13000 ☎ *04 91 59 25 92* FAX *04 91 59 28 08* **Straßenkarte** *C4*

Das Restaurant in der Belle-Époque-Villa des Hotels Passédat bietet einen wundervollen Meerblick. Die Karte wird von Fisch und Meeresfrüchten dominiert; u. a. gibt es Hummerterrine, Hummer in Haselnusssauce und Krabben in Ingwer. Umfangreiche Weinkarte. ● So u. Mo.

MARSEILLE L'Epuisette €€€€€

Vallon des Auffes, 13007 ☎ *04 91 52 17 82* FAX *04 91 59 18 80* **Straßenkarte** *C4*

Das Restaurant L'Epuisette lebt vom guten Ruf seiner Fischgerichte: Petersfisch vom Grill, Hummerravioli, aber auch Trüffelrisotto. Auf der Weinkarte stehen Tropfen aus Cassis und Coteaux d'Aix-en-Provence. In dem beliebten Lokal ist eine Reservierung empfehlenswert. ● So und Mo, außerdem im Aug.

MARTIGUES Le Miroir aux Oiseaux €€€

4, rue Marcel Galdy, 13500 ☎ *04 42 80 50 45* **Straßenkarte** *B4*

Das Restaurant am kleinen Fischerhafen von Martigues serviert viele Fischspezialitäten. Die sechs Speiseräume und die beiden Terrassen bieten reichlich Platz, aber am schönsten speist man an den Tischen zur Straße. Die einfachen Gerichte – z. B. Muscheln mit Fenchel und Safran – sind allesamt empfehlenswert.

NÎMES Au Flan Coco €

21, rue du Grand Couvert, 30900 ☎ *04 66 21 84 81* **Straßenkarte** *A3*

Ungezwungenes, preiswertes Lokal in Nîmes mit Tischen auf dem Trottoir und guter regionaler Küche. Die Köche verwenden nur frische Zutaten und bereiten das Essen vor Ihren Augen zu. Der Laden nebenan gehört auch dazu, hier gibt es leckere Mahlzeiten zum Mitnehmen – ideal für ein Picknick. ● So, Mo und Di abends.

NÎMES Enclos de la Fontaine €€€

Quai de la Fontaine, 30000 ☎ *04 66 21 90 30* FAX *04 66 67 70 25* **Straßenkarte** *A3*

Das gemütlich-moderne Enclos de la Fontaine, das zum Hotel Imperator Concorde gehört, ist die beste Adresse in Nîmes; trotzdem ist es relativ preiswert. Es gibt klassische und moderne Gerichte, zu den innovativen gehört beispielsweise Kalbfleisch mit frittierten frischen Feigen. Tische im Innenhof unbedingt rechtzeitig reservieren!

NÎMES Au Plaisirs des Halles €€€€

4, rue Littré, 30000 ☎ *04 66 36 01 02* FAX *04 66 36 08 00* **Straßenkarte** *A3*

Das Au Plaisirs des Halles ist puristisch-klar eingerichtet und bekannt für seine große Auswahl an Weinen aus Languedoc, Corbières, Minervois, Provence und Hérault. Im Patio speist es sich im Sommer höchst angenehm. ● So und Mo, außerdem 2 Wochen Ende Okt/Anfang Nov.

Straßenkarte *siehe hintere Umschlaginnenseiten*

ST-RÉMY-DE-PROVENCE Le Jardin de Frédéric €€

8, boulevard Gambetta, 13210 04 90 92 27 76 **Straßenkarte** B3

Preiswertes familiengeführtes Restaurant in schöner Umgebung. Auf der fantasievollen Speisekarte stehen Sisteron-Lamm in Knoblauchsauce, Seebarsch in Basilikum, Kabeljausoufflé mit Safran und delikate Desserts. Im Sommer gibt es Tische vor der grün getünchten Villa. Mo in der Nebensaison, Mo mittags in der Hauptsaison.

ST-RÉMY-DE-PROVENCE Alain Assaud €€€

13, boulevard Marceau, 13210 04 90 92 37 11 **Straßenkarte** B3

Alain Assaud ist einer derjenigen Küchenchefs in der Provence, die sich modernen Tendenzen verschließen. In dem traditionellen Gästeraum kommen nur klassische Gerichte auf den Tisch, z. B. gefüllte Auberginen oder gedünsteter Kabeljau mit Gemüse und Knoblauch-Mayonnaise. Mi, Do, Sa mittags; Mitte Nov–Mitte März.

Vaucluse

AVIGNON La Fourchette €€

17, rue Racine, 84000 04 90 85 20 93 FAX 04 90 85 57 60 **Straßenkarte** B3

Das bei Einheimischen beliebte La Fourchette ist ein Lokal voller Überraschungen. Die Küche ist traditionell, bei Gerichten wie Entenbrust in Knoblauch mit Gemüsecrêpe oder gegrilltem Meerbarsch ist ein moderner Einschlag spürbar. Exzellente Käseauswahl, viel Kunst und Krempel an den Wänden. Reservieren! Sa und So.

AVIGNON Le Petit Bedon €€

70, rue Joseph Vernet, 84000 04 90 82 33 98 FAX 04 90 85 58 64 **Straßenkarte** B3

Das Restaurant in der Altstadt von Avignon ist bekannt für pochiertes Gemüse mit *tapenade* und *pistou, bourride de loup* (Meerbarsch) und Zucchinipüree mit Knoblauch. Angenehme Atmosphäre und eine gute Auswahl an provenzalischen Weinen runden das positive Gesamtbild ab. So; Nov–März Mo; Apr–Okt Mo mittags.

AVIGNON Christian Etienne €€€€

10, rue Mons, 84000 04 90 86 16 50 FAX 04 90 86 67 09 **Straßenkarte** B3

Die Auswahl an Weinen aus der Provence und dem Rhône-Tal, die man hier im mittelalterlichen Zentrum Avignons bekommt, ist kaum zu schlagen. Das gilt auch für das Essen: zubereitet nach Saison und mit regionalen Produkten. Wählen Sie Tagesmenüs oder à la carte. So und Mo (außer im Juli).

AVIGNON La Vieille Fontaine €€€€

14, place Crillon, 84000 04 90 14 76 76 FAX 04 90 14 76 71 **Straßenkarte** B3

Das luxuriöse Hotel d'Europe *(siehe S. 202)* residiert in einem Gebäude des 16. Jahrhunderts. Sein Restaurant umschließt einen Innenhof mit einem Brunnen in der Mitte. Küchenchef Bruno d'Angelis verbindet in seinen Gerichten Gewürze mit neuen Kochtechniken unter Verwendung bester Zutaten. Mo.

AVIGNON La Mirande €€€€€

4, pl de la Mirande, 84000 04 90 14 20 20 FAX 04 90 86 26 85 **Straßenkarte** B3

Eine der schönsten Stellen, um in Avignon zu essen: an Tischen unter Olivenbäumen und den illuminierten Mauern des Papstpalastes oder auch im Speisesaal der ehemaligen Kardinalsresidenz. Die Speisekarte ist genauso fantasievoll wie die Weinkarte, das Personal freundlich. Rechtzeitig reservieren! Mitte Jan–Mitte Feb.

CARPENTRAS Chez Serge €€

90, rue Cottier, 84200 04 90 63 21 24 FAX 04 90 60 30 71 **Straßenkarte** B3

Das Chez Serge ist eine Überraschung in Carpentras: ein gelungener Mix aus Alt und Neu. Die raffinierte Küche bietet innovative Gerichte aus frischem Fisch oder Wildpilzen. Die umfangreiche Weinkarte listet auch italienische und kalifornische Tropfen. Der Besitzer veranstaltet Verkostungen mit Weinen der Region. Sep–Juni So.

CAVAILLON Restaurant Prévot €€€€

353, av de Verdun, 84300 04 90 71 32 43 **Straßenkarte** B3

Dieses Lokal ist ein gastronomisches Highlight im Herzen der netten Stadt Cavaillon. Küchenchef Jean-Jacques Prévot liebt Melonen – nicht nur das Restaurant ist damit dekoriert, es gibt sie auch in verschiedenster Form auf der Speisekarte. Auch die Weinkarte kann sich sehen lassen. So und Mo.

CHÂTEAUNEUF-DU-PAPE La Mère Germaine €€

3, rue Commandant Lemaitre, 84230 04 90 83 54 37 FAX 04 90 83 50 27 **Straßenkarte** B3

Das von Weinbergen umgebene Restaurant hat eine beeindruckende Weinkarte. Die Küche ist klassisch provenzalisch, die Portionen groß – das La Mère Germaine bietet etwas fürs Geld. Der Service ist freundlich und flink. Mittags lässt sich die wunderbare Aussicht am besten genießen.

CHÂTEAUNEUF-DU-PAPE La Sommellerie €€€€

Route de Roquemaure, 84230 04 90 83 50 00 FAX 04 90 83 51 85 **Straßenkarte** B3

Angesichts der Lage im Herzen dieser namhaften Weinregion verwundert es nicht, dass das Hotelrestaurant in einem Gebäude des 17. Jahrhunderts einzigartige Wein-Abendessen mit Schwerpunkt auf Côtes-du-Rhône-Weinen anbietet. Das kulinarische Angebot gerät hier erfreulicherweise nicht zur Nebensache. Dez–Mitte Apr.

GIGONDAS Les Florets €€€

Route des Dentelles, 84190 ☎ *04 90 65 85 01* — **Straßenkarte** *B2*

Dieses Hotelrestaurant bietet von der Terrasse eine schöne Aussicht auf die Dentelles de Montmirail. Aber hier wie auch innen gibt es nur wenige Plätze, also heißt es vorbestellen oder rechtzeitig kommen. Gute Regionalküche und gute Weine aus dem Anbaugebiet Gigondas. ● Mi, außerdem Jan u. Feb.

LOURMARIN Le Comptoir d'Edouard €€€€

Rue du Temple, 84160 ☎ *04 90 68 06 69* FAX *04 90 68 31 76* — **Straßenkarte** *C3*

Edouard Loubet, einer der am meisten geschätzten Küchenchefs der Provence, leitet dieses schicke Bistro im Luxushotel Moulin de Lourmarin *(siehe S. 202)*. Für das Menü mit Gerichten wie geschmortes Rebhuhn auf Trauben und Kerbel oder geräucherte Entenleber bezahlt man zwischen 40 und 60 Euro.

SÉGURET Le Mesclun €€€

Rue des Poternes, 84110 ☎ *04 90 46 93 43* FAX *04 86 38 03 33* — **Straßenkarte** *B2*

Das Restaurant am Rand der kleinen Ortschaft Séguret blickt auf das weite Rhône-Tal. Es serviert überraschend vielseitige Gerichte mit asiatischen, mexikanischen und karibischen Einflüssen. Man kann zwischen vielen günstigen Menüs wählen, darunter eines für Kinder zum Preis von 12,50 Euro mit leckerem Schokoladenkuchen.

SÉGURET La Table du Comtat €€€

Chemin de l'Autaret, 84110 ☎ *04 90 46 91 49* FAX *04 90 46 94 27* — **Straßenkarte** *B2*

Von der Terrasse des Comtat hat man einen herrlichen Blick auf die Dentelles und die Umgebung. Auf der Karte finden sich Trüffeln, Tauben, Wildschwein und anderes Wild. Der Weinkeller birgt exzellente Côtes du Rhône und andere Lagen. Hier kann man auch gemütlich übernachten *(siehe S. 203)*. ● Di mittags.

SÉRIGNAN-DU-COMTAT Le Pré du Moulin €€€€

Route de Sainte-Cécile des Vignes, 84830 ☎ *04 90 70 14 55* FAX *04 90 70 05 62* — **Straßenkarte** *B2*

Küchenchef Pascal Alonzo schafft in seinem gemütlichen Hotelrestaurant kleine Kunstwerke wie Trüffelravioli mit Artischocken und verschiedene Varianten vom Lammbraten. Auf der Weinkarte stehen exzellente Tropfen aus dem Rhône-Tal und Gigondas. ● Mo, Di–Fr mittags, So abends.

Alpes-de-Haute-Provence

CASTELLANE Auberge du Teillon €

Route Napoléon le Garde, 04120 ☎ *04 92 83 60 88* FAX *04 92 83 74 08* — **Straßenkarte** *D3*

In diesem netten Landgasthof ganz in der Nähe von Castellane bekommt man echte Hausmannskost nach Saison zu günstigen Preisen. Nur frische Zutaten werden verwendet. Zu den Spezialitäten zählen Räucherlachs und hausgemachte *foie gras*. ● So und Mo, außerdem Nov–März.

CHÂTEAU-ARNOUX La Bonne Étape €€€€

Chemin du Lac, 04160 ☎ *04 92 64 00 09* FAX *04 92 64 37 36* — **Straßenkarte** *D3*

Das La Bonne Étape ist der einzige Grund, in der nichtssagenden Stadt Station zu machen. Der charmante Gasthof bietet lokale Spezialitäten aus frischen Zutaten, vor allem Lamm; außerdem eine riesige Auswahl an Weinen aus nahezu allen Anbaugebieten Frankreichs. Speisesaal mit schönen Gemälden und Wandbehängen. ● Mo, Di.

DIGNE-LES-BAINS Villa Gaïa €€

24, route de Nice, 04000 ☎ *04 92 31 21 60* FAX *04 92 31 21 60* — **Straßenkarte** *D2*

Das Hotelrestaurant außerhalb von Digne serviert einfache, aber köstlich zubereitete Gerichte. In einigen Speisen findet sich Gemüse aus dem hauseigenen Garten, andere Gerichte enthalten regionale Produkte wie Sisteron-Lamm, Honig, Wild, Olivenöl und Banon-Käse. Reservierung unbedingt empfohlen. ● Mi abends; Nov–Mitte Apr.

MANOSQUE Les Voûtes du Mont d'Or €€

43, boulevard Tilleuls, 04100 ☎ *04 92 72 32 28* FAX *04 92 72 32 28* — **Straßenkarte** *C3*

Einfache und dennoch raffinierte Gerichte mit mediterranen Einflüssen werden hier in einem weitläufigen und hübsch eingerichteten Speisesaal serviert. Da keine Wand die Küche vom Restaurant trennt, kann man dem Chefkoch bei der Arbeit zusehen. Preiswertes Lokal mit herzlichem Service. ● So abends und Mo.

MANOSQUE Hostellerie de la Fuste €€€

Route d'Oraison Valensole, 04210 ☎ *04 92 72 05 95* FAX *04 92 72 92 93* — **Straßenkarte** *C3*

Der elegante Landgasthof ist die 6,5 Kilometer Anfahrt von Manosque wahrlich wert. Die Karte verzeichnet – neben viel Fisch und Fleisch – lokale Produkte und viel selbst gezogenes Gemüse. Das Ganze wird auf der Terrasse unter 300 Jahre alten Platanen serviert. Gute Käse- und Dessertauswahl. ● So abends und Mo.

MOUSTIERS-STE-MARIE La Treille Muscate €€

Pl de l'Église, 04360 ☎ *04 92 74 64 31* FAX *04 92 74 63 75* — **Straßenkarte** *D3*

Nettes Bistro am Marktplatz des schönsten Ortes der Region. Genießen Sie exzellentes Gemüse-*pistou* oder ein anderes der Tagesgerichte zu einem Tropfen aus der guten Weinkarte. Ein herrlicher Ort für ein entspanntes, leichtes Mittagessen. ● Mi.

Straßenkarte *siehe hintere Umschlaginnenseiten*

Cafés, Bars und Snacks

In den ländlichen Gegenden Frankreichs trifft man sich vorzugsweise in der Kneipe. Dies gilt ganz besonders für die Provence. Überall in der Region findet man belebte Bars oder Cafés, oft mit Garten oder Terrasse. In den meisten bekommt man auch einfaches und relativ günstiges Mittagessen. Snacks sind in Frankreich weniger verbreitet, aber in so gut wie allen Bars ist zumindest ein belegtes *baguette* oder ein *croque monsieur* (Toast mit Schinken und Käse) zu haben. Die meisten Provenzalen trinken gern. Besonders der berühmte *pastis*, ein Anisschnaps aus Marseille, gilt als Lebenselixier. Auf dem Land genießen ihn die Einheimischen oft schon vormittags zum Kaffee. Mittags wird gern eisgekühlter Rosé getrunken, der die brütende Sommerhitze sofort um einiges erträglicher macht.

Cafés

In der Provence unterscheiden sich die Cafés kaum von den Bars. In beiden wird den ganzen Tag Alkohol ausgeschenkt. Auf dem Land schließen Cafés um 20 Uhr, in den Städten haben viele auch länger geöffnet. Die Szenetreffs in Marseille oder Nizza schließen erst, wenn der letzte Gast gegangen ist. Viele haben bis zum Morgen geöffnet, man kann gleich frühstücken. In den Cafés, die auch *tabacs* sind, bekommt man Zigaretten, Tabak, Süßigkeiten und Briefmarken.

Die meisten Cafés sind eher einfach. Wandschmuck beschränkt sich meist auf den Kalender der örtlichen Feuerwehr, und mit Flanellhemd und Stiefeln ist man passend gekleidet. Ausnahmen sind die schicken Cafés am Cours Mirabeau in Aix. Hier lautet das Motto: Sehen und Gesehenwerden. Auch an der Côte d'Azur gibt es viele schöne Cafés. Mit etwas Glück sieht man während der Filmfestspiele in Cannes vielleicht in der **Brasserie Carlton** einen Filmstar. In Nizza trifft man sich in Cafés am Cours Saleya. Das Nonplusultra aber ist das **Café de Paris** in Monaco.

Essen

In den meisten Cafés der Provence gibt es Frühstück. Auf dem Dorf beschränkt sich dies meist auf Baguette und Kaffee. In den Städten bekommt man aber auch frisch gepressten Orangensaft, ofenfrische Croissants und Marmelade. In manchen Cafés gibt es *plat du jour* (Tagesgericht) einschließlich Nachspeise und einem halben Liter Wein. Die Tagesgerichte kosten selten mehr als zwölf Euro. Man kann auch nur ein Sandwich, ein Omelett oder einen Salat bestellen. Abendessen erhält man, außer auf dem Land, wo man in der Bar auch abends essen kann, nur in ausgewiesenen Restaurants.

Trinken

Seit der Antike – damals führten die Römer den Wein ein – gehört Trinken zu den Lieblingsbeschäftigungen der Provenzalen. Wenn es nach der Zahl Einheimischer geht, die in Bars *pressions* (0,5 l Bier) trinken, steht der Gerstensaft bei den Bauern höher in der Gunst als Wein. Hochprozentigere Getränke sind *pastis* (Anisschnaps mit Vanille und Zimt) und *marc* (klarer Tresterschnaps). Beliebt sind auch der *diabolo* (Limonade mit Sirup) oder *orange pressée* (frisch gepresster Orangensaft). Wie in fast allen Mittelmeerländern hat Kaffee auch hier eine lange Tradition. *Café* ist starker Espresso. Wenn Sie Kaffee mit Milch möchten, bestellen Sie *café crème*. Filterkaffee heißt *café filtre*, löslicher *café américain*. Tee wird schwarz serviert, Milch oder Zitrone muss man extra bestellen. Gern getrunken werden auch Kräutertees *(tisanes, infusions)*.

Bars

In den meisten Städten gibt es einige Bars, wo man ausschließlich Bier und andere alkoholische Getränke bekommt. Hier lernt man Land und Leute besonders gut kennen. In Universitätsstädten wie Nizza, Marseille oder Aix findet man auch Pubs im englischen Stil, die Flaschenbier und Bier vom Fass aus ganz Europa ausschenken. In manchen wird dazu Live-Musik geboten, etwa in **Wayne's Bar** und im **De Klomp** in Nizza. Etwas schickere Bars sind die der Nobelhotels entlang der Côte d'Azur. Hier kann man bei Belle-Époque-Ambiente seinen Champagner schlürfen. Für die musikalische Untermalung sorgen Pianisten, Streichquartette oder Opernsänger. Die elegantesten Hotelbars befinden sich im Carlton und im Martinez in Cannes, im Négresco in Nizza, im Grand-Hôtel in St-Jean-Cap-Ferrat (**Le Bar**) und im L'Hermitage in Monte Carlo *(siehe S. 194–203)*.

Snacks

Verhungern wird man in der Provence sicher nicht. Überall gibt es Stände, an denen man z. B. *pain bagnat* (ein mit *salade niçoise* belegtes und mit Olivenöl beträufeltes Sandwich) kaufen kann. Auch Pizza erfreut sich großer Beliebtheit, und so gibt es sie oder auch ihre provenzalische Variante *pissaladière* (mit Oliven, Zwiebeln und Sardellen belegt) in beinahe jeder Stadt im Straßenverkauf. In Nizza ist *socca* (dicker Crêpe aus Kichererbsenmehl) ein echter Renner *(siehe S. 206f)*.

Wie alle Franzosen picknicken auch die Provenzalen gern. Sie laden Tisch, Stühle, Grill und Kühltaschen ins Auto, und los geht's. Für Picknickfreunde gibt es in den Dörfern extra Läden, wo Gerichte zum Mitnehmen verkauft werden. In *boulangeries* und *pâtisseries* bekommt man von Croissants über Kuchen und Torten bis hin zur Minipizza und Quiche alles. Sehr viele *boulangeries* verkaufen frische Baguette-Sandwiches.

In den großen Städten gibt es *traiteurs*, die fertige Speisen – Salate, kalte Gerichte oder Brathähnchen – zum Mitnehmen anbieten, z. B. **Au Flan Coco** in Nîmes oder **Bataille** in Marseille. Supermärkte haben oft eine Imbisstheke. *Charcuteries* verkaufen nur Schweinefleisch, vor allem *pâtés* und Wurstwaren. Die für die Camargue typischen herzhaft würzigen Würste erhält man im **Maison Genin** in Arles.

Für ein Picknick deckt man sich natürlich am besten auf dem Markt ein. In jeder provenzalischen Stadt ist regelmäßig Markt, in manchen täglich, in anderen ein- bis zweimal pro Woche. Natürlich ist in Frankreich ein Picknick ohne Brot – sprich *baguette* – unvorstellbar. Da macht auch die Provence keine Ausnahme. Hier gibt es aber zusätzlich noch andere Brotsorten aus einheimischen Zutaten, darunter das fast überall erhältliche *pain aux olives*, häufig in Form der zopfähnlichen *fougasse*, oder auch *pain aux anchois* (mit Sardellen), *pain aux épinards* (mit Spinat) bzw. die süße Variante mit Mandeln. Schwarzbrot und Vollkornbrot sind weniger verbreitet. Fragen Sie nach *pain aux céréales*. Gesünder als Weißbrot ist auch *pain de campagne*, ein baguetteähnliches Brot aus unraffiniertem Weizenmehl. Eine der besten *boulangeries* ist die Bäckerei **Le Four à Bois** in der Altstadt von Nizza. Seit Generationen wird dort nach altbewährten Rezepten gebacken.

In jedem Dorf gibt es *boulangeries* mit einer großen Auswahl an *pâtisseries* (Kuchen und Torten), meist aus einheimischen Zutaten wie Obst, Honig oder Mandeln. Probieren Sie unbedingt den Kuchen von **Béchard** in Aix-en-Provence. Naschkatzen kommen bei provenzalischer Schokolade und kandierten Früchten voll auf ihre Kosten. Sehr beliebt bei Einheimischen und Besuchern sind auch *calissons* (Mandelplätzchen) und *suce-miel* (Honigbonbons). Süßwaren kauft man am besten bei **Puyricard** in Aix-en-Provence oder bei **Auer** in Nizza.

AUF EINEN BLICK

Cafés

Aix-en-Provence

Brasserie Les Deux Garçons
53, cours Mirabeau.
☎ *04 42 26 00 51.*

Cannes

Brasserie Carlton
58, la Croisette.
☎ *04 93 06 40 06.*

Èze

Château Eza
Rue de la Pise.
☎ *04 93 41 12 24.*

Monaco

Café de Paris
Le Casino,
Place du Casino.
☎ *00 377 98 06 76 23.*

Nîmes

Le Café Olive
22, blvd Victor Hugo.
☎ *04 66 67 89 10.*

Nizza

Le Grand Café de Turin
5, pl Garibaldi.
☎ *04 93 62 29 52.*

St-Paul-de-Vence

Café de la Place
Place du Général de Gaulle.
☎ *04 93 32 80 03.*

St-Tropez

Brasserie des Arts
Place des Lices.
☎ *04 94 20 27 37.*

Le Café de Paris
15, quai de Suffren.
☎ *04 94 97 00 56.*

Senequier
Quai Jean Jaurès.
☎ *04 94 97 00 90.*

Bars und Pubs

Avignon

Pub Z
58, rue de la Bonneterie.
☎ *04 90 85 42 84.*

Cannes

Le Zanzibar
85, rue Félix Faure.
☎ *04 93 39 30 75.*

Juan-les-Pins

Pam-Pam
137, blvd Wilson.
☎ *04 93 61 11 05.*

Marseille

Le Bar de la Marine
15, quai de Rive Neuve.
☎ *04 91 54 95 42.*

La Part des Anges
33, rue Sainte.
☎ *04 91 33 55 70.*

Monaco

Flashman's
7, av Princesse Alice.
☎ *00 377 93 30 09 03.*

Nîmes

La Grande Bourse
2, blvd des Arènes.
☎ *04 66 67 68 69.*

Nizza

De Klomp
8, rue Mascoinat.
☎ *04 93 92 42 85.*

Les Trois Diables
2, cours Saleya.
☎ *04 93 62 47 00.*

Wayne's Bar
15, rue de la Préfecture.
☎ *04 93 13 46 99.*

St-Jean-Cap-Ferrat

Le Bar
Grand-Hôtel du Cap Ferrat, 71, blvd du Général de Gaulle.
☎ *04 93 76 50 50.*

Villefranche

Le Cosmo Bar
11, pl Amélie Pollonais.
☎ *04 93 01 84 05.*

Snacks

Aix-en-Provence

Béchard
12, cours Mirabeau.

Puyricard
7 rue Rifle-rafle.

Arles

Maison Genin
11, rue des Porcelets.

Marseille

Bataille
18, rue Fontange.

Le Four des Navettes
136, rue Sainte.

Nîmes

Au Flan Coco
21, rue du Grand Couvent.

Nizza

Auer
7, rue St-François-de-Paule.

Le Four à Bois
35, rue Droite.

Shopping

Einkaufen macht in der Provence richtig Spaß. Selbst im kleinsten Dorf findet man einen interessanten Töpfer oder Maler. An Markttagen kann man frisches Obst und Gemüse – Artischocken, Spargel oder Pilze – aus der Umgebung kaufen, so viel das Herz begehrt. In größeren Städten gibt es zahllose kleine Läden, die alles Mögliche anbieten – von Trockenblumen bis hin zu schicker Babykleidung. Modebewusste finden immer eine oder zwei Straßen, in denen die großen Namen vertreten sind. Frisch eingekaufte Lebensmittel lassen sich dank praktischer Vakuum-Verpackung meist problemlos bis zu Ihrem Feriendomizil transportieren. Viele Flaschen, Gläser oder Schachteln sind als solche schon kleine Kunstwerke. Auf den folgenden Seiten finden Sie Informationen zu den Öffnungszeiten der Läden und eine Zusammenstellung typisch provenzalischer Erzeugnisse.

Olivenöl aus der Provence

Fleischerei und Haushaltswarenladen in einem kleinen Ort in der Provence

Öffnungszeiten

Lebensmittelläden öffnen um 8 Uhr und schließen mittags für bis zu drei Stunden. Danach sind die meisten bis 19 Uhr geöffnet, in Nizza und Marseille auch länger. In vielen Bäckereien kann man mittags noch kleine Snacks kaufen. Sie schließen dann erst um 13 Uhr oder später. Supermärkte und Großmärkte haben in der Regel auch über Mittag geöffnet. Alle anderen Läden sind montags bis samstags von 9 bis 19 Uhr geöffnet, die meisten schließen über Mittag. Viele bleiben am Montagvormittag zu. Lebensmittel- und Zeitschriftenläden öffnen auch am Sonntagvormittag. Außerhalb der Hochsaison haben einige Läden einen Ruhetag in der Woche.

Kaufhäuser

Großmärkte (*hypermarchés* oder *grandes surfaces*) liegen meist am Stadtrand. Achten Sie auf das Schild *Centre Commercial*. Zu den größten zählen Casino, Auchan, E.LeClerc und Carrefour. Dort bekommt man auch billiges Benzin – oft nur gegen Barzahlung.

Supermärkte *(supermarchés)*, die auch Kleidung verkaufen, wie Monoprix und Champion liegen meist im Stadtzentrum. Die meisten Kaufhäuser *(grands magasins)* wie Galeries Lafayette und Printemps sind in größeren Städten zu finden.

Fachgeschäfte

Einkaufen in der Provence macht auch deshalb so viel Spaß, weil es trotz neu entstehender Supermärkte immer noch genügend kleine Läden gibt. Bäckereien *(boulangeries)*, die häufig auch Konditoreien *(pâtisseries)* sind, verkaufen Brot, Kuchen und Torten. Käseläden, die auch andere Molkereierzeugnisse anbieten, sind *fromagerie* und *laiterie* in einem. Dagegen sind Metzgereien *(boucheries)* in der Regel von Läden für Wurstwaren *(charcuterie)* getrennt. Beim *traiteur* bekommt man Fertiggerichte, Feinkost dagegen in der *épicerie*. Kosmetika und Haushaltsmittel sind in der *droguerie* erhältlich, Eisenwaren und Artikel für den Haushalt bekommt man in der *quincaillerie*.

Märkte

Diesem Reiseführer können Sie entnehmen, wann in welcher Stadt Markttag ist. Wenn Sie nach dem Weg fragen, erkundigen Sie sich nach *le marché*. Märkte sind frühmorgens am schönsten, wenn alles noch taufrisch ist. Mittags ist die beste Ware längst verkauft. Laut Gesetz muss auf dem Preisschild auch stehen, woher die Ware kommt (*du pays* bedeutet »einheimisch«).

Die *marchés de Provence* gehören zu den schönsten Märkten Frankreichs. Die berühmtesten – den Cours Saleya in Nizza *(siehe S. 84)* oder den Blumenmarkt von Aix *(siehe S. 148)* – muss man einfach gesehen haben. Andere, wie z. B. die Trüffelmärkte des Var, sind eher Geheimtipps. Fahren Sie in der Trüffelsaison (Nov–Feb) unbedingt an einem Donnerstag nach Aups *(siehe S. 104)*.

Blumenladen und Café im Lubéron, Vaucluse

Getrocknete Kräuter auf dem Markt von St-Rémy-de-Provence

Spezialitäten

Die Sonne der Provence leuchtet aus den bunten Stoffen *(indiennes)*. Sie werden als Meterware, Möbelstoffe, Tücher, Hemden etc. verkauft, z.B. bei **Les Textiles Mistral** oder **Souleïado**.

In den Ölmühlen der Region wird das Olivenöl gepresst, das auch zur Herstellung der berühmten Seifen, der *savons de Marseille*, gebraucht wird. Überall bekommt man Oliven mit *herbes de Provence* und getrocknete Kräuter in Stoffsäckchen. Auch Lavendel in Stoffsäckchen oder Lavendelhonig gehören zu den Spezialitäten. Blumen kann man getrocknet kaufen oder gleich in Form von Duftessenzen. Zentrum der Parfumherstellung ist Grasse *(siehe S. 67)*.

Naschkatzen lieben Süßigkeiten *(confiseries)* aus hiesigen Früchten und Nüssen: *calissons* aus Aix, fruchtige *berlingots* aus Carpentras, kandierte *fruits confits* aus Apt.

Weine

Die Provence zählt zwar nicht zu den großen Weinregionen der Welt, dennoch werden in den Anbaugebieten *(siehe S. 208f)* zahlreiche gute Weine produziert. Überall laden Schilder zur Weinprobe *(dégustation)* ein. Im Allgemeinen wird erwartet, dass man zumindest eine Flasche kauft. Winzergenossenschaften verkaufen die Weine der kleineren Weingüter, zum Teil auch in Kanistern von fünf bis zehn Litern *(en vrac)*. Weinkenner trinken *en vrac* gekauften Wein vor Ort und erstehen für zu Hause gute Tropfen wie Châteauneuf-du-Pape und Beaumes-de-Venise.

Wer Anis mag, wird sich für den als Aperitif getrunkenen *pastis* begeistern können.

Kunsthandwerk

Viele der provenzalischen Kunstgewerbe haben eine lange Tradition, schienen aber vor fast fünfzig Jahren dem Aussterben geweiht. Die Töpfer von Vallauris verdanken Picasso die Renaissance ihres Handwerks *(siehe S. 72f)*.

Mitbringsel und Souvenirs reichen von den Ton-*santons* bis hin zu den kostbaren Fayencen aus Moustiers. Einige Städte haben ihre eigene Spezialität: Biot ist für Glaswaren bekannt, Cogolin für Pfeifen und Teppiche, Barjols für Flöten und Tamburine, Salernes für Terrakottafliesen.

Künstler verkaufen ihre Werke im Hafen von St-Tropez

AUF EINEN BLICK

Spezialitäten

Aix-en-Provence
Souleïado
Rue Marius-Reinaud.
☎ *04 42 38 19 00.*
www.souleiado.com

Avignon
Souleïado
5, rue Joseph Vernet.
☎ *04 90 86 32 05.*

Les Textiles Mistral
19, rue Joseph Vernet.
☎ *04 90 86 32 05.*

Les Baux-de-Provence
Souleïado
Place Louis-Jou.
☎ *04 90 43 37 14.*

Grasse
Huilerie Ste-Anne
138, route de Draguignan.
☎ *04 93 70 21 42.*

Moulin à huile du Rossignol
41, chemin des Paroirs.
☎ *04 93 70 16 74.*

Parfumerie Fragonard
20, blvd Fragonard.
☎ *04 92 42 34 34.*
www.fragonard.com

Parfumerie Galimard
73, route de Cannes.
☎ *04 93 09 20 00.*
www.galimard.com

Nizza
Alziari
14, rue St-François de Paule.
☎ *04 93 85 76 92.*
(*Olivenpresse*).

Nîmes
Souleïado
27, rue de la Madeleine.
☎ *04 66 36 70 15.*

Les Textiles Mistral
2, blvd des Arènes.
☎ *04 66 21 69 57.*

Saint-Rémy-de-Provence
Souleïado
2, av de la Résistance.
☎ *04 90 92 45 90.*

Kunst und Kunsthandwerk

Cogolin
Fabrique de Pipes Courrieu
58, av Georges Clemenceau.
☎ *04 94 54 63 82.*

Manufacture des Tapis de Cogolin
6, blvd Louis Blanc.
☎ *04 94 55 70 65.*
www.tapis-cogolin.com
Ateliers und Showroom.

Marseille
Ateliers Marcel Carbonel
47–49, rue Neuve Ste-Catherine.
☎ *04 91 54 26 58.*
www.santonsmarcelcarbonel.com
Santons-Werkstatt und Museum.

Vallauris
Roger Collet – Poterie
Montée Ste-Anne.
☎ *04 93 64 65 84.*

Souvenirs

Man kauft am besten Dinge, die das Wesen dieser Region einfangen, Ausdruck ihrer geografischen Besonderheiten sind oder ihren handwerklichen und künstlerischen Traditionen entsprechen. Die schicken Boutiquen in St-Tropez oder Cannes mögen zwar der Mode immer um eine Nasenlänge voraus sein, echte Souvenirs sollten jedoch zeitlos sein. Die charakteristischen Düfte, Farben und Gaumenfreuden werden Sie auch im tiefsten Winter immer an Ihren Urlaub erinnern, zumindest bis zur nächsten Provence-Reise.

Lavendel – ein typischer Duft der Provence

Düfte der Provence

Lavendel aus der Provence findet man als Duftnote in vielen Dingen. Sehr beliebt sind die kleinen Stoffsäckchen mit getrockneten Lavendelblüten. Badezusätze in kunstvollen Flaschen oder die berühmte Olivenölseife aus Marseille machen das Bad zu einem berauschenden Erlebnis.

***Savons de Marseille* aus Olivenöl**

Orangenwasser aus Vallauris

Lindenblüten-Schaumbad

Getrockneter Lavendel in Stoffsäckchen

Malvenblüten-Schaumbad

Glaswaren

Die Glasbläserei ist ein modernes provenzalisches Handwerk. In Biot (siehe S. 74) *kann man Glasbläsern bei der Arbeit zuschauen und gleich vor Ort hübsche Souvenirs kaufen.*

Töpferwaren

Typisch sind Bodenfliesen und Küchengefäße aus terre rouge *sowie Fayencen aus Moustiers* (siehe S. 186) *oder Steingut aus* grès *(Tonsandstein).*

Terrakotta-*santons*

Diese bunt bemalten provenzalischen Krippenfiguren bekommt man in vielen Geschäften in reicher Auswahl.

Olivenholz
Das Holz des Olivenbaumes gibt es in der gleichen Vielfalt wie das Öl. Es eignet sich für Kunst- und Gebrauchsgegenstände.

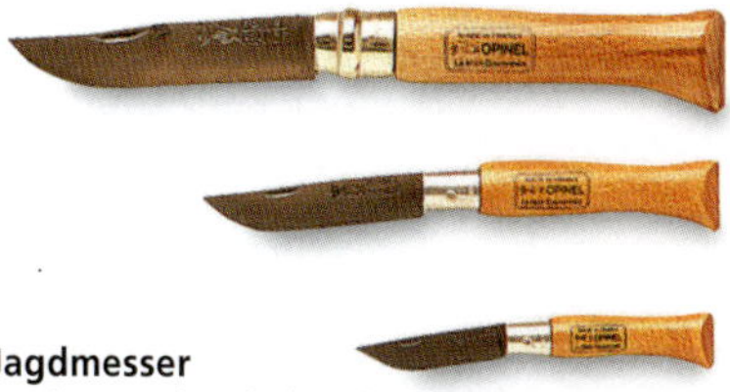

Jagdmesser
In den Jagdartikelgeschäften der Provence bekommt man überraschend gute Fahrten- und Küchenmesser: sicher und sehr scharf.

Provenzalische Stoffe
Diese bunt bedruckten Textilien haben eine jahrhundertelange Tradition. Sie werden als Möbelstoffe, Tücher u.Ä. verkauft.

Provenzalische Gaumenfreuden

Niemand sollte die Provence ohne ein Glas Oliven und eine Flasche Olivenöl verlassen. Eingemachtes Obst, feiner Honig oder auch herzhafte Pürees in gut zu transportierenden und dekorativen Dosen und Gläsern bieten sich als ideale Mitbringsel an.

Mandelplätzchen – eine Spezialität aus Aix

Kandierte Kastanien *(marrons glacés)*

Olivenöl

In Kastanienblätter gewickelter Ziegenkäse

Thunfischfleisch in Olivenöl

Aromatisiertes Olivenöl

Pürierter Kabeljau *(brandade de morue)*

Orangen-Mandel-Marmelade

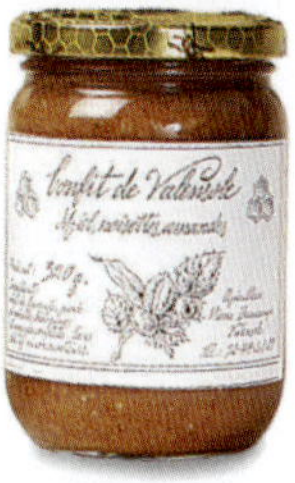

Lavendelhonig mit Haselnuss-*confit*

Unterhaltung

Die Provence bietet ihren Besuchern eine Vielfalt an Kulturevents. Praktisch jeden Monat findet in der Region ein großes Festival statt *(siehe S. 32–35, S. 228f)*. Das ganze Jahr über kann man in Nizza und Marseille Tanz, Oper und Jazz erleben sowie Rockkonzerte in Toulon, Theater in Avignon und große Shows in Nizza, Antibes, Monaco und Aix-en-Provence. Das Nachtleben findet vor allem in den schicken Badeorten wie Juan-les-Pins und St-Tropez statt. Die Clubs und Bars sind oft die ganze Nacht geöffnet. Zum Winter hin wird es ruhiger, aber die Bars und Cafés von Marseille, Nîmes und Nizza sind immer voller Leben. Die Einheimischen verbringen viel Zeit an der frischen Luft: Sie wandern oder treffen sich im Park auf ein Spielchen *Pétanque*.

Mime auf dem Avignon-Festival

Information

Informationen zu den verschiedenen Veranstaltungen bekommt man in der Regel in den örtlichen Fremdenverkehrsbüros. In den meisten Städten werden außerdem Zeitungen oder Zeitschriften herausgegeben, in denen auf aktuelle Veranstaltungen hingewiesen wird. Die regionalen Tageszeitungen sind ebenfalls gute Informationsquellen. *Le Provençal* wird im Westen der Region gelesen, während *Nice Matin* an der Küste Verbreitung findet. Tageszeitungen und Magazine kauft man im Zeitschriften- oder im Tabakladen *(tabacs)*.

Tickets

Bei manchen Veranstaltungen kann man Karten an der Abendkasse kaufen, für große Konzerte – vor allem im Sommer – sollte man vorbestellen. Vorverkaufsstellen sind in größeren Städten die **FNAC**-Filialen sowie die Läden der Kette **Virgin Megastore** in Marseille (zwei Niederlassungen) und Nizza.

Theater-Vorverkaufsstellen sind täglich von 11 bis 19 Uhr geöffnet. Bei vielen kann man telefonisch vorbestellen und mit Kreditkarte zahlen.

Wer nicht reserviert hat, kann noch am Abend der Veranstaltung vor Ort Karten an der Abendkasse oder aber von Schwarzhändlern kaufen, die natürlich über dem normalen Preis liegen. Doch Vorsicht: Manche verkaufen gefälschte Karten!

Oper und klassische Musik

Überall in der Provence wird Musik gemacht: in den kleinen Dorfkirchen bis zu den Belle-Époque-Opernhäusern von Marseille, Toulon und Nizza. Die **Opéra de Nice** gehört zu den besten ganz Frankreichs. Karten dafür zu bekommen, ist in der Regel kein Problem. Das **Orchestre Philharmonique de Monte-Carlo** arbeitet mit weltberühmten Dirigenten. In Toulon wird im Sommer eine Reihe von klassischen und Jazzfestivals angeboten, die in großer Zahl Gastorchester und Solisten anziehen.

Jedes Jahr am 21. Juni findet in der Provence und in ganz Frankreich die Fête de la Musique statt. In sämtlichen Dörfern und Städten werden Bühnen aufgebaut, auf denen Amateure und Profis auftreten. Hier kann man die Vielfalt der angebotenen Konzerte genießen, die wirklich beeindruckend ist: von Akkordeonmusik über ganze Orchester bis hin zu Rap-Performances.

Klassisches Cello

Rock und Jazz

Die großen Stars gastieren auf ihren Welttourneen heute auch in den Städten der Provence. Großkonzerte finden etwa in Toulons **Zenith-Oméga** oder im Fußballstadion von Marseille, dem **Stade Vélodrome**, statt. Das **Nice Jazz Festival** in der Arena von Cimiez *(siehe S. 84)* gilt als eines der besten der Welt. Hier gab Miles Davis eines seiner Abschiedskonzerte zwischen römischen Ruinen und Olivenhainen.
In den letzten Jahren hat sich das Festival auch erfolgreich anderen Musikrichtungen geöffnet. Seit 1960 gibt es das Festival **Jazz à Juan** in Juan-les-Pins, wo heute renommierte Musiker wie Wynton Marsalis oder Joshua Redman auftreten.

Leonard Cohen beim Nice Jazz Festival

Theater

Ein Theaterbesuch in der Provence kann je nach Geschmack formell oder leger sein. In den größeren Theatern legt man viel Wert auf schicke Garderobe. Auch eine Reservierung für ein *souper* (Dinner nach dem Theater) in einem Restaurant in der Nähe gehört dazu. Der Champagner in der Pause kostet fast noch einmal so viel wie die Eintrittskarte. In den kleineren Theatern geht es etwas salopper zu, die Karten sind meist deutlich günstiger.

Das Zentrum der provenzalischen Theaterszene ist Marseille. Das **Théâtre National de la Criée** gehört zu den besten Frankreichs. Die vielen kleineren Ensembles zählen zu den innovativsten in Europa. Berühmt ist das **Théâtre des Carmes** in Avignon, wo das **Festival d'Avignon** *(siehe S. 229)* stattfindet. Das »Indie«-Festival **Avignon Public Off** verfügt über eigene Regisseure und Vorverkaufsstellen.

Sport

Die Stars der Tour de France fahren jedes Jahr durch die Region. Auch die Tennisturniere von Monte Carlo und Nizza ziehen Prominenz an. Der Grand Prix von Monaco *(siehe S. 32)* ist ein Highlight der Formel-1-Saison. Pferdesportbegeisterte kommen in Cagnes-sur-Mer (Dez–März) auf ihre Kosten.

Die Provence rühmt sich zweier der besten Fußballteams in Frankreich: Olympique de Marseille und AS Monaco. Auch Rugby erfreut sich großer Beliebtheit. Die besten Teams findet man in Nizza und Toulon.

Die offenen Tennismeisterschaften in Monte Carlo

Tanz

Marseilles vielseitige Mischung von Nationalitäten und Stilrichtungen hat eine ausgesprochen originelle Tanztradition hervorgebracht. Ensembles wie die **Bernadines** treten auch in Paris auf. **La Friche La Belle de Mai** ist einer der wichtigsten Veranstaltungsorte der Tanz- und Musikszene von Marseille. Das neue **Centre Chorégraphique National** in Aix-en-Provence ist ein aufregender Neuzugang der Tanzszene.

Blick über den Hafen von Monaco auf das Casino

Casinos

Die Riviera ist berühmt für ihre opulenten Casinos. Das Mindestalter beträgt in den meisten Etablissements 18 Jahre. **Le Casino** befindet sich in Monaco. Hier zahlt man Eintritt und muss sich ausweisen. Architektonisch und atmosphärisch interessant sind das **Casino Croisette** in Cannes und das **Casino Ruhl** in Nizza. Wer es nicht ganz so nobel mag, wird sein Geld problemlos auch an den »Einarmigen Banditen« los.

Stierkampf

Die spektakulärsten Sportveranstaltungen sind wohl die alljährlichen *férias* (Stierkämpfe). In dieser Region Frankreichs hat die *course à la cocarde* Tradition. Nach dem *abrivado* (»Eröffnung«) werden die Stiere quer durch die Stadt in die Arena gejagt. Dem Stier wird vor dem Kampf zwischen den Hörnern eine rote Rosette befestigt. Für die *razeteurs* (Matadore) gilt es nun, diese zu erwischen. Das ganze Spektakel ist unblutig, aber trotzdem spannend. Am Ende der Saison wird der Matador mit den meisten Rosetten feierlich geehrt und mit einer Prämie belohnt.

In den großen Arenen von Nîmes und Arles *(siehe S. 32)* wird auch die spanische *corrida* immer beliebter. Pro Saison gibt es gewöhnlich sechs Kämpfe, von denen zwei mit dem Tod des Stiers *(la mise à la mort)* enden.

Stierkampfposter von 1992 für die *féria* in Nîmes von Francis Bacon

Kino

In der kleinen Hafenstadt La Ciotat drehten die Brüder Lumière den ersten Kinofilm der Welt. Marcel Pagnol legte in seinen Studios in Marseille den Grundstein für das moderne französische Kino. *La Septième Art*, wie die Franzosen den Film nennen, ist in Frankreich ein geschätztes Genre. Unabhängige Kinos findet man auch in kleineren Orten. Viele Filme laufen auch im Original, erkennbar an der Abkürzung V.O. *(Version Originale)*; die Abkürzung V.F. *(Version Française)* zeigt an, dass der Film französisch synchronisiert wurde.

Zwar wird auch in französischen Kinos Popcorn verkauft, doch man hört nur Nicht-Franzosen während der spannendsten Stellen eines Films essen. Recht oft trifft man dagegen auf den Kinos angeschlossene Bars oder Restaurants, in denen man anschließend über den Film diskutieren kann.

Wie man an Cannes *(siehe S. 68)* sieht, genießen Filmfestivals in Frankreich einen sehr guten Ruf. In Cannes selbst ist das Medieninteresse unangenehm groß. Hier trifft Glamour auf Cash. Wer Glück hat, wird zu einer Vorführung eingeladen (die Karten werden nicht frei verkauft).

Discos und Clubs

In den Sommernächten ist in allen großen Städten der Provence etwas los. Die Musik setzt sicher keine neuen Trends, sondern greift die des vergangenen Jahres aus New York und London auf, doch die Clubs sind sehr chic und teuer. Im **Jimmy'Z** in Monaco und im **Les Caves du Roy** in St-Tropez trifft sich der Jetset, die Clubs **Whisky à Gogo** in Juan-les-Pins und **Le Blitz** in Cannes ziehen vor allem die jungen Leute an.

Die Garderobe der Gäste ist durchgehend chic – Turnschuhe sollten Sie besser im Hotel lassen.

Spaß für Kinder

Die Strände der Provence gehören zu ihren Hauptattraktionen. Für Kleinkinder sind die der kleineren Küstenorte besser geeignet. Eine Alternative zum Meer sind Erlebnisbäder wie **Marineland** und **Aqualand** sowie Zoos und Aquarien. Zum Angebot von Erlebnisparks gehört Aufregendes wie Felsklettern und Seilbrücken. Der **Canyon Forest** bei Villeneuve-Loubet und **Coudou Parc** bei Six-Fours-les-Plages sind empfehlenswert.

Künstlerisch veranlagte Kinder können bei **Ceramic Crea** in Antibes ihre eigenen Objekte töpfern. In größeren Städten organisieren Museen und Theater Events für Kinder – fragen Sie im Fremdenverkehrsbüro danach. In kleinen Orten gibt es einen Spielplatz oder einen verkehrsfreien Platz, wo die Kleinen mit einheimischen Kindern in Kontakt kommen und spielen können.

AUF EINEN BLICK

Tickets

FNAC
08 25 02 00 20.
www.fnac.com
Avignon
19, rue de la République.
Marseille
Centre Commercial Bourse.
Nizza
40–46, av Jean Médecin.

Virgin Megastore
www.virgin.fr
Marseille
75, rue St-Ferréol.
04 91 55 55 00.
Gare St-Charles.
04 91 05 48 08.
Nizza
15, av Jean Médecin.
04 97 03 09 00.

Oper und klassische Musik

Aix-en-Provence
Grand Théâtre de Provence
380, av Max Juvénale.
04 42 91 69 69.
www.grandtheatre.fr

Marseille
Opéra Municipal
2, rue Molière.
04 91 55 21 07.
http://opera.mairie-marseille.fr

Monaco
Orchestre Philharmonique de Monte Carlo
Place du Casino.
00 377 98 06 28 28.
www.opmc.mc

Nizza
CEDAC de Cimiez
49, av de la Marne.
04 93 53 85 95.
www.cedac-nice.org
Forum Nice Nord
10, blvd Comte de Falicon. *04 93 84 24 37.*
www.nicenord.com
Opéra de Nice
4, rue St-François de Paule.
04 92 17 40 00.
www.opera-nice.org

Toulon – Ollioules
Châteauvallon
04 94 22 02 02.
www.chateauvallon.com
Festival de Musique Classique
04 94 93 55 45.
Opéra de Toulon
Blvd de Strasbourg.
04 94 93 03 76.
www.operadetoulon.fr

Rock und Jazz

Aix-en-Provence
HotBrass Club
1857, chemin d'Eguilles-Célony.
04 42 21 05 57.
Le Scat
11, rue de la Verrerie.
04 42 23 00 23.

Juan-les-Pins
Jazz à Juan
Office de Tourisme, 11, pl de Gaulle, Antibes.
04 97 23 11 11.
www.antibesjuanlespins.com

Marseille
Espace Julien
39, cours Julien.
04 91 24 34 10.
www.espace-julien.com
L'Intermédiaire
63, pl Jean Jaurès.
04 91 47 01 25.
Le Pelle-Mêle
8, place aux Huiles.
04 91 54 85 26.
Stade Vélodrome
Allée Ray-Grassi.
04 91 29 14 50.

Nizza
Bar des Oiseaux
5, rue St-Vincent.
04 93 80 27 33.
Nice Jazz Festival
Avenue de Monastère.
08 92 68 36 22.
www.nicejazzfestival.fr

Toulon
Zenith-Oméga
Blvd Commandant Nicolas.
08 92 70 08 40.
www.zenith-omegatoulon.com

Theater

Avignon
Avignon Public Off
04 90 85 13 08.
www.avignonleoff.com

AUF EINEN BLICK

Festival d'Avignon
Espace St-Louis, 20 rue Portail Boguier.
04 90 27 66 50.
www.festival-avignon.com

Théâtre des Carmes
6, place des Carmes.
04 90 82 20 47.
www.theatredescarmes.com

Marseille

Théâtre du Merlan
Avenue Raimu.
04 91 11 19 30.
www.merlan.org

Théâtre National de la Criée
30, quai de Rive-Neuve.
04 91 54 70 54.
www.theatre-lacriee.com

Nizza

Théâtre de l'Alphabet
19, rue de Lille.
04 06 60 89 10.

Théâtre de la Semeuse
Rue du Château.
04 93 92 85 00.

Sport

Cagnes-sur-Mer

Hippodrome de la Côte d'Azur
www.hippodrome-cotedazur.com

Marseille

ASPTT Tennis
04 91 93 85 85.
www.asptt.com

Olympique de Marseille
www.om.net

Monaco

AS Monaco FC
www.asm-fc.com

Grand Prix de Monaco
www.acm.mc

Nizza

Ligue de la Côte d'Azur Tennis
04 93 18 00 95.

Tour de France
www.letour.fr

Tanz

Aix-en-Provence

Centre Chorégraphique National
530, av Mozart.
04 42 93 48 00.

Marseille

Bernardines
17, blvd Garibaldi.
04 91 24 30 40.
www.theatre-bernardines.org

La Friche La Belle de Mai
41, rue Robin.
04 95 04 95 04.
www.lafriche.org

Casinos

Cannes

Casino Croisette
Palais des Festivals.
04 92 98 78 00.
www.lucienbarriere.com

Monaco

Le Casino
Place du Casino.
00 377 93 30 56 78.
www.montecarlocasinos.com

Nizza

Casino Ruhl
1, promenade des Anglais. 04 97 03 12 22.

Stierkampf

Arles

Arènes d'Arles
Rond-Point des Arènes.
04 90 49 59 05.

Nîmes

Les Arènes
Blvd des Arènes.
04 66 21 82 56.

Kino

Aix-en-Provence

Le Mazarin
6, rue Laroque.
08 92 68 72 70.

Avignon

Utopia Cinéma
4, rue des Escaliers Sainte Anne.
04 90 82 65 36.

Cannes

Cannes Film Festival
www.festival-cannes.fr

Marseille

Cinéma Chambord
283, av du Prado.
08 92 68 01 22.

Monte Carlo

Le Sporting d'Hiver
Place du Casino.
00 377 93 30 81 08.

Nîmes

Le Sémaphore
25a, rue Porte de France.
04 66 67 88 04.

Nizza

Cinémathèque
3, esplanade Kennedy.
04 92 04 06 66.

Mercury Cinéma
16, place Garibaldi.
08 92 68 81 06.

Discos und Clubs

Aix-en-Provence

Le Mistral
3, rue Frédéric Mistral.
04 42 38 16 49.

Avignon

Les Ambassadeurs Club
27, rue Bancasse.
04 90 86 31 55.

Cannes

Le Blitz
22, rue Macé.
04 93 39 05 25.

Disco 7
7, rue Rouguière.
04 93 39 10 36.

Jimmy'Z
Casino Croisette, Palais des Congrès.
04 92 98 78 78.

Hyères

Le Fou du Roi
Casino des Palmiers, 1, av Ambroise Thomas.
04 94 12 80 80.

Le Rêve
9, avenue Badine.
04 94 58 00 07.

Juan-les-Pins

Le Village Voom Voom
1, blvd de la Pinède.
04 92 93 90 00.

Whisky à Gogo
Rue Jacques Leonetti.
04 93 61 26 40.

Marseille

Le Circus
5, rue du Chantier.
04 91 33 77 22.

Monaco

Jimmy'Z
26, av Princesse Grace.
00 377 92 16 22 77.
www.montecarlobay.com

Le Tiffany's
3, av Spélugues.
00 377 93 50 53 13.

Nizza

Le Grand Escurial
29, rue Alphonse Karr.
04 93 82 37 66.

St-Raphaël

La Réserve
Promenade René Coty.
04 94 95 02 20.

St-Tropez

Les Caves du Roy
Palace de la Côte d'Azur, av Paul Signac.
04 94 56 68 00.
www.lescavesduroy.com

Papagayo
Résidence du Port.
04 94 97 95 95.

Spaß für Kinder

Aqualand
RN98, 83600 Fréjus.
04 94 51 82 51.
www.aqualand.fr

Canyon Forest
Parc des Rives du Loup, Villeneuve-Loubet.
04 92 02 88 88.
www.canyon-forest.com

Ceramic Crea
94, blvd Beau Rivage, Antibes.
04 89 75 12 68.
www.ceramic-crea.com

Coudou Parc
34, rue de la République, Six-Fours-les-Plages.
06 63 77 02 06.
www.coudouparc.com

Marineland
RN7, 06600 Antibes.
04 93 33 49 49.
www.marineland.fr

Musée Océanographique de Monaco
Av St-Martin, Monte Carlo.
00 377 93 15 36 00.
www.oceano.mc

Park Zoologique de Fréjus
Le Capitou, Fréjus.
04 98 11 37 37.
www.zoo-frejus.com

Feste und Festivals

Feiern gehört zum provenzalischen Lebensstil. Feste werden nicht nur für Besucher veranstaltet, vielmehr wird damit die tief verwurzelte Tradition der Jahreszeitenfeiern gepflegt. Vielen Fêtes liegen heidnische Riten zugrunde, anderen historische Begebenheiten. Nur an der Küste sind sie vereinzelt von vergnügungshungrigen Urlaubern in Beschlag genommen. Hier folgt eine Auswahl der schönsten Festivals jedes Départements.

Einer der aufsehenerregenden Festwagen beim Karnevalsumzug in Nizza

Riviera und Alpes Maritimes

Die großartigen Karnevalsfeuerwerke über der Baie des Anges in Nizza gehören zu den beliebtesten Anblicken der Stadt *(siehe S. 84f)*. Der Karneval von Nizza ist Frankreichs größter; Höhepunkt ist am Faschingsdienstag, wenn *Sa Majesté Carnaval* (König Karneval) von Feuerwerk begleitet feierlich geopfert wird.

Die Karnevalsfeste gehen auf einen heidnischen Brauch zurück, der den Winter verabschieden und den Frühling begrüßen sollte. *Mardi gras* bedeutet »fetter Dienstag« und meint die letzte Gelegenheit zum Feiern, bevor die Fastenzeit beginnt. Das lateinische *carne vale* bedeutet »Abschied vom Fleisch«. Das Fest beginnt drei Wochen vorher, wenn König Karneval anfängt, durch die Straßen zu ziehen. An den zwei Wochenenden zwischen Amtsantritt und Verabschiedung paradieren die Festwagen auf der zwei Kilometer langen Strecke um den Jardin Albert I.

Karnevalsgestalten in Nizza

Bis zum 19. Jahrhundert war Karneval in Nizza nicht viel mehr als eine Kreide- und Mehlschlacht. Erst seit 1873 gibt es die durch den Künstler Alexis Mossa inspirierten Festwagen – von ihm stammt auch die Figur des Karnevalkönigs. Seither wird viel Energie auf die Anfertigung der Kostüme verwendet.

Partys und Bälle finden in Hotels und an öffentlichen Plätzen statt. Besucher sollten sich rechtzeitig eine Unterkunft besorgen.

Var und Îles d'Hyères

Bei zahlreichen Festen der Gegend werden Musketen abgefeuert, ein Relikt alter Riten zur Hexenvertreibung. Jährlich werden in St-Tropez *(siehe S. 118f)* zwei Ereignisse mit spektakulären Salven gewürdigt: zum einen die Mai-*bravade* vom 16. bis 18. Mai, eine Prozession für Saint Torpès, den Schutzheiligen der Stadt. Als Soldat im Dienste Kaiser Neros trat er im Jahr 68 zum Christentum über und starb als Märtyrer durch Enthauptung. Sein Leichnam wurde, zusammen mit einem ausgehungerten Hund und einem jungen Hahn, in einem Boot ausgesetzt. Wunderbarerweise blieb der Körper des Heiligen unversehrt. Das Boot wurde an der südfranzösischen Küste, nahe der heutigen Stadt St-Tropez, angeschwemmt. Die Feier gedenkt seiner Ankunft und beginnt mit der Segnung einer Lanze in der Église de St-Tropez. Von hier wird die Büste des Heiligen unter Musketensalvendonner durch die fahnengeschmückte Stadt zum Strand hinuntergetragen, wo man das Meer zum Dank für die sichere Ankunft des Heiligen segnet.

Die zweite *bravade* findet am 15. Juni statt, begleitet von krachenden Gewehrsalven und Militärparaden. Dieses Fest erinnert an den 15. Juni 1637, an dem die Miliz eine aus 22 Booten bestehende spanische Flotte in die Flucht schlug, die versucht hatte, vier Schiffe der französischen Flotte zu kapern.

***Bravade*-Prozession zu Ehren des Schutzpatrons von St-Tropez**

Bouches-du-Rhône und Nîmes

Roma aus allen Teilen Europas treffen sich Ende Mai (meist vom 24.–26.) zur größten Wallfahrt der Roma, dem *Pèlerinage des Gitanes des Stes-Maries-de-la-Mer* *(siehe S. 138)*, in dieser malerischen Stadt zu Ehren der Schutz-

Prozession der Heiligen zum Meer in Stes-Maries-de-la-Mer

patronin der Roma und Sinti, der heiligen Sarah oder schwarzen Madonna.

Die Wallfahrt ist ein farbenfrohes Ereignis – nicht zuletzt dank der traditionellen Trachten der *gardians*, der Hirten der Camargue. Der Legende nach kam die heilige Sarah, eine äthiopische Dienerin, mit einem Boot an der Camargue-Küste an, in dem sich auch Maria Magdalena sowie die heilige Maria Jacobäa (Schwester der Jungfrau Maria) und die ältere Maria Salome (Mutter der Apostel Jakob und Johannes) befanden. Die Frauen ließen sich in der Stadt nieder und bauten eine kleine Kapelle, aus der dann die befestigte Kirche Notre-Dame-de-la-Mer entstand. Die heiligen Frauen predigten das Evangelium und brachten der Stadt den Ruf eines »Mekka der Provence« ein.

Die Statue der heiligen Sarah steht festlich gekleidet in der Krypta. An den zwei Tagen und Nächten der Feier im Mai wird ihrer mit einer Prozession, einer Messe und einer Nachtwache gedacht. Am nächsten Tag werden die vier Statuen der Heiligen zum Strand getragen, wo die Camargue-Hirten ihre Pferde halstief ins Meer stellen, das der Bischof von Arles segnet. Nach der Rückkehr der Heiligen in die Kirche beginnt das große Volksfest mit Rodeo, Stierlauf, Pferderennen und Tänzen.

Die *gardians* treten noch einmal im Oktober bei einer Feier für Maria Salome mit Prozession um die Kirche auf.

Vaucluse

Die Papststadt Avignon *(siehe S. 166–168)* ist ein passender Rahmen für das größte Spektakel der Provence: das von Mitte Juli bis Anfang August dauernde Festival d'Avignon mit Theater, Film, Musik und Tanz, zu dem jährlich über eine Viertel Million Besucher anreisen. Es empfiehlt sich sehr, im Voraus Hotels und Eintrittskarten zu reservieren *(siehe Reservierungen S. 226f)*.

Das Festival wurde 1947 von dem Theaterleiter Jean Vilar ins Leben gerufen, um dem Theater größere Popularität zu verleihen. Einige seiner Produktionen werden noch immer alljährlich vom Théâtre National Populaire im Papstpalast gezeigt.

Weitere Veranstaltungsorte sind Theater und Kinos mit ganztägigem Programm, das Opernhaus und einige Kirchen.

Seit den 1960er Jahren inszeniert das alternative Straßentheater »Public Off« von Avignon an die 300 Aufführungen an über 80 Schauplätzen, darunter viele speziell errichtete Theater. Amateurkünstler sind auf dem Platz vor der Oper gratis zu sehen.

Lavendel vom Festival in Digne

Alpes-de-Haute-Provence

Dem Lavendel ist ein eigenes Fest geweiht: der Corso de la Lavande im Bergkurort Digne-les-Bains *(siehe S. 180)*.

Das vier Tage dauernde Ereignis findet im August anlässlich der Lavendelernte statt. Alle möglichen Lavendelprodukte werden hier verkauft. Veranstaltungen spielen sich in erster Linie auf der Hauptstraße, dem Boulevard Gassendi, ab. Höhepunkt des Festivals sind die blumengeschmückten Festwagen, die – begleitet von Musik und Tanz – am letzten Abend des Festivals durch die Straßen fahren. An der Spitze des Umzugs sprüht ein städtischer Wagen literweise Lavendelwasser auf die Straßen und hüllt die ganze Stadt in den berauschenden, unverwechselbar süßen Duft.

Straßentheater beim Sommerfestival in Avignon

Themenferien und Aktivurlaub

Nahezu alles – vom Sonnenbaden über Wassersport bis hin zum Skifahren – ist in dieser vielfältigen Region im Angebot. Gerade der Wassersport erfreut sich außerordentlicher Beliebtheit. In den meisten Städten kann man Segelboote mieten. Die erfahrenen Windsurfer wird es zum Brutal Beach westlich von Toulon ziehen, die Îles d'Hyères bieten einige der besten Tauchmöglichkeiten im ganzen Mittelmeer. Das Hinterland um Verdon und Gard lässt die Herzen der Kanu- und Rafting-Freunde höherschlagen. Außerdem kann man wandern, Rennrad und Mountainbike fahren oder reiten. Die Fédération Française de la Randonnée Pédestre gibt die weitverbreiteten *Topo Guides* heraus, die Infos zu den Routen mitsamt Übernachtungs- und Verkehrsmöglichkeiten bieten.

Windsurfen in der Provence

Sprachkurse und Kunst-Workshops

Eine gute Möglichkeit für einen Sprachurlaub bietet die Sprachschule **Inlingua**. Die **Union Rempart** (Union pour la Réhabilitation et Entretien des Monuments et du Patrimoine Artistique) vermittelt Französischstudenten an Grabungs- und andere historische Stätten, wo sie halbtags bei Restaurierungen mitarbeiten können.

Töpferkurse auf dem Land bietet **Provence Verte**. Einige andere Veranstalter haben sich auf Malurlaube spezialisiert. Informationen bekommen Sie beim französischen Fremdenverkehrsamt **Atout France**.

Kochkurse

Kochkurse zur regionalen oder klassisch französischen Küche gibt es viele. Oft lernt man dabei auch, wie man auf einem Markt die richtigen Zutaten einkauft. Empfehlenswert ist die **Hostellerie Bérard** in La Cadière d'Azur. Sie bietet auch Workshops an.

Olivenöl ist das A und O der Mittelmeerküche, deshalb bieten viele Olivenölproduzenten Besichtigungen ihrer *moulins* an, darunter auch das **Château Virant** in Lançon de Provence. Auf der »Olivenbaumroute« in Canton de Levens sehen Sie die Ölpressen in Aktion. Wer mehr über Feigen wissen möchte, ist mit einem Besuch des Familienbetriebs **Les Figuières du Mas de Luquet** bestens beraten.

Lavendelfelder und Weinberge

Die berühmtesten Lavendelgebiete befinden sich um den Mont Ventoux, im Lubéron und im provenzalischen Teil des Drôme. Das **Musée de la Lavande** in Lagarde d'Apt bietet geführte Wanderungen durch Lavendelfelder.

Darüber hinaus gibt es in der ganzen Region zahlreiche Möglichkeiten zur Weinverkostung *(dégustation)*. Kombinierte Ausflüge nach Les Baux-de-Provence, Les Alpilles oder St-Rémy-de-Provence mit Besuch eines Weinguts bietet **Syndicat des Vignerons des Baux-de-Provence**. Für Weine aus dem Lubéron wenden Sie sich an die **Section Interprofessionnelle des Côtes du Lubéron**.

Wunderschöne und duftende Lavendelfelder in der Nähe von Châteauneuf-du-Pape

Kochkurs in der empfehlenswerten Hostellerie Bérard

Parfum und Aromatherapie

In Grasse bietet sich Parfumliebhabern die Gelegenheit, ihr eigenes *eau de toilette* zu kreieren – mit der Hilfe eines »Meister-Parfumeurs«. Buchen können Sie diese Kurse bei **Le Studio des Fragrances** in Galimard oder bei **Tarinologie Workshop** in Molinard. Der größte Parfumhersteller ist **Fragonard**. Er bietet auch Workshops zur Aromakunde und -therapie an, bei denen man alles über Pflanzen und ätherische Öle lernen kann. Sie werden von professionellen Aromatherapeuten und Pflanzenexperten geleitet.

Besondere Sportarten

Eine aufregende Extremsportart ist das Snowkiting – Skifahren mit Gleitschirm, um die Sprünge zu verlängern. Die momentan angesagteste Gegend ist am Col du Lautaret zwischen Grave, Meije und Serre Chevalier. Noch extremer geht es beim Tauchen unter Eis zu. Zu den weiteren Favoriten zählen

Pétanque gehört in der Provence noch immer zu den beliebtesten Freizeitbeschäftigungen

Paragliding *(parapente)* und Hanggliding *(deltaplane)*. Mehr Informationen dazu gibt es bei der **Fédération Française de Vol Libre**. Das Gleitschirmfliegen *(vol à voile)* ist vor allem im Süden beliebt, wo das Klima warm und die Thermik gut ist. Informationen zu den Clubs gibt es bei der **Fédération Française de Vol à Voile**.

Vogelbeobachtung

Die Camargue ist ein wahres Vogelparadies. Das Informationszentrum des **Parc Naturel Régional de Camargue** bietet zahlreiche Details zur Vogelbeobachtung sowie geführte Wanderungen in der Gegend. Per Fernglas kann man die Tiere zudem in einer verglasten Voliere beobachten. Weitere Informationen liefern die Fremdenverkehrsbüros in Arles *(siehe S. 144f)* und Stes-Maries-de-la-Mer *(siehe S. 138)*.

Häufig zu sehen: Bienenfresser

Pétanque / Boule

Der französische Nationalsport ist eher Männersache. Pétanque ähnelt dem Boccia und wird mit kleinen Metallkugeln auf jedem beliebigen staubigen Boden gespielt. Die Regeln sind einfach, doch die Konkurrenz ist groß – und die Franzosen nehmen das Spiel sehr ernst.

Kanufahren

Diese Sportart ist vor allem auf dem riesigen Lac de Ste-Croix im Nationalpark Verdon beliebt. Die berühmteste Route ist 24 Kilometer lang und führt von den Gorges du Verdon (Carrejuan-Brücke) zum Lac de St-Croix. In der Regel sollte man sich dafür zwei Tage Zeit nehmen. La Palud-sur-Verdon ist der beste Ausgangspunkt zum Wildwasser-Rafting und Kajakfahren auf den Stromschnellen. Etwas gemütlicher geht es auf dem Fluss Sorgue zu. Die Touren hier beginnen am Fuß der hohen Klippen bei Fontaine-de-Vaucluse. Weitere Informationen erhalten Sie bei der **Fédération Française de Canoë-Kayak**.

Canyoning

Die Gorges du Verdon sind Europas größter Canyon. Man kann sie per Floß oder zu Fuß erkunden. Das **Castellane Tourist Office** hat Veranstalter für Canyoning, Rafting und andere Aktivitäten aufgelistet.

Angeln

Das Angeln in Seen und Flüssen ist sehr beliebt. Lizenzen bekommt man bei örtlichen Fremdenverkehrsbüros und in Angelläden. Im Mittelmeer kann man auch größere Fänge machen, u.a. Barsche, Sardinen, Meeräschen und Krustentiere wie Langusten und Hummer. Immer beliebter wird auch das Nachtfischen.

Golf und Tennis

Das Angebot an Golfmöglichkeiten ist groß in der Provence. Die Plätze liegen in großer Höhe, am Meer oder auch an Klippen. Insgesamt gibt es rund 30 Golfplätze, die meisten im Var und Bouches-du-Rhône. Von diesen sind mehr als 20 18-Loch-Plätze. Einige der besten sind der Frégate-Platz in St-Cyr, Golf de l'Estérel in St-Raphaël und Golf de Châteaublanc in der Nähe von Avignon. Die meisten Golfclubs bieten auch Kurse an.

Der »Provence Golf Pass« ermöglicht den Zugang zu 13 Plätzen in fünf Départements. Dies ist sowohl für Golfsüchtige als auch für Gelegenheitsgolfer eine ausgezeichnete Möglichkeit, viele Plätze kennenzulernen. Informationen dazu erteilen das **Provence-Alpes-Côte d'Azur Comité Régional de Tourisme** und die **Fédération Française de Golf**, die auch eine Liste aller Golfplätze in Frankreich zur Verfügung stellt.

Die meisten Ferienorte und Städte in der Provence verfügen über eigene, öffentlich zugängliche Tennisplätze. Meist handelt es sich dabei um traditionelle Sandplätze.

Die Tennisbegeisterten kommen im April in Monte Carlo zusammen, wenn hier die Internationalen Tennis-Meisterschaften ausgetragen werden.

Kanufahren in den Gorges du Verdon ist ein echtes Erlebnis

Reiten

Das Feuchtgebiet der Camargue ist für die widerstandsfähigen weißen Pferde berühmt, die von den Urpferden abstammen sollen *(siehe S. 136)*. Doch im Grunde ist die ganze Provence bei Reitern sehr beliebt. Informationen bekommen Sie bei der **Ligue Régionale de Provence de Sports Équestres**.

FKK-Urlaub

Der größte und älteste FKK-Strand der Provence befindet sich auf der östlichsten der Îles d'Hyères, auf der Île du Levant. Er erstreckt sich fast über die Hälfte der acht Kilometer langen Insel. Informationen erteilt die **Fédération Française de Naturisme**.

Skifahren

Die wichtigsten Skigebiete der Region befinden sich im Département Alpes Maritimes, wo die Alpen auf die Provence treffen. Hauptorte sind Auron, Isola 2000 und Valberg *(siehe S. 96)*. Sie liegen nur einige Stunden Fahrt von der Küste entfernt, was es möglich macht, Ski- und Strandvergnügen an nur einem Tag zu erleben. Im Norden der Region, in den Alpes-de-Haute-Provence, befinden sich die Skiorte Pra Loup und Chabanon. Weitere Informationen erhalten Sie bei der **Fédération Française de Ski** in Annecy oder bei der **Fédération Française de la Montagne et de l'Escalade**.

Thermen und Spas

Mitten in dem Hügelort Gordes, einem der hübschesten Dörfer ganz Frankreichs, lockt das neu eröffnete Daniel-Jouvance-Spa **La Bastide de Gordes**. Wer hier nicht entspannen kann, ist selbst schuld. In dem malerischen und kulinarisch berühmten Dorf Mougins bietet das elegante Hotel **Le Mas Candille** ein Shiseido-Spa im japanischen Stil an. Der allerletzte Schrei in Sachen Luxus und Entspannung ist das **Thalazur** in Antibes.

Wandern, Klettern und Radfahren

Die Fernwander- und Kletterrouten in Frankreich heißen Grandes Randonnées (GR). Kürzere Routen sind als Petites Randonnées (PR) gekennzeichnet. Auf einigen Wegen kann man auch mountainbiken und reiten. Der Parc Naturel Régional du Lubéron verfügt über einige exzellente Rad- und Wanderwege. Im Informationszentrum **Maison du Parc** gibt es eine Liste mit Übernachtungsmöglichkeiten und Routen. Auch in der Camargue lässt es sich ausgezeichnet wandern. Der großartige Küstenpfad *sentier littoral* führt 35 Kilometer lang von St-Tropez nach Cavalaire. Einen Zwischenstopp kann man in Ramatuelle einlegen. Das französische Buch *Promenez-vous à Pied – Le Golfe de St-Tropez* führt 26 verschiedene Routen auf.

Der spektakulärste Weg der Provence ist wohl der GR 9 über die Lubéron-Bergkette und die Monts du Vaucluse.

Kletterfans kommen an den Buoux-Klippen im Lubéron oder bei einer der 933 Routen in den Gorges du Verdon auf ihre Kosten. Die *calanques* (Schluchten) zwischen Cassis und Marseille sind unwahrscheinlich idyllisch. Leichtere Routen bieten die Dentelles de Montmirail, trotz der zerklüfteten Oberfläche. In der Gegend gibt es zudem ausgezeichnete Weine, wie z. B. Gigondas, Vacqueyras und Beaumes-de-Venise.

Beim **Comité Départemental de la Randonnée Pédestre** in Cagnes-sur-Mer erhalten Sie detaillierte Informationen zu Wandermöglichkeiten. Für Routen in bestimmten Regionen wenden Sie sich an die **Fédération Française de Randonnée Pédestre**.

Radtouren durch das üppig grüne Lubéron im Département Vaucluse sind für jedes Alter geeignet. Figanières im oberen Var ist für Mountainbiking berühmt, in den Alpes-de-Haute-Provence gibt es rund 1500 Kilometer Radwege. Weitere Informationen dazu erteilt die **Fédération Française de Cyclisme**.

Wassersport

Die meisten Küstenorte sind ideal für erfahrene Segler wie auch für Anfänger. Auf den Îles d'Hyères gibt es einige erstklassige Segelschulen: auf der winzigen Insel Bendor z. B. und auf Porquerolles, der größten Insel an der französischen Riviera.

Zuverlässige Winde für Surfer gibt es in den Départements Bouches-du-Rhône und Var. Weitere geeignete Orte sind die Camargue mit dem starken Mistral, Port St-Louis und Stes-Maries-de-la-Mer. Die Windsurfregatta in St-Tropez im Juli ist ein besonders glamouröses, immer gut besuchtes Ereignis.

Tauchfans finden in der Provence bzw. an der Côte d'Azur kristallklares Wasser, Schiffswracks und ein vielfältiges Meeresleben. Geeignet sind vor allem Marseille, die Îles d'Hyères und Cavalaire. Die kleine Insel Port-Cros kann sich eines »Unter-Wasser-Entdeckungspfades« rühmen. In den Gewässern um St-Raphaël gibt es einige Schiffswracks aus dem Zweiten Weltkrieg zu sehen. Weitere Informationen erhalten Sie bei der **Fédération Française d'Études et de Sports Sous-Marins** in Marseille.

Der malerischste Abschnitt der Rhône verläuft mitten durch Avignon und Arles, die auch als »Städte der Kunst und der Geschichte« bekannt sind, sowie durch die Camargue, Heimat der Wildpferde, Stiere und Flamingos. Mehrere Veranstalter bieten Bootsausflüge oder Flusskreuzfahrten an. Details erfahren Sie bei der Touristeninformation in Avignon, Arles, Stes-Maries-de-la-Mer und Port-St-Louis-du-Rhône.

Die *calanques* können per Boot von Marseille und Cassis aus erkundet werden. Wenden Sie sich an **Les Amis de Calanques**.

Viele Strände der Provence sind privat und kosten Eintritt. Katamarane, kleine Boote, Wasserskier und Surfausrüstung sind allerdings überall erhältlich. Informationen erteilt die nationale Segelschule **Fédération Française de Voile**.

AUF EINEN BLICK

Sprachkurse und Kunst-Workshops

Atout France
Zeppelinallee 37,
60325 Frankfurt am Main.
0900 1 57 00 25.
www.franceguide.com

Inlingua Sprachschule Berlin
Kronenstraße 55–58,
10117 Berlin.
030 88 47 11 90.
www.inlingua.de

Provence Verte
Office de Tourisme,
83170 Brignoles.
04 94 72 04 21.
www.la-provence-verte.fr

Union Rempart
1, rue des Guillemites,
75004 Paris.
01 42 71 96 55.
www.rempart.com

Kochkurse

Château Virant
Route de St-Chamas,
13680 Lançon de Provence. *04 90 42 44 47.*
www.chateauvirant.com

Hostellerie Bérard
83740 La Cadière d'Azur.
04 94 90 11 43.
www.hotel-berard.com

Les Figuières du Mas de Luquet
Chemin du Mas de la Musique, Mas de Luquet,
13690 Graveson.
04 90 95 72 03.
www.lesfiguieres.com

Lavendelfelder und Weinberge

Musée de la Lavande
Route de Gordes,
84220 Coustellet.
04 90 76 91 23.
www.museedelalavande.com

Section Interprofessionelle des Côtes du Lubéron
90, blvd Saint Roch,
BP12 La Tour d'Aigues.
04 90 07 34 40.
www.vins-cotes-luberon.com

Syndicat des Vignerons des Baux-de-Provence
Domaine St-Vincent, Route d'Orion, 13810 Eygalières.
04 90 90 61 14.

Parfum und Aromatherapie

Fragonard
Boulevard Fragonard,
06130 Grasse.
04 92 42 34 34.
www.fragonard.com

Le Studio des Fragrances
73, route de Cannes,
06130 Grasse.
04 93 09 20 00.
www.galimard.com

Tarinologie Workshop
60, blvd Victor Hugo,
06130 Grasse.
04 93 36 01 62.
www.molinard.com

Besondere Sportarten

Fédération Française de Vol Libre
4, rue de Suisse,
06000 Nice.
04 97 03 82 82.
www.ffvl.fr

Fédération Française de Vol à Voile
29, rue de Sèvres,
75006 Paris.
01 45 44 04 78.
www.ffvv.org

Vogelbeobachtung

Parc Naturel Régional de Camargue
Mas du Pont de Rousty,
13200 Arles.
04 90 97 10 82.
www.parc-camargue.fr

Kanufahren

Fédération Française de Canoë-Kayak
87, quai de la Marne,
94340 Joinville-le-Point.
01 45 11 08 50.
www.ffck.org

Canyoning

Castellane Tourist Office
Rue Nationale, Castellane.
04 92 83 61 14.
www.castellane.org

Golf und Tennis

Fédération Française de Golf
68, rue Anatole France,
92300 Levallois-Perret.
01 41 49 77 00.
www.ffgolf.org

Provence-Alpes-Côte d'Azur Comité Régional de Tourisme
61, le Canabière, Marseille.
04 91 56 47 00.
www.crt-paca.fr

Reiten

Ligue Régionale de Provence de Sports Équestres
298, av du club Hippique,
13090 Aix-en-Provence.
04 42 52 97 32.

FKK-Urlaub

Fédération Française de Naturisme
5, rue Regnault,
93500 Pantin.
08 92 69 32 82.
www.ffn-naturisme.com

Skifahren

Fédération Française de la Montagne et de l'Escalade
8, quai de la Marne,
75019 Paris.
01 40 18 75 50.
www.ffme.fr

Fédération Française de Ski
50, av des Marquisats,
Annecy.
04 50 51 40 34.
www.ffs.fr

Thermen und Spas

La Bastide de Gordes
Le Village, 84220 Gordes.
www.bastide-de-gordes.com

Hôtel Thalazur
770, chemin des Moyennes Bréguières, 06600 Antibes.
04 92 91 82 00.
http://antibes.thalazur.fr

Le Mas Candille
Boulevard Clément Rebuffet, 06250 Mougins.
04 92 28 43 43.
www.lemascandille.com

Wandern, Klettern, Radfahren

Comité Départemental de la Randonnée Pédestre
4, av de Verdun,
Cagnes-sur-Mer.
04 93 20 74 73.
www.cdrp06.org

Fédération Française de Cyclisme
5, rue de Rome,
93561 Rosny-sous-Bois.
01 49 35 69 00.
www.ffc.fr

Fédération Française de Randonnée Pédestre
64, rue du Dessous des Berges, 75013 Paris.
01 44 89 93 93.
www.ffrandonnee.fr

Maison du Parc du Lubéron
60, pl Jean Jaurès, 84404 Apt. *04 90 04 42 00.*
www.parcduluberon.fr

Wassersport

Fédération Française d'Études et de Sports Sous-Marins
24, quai Rive Neuve,
13284 Marseille.
04 91 33 99 31.
www.ffessm.fr

Fédération Française de Voile
17, rue Henri Bocquillon,
75015 Paris.
01 40 60 37 00.
www.ffv.fr

Les Amis de Calanques
Chemin de la Louisiane,
13600 La Ciotat.
04 42 83 54 50.

Grund-
informationen

Praktische Hinweise

Die Hauptsaison dauert in Frankreich von Mitte Juni bis Ende August. Beliebtes Ziel sind vor allem die Küsten. Die Provence bietet für jeden etwas: Skipisten im Winter und herrliche Strände im Sommer, exzellente moderne Kunstsammlungen, gut erhaltene römische Funde, farbenfrohe Straßenfeste, eine ausgezeichnete Küche sowie eine atemberaubende Landschaft. Um alles optimal zu genießen, wendet man sich am besten an eines der Fremdenverkehrsämter. Die größten finden Sie auf der gegenüberliegenden Seite *(siehe auch S. 192)*. Die Läden sind in der Regel zwischen 12 und 15 Uhr geschlossen. Hier gilt das angenehme Motto der Einheimischen: »Man lasse alles langsam angehen und vermeide jede Hektik.«

FNOTSI

Zeichen der Informationsbüros

Entspanntes Mittagessen auf einer Terrasse

Beste Reisezeit

Viele Läden in den Urlauberzentren erwirtschaften in der Hochsaison fast ihren ganzen Jahresumsatz. Besonders entlang der Küste muss man dann mit unzähligen Urlaubern und erhöhten Preisen rechnen. Wer den Massen ausweichen will, fährt in die Berge von Var, Vaucluse oder in die Haute-Provence.

Am schönsten ist es in der Provence im Mai und September, dann ist das Wetter ideal und die Besucherzahl geringer. Der Mai bietet ein Blütenmeer, der September in vielen Gebieten die Weinlese. Skifahrer kommen von November bis April auf ihre Kosten *(siehe S. 96)*.

Die meisten Sehenswürdigkeiten sind ganzjährig zu besichtigen, außerhalb der Saison allerdings oft mit kürzeren Öffnungszeiten.

Reisegepäck

Abgesehen von verschreibungspflichtigen Medikamenten bekommt man alles vor Ort. In der Provence kleidet man sich leger. Kirchen sollte man in angemessener Kleidung besuchen, Gleiches gilt für teurere Restaurants.

Einreise

Seitdem mit dem Schengener Abkommen die Grenzkontrollen weggefallen sind, brauchen Bürger der EU beim Grenzübertritt nicht einmal mehr einen Ausweis vorzuzeigen. Einen Reisepass oder Personalausweis muss man dennoch mit sich führen. Auch Kinder jeglichen Alters brauchen einen eigenen Ausweis. Stichprobenartige Kontrollen an den Grenzen zu den Nachbarländern sind jederzeit möglich

Wer als EU-Bürger in Frankreich arbeiten will, kann dies tun. Er muss in Frankreich lediglich eine Aufenthaltserlaubnis beantragen. Schweizer, die in Frankreich arbeiten möchten, sollten sich in ihrem Heimatland bei der französischen Botschaft nach den derzeit geltenden Bestimmungen erkundigen.

Zoll

Für EU-Bürger gibt es keine Zollgrenzen mehr. Alle nachweislich zum Privatkonsum erworbenen Waren dürfen ein- und ausgeführt werden. Staatsangehörige der Schweiz können sich im Bedarfsfall bei der Zollauskunftsstelle **Centre des Renseignements des Douanes** erkundigen.

Mehrwertsteuererstattung

Bürger aus Nicht-EU-Staaten können die Mehrwertsteuer, die sie für französische Waren gezahlt haben, bei der Ausreise zurückbekommen. Haben Sie in einem Laden mehr als 175 Euro ausgegeben, verlangen Sie einen *bordereau de vente à l'exportation* (Ausfuhrbeleg), den Sie bei einer Ausreise innerhalb von drei Monaten dem Zoll vorlegen können. Die entrichtete Mehrwertsteuer TVA wird Ihnen zurücküberwiesen. Dies gilt jedoch nicht für Lebensmittel, Spirituosen, Medizin, Tabak, Autos und Motorräder.

Sonstige Einfuhrbestimmungen

In der Regel dürfen Sie persönliche Besitztümer (z. B. Auto oder Fahrrad) zollfrei und ohne Formalitäten einführen, sofern genannte Waren nicht zum Verkauf angeboten werden und nachweis-

Informationsbüro in Monieux, Vaucluse

◁ Architektonisches Merkmal der Provence: ein *village perché (siehe S. 20f)*

lich dem eigenen Gebrauch während des Aufenthalts in Frankreich dienen.

Wer sich darüber genau informieren will, besorgt sich am besten die Broschüre *Voyagez en Toute Liberté* vom französischen Zollamt **Centre des Renseignements des Douanes**. Sie gibt auch Auskunft darüber, welche Bestimmungen der Europäischen Union Sie bei der Ein- und Ausfuhr von Haustieren, Pflanzen und Waffen unbedingt beachten müssen.

Information

In den meisten größeren Orten gibt es entweder ein *Syndicat d'Initiative* oder ein *Office de Tourisme*, in kleineren Orten wendet man sich an das Rathaus. Überall bekommt man kostenlose Stadtpläne, Verzeichnisse über Unterkünfte und Veranstaltungskalender. Wer sich schon vor Antritt seiner Reise informieren will, kann sich Infomaterial bei **Atout France**, der Französischen Zentrale für Tourismus, bestellen. Fast jede Stadt und jede Region hat eine eigene, meist sehr informative Website.

Etikette

Provenzalen nehmen einige der Höflichkeitsregeln genauer, als dies in vielen anderen europäischen Ländern üblich ist. Die grundlegenden Gepflogenheiten sind auch für Fremde ganz leicht zu erlernen. In Läden sollten Sie zur Begrüßung *bonjour monsieur/madame* sagen, *merci*, wenn Sie Ihr Wechselgeld bekommen, *merci* und *au revoir* zum Abschied. Wenn Ihnen jemand vorgestellt wird und Ihr Gegenüber Ihnen die Hand entgegenstreckt, wäre es unhöflich, sie nicht zu ergreifen. In kleinen Dörfern ist es üblich, sogar Wildfremde mit *bonjour monsieur/madame* zu begrüßen.

Öffnungszeiten

Bei den im Buch aufgeführten Sehenswürdigkeiten finden Sie die entsprechenden Öffnungstage oder -zeiten. Viele Sehenswürdigkeiten und Museen machen eine oder zwei Stunden Mittagspause, meist zwischen 12 oder 13 und 14 Uhr. Nur in der Hochsaison sind größere Sehenswürdigkeiten durchgehend offen.

Die einladende Fassade des Musée Matisse in Nizza

Die meisten Läden haben von 8 oder 9 bis 12 Uhr und von 14 oder 15 bis 18 Uhr geöffnet, Banken montags bis freitags von 8.30 bis 12 Uhr und von 13.30 bsi 16.30 Uhr.

Restaurants bleiben oft zwei Tage in der Woche geschlossen, meist montags und dienstags. In der Nebensaison ist es ziemlich ruhig. Am besten vergewissern Sie sich vorher telefonisch, ob das Hotel oder Restaurant, das Sie im Auge haben, auch offen hat. Sogar bei den öffentlichen Verkehrsmitteln muss man mit Beeinträchtigungen rechnen.

AUF EINEN BLICK

Tourismusbüros

Atout France
Französische Zentrale für Tourismus (früher: Maison de la France). Die Auslandsbüros von Atout France sind seit 2012 für den Publikumsverkehr geschlossen. Anfragen können weiterhin per Post oder Fax gestellt werden.

In Deutschland
Postfach 100128,
60001 Frankfurt am Main.
FAX *069 74 55 56.*
www.franceguide.com
www.rendezvousenfrance.com

In Österreich
☎ *01 503 28 92 (Ortstarif).*
http://at.rendezvousenfrance.com

In der Schweiz
http://ch.rendezvousenfrance.com

Information in der Provence

Aix-en-Provence
2, pl du Général de Gaulle. ☎ *04 42 16 11 61.*
www.aixenprovencetourism.com

Arles
Boulevard des Lices.
☎ *04 90 18 41 20.*
www.arlestourisme.com

Avignon
41, cours Jean Jaurès.
☎ *04 32 74 32 74.*
www.ot-avignon.fr

Cannes
Palais des Festivals, La Croisette.
☎ *04 92 99 84 22.*
www.cannes.com

Draguignan
2, blvd Lazare Carnot.
☎ *04 98 10 51 05.*
www.dracenie.com

Marseille
4, la Canebière.
☎ *08 26 50 05 00.*
www.marseille-tourisme.com

Monte Carlo
2a, boulevard des Moulins.
☎ *00 377 92 16 61 16.*
www.visitmonaco.com

Nîmes
6, rue Auguste.
☎ *04 66 58 38 00.*
www.ot-nimes.fr

Nizza
5, promenade des Anglais.
☎ *08 92 70 74 07.*
www.nicetourism.com

St-Tropez
Quai Jean Jaurès.
☎ *08 92 68 48 28.*
www.ot-saint-tropez.com

Zoll

Centre des Renseignements des Douanes
23, rue de l'Université, 75007 Paris.
☎ *08 11 20 44 44.*
www.douane.gouv.fr

Marseille
48, av R. Schuman.
☎ *04 91 14 15 16.*

Nützliche Websites

Provence Alpes Côte d'Azur Tourisme
www.tourismpaca.fr

Provence Web
www.provenceweb.fr

Provence & Beyond
www.beyond.fr

Das eindrucksvolle Rathaus von Aix-en-Provence

Eintrittspreise

Die Eintrittspreise für Museen rangieren von drei bis zwölf Euro. Am ersten Sonntag des Monats oder am Sonntagvormittag kann man manche Museen kostenlos oder zu reduzierten Preisen besichtigen.

Mit der *Carte Musée Côte d'Azur* (für drei oder sieben Tage) kann man 62 Museen und historische Bauwerke in der Region kostenfrei besuchen. Man erhält sie in den teilnehmenden Museen und in Informationsbüros *(siehe S. 237)*. Der *French Riviera Pass* (für ein, zwei oder drei Tage; www.frenchrivierapass.com) beinhaltet freien Zugang zu vielen Sehenswürdigkeiten und einige Preisnachlässe.

Trinkgeld

In den meisten Restaurants beinhaltet die Rechnung ein Bedienungsgeld von zehn bis 15 Prozent, ein Trinkgeld ist somit nicht zwingend notwendig, aber immer erwünscht. In einer Bar oder einem Café gibt man ein kleines Trinkgeld, Gleiches gilt für Taxifahrer und Hotelangestellte.

Behinderte Reisende

Die engen Gassen in den alten Ortschaften der Provence machen Gehbehinderten die Fortbewegung mitunter sehr schwer. Parkplätze für Behinderte gibt es hingegen in ausreichender Zahl. Rollstühle und andere nützliche Geräte kann man in Apotheken ausleihen. Rampen oder Lifte für Rollstuhlfahrer findet man nur in neueren Gebäuden vor, Hotels und Restaurants rüsten diesbezüglich allmählich nach.

Die Eisenbahngesellschaft SNCF hat ihre Waggons behindertengerecht ausgestattet *(siehe S. 246f)*. Taxifahrer müssen laut Gesetz Behinderte und Blindenhunde transportieren.

Nützliche Informationen findet man auf der Website www.access-able.com.

Internationaler Studentenausweis

Mit Kindern reisen

Viele Hotels bieten ihren Gästen Familienzimmer oder stellen auf Nachfrage (und eventuell gegen einen Aufpreis) ein Kinderbett ins Zimmer. Bei Anmietung eines Wagens sollten Sie rechtzeitig einen Kindersitz verlangen, den die Mitarbeiter der Leihfirma auch anbringen sollten. In Zügen sind die Fahrkarten für Kinder deutlich billiger.

Schwule und lesbische Reisende

In der Provence gibt es zahlreiche Treffpunkte für Schwule und Lesben. Das sind Bars und Diskotheken, aber auch bestimmte Strände bzw. Strandabschnitte. Die auf Seite 239 aufgelisteten Websites informieren über homosexuellenfreundliche Hotels sowie über spezielle Veranstaltungen und Unternehmungen.

Preiswert reisen

Die Provence ist sicherlich nicht die preiswerteste Reiseregion Frankreichs. Außerhalb der Hochsaison reist man hier aber schon deutlich günstiger. Allgemein sind die Preise im Hinterland niedriger als an der Küste. Die örtlichen Informationsbüros versorgen Sie mit Adressen günstiger Unterkünfte wie Jugendherbergen oder Campingplätzen.

Reisen mit öffentlichen Verkehrsmitteln ist billiger als die Anmietung eines Wagens, zudem sind die Verkehrsverbindungen gerade an der Küste ausgezeichnet *(siehe S. 246–248* und *S. 252)*. In größeren Städten lohnt sich bei Nutzung öffentlicher Verkehrsmittel der Kauf von *carnets* mit einer bestimmten Anzahl von Einzelfahrscheinen.

In vielen Museen in der Provence ist der Eintritt an einem Tag im Monat kostenlos. Fragen Sie auch nach verbilligten Familientickets.

Ermäßigungen

Neben den üblichen Ermäßigungen für Gruppen, Kinder und Schüler bekommen auch Künstler, Lehrer und Studenten nach Anfrage und Ausweisvorlage in Museen und anderen Einrichtungen ermäßigten Eintritt gewährt.

Es lohnt sich auch, nach verbilligten Übernachtungspreisen in Hotels zu fragen, wenn man außerhalb der Hauptsaison oder für mehrere Tage bucht. Auf eigenes Verhandlungsgeschick kommt es an, ob Sie bei Veranstaltern von Freizeitunternehmungen, bei Bootsverleihern oder Reitzentren eine Preisreduzierung erreichen können.

Studenten

Studenten mit einem internationalen Studentenausweis (International Student Identification Card; ISIC) bezahlen in Museen, Theatern, Kinos und vielen öffentlichen Gebäuden bis zu 50 Prozent weniger Eintritt. Die Fakultäten der bedeutendsten Universität der Region verteilen sich auf Aix-en-Provence und Marseille. Weitere große Hochschulen sind in Avignon und Nizza ansässig. In jeder Universitätsstadt findet man das **Bureau Information Jeunesse (BIJ)** und das **Centre Régional Information Jeunesse (CRIJ)**. Sie bieten wertvolle Informationen hinsichtlich preiswerter Unterkünfte *(siehe auch S. 193)*.

Zeit

In der Provence gilt die Mitteleuropäische Zeit (MEZ). Von Ende März bis Ende Oktober dauert die Sommerzeit, für den Rest des Jahres gilt die Winterzeit, genauso wie auch in Deutschland.

Strom

Die Netzspannung beträgt in Frankreich (wie in ganz Europa) 230 Volt. Zweipolige Stecker passen überall.

Die schöne russisch-orthodoxe Kirche in Nizza

Gottesdienste

Die meisten Bewohner der Provence sind katholisch, und es gibt viele religiöse Feste, deren Ursprung bis ins Mittelalter zurückreicht. Die zahlreichen Einwanderer haben jedoch auch in diesem Landstrich für religiöse Vielfalt gesorgt, so gibt es neben katholischen Gottesdiensten auch evangelisch-lutherische und jüdische.

Umweltbewusst reisen

Das Umweltbewusstsein ist in Frankreich rapide gestiegen. **Echoway**, eine der führenden französischen Organisationen für Ökotourismus, informiert über alle Aspekte des »sanften Tourismus« und klärt landesweit auf. In der Provence gibt es ein dichtes Netz aus ländlichen Herbergen. Buchen kann man zentral bei **Gîtes de France**. Kleinere Organisationen betonen den ökologischen Aspekt von Urlaub deutlich stärker, z. B. **Accueil Paysan**, ein Netzwerk von Kleinbauern, die sanfte, nachhaltige Landwirtschaft betreiben. Urlauber finden in der Provence zahlreiche komfortable Campingplätze *(siehe S. 192f)*.

Informationen zum Thema Ökotourismus *(tourisme vert* oder *eco)*, zu Initiativen und Aktivitäten erhält man in den regionalen Fremdenverkehrsbüros. In vielen Orten werden auf den Wochenmärkten ausschließlich Bioprodukte und traditionelle Erzeugnisse verkauft. Fragen Sie nach einem *marché bio*. In Städten ohne ausgewiesene Biomärkte gibt es auf den Lebensmittelmärkten einige Stände mit Bioprodukten, wie zum Beispiel in Nizza auf dem Markt am Cours Saleya. In diesem Buch sind die Markttage im einleitenden Infoblock zu jedem Ort aufgeführt.

Maßeinheiten

In Frankreich gilt das metrische System. Es kann im Alltag nicht schaden, wenn Sie einige »Gebrauchsmaße« kennen, die besonders in der Gastronomie verwendet werden. Die wichtigsten davon sind: *un ballon* (ein Achtel Wein), *vin en pichet* (ein Krug offener Wein), *un demi* (ein halber Liter Bier im Glas, in der Regel frisch vom Zapfhahn, d. h. *pression*).

AUF EINEN BLICK

Behinderte Reisende

Association HORUS (Blindenhilfswerk)
13, av Ernest Lairolle, 06100 Nice.
☎ *04 92 09 03 48.*
www.horus-asso.org

Comité National Français de Liaison pour la Readaption des Handicapées
Paris. ☎ *01 53 80 66 66.*

Groupement pour l'Insertion des Personnes Handicapées Physiques
18, av Trident, 06300 Nice.
☎ *04 93 26 77 16.*
www.gihpnational.org

Schwule und lesbische Reisende

La France Gaie et Lesbienne
www.france.qrd.org

Gay Provence
www.gay-provence.org

International Gay & Lesbian Travel Association
www.iglta.org

Studenten

Aix-en-Provence
BIJ, 37bis, blvd Aristide-Briand.
☎ *04 42 91 98 01.*

Marseille
CRIJ, 96, la Canebière.
☎ *04 91 24 33 50.*
www.crijpa.com

Nizza
CRIJ, 19, rue Gioffredo.
☎ *04 93 80 93 93.*
www.crijca.fr

Umweltbewusst reisen

Accueil Paysan
www.accueil-paysan.com

Echoway
www.echoway.org

Gîtes de France
56, rue Saint-Lazare, 75439 Paris.
☎ *01 49 70 75 75.*
www.gites-de-france.com

Sicherheit und Gesundheit

In der Provence kann sich jeder Gast sicher fühlen. Wie in allen Mittelmeerländern sollte man jedoch vor allem in Großstädten und dort besonders im Gedränge auf großen Plätzen und in engen Straßen Vorsicht walten lassen. Die ländlichen Gebiete sind im Allgemeinen sehr sicher. Autodiebstahl ist leider ein weitverbreitetes Übel. Lassen Sie deshalb Ihre Wertsachen niemals im Wagen liegen. Vorsicht ist auch bei Gruppen von unschuldig aussehenden Kindern geboten – es könnte sich um versierte Taschendiebe handeln. Im Notfall kann Ihnen Ihr Konsulat weiterhelfen.

Diebstahl

Lassen Sie stets Vorsicht walten, und gehen Sie niemals sorglos mit Ihrem Eigentum um. Tragen Sie vor allem in Großstädten keine Wertgegenstände oder zu viel Bargeld bei sich. Sinnvoll ist eine Reiseversicherung.

Wie in allen Urlauberzentren blüht auch an der Côte d'Azur der Taschendiebstahl, wobei sich einige Diebe auf das Entreißen von Handtaschen spezialisiert haben. Auch hier ist also Vorsicht geboten. Wenn Sie mit dem eigenen Fahrzeug unterwegs sind, vermeiden Sie das Parken in abgelegenen Gegenden, bevorzugen Sie stattdessen überdachte Parkhäuser, die in der Regel mit Videokameras überwacht werden. Außerdem laufen Sie dann auch nicht Gefahr, wegen falschen Parkens abgeschleppt zu werden. Nehmen Sie keine Wertgegenstände mit an den Strand. Falls dies unumgänglich ist, lassen Sie sie niemals aus den Augen. Vermeiden Sie es nach Möglichkeit, am Strand einzuschlafen, wenn Sie sich dort allein aufhalten, denn eine leichtere Beute für Diebe gibt es kaum.

Wurden Sie bestohlen, wenden Sie sich an die nächste Polizeistation *(gendarmerie)*. Mitzunehmen sind Ausweis- und bei Bedarf Kfz-Papiere. Die Anzeige des Vorfalls kann dauern, ist aber Voraussetzung für die Schadensregelung. Den Diebstahl von wichtigen Ausweispapieren wie Reisepass oder Führerschein meldet man am besten beim nächsten Konsulat.

Polizist

Feuerwehrmann

Polizeiauto

Drehleiterfahrzeug der Feuerwehr

Krankenwagen

Persönliche Sicherheit

Die Provence ist zwar alles in allem eine recht sichere Region, doch einige Bahnstrecken, vor allem um Marseille, genießen zweifelhaften Ruf. Passen Sie dort besonders auf. Seit einigen Jahren kommt es auf größeren Straßen außerhalb des Stadtzentrums immer häufiger zu Überfällen sogenannter Piraten, die einen Autounfall vortäuschen oder absichtlich einen Unfall verursachen, um Urlauber zum Anhalten zu zwingen. An fast jeder Autobahnausfahrt befindet sich eine Polizeistation.

Recht

Sollten Sie nicht über einen Auslandsschutzbrief mit Rechtsbeistand Ihrer Kfz-Versicherung, des ADAC *(siehe S. 251)* oder einer anderen Gesellschaft verfügen, können Sie sich im Notfall an Ihr Konsulat wenden.

Alleinreisende Frauen

Frauen, die allein reisen, sollten die üblichen Sicherheitsvorkehrungen beachten: Tragen Sie Handtaschen quer über die Schulter und dicht am Körper. Vermeiden Sie nachts wenig belebte Straßen. Verriegeln Sie beim Autofahren die Türen von innen. Verriegeln Sie in Zügen Ihr Liegewagenabteil nachts von innen.

Französische Männer sind Frauen gegenüber meist höflich und zuvorkommend, keineswegs aber aufdringlich. Sie flirten in der Tat gern, wissen aber in der Regel genau, wo die Grenze liegt.

Gefahren im Freien

Waldbrände sind in der Provence nichts Ungewöhnliches. Fast jeden Sommer werden Tausende Hektar Wald zerstört, denn durch Wind und Trockenheit breiten sich die Brände rapide aus. Offenes Feuer ist überall verboten. Wenn Sie in die Nähe eines Feuers geraten, müssen Sie besonders vorsichtig sein, denn seine Richtung ändert sich oft schlagartig.

Waldbrandgefahr

Das Mittelmeer beschert Ihnen ungetrübte Badefreuden, mit Strömungen ist bei Cap d'Antibes und in der Camargue zu rechnen. Auf verschmutztes Wasser trifft man vor allem in Hafennähe. Blaue Flaggen in Strandnähe signalisieren sauberes Wasser.

Wer gern in die Berge geht, muss sich auf Wetterumstürze gefasst machen. Im Winter informiert man am besten die örtlichen Behörden über die Route, im Sommer sind bei Gewitter und Sturm warme Kleidung und Proviant zu empfehlen. Vor allem in den Alpen sollte man sich langsam mit den Höhenunterschieden vertraut machen.

In den Bergen hinter Nizza und Cannes leben einige kleine Natternarten und auch die grau- oder grünbraune Europäische Eidechsennatter. Trotz ihrer Länge ist sie harmlos und flieht vor Menschen.

Zur Jagdsaison – September bis Februar, vor allem am Sonntag – sollte man auf dem Land nur grelle Kleidung tragen. Schilder an Bäumen weisen auf die Jagdgebiete hin *(reserve du chasse)*.

Medizinische Versorgung

Seit dem 1. Januar 2006 gilt die »European Health Insurance Card (EHIC)«, die Europäische Krankenversicherungskarte, für gesetzlich versicherte Bürger der EU-Staaten und der Schweiz. Damit hat man das Anrecht auf notwendige medizinische Behandlungen im Reiseland. Erste Hilfe und Medikamente bekommen Sie in der Apotheke *(pharmacie)*, die Sie an dem grünen Kreuz erkennen können. In jedem Ort gibt es einen Apotheken-Notdienst. Französische Apotheker sind sehr gut ausgebildet. Bei einfachen Erkrankungen werden sie Ihnen ein Medikament verordnen, das in der Regel ausreicht.

Ein Krankenhaus mit Notaufnahme gibt es in jeder größeren Ortschaft. In ländlichen Regionen sind viele *pompiers* (Feuerwehrmänner) auch als Rettungssanitäter ausgebildet und können im Notfall helfen. In größeren Städten steht rund um die Uhr ein medizinischer Notdienst *(médecin de garde)* bereit.

Öffentliche Toiletten

Vielerorts findet man die modernen runden Münztoiletten. Lassen Sie niemals Kinder unter zehn Jahren allein hinein, da die automatische Spülvorrichtung für sie gefährlich sein kann.

Suchen Sie möglichst eine Toilette im Café, im Restaurant oder im Kaufhaus auf. Die alten *pissoirs* und Stehtoiletten, sehr selten noch auf dem Land zu finden, sind meist ziemlich schmutzig. Auf der Autobahn findet man Toiletten an jeder Raststätte (etwa alle 20 km).

AUF EINEN BLICK

Konsulate

Deutschland
338, av du Prado,
13295 Marseille.
Tel. *04 91 16 75 20.*
FAX *04 91 16 75 28.*
www.marseille.diplo.de

Österreich
27, cours Pierre Puget,
13006 Marseille.
Tel. *04 91 53 02 08.*
FAX *04 91 53 71 51.*
@ consulatautriche@renardassocies.com
www.bmeia.gv.at

Schweiz
7, rue d'Arcole, 13291 Marseille.
Tel. *04 96 10 14 10.*
FAX *04 91 57 01 03.*
www.eda.admin.ch/marseille

Notruf

Europ. Notrufnummer
Tel. *112.*

Aids-Hotline
Tel. *0800 84 08 00.*

Krankenwagen/Notarzt (SAMU)
Tel. *15 oder 112.*

Centre Anti-Poison (Giftnotruf in Marseille)
Tel. *04 91 75 25 25.*

Feuerwehr (Sapeurs Pompiers)
Tel. *18 oder 112.*

Polizei (Gendarmerie)
Tel. *17 oder 112.*

Hotline für Vergewaltigungsopfer
Tel. *0800 05 95 95.*

SOS Médecins
Nizza. Tel. *08 10 85 01 01.*

Krankenhäuser mit Notaufnahme

Avignon
Hôpital Général Henri Duffaut,
305, rue Raoul Follereau.
Tel. *04 32 75 33 33.*
www.ch-avignon.fr

Marseille
La Conception,
147, blvd Baille.
Tel. *04 91 38 30 00.*

Nizza
Hôpital St-Roch,
5, rue Pierre-Devoluy.
Tel. *04 92 03 33 33.*

Banken und Währung

Seit Einführung des Euro ist für die meisten Urlauber jeglicher Geldwechsel weggefallen. Besuchern aus Nicht-Euroländern empfiehlt sich der Geldwechsel in Banken. Mit der girocard (früher EC-Karte) können Sie an jedem Geldautomaten Bargeld abheben. Die Bezahlung mit Kreditkarte ist in Frankreich weitverbreitet.

Öffnungszeiten

In den großen Städten haben die Banken in aller Regel montags bis freitags 8.30–12 Uhr und 13.30–16.30 Uhr geöffnet. An Feiertagen bleiben sie geschlossen.

Banken und Geldautomaten

Es gibt in Frankreich keine Devisenbeschränkungen mehr, Zahlungsmittel können somit in beliebiger Höhe ein- und ausgeführt werden. Selbst in kleinen Orten kann man mit girocard oder Kreditkarte und Geheimnummer problemlos Geldautomaten benutzen. Bedienungsanleitungen gibt es auf Französisch, Englisch und oft auf Deutsch.

Kredit- und Debitkarten

Die größte Akzeptanz genießen **Visa** (in Frankreich **Carte Bleue** genannt) und **MasterCard**. Kreditkarten von American Express werden wegen der höheren Gebühren nicht überall angenommen.

Debitkarten wie die **girocard** (früher EC-Karte) gibt es in einer Ausführung mit Maestro-Logo oder VPay-Logo. Beide funktionieren an Geldautomaten und können auch zum Bezahlen in Hotels, Restaurants oder Läden benutzt werden.

Falls Ihnen eine Ihrer Karten abhandenkommt, sollten Sie sie unverzüglich sperren lassen *(Notrufnummern siehe Kasten).*

AUF EINEN BLICK

Kartenverlust

Allgemeine Notrufnummer
0049 116 116.

American Express
01 47 77 70 00.

Diners Club
0810 31 41 59.

MasterCard
0800 90 13 87.

Visa (Carte Bleue)
0800 90 11 79.

girocard
0049 69 740 987.

Banken

Cannes
Barclays, 8, rue Frédéric Amouretti.
04 92 99 68 00.

Marseille
Barclays, 112–114, rue de Rome.
04 91 13 98 13.

Nîmes
Barclays, 20, blvd Gambetta.
04 91 13 98 31.

Nizza
American Express, Aéroport, Terminal 1. *04 93 215 979.*

5-Euro-Schein

10-Euro-Schein

20-Euro-Schein

50-Euro-Schein

100-Euro-Schein

200-Euro-Schein

500-Euro-Schein

Euro-Banknoten und -Münzen
Euro-Banknoten gibt es in sieben Werten (5 bis 500 €). Die Scheine wurden von Robert Kalina entworfen. Sie zeigen Baustile verschiedener Epochen, eine Europakarte und die EU-Flagge. Euro-Münzen gibt es in acht Werten (1 Cent bis 2 €). Die Vorderseiten sind einheitlich, die Rückseiten in jedem Land anders gestaltet. Monaco prägt eigene Münzen.

2 Euro

1 Euro

50 Cent

20 Cent

10 Cent

5 Cent

2 Cent

1 Cent

Kommunikation

Öffentliches Telefon

Für Telekommunikation ist in Frankreich die France Télécom zuständig, für Briefe und Pakete »La Poste«. Postämter *(bureaux de poste)* erkennt man am blauen »La Poste« auf gelbem Grund. In Kleinstädten findet man die Post oft im Rathaus. Internet-Zugang bieten Internet-Cafés und viele Hotels.

Telefonieren

Fast alle öffentlichen Telefone in Frankreich sind Kartentelefone. Sie können Kreditkarten oder Telefonkarten *(télécartes)* verwenden. Telefonkarten gibt es für 50 oder 120 Einheiten bei Postämtern, in Tabakläden und an Zeitungskiosken.

Mit dem Telefondienst **Pays Direct** kann man über eine Vermittlungsstelle Anrufe ins Ausland tätigen, die dann der Kreditkarte oder dem Telefonanschluss zu Hause berechnet werden. Die **Telefonkarte Comfort** der Deutschen Telekom ist im Ausland als Calling Card einsetzbar.

Mobiltelefone und Roaming

Mobilfunknetze decken die ganze Region ab. Alle gängigen GSM-Handys funktionieren. Die Roaming-Verordnung der EU gibt verbindliche Obergrenzen der Kosten sowohl für Vertrags- als auch für Prepaid-Kunden vor: Der Minutenpreis für ein abgehendes Telefonat beträgt ab 1.7.2013 maximal 24 Cent, für ein ankommendes Gespräch 7 Cent. Das Versenden einer SMS kostet maximal 8 Cent, Datenübertragung pro MB maximal 45 Cent (alle Angaben zzgl. Mehrwertsteuer).

Internet

Viele Hotels, Jugendherbergen und Campingplätze der Provence bieten ihren Gästen die Möglichkeit eines Internet-Zugangs. Größere Hotels sind mit WLAN-Hotspots ausgestattet. In vielen Städten gibt es Internet-Cafés. Adresslisten liegen in den örtlichen Tourismusbüros aus. Die Haupthäfen der Provence bieten ebenfalls WLAN.

Post

Briefmarken *(timbres)* können Sie entweder einzeln oder im *carnet* (ein *carnet* enthält zehn Briefmarken) im Postamt oder Tabakwarenladen kaufen. Ein Standardbrief (bis 29 g) oder eine Postkarte in europäische Länder kostet 0,77 Euro.

Postämter haben montags bis freitags 9–12 Uhr und 14–17 Uhr (in größeren Städten und an manchen Werktagen durchgehend 8–19 Uhr) und samstags 9–12 Uhr geöffnet.

Briefe werfen Sie in die gelben Briefkästen, die oft nach Stadt und andere Orte *(autres destinations)* unterteilt sind.

Ausländische Zeitungen und Zeitschriften

In den großen Städten gibt es in den Bahnhöfen, den Tabakwarenläden und Kiosken viele ausländische Zeitungen und Zeitschriften zu kaufen. Die überregionalen deutschen Blätter wie *Frankfurter Allgemeine Zeitung* oder *Süddeutsche Zeitung*, der österreichische *Standard* sowie die Schweizer *Neue Zürcher Zeitung* sind in aller Regel einen Tag nach ihrem Erscheinen erhältlich.

Radio und Fernsehen

Der Sender Canal+ sendet täglich um 7 Uhr die englischsprachigen Nachrichten der ABC. In den meisten Hotels können auch andere europäische Sender empfangen werden. Der französisch-deutsche Sender ARTE strahlt ausländische Filme aus.

Neben Radio Plus Monte Carlo (UKW 95,4) bringt Radio France Internationale (738 MW) jeden Tag zwischen 18 und 19 Uhr Nachrichten in deutscher Sprache.

Briefkästen sind in Frankreich leuchtend gelb

AUF EINEN BLICK

Nützliche Telefonnummern

Vermittlung
12.

Pays Direct
0800 0900.

Deutschland Direkt
0800 99 00 49.

Vorwahlnummern
Deutschland: *0049.*
Österreich: *0043.*
Schweiz: *0041.*
Frankreich: *0033.*

Internet-Cafés

Avignon
Webzone Cybercafé,
3, rue St-Jean le Vieux.
04 32 76 29 47.

Cannes
Dre@mcybercafé,
6, rue Commandant Vidal.
04 93 38 26 79.

Digne-les-Bains
Cyber Café Municipale,
45, avenue du Mai 1945.
04 92 30 87 10.

Marseille
Cyber Concept, 16 rue Julia.
04 91 78 08 78.

Monaco
Stars 'N' Bars, 6, quai Antoine 1er.
00 377 97 97 95 95.

Nizza
Cyberpoint, 10, av Félix Faure.
04 93 92 70 63.

St-Tropez
Kreatik Café, 19, avenue du Général Leclerc.
04 94 97 40 61.

Reiseinformationen

Die geografische Lage macht die Provence zu einer Drehscheibe für den Verkehr im westlichen Mittelmeerraum. Die Anbindung der Region ist ausgezeichnet. Nach Paris verfügt Nizza über den größten Flughafen Frankreichs. Auf ihm werden jährlich rund vier Millionen Passagiere abgefertigt. Auch in Marseille landen täglich Flugzeuge aus aller Herren Länder. Mit dem schnellen TGV *(siehe S. 246)* sind Zugreisen in Frankreich eine echte Alternative. Das französische Straßennetz ist ausgezeichnet, Autobahnen sind jedoch teuer. Im Sommer ist mit einem hohen Verkehrsaufkommen zu rechnen.

Air France Boeing 737

Mit dem Flugzeug

Die beiden wichtigsten Flughäfen der Provence – Marseille Provence und Nizza, Côte d'Azur – bieten besten Komfort. **Marseille Provence** besitzt je einen Terminal für in- und ausländische Flüge und den Terminal MP2 für Billig-Airlines. Der Flughafen wird von vielen Geschäftsreisenden genutzt. Die Flüge sind etwas teurer, dafür ist die Lage mitten in der Provence ausgezeichnet.

Ein Taxi ins Zentrum von Marseille kostet ca. 47 Euro (58 Euro bei Nacht und am Sonntag), es fährt jedoch auch alle 20 Minuten ein Bus zum Hauptbahnhof St-Charles. Außerdem findet man alle großen Autovermietungen (z. B. Avis, Budget, Citer, Ada, Europcar sowie Hertz).

Der Flughafen **Nizza, Côte d'Azur** verfügt über zwei Terminals. Im Ostterminal (eins) werden internationale Flüge abgefertigt, am Westterminal (zwei) ausschließlich Inlandsflüge. Zwischen den Terminals verkehren Shuttle-Busse. Ein Taxi ins Stadtzentrum kostet 22–30 Euro (nachts und sonntags 27–32 Euro). Busse zur Gare Routière verkehren im Zehn-Minuten-Takt, Busse zur Gare SNCF alle 30 Minuten. Halbstündlich fahren Busse nach Cannes und stündlich nach Monaco und Menton.

Heli-Inter bietet alle 20 Minuten einen Hubschrauberservice nach Monte Carlo an, nach St-Tropez gibt es im Sommer mehrere Flüge täglich. Außerdem unterhalten alle großen Autovermietungen am Flughafen ein Büro.

Die drei zusätzlichen internationalen Flughäfen in der Provence befinden sich in Montpellier, in Nîmes und in Toulon. Allerdings gibt es von dort so gut wie keine Direktverbindungen zu Städten im deutschsprachigen Raum.

Flüge

Die Provence ist nach Paris wahrscheinlich das beliebteste Reiseziel in Frankreich und wird deshalb von allen großen Fluglinien angeflogen. Der Flughafen von Nizza ist mit rund vier Millionen Fluggästen jährlich der zweitwichtigste Flughafen Frankreichs. Für Reisende in den östlichen Teil der Provence empfiehlt sich auch der etwas kleinere, aber zentral gelegene internationale Flughafen von Marseille.

Von fast allen deutschen Großstädten aus gibt es Direktflüge nach Marseille und Nizza. Air Berlin fliegt regelmäßig nach Nizza. Es lohnt sich auf jeden Fall, die Angebote verschiedener Fluggesellschaften zu vergleichen, da zu bestimmten Zeiten und Bedingungen immer wieder Sondertarife gelten. Eine gute Übersicht bieten Portale wie www.trabber.de.

Der moderne Terminal 2 des Aéroport Nice Côte d'Azur

Abflughalle des Flughafens von Marseille

Flugpreise

Um die Osterzeit sowie in den Sommermonaten Juli und August sind die Preise für Flugtickets mit Abstand am höchsten. Den Rest des Jahres liefern sich die Fluggesellschaften einen harten Konkurrenzkampf, der in der Regel dazu führt, dass die Preise sinken. Unter bestimmten Bedingungen offerieren die Fluggesellschaften jedoch das ganze Jahr hindurch Ermäßigungen. Angeboten werden sowohl Linienflüge als auch Charterflüge.

Fly-&-Drive- und Fly-&-Rail-Angebote

Air France und SNCF *(siehe S. 246f)* bieten Sondertarife für kombinierte Flug- und Bahnreisen an. Von Paris aus gelangt man mit dem Hochgeschwindigkeitszug TGV (Train à Grande Vitesse) beispielsweise in weniger als drei Stunden nach Avignon. Ein Auto zu mieten ist in Kombination mit dem Flug oft preisgünstiger. Natürlich gibt es auch Pauschal(flug)reisen zu den unterschiedlichsten Preisen in die Provence.

Umweltbewusst reisen

Dank der Qualität und Effizienz der öffentlichen Verkehrsmittel, insbesondere der Eisenbahngesellschaft SNCF, kann man in Frankreich durchaus auf Flug- und Autoreisen verzichten.

Die staatliche Umweltbehörde Frankreichs hat ein *Écomobilité*-Programm initiiert. Ziel ist es, die Nutzung von Privatwagen zugunsten des Transports mit Zügen, Bussen, Rädern oder anderen »umweltfreundlichen« Fahrzeugen zu reduzieren. Dazu gehören kostenlos oder sehr preiswert zur Verfügung gestellte Fahrräder, etwa von *Le Vélo* in Marseille und von *Vélopop* in Avignon *(siehe S. 253)*. Zudem gibt es in vielen Städten Mietstationen für Räder. Örtliche Tourismusbüros nennen Adressen und haben Routenvorschläge. In Zügen der SNCF ist die Mitnahme von Rädern zum Teil möglich. Für die Erkundung ländlicher Gebiete ist aufgrund mangelnder öffentlicher Verkehrsmittel leider oft ein Privatwagen unumgänglich.

AUF EINEN BLICK

Flughafeninformation

Avignon Provence
04 90 81 51 51.
Flughafen 10 km außerhalb. Taxi 24 Euro.
www.avignon.aeroport.fr

Marseille Provence
04 42 14 14 14.
Flughafen 25 km außerhalb. Shuttle 10 Euro, Taxi 47 Euro.
www.marseille.aeroport.fr

Montpellier Méditerranée
04 67 20 85 00.
Flughafen 7 km außerhalb. Shuttle 8 Euro, Taxi 20 Euro.
www.montpellier.aeroport.fr

Nîmes/Alès/Camargue/Cévennes
04 66 70 49 49.
Flughafen 8 km außerhalb. Shuttle 5 Euro, Taxi 25 Euro.
www.nimes-aeroport.fr

Nizza, Côte d'Azur
08 20 42 33 33.
Flughafen 6 km außerhalb. Shuttle 4 Euro, Taxi 22–30 Euro.
www.nice.aeroport.fr

Toulon-Hyères
08 25 01 83 87.
Flughafen 23 km außerhalb. Shuttle 1,40 Euro, Taxi 40 Euro.
www.toulon-hyeres.aeroport.fr

Fluglinien

Air France
Deutschland
01805 83 08 30.
Frankreich
36 54.
www.airfrance.com

Austrian
Österreich
05 17 66 10 00.
Nizza
08 20 816 816.
www.austrian.com

KLM
Deutschland
01805 25 47 50.
Frankreich
08 92 70 26 08.
www.klm.com

Lufthansa
Deutschland
01805 805 805.
Frankreich
08 92 23 16 90.
www.lufthansa.com

Swiss
Schweiz
0848 700 700.
Frankreich
08 92 23 25 01.
www.swiss.com

Air Berlin
www.airberlin.com

Helikopter-Service

Héli-Air Monaco
00 377 92 050 050.
www.heliairmonaco.com

Nice Helicoptères
04 93 21 34 32.
www.nicehelicopteres.com

Französische Reisebüros

Aix-en-Provence
Jancarthier Voyages
7, cours Sextius.
01 42 93 48 48.
www.jancarthier.fr

Marseille
Voyages Wasteels
67, la Canebière.
04 95 09 30 60.
www.wasteels.fr

Nizza
Club Eductour Voyages
37, rue Paul Déroulède.
04 93 87 51 68.
www.clubeductour.fr
Travel Connaisseur France
455, promenade des Anglais.
04 93 21 09 00.
www.travelconnaisseurs.com

Mit der Bahn unterwegs

Logo der SNCF

Von allen großen Städten in Mitteleuropa aus erreicht man die Provence mit höchstens ein- oder zweimaligem Umsteigen. Von Norddeutschland aus fährt man am besten via Straßburg oder Paris und weiter über Lyon nach Marseille, während sich von Süddeutschland die Strecke über Mailand und Nizza oder über die Schweiz anbietet. Die Züge der französischen Eisenbahngesellschaft SNCF gehören zu den modernsten in Europa.

Der moderne TGV-Bahnhof von Avignon

Bahnhöfe

Die wichtigsten Bahnhöfe der Region sind Marseille Gare St-Charles, Nîmes und Nizza (Nice Ville, av Thiers). In den Bahnhöfen findet man Einrichtungen wie Restaurants, Läden, WLAN und Schließfächer. Seien Sie immer zeitig am Gleis – die französischen Züge sind sehr pünktlich.

In Frankreich unterwegs

Eine bequeme Reiseart ist die Fahrt mit dem Autoreisezug, der von verschiedenen deutschen Großstädten mehrmals wöchentlich in die Provence fährt. Es empfiehlt sich, die Fahrkarten rechtzeitig vorzubestellen. Auskunft über Routen, Fahrzeiten und Preise erteilen die Reisezentren der Bahnhöfe.

Von Frankfurt am Main erreicht man Marseille via Paris beispielsweise in gut elf Stunden, von München nach Marseille fährt man via Mailand 15 Stunden und 40 Minuten. Innerhalb der Provence und entlang der Côte d'Azur sind die Züge oft überfüllt, deshalb empfiehlt sich eine Platzreservierung.

Ermäßigungen gibt es auf deutscher Seite mit der Bahncard, mit dem InterRail-Pass (Informationen gibt es in jedem Reisezentrum deutscher Bahnhöfe sowie in Reisebüros mit Bahnangeboten), die Angebote auf der französischen Seite holt man sich direkt bei der SNCF. Die französische Eisenbahngesellschaft **Société Nationale des Chemins de Fer (SNCF)** verfügt über ein gut ausgebautes Schienennetz, das auch in den hintersten Winkel des Landes reicht.

Wo Strecken aus finanziellen Gründen stillgelegt wurden, bietet die SNCF Busverbindungen an, die Reisende mit einer gültigen Bahnfahrkarte ohne Aufpreis nutzen können.

Neben der SNCF gibt es in der Provence auch noch die private Eisenbahngesellschaft **Chemins de Fer de Provence**, die mit dem Train des Pignes *(siehe S. 181)* von Nizza nach Digne-les-Bains durch eine landschaftlich herrliche Gegend fährt (151 km).

Reservierung und Preise

Fahrkarten gibt es an allen Bahnhöfen, für Auskunft und Reservierungen kann man das Internet nutzen oder sich direkt an die SNCF wenden. Reservierungspflichtig ist beispielsweise der TGV. Fahrkarten können außerdem am Automaten gekauft werden, bezahlt wird entweder mit Kreditkarte oder in bar.

Für TGVs gibt es zwei Preiskategorien in der 2. Klasse

TGV-Netz

Die Franzosen sind zu Recht sehr stolz auf ihre *Trains à Grande Vitesse*, die 300 km/h und mehr erreichen. Sie befahren ganz Frankreich und sogar einen Teil des Auslands. Der weiß-gelbe Eurostar beispielsweise verkehrt zwischen Paris, Brüssel und London. Die Züge aus der Provence fahren in der Gare de Lyon in Paris ein. Geschwindigkeit, Komfort und Verlässlichkeit der Züge schlagen sich auf den Preis nieder. Eine Platzreservierung ist obligatorisch.

Der TGV bewältigt die Strecke Paris–Marseille in drei Stunden

(Haupt- oder Nebensaison) und eine Preiskategorie in der 1. Klasse. Das Entgelt für die obligatorische Sitzplatzreservierung ist im Preis bereits enthalten. Bei allen anderen Zugfahrkarten werden Sitzplatzreservierung und Aufschläge separat berechnet. 25 Prozent Ermäßigung wird Reisenden in Begleitung von Kindern *(Découverte Enfant+)*, Jugendlichen *(Découverte 12–25)*, den über 60-Jährigen *(Découverte Senior)*, zu zweit Reisenden *(Découverte à Deux)*, bei Reisen mit einer Übernachtung von Samstag auf Sonntag *(Découverte Séjour)* und für Buchungen im Voraus *(Découverte J8 und J30)* gewährt. Wer häufiger in Frankreich mit der Bahn unterwegs ist, erhält von der SNCF mit dem Seniorenpass *(Carte Senior)* und der *Carte Enfant+* Ermäßigungen bis zu 50 Prozent.

Mit der auch in Deutschland erhältlichen **InterRail**-Karte kann man innerhalb eines bestimmten Zeitraums (zwischen fünf Tagen und einem Monat je nach Ticket) beliebig oft mit dem Zug fahren. Es gibt zwei Pässe: *InterRail Global Pass* gilt für 32 europäische Länder, der *InterRail One Country Pass* hingegen ist nur in einem Land (das nicht das Heimatland sein darf) gültig. Für Fahrten mit dem TGV muss ein Aufpreis bezahlt werden.

Angebote der Bahn

Frankreichs Züge sind preisgünstig, schnell und zuverlässig. Neben den verschiedenen *Trains à Grande Vitesse* (TGV) verfügt Frankreich über das Schnellbahnnetz *Train Rapide National* (TRN), auch als Corail bekannt, das zwar nicht so schnelle Züge bietet, aber dafür mehr Bahnhöfe und Strecken bedient. Der *Train Express Régional* (TER), der häufig nur mit einem oder zwei Waggons unterwegs ist, bedient regionale Strecken.

Autoreisezüge sind auch zahlreich und zuverlässig unterwegs. Sie werden aber hauptsächlich auf der Nord-Süd-Achse eingesetzt, um die großen Autobahnen in Richtung Süden zu entlasten.

Nicht alle Züge führen einen Speisewagen mit sich oder haben eine Bar. Beachten Sie deshalb die Fahrpläne mit weiteren Angaben. In den TGV-Bars gibt es kleine Mahlzeiten. Erste-Klasse-Passagiere haben die Möglichkeit, bereits bei ihrer Buchung eine Mahlzeit im eigenen Abteil vorzubestellen.

Weitere Dienstleistungen, die von der **SNCF** angeboten werden, sind u.a. die Reservierung von Mietwagen, die Reservierung eines Fahrrads oder die Buchung eines Hotelzimmers am Zielort.

Ausblick aus dem Train des Pignes

Panoramastrecken

Die private Eisenbahngesellschaft **Chemins de Fer de Provence** unterhält den Train des Pignes, der die 151 Kilometer lange Strecke von Nizza nach Digne-les-Bains befährt. Die Fahrt führt durch Tunnel und über Viadukte, die Aussicht ist zum Teil atemberaubend. Lohnenswert ist auch die eingleisige Strecke durch die Berge von Nizza über Peille, Sospel und Tende nach Cuneo in Italien. Die Alpenlinie Alpazur verkehrt im Sommer zwischen Nizza und Grenoble, auf dem Abschnitt Puget-Théniers wird eine Dampflok eingesetzt. Weitere Infos unter: www.trainstouristiques-ter.com

AUF EINEN BLICK

Information und Reservierung

SNCF
Gare St-Charles,
13001 Marseille.
☎ *04 95 04 10 00.*
☎ *36 35 (Reservierungszentrale).*
www.voyages-sncf.fr
www.tgv-europe.com

Rail Europe Deutschland
Lindenstraße 5,
60325 Frankfurt am Main.
☎ *01805 21 82 38.*
www.interrailers.net

Deutsche Bahn
www.db.de
www.reiseauskunft.bahn.de

InterRail
www.interrailnet.com

Bahnhöfe in der Provence

Aix
Reservierung
☎ *04 42 39 76 79.*

Arles
Reservierung
☎ *04 36 35.*

Nîmes
Reservierung
☎ *04 66 70 41 86.*

Toulon
Reservierung
☎ *04 94 09 51 63.*

Autoreisezug

In den Sommermonaten bietet die Deutsche Bahn von Berlin-Wannsee, Hamburg-Altona, Düsseldorf, Hildesheim und Neu-Isenburg Direktverbindungen mit dem Autoreisezug nach Narbonne (Provinz Languedoc-Roussillon, westlich der Provence) und nach Alessandria (Norditalien, östlich der Côte d'Azur) an. Ein direkter Autoreisezug in die Provence oder an die Côte d'Azur (bis 2011 gab es eine Verbindung nach Avignon) wird derzeit nicht angeboten.
☎ *01805 88 15 88.*
www.dbautozug.de

Panoramastrecken

Chemins de Fer de Provence
☎ *04 97 03 80 80.*
www.trainprovence.com

Mitnahme von Fahrrädern in Zügen

Die Mitnahme von Fahrrädern ist nur in dafür zugelassenen Zügen möglich, das gilt vor allem für die deutschsprachigen Heimatländer. In Frankreich selbst kann man sogar im TGV mit dem Fahrrad reisen. Dafür ist jedoch unbedingt eine rechtzeitige Reservierung notwendig. Das Fahrrad wird entweder separat transportiert, weshalb man mitunter bis zu fünf Tage auf die Anlieferung warten muss. Oder man darf das Fahrrad in ausgewiesenen Waggons in speziellen Farradabteilen abstellen. Die Regionalzüge, in denen man Fahrräder transportieren darf, sind auf den Fahrplänen mit einem entsprechenden Zeichen ausgewiesen. Das Angebot *train + velo* gilt auf einigen kleineren Strecken der SNCF und ermöglicht die Reservierung und Bereitstellung eines Mietfahrrads am Zielbahnhof. Fragen Sie beim (rechtzeitigen) Kauf der Fahrkarte nach dieser Möglichkeit.

Fahrpläne

Die Fahrpläne ändern sich in Frankreich zweimal pro Jahr – im Mai und im September. Sie werden kostenlos ausgegeben. Die Verwaltungsregion Provence–Alpes–Côte d'Azur gibt einen regionalen Fahrplan TER *(Transports Express Régionaux)* heraus, in dem auch die Busverbindungen aufgeführt sind. Fahrkarten müssen auf dem Bahnsteig entwertet werden.

Reservieren in Frankreich

Fahrkartenschalter sind in allen Bahnhöfen digital zu bedienen. Die Fahrkartenausgabe- und die Reservierungsautomaten *(billetterie automatique)* gibt es in jedem großen Bahnhof. Bezahlen kann man mit der Kreditkarte und der girocard. Reservierungen sind im TGV unbedingt erforderlich, sie können aber auch noch bis kurz vor der Abfahrt getätigt werden, sofern Plätze frei sind.

Composteurs **– Kartenentwerter – stehen am Zugang zum Bahnsteig**

Sowohl die Reservierungsbescheinigung als auch die Fahrkarte muss vor dem Betreten des Zugs in einem *composteur* entwertet werden. Den gelben Automaten finden Sie am Zugang zum jeweiligen Bahngleis.

Mit dem Schiff unterwegs

Es gibt kaum einen anderen Küstenabschnitt im gesamten Mittelmeer von ähnlich atemberaubender Schönheit. In fast jeder Stadt entlang der provenzalischen Küste kann man ein Boot mieten und sich auf eigene Faust auf den Weg machen. Außerdem kann man mit der Fähre sowie größeren Schiffen von Marseille und Nizza aus das ganze Jahr über nach Korsika gelangen. Immer mehr Unternehmen bieten Mittelmeerkreuzfahrten an. Aber auch auf der Rhône und der Durance kann man vom Hausboot oder Schiff aus die umliegende Landschaft genießen.

Mit frischer Brise aus einer felsigen Bucht

Mittelmeerhäfen

Autofährverbindungen von Marseille und Nizza nach Korsika unterhält ganzjährig die **SNCM**, die zwischen April und September auch von Toulon zu den korsischen Häfen Ajaccio, Bastia und Propriano sowie von Marseille nach Propriano verkehrt. In der Hochsaison gibt es zudem ein- bis zweimal pro Woche Fährverbindungen von Marseille und Toulon nach Sardinien sowie von Marseille nach Tunis bzw. Algier.

Zu den nahe gelegenen Inseln gelangt man regelmäßig mit Fähre bzw. Schiff, so von Bandol zur Île de Bendor, von Tour Fondue nach Porquerolles, von Port d'Hyères und Le Lavandou nach Le Levant und Port-Cros.

Kreuzfahrten und Bootsausflüge

Das Mittelmeer ist berühmt für seine Kreuzfahrten. Die zahlreich vertretenen Schifffahrtsgesellschaften haben für jeden Geschmack ein passendes Angebot. Einwöchige Fahrten auf den großen Flüssen bietet **Crown Blue Line** an. Am Quai Stalingrad in Toulon besteigt man das Schiff für eine eintägige Kreuzfahrt zu den Îles d'Hyères.

Einige Unternehmen bieten Flussfahrten auf der Rhône zwischen Avignon und Lyon an. **Les Croisières Mireio** fährt

Kleine Boote liegen bei St-Tropez vor Anker

von Avignon viele Destinationen an. Man kann auch Ausflüge in die Camargue auf einem traditionellen Boot *(péniche)* unternehmen. Hausbootferien kann man z. B. bei **Rive de France** buchen.

Private Motoryacht vor Cannes

Segeln

Die Küste ist ein Seglerparadies mit über 70 Häfen. Hafengebühren sind an Ort und Stelle zu erfragen – doch billig sind die Häfen der Côte d'Azur nicht. Die **Fédération Française de Voile** informiert über Segelvereine und Bootsverleih.

AUF EINEN BLICK

Autofähren

SNCM Ferryterranée
Marseille. ☎ *3260.*
www.sncm.de

Bootsausflüge

Crown Blue Line
Le Grand Bassin, Castelnaudary.
☎ *04 68 94 52 72.*
www.crownblueline.fr

Les Croisières Mireio
Allée de l'Oulle, Avignon.
☎ *04 90 85 62 25.*
www.mireio.net

Les Péniches Isles de Stel
12, rue Amiral Courbet, Aigues-Mortes.
☎ *04 66 53 60 70.*
www.islesdestel.camargue.fr

Rive de France
Port de Plaisance, Colombiers.
☎ *04 67 37 14 60.*
www.rivedefrance.com

Segeln

Fédération Française de Voile
☎ *01 40 60 37 00.*
www.ffvoile.org

Mit dem Auto unterwegs

Frankreichs Straßennetz ist dicht und gut ausgebaut. Über die mehrspurigen Autobahnen *(autoroutes)* kommt man schnell voran. Wer in der Provence bleiben will, dem bieten sich reizvolle Strecken, darunter die atemberaubende Grande Corniche oberhalb von Nizza sowie die Fahrten entlang den Bergkuppen des Lubéron *(siehe S. 170f)*. Die Küstenstraßen an der Côte d'Azur sind im Sommer ziemlich stark befahren.

Anreise

Führerschein und Zulassungspapiere sind die einzigen Autodokumente, die Sie bei sich haben müssen. Sinnvoll sind die grüne Versicherungskarte, das Europäische Unfallprotokoll und vielleicht ein Euroschutzbrief. Wie in Deutschland ist es auch in Frankreich Vorschrift, Warndreieck und Verbandskasten mitzuführen. Zusätzlich müssen Sie mindestens eine Warnweste und (seit Juli 2012) ein Alkoholtest-Set im Wagen haben.

Die schnellste Verbindung vom Norden in die Provence ist die A7, die Autoroute du Soleil. Während der Hauptreisezeit sollten Sie Lyon auf jeden Fall auf der Umgehungsstraße umfahren. Die A8 verläuft von Italien die ganze Côte d'Azur entlang bis nach Aix-en-Provence. Falls Sie durch die Schweiz nach Frankreich reisen, denken Sie daran, dass Sie für Autobahnen eine Vignette brauchen.

Während der Hochsaison sind die Autobahnen entsprechend stark befahren. Außerdem sind die Autobahngebühren in Frankreich relativ hoch. Wer also Geld sparen will und zudem nicht in Eile ist, sollte auf die landschaftlich wesentlich reizvolleren Strecken durch die Alpen ausweichen, wie etwa die Route Napoléon von Grenoble nach Digne oder auch die Route Nationale 75, die von Grenoble nach Sisteron führt. Den Lubéron erreichen Sie, wenn Sie bei Montélimar Richtung Nyons und Vaison-la-Romaine abbiegen. Noch eine alternative Strecke bietet sich an: Nehmen Sie zunächst bei Avignon die Ausfahrt in Richtung Lubéron, und fahren Sie dann weiter in den Var.

Mietwagen

In Frankreich findet man alle großen Autovermieter. Mitunter ist es günstiger, das Auto schon im Heimatland zu buchen. Erkundigen Sie sich nach Wochen- und Wochenendtarifen sowie Saisonangeboten. *Fly & Drive* sowie *Rail & Road* sind weitere kostensparende Möglichkeiten.

Pannenhilfe

Bei einer Panne auf Autobahnen und Schnellstraßen muss jeder beim Verlassen des Fahrzeugs eine reflektierende Warnweste anlegen. Auf der Autobahn ruft man die Pannenhilfe über die Notrufsäule. Die **ADAC**-Notrufstation in Lyon ist 24 Stunden besetzt. Ein regionaler Abschleppdienst ist **Dépannage Côte d'Azur Transports**.

Autobahngebühr

Beim Auffahren auf die Autobahn *(autoroute)* ziehen Sie ein Ticket aus dem Automaten. Die Gebühr, die sich nach der gefahrenen Strecke richtet, zahlen Sie erst, wenn Sie wieder von der Autobahn abfahren. Viele Routenplaner berechnen auch die Maut.

Hinweisschild
Schilder zeigen die Entfernung bis zur nächsten Gebührenstation. Sie sind in der Regel blau und weiß, auf einigen stehen die Gebühren für Pkw, Wohnwagen, Motorräder und Lkw.

Mautstation
Nachdem Sie dem Angestellten Ihr Ticket gereicht haben, wird die zu entrichtende Gebühr automatisch angezeigt. Bezahlen kann man in bar oder mit Kreditkarte. Auf Verlangen wird Ihnen auch eine Quittung ausgestellt.

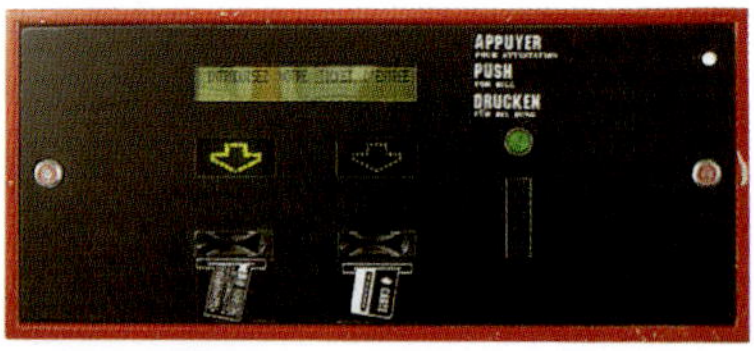

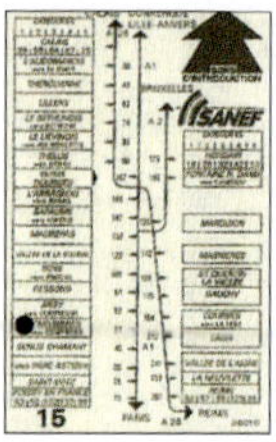

Gebührenautomat
Wenn Sie Ihre Ausfahrt erreicht haben, schieben Sie Ihr Ticket in den Schlitz des Automaten. Die Gebührenanzeige erfolgt automatisch. Sie können in bar oder mit Kreditkarte zahlen. Der Automat gibt Restgeld und bei Bedarf auch eine Quittung.

Verkehrsregeln

Es gelten im Wesentlichen die gleichen Verkehrsregeln wie in Deutschland, Österreich und der Schweiz. Rechts hat Vorfahrt, außer im Kreisverkehr. Außerhalb geschlossener Ortschaften zeigt das Schild *passage protégé* die Vorfahrtsstraße an. Hupen ist in Orten nur als Warnsignal erlaubt, nachts erfüllt die Lichthupe diese Funktion. Es besteht Anschnallpflicht, Motorradfahrer müssen mit Helm und auch am Tag mit Abblendlicht fahren. Abblendlicht ist bei Regen- und Schneefällen sowie in Tunneln und Galerien vorgeschrieben. Gelbe Streifen am Straßenrand zeigen ein Parkverbot an. Die Alkoholgrenze liegt bei 0,5 Promille.

Kinder unter zehn Jahren müssen auf dem Hintersitz Platz nehmen. Kindersitze dürfen auf dem vorderen Beifahrersitz montiert werden, allerdings muss die Rückseite zur Frontscheibe weisen.

Geschwindigkeitsbegrenzungen

Für Pkws gelten folgende Höchstgeschwindigkeiten: auf Autobahnen 130 km/h bei trockener, 110 km/h bei nasser Fahrbahn; auf Schnellstraßen 110 km/h bei trockener, 100 km/h bei nasser Fahrbahn; außerhalb geschlossener Ortschaften 90 km/h bei trockener, 80 km/h bei nasser Fahrbahn. In geschlossenen Ortschaften sind, wenn nicht anders angegeben, 50 km/h erlaubt. Bei Vergehen wird unverzüglich und kräftig zur Kasse gebeten.

Verbindungsstraßen

Es gibt drei wichtige Autobahnen in der Provence: die A7 von Lyon nach Marseille, die A9 von Orange nach Barcelona und die A8 von Marseille nach Menton. Die A54 führt von Aix-en-Provence durch die Camargue via Arles nach Nîmes. Die A8 ist die teuerste von allen, dafür benötigt man von Nizza bis nach Aix nicht einmal zwei Stunden.

Panoramastraße entlang den Gorges du Verdon

Landstraßen und Panoramastraßen

Die RN *(route nationale)* und die D *(route départementale)* sind geeignete Alternativen zu den vor allem in der Hochsaison stark befahrenen Autobahnen. Die staatliche Organisation **Bison Futé** (»Schlauer Büffel«) gibt durch grün-gelbe Hinweisschilder nützliche Tipps zur Umgehung stark befahrener Straßen und Staus. Dies ist besonders während der französischen Hauptreisezeit im Sommer, *grands départs* genannt, hilfreich. Am vollsten sind die Straßen an den Wochenenden Mitte Juli sowie Anfang und Ende August, wenn die Sommerferien in Frankreich beginnen bzw. enden.

Abgesehen von den herrlichen Küstenstraßen der Provence bietet auch das Hinterland einzigartige Panoramastraßen. Eine der schönsten ist die durch das Massif des Maures (siehe *S. 116f*) mit atemberaubenden Aussichtspunkten entlang der Strecke.

Straßenkarten

Straßenkarten gibt es u. a. von **Falk** und Michelin, beim ADAC sogar kostenlos. In Frankreich führen zahlreiche Buchläden, Tankstellen und Zeitungskioske gutes Kartenmaterial. Karten in größerem Maßstab bietet **Espace IGN** (Institut Géographique National). Stadtpläne bekommt man in der Regel kostenlos bei den jeweiligen Fremdenverkehrsämtern.

AUF EINEN BLICK

Mietwagen

Avis
Frankreich
☎ *09 77 40 32 32.*

Budget
Frankreich
☎ *08 25 00 35 64.*

Europcar
Frankreich
☎ *08 25 35 83 58.*

Hertz
Frankreich
☎ *08 25 86 18 61.*

Pannenhilfe

ADAC-Notruf in Frankreich
☎ *08 25 80 08 22*
(Handy: 0033 8 25 80 08 22).
www.adac.de

Dépannage Côte d'Azur Transports
☎ *04 93 29 87 87.*

Verkehrsinformation

Autoroute ESCOTA
☎ *04 92 70 70 30.*
www.escota.com

Bison Futé
www.bison-fute.equipement.gouv.fr

Les sociétés d'autoroutes
www.autoroutes.fr

Info Trafic
www.infotrafic.com

Straßenkarten

Espace IGN
73, av de Paris,
94160 Saint-Mandé.
☎ *01 43 98 80 00.*
www.ign.fr

Falk Verlag
Marco-Polo-Straße 1,
73760 Ostfildern.
☎ *01805 46 32 55 40.*
www.falk.de

Busse

Eurolines
Deutschland
☎ *069 790 35 01.*
www.touring.de
Frankreich
☎ *08 92 89 90 91.*
www.eurolines.fr

Parken

Das Parken in Großstädten, vor allem entlang der Küste, ist streng reguliert. Wer unerlaubt parkt, muss damit rechnen, abgeschleppt zu werden und eine saftige Strafe zu bezahlen. In den meisten Städten gibt es Parkuhren *(horodateurs)*, an denen man gegen Münzeinwurf einen Parkschein ziehen kann. Vielerorts kann man von 12–14 Uhr kostenlos parken. Die Parkzeit ist oft auf zwei Stunden beschränkt. Weil Parkplätze in der Regel rar und eng sind, kommt es vor, dass

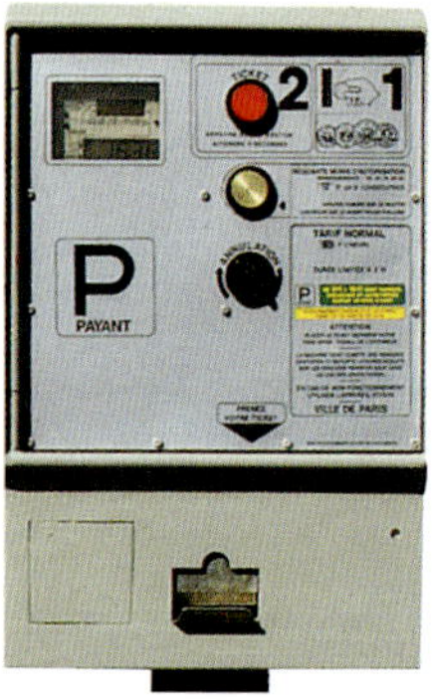

Französische Parkuhr *(horodateur)*

man bei der Rückkehr sein Gefährt von allen Seiten eingeparkt vorfindet. Dann hilft nur noch hupen und warten.

Benzin

Benzin ist in Frankreich in etwa so teuer wie in Deutschland. Am billigsten bekommt man Treibstoff bei großen Supermärkten, am teuersten ist er auf Autobahnen. Volltanken heißt auf Französisch *faire le plein*. Bleifreies Benzin *(sans plomb)* gibt es überall, oft nur als die teurere Variante *super sans plomb*. Diesel heißt *gazole* oder *gasoil*. Fast überall kann man E10-Treibstoff tanken.

Erkundung des bergigen Hinterlands der Provence mit dem Mountainbike

Radfahren

Obwohl Franzosen gern radeln und man viele sportliche Radfahrer auf den Landstraßen und in den Bergregionen sieht, gibt es in den Städten nur wenige Fahrradwege. Einige Städte wie Arles, Avignon und Nîmes bieten ausgewiesene Fahrradrouten an. Viele regionale Tourismusbüros halten Faltblätter mit Informationen für Fahrradfahrer bereit.

Mieten kann man sich ein Fahrrad vielerorts, oft auch an Bahnhöfen. Das Mitführen von Fahrrädern ist in einigen Zügen erlaubt (auf das Fahrradsymbol im Fahrplan achten, *siehe auch S. 248*). Schließen Sie auf jeden Fall eine Versicherung ab, denn Fahrraddiebstahl ist ein alltägliches Delikt.

In einigen Städten der Provence, etwa in Marseille und Avignon, kann man an Stationen in der ganzen Stadt Fahrräder ausleihen und an anderen Stationen zurückgeben. Erkundigen Sie sich im örtlichen Tourismusbüro.

Taxis

Die Preise variieren je nach Gegend, entlang der Côte d'Azur sind sie natürlich am höchsten. 30 Euro für eine 20-minütige Fahrt sind nicht ungewöhnlich. Ansonsten beginnt man mit ca. drei Euro und zahlt für jeden gefahrenen Kilometer bis zu einen Euro. Große Gepäckstücke kosten extra, außerdem gibt es Tag- und Nachttarife. Jedes Taxi muss mit einem Taxameter *(compteur)* ausgestattet sein. Herangewunken werden Taxis in der Provence nur selten, man geht entweder zum Taxistand oder bestellt eines telefonisch.

Trampen

Trampen ist in Frankreich erlaubt, wird aber nicht gern gesehen. Verboten ist es auf den Autobahnen, tun Sie es dennoch, müssen Sie mit einer Verwarnung rechnen. Besser ist es, sich im Internet bei einer Mitfahrzentrale (für Fahrten ab Deutschland etwa www.mitfahrzentrale.de oder www.mitfahrgelegenheit.de, für Fahrten vor Ort etwa www.covoiturage.fr oder www.covoiturage.com) nach Fahrgelegenheiten umzutun.

Busreisen

Mit dem Bus reist man am billigsten in die Provence oder innerhalb Frankreichs, z. B. mit dem Busunternehmen-Verbund **Eurolines**, der Büros in Marseille, Nîmes und Nizza unterhält.

Leider werden in der Provence mit dem Bus nur die größeren Städte angefahren, die kleineren Orte werden, wenn überhaupt, höchstens einmal frühmorgens und einmal gegen Abend bedient.

Nur die größeren Städte verfügen auch über einen Busbahnhof *(gare routière)*. Ansonsten bekommt man Fahrpläne und Fahrkarten auch an vielen Kiosken, in Tabakwarenläden oder in den Bussen selbst.

Reisebus der Firma Eurolines

In den Städten unterwegs

Abgesehen von Marseille, der nach Paris zweitgrößten Metropole Frankreichs, sind die Städte der Provence eher klein. In der Regel lassen sie sich deshalb gut zu Fuß erkunden. Parkplätze sind in allen Orten Mangelware, zudem fließt der Verkehr vor allem in den Sommermonaten eher zäh. Marseille und Nizza verfügen über ein effizientes Transportsystem. In Marseille und Aix-en-Provence gibt es ein Fahrradleihsystem ähnlich dem *Vélib'*-System von Paris.

Fahrradstation des Systems Le Vélo in Marseille

Métro in Marseille

In Marseille ist man am schnellsten mit der **Métro** unterwegs. Es gibt zwei Linien, die sich an den Stationen Gare St-Charles und Castellane überschneiden. Métro 1 führt von der Station La Fourragère im Osten nach La Rose im Nordosten, vorbei am Vieux Port. Métro 2 fährt in Nord-Süd-Richtung. Tickets kauft man an den Métro-Stationen oder im Tabakladen *(tabacs)*. Die Linien verkehren werktags von 5–22.30 Uhr, am Wochenende (einschließlich Sonntag) bis 0.30 Uhr.

Trambahnen

Das Straßenbahnnetz in Marseille besteht aus drei Linien, die das Stadtzentrum mit den Vororten nördlich, südlich, östlich und westlich der Stadt verbinden. Die Linien treffen an der Haltestelle Noailles aufeinander. Das Ticketsystem in Marseille heißt *Réseau Liberté*. Die Fahrkarten sind in Métro, Trambahnen und Bussen gültig. Innerhalb einer Stunde darf man dreimal umsteigen.

In Nizza wird ebenfalls an einem Trambahnsystem gearbeitet. Die Linie 1 verbindet die Vororte im Norden und Osten mit dem Stadtzentrum, mit Halt an der Place Masséna und am Hauptbahnhof. Tickets bekommt man an Automaten oder in der Tram.

Busse

Die Busverbindungen zwischen den Städten der Provence sind nicht die schnellsten. Innerhalb der Städte sind Busse allerdings sehr effizient. In Marseille fahren sie in alle Ecken der Stadt. Reise- und Shuttle-Busse zum Flughafen fahren an der *gare routière* (Busbahnhof) hinter der Gare St-Charles ab. An beiden Bahnhöfen es gibt ein Fundbüro für Gepäckstücke.

Auch das Bussystem in Nizza mit den Nachtbussen ist gut. Urlauber können täglich mit dem Sunbus die Läden der Stadt erkunden. Tickets bekommt man im Bus oder im Tabakladen *(tabacs)*. Die Abfahrtzeiten finden Sie auf der Website von **Lignes d'Azur**.

Taxis

An den meisten großen Plätzen der Orte in der Provence gibt es einen Taxistand. Taxis kann man auch telefonisch bestellen. Das Heranwinken eines Taxi an der Straße ist unüblich.

Trambahn auf dem Boulevard Longchamp in Marseille

Fahrradfahren

Die meisten Orte der Provence lassen sich gut mit dem Fahrrad erkunden, auch wenn Radwege selten sind. Marseille und Avignon haben ein Leihsystem mit Stationen in der ganzen Stadt eingeführt. Fragen Sie im Tourismusbüro nach Details.

Zu Fuß unterwegs

Das Stadtzentrum von Nîmes, Avignon und Aix-en-Provence kann man bequem zu Fuß erkunden. Marseille genießt noch immer einen zweifelhaften Ruf. Tatsächlich ist die Verbrechensrate hier nicht höher als in anderen Städten. Als Fußgänger kann man sich unbehelligt in den Straßen überall in der Stadt bewegen.

AUF EINEN BLICK

Métro in Marseille

Métro (RTM)
www.rtm.fr

Busse

Lignes d'Azur
www.lignesdazur.com

Taxis

Nice Allo Taxi Riviera
04 93 13 78 78.

Taxi Marseille
04 91 02 20 20.

Fahrradfahren

Avignon
08 19 456 456.
www.velopop.fr

Marseille
www.levelo-mpm.fr

Textregister

Fett gedruckte Seitenzahlen verweisen auf die Haupteinträge.

A

B

C

G

N

O

P

S

T

U

Danksagung und Bildnachweis

Dorling Kindersley bedankt sich bei allen, die bei der Herstellung dieses Buchs mitgewirkt haben.

Hauptautor

Roger Williams ist Autor und hat lange Jahre als Redakteur für das *Sunday-Times*-Magazin gearbeitet. Er schrieb zwei Romane und zahlreiche Reiseführer, u. a. über Barcelona und über die Baltischen Staaten. Darüber hinaus war er Mitherausgeber des Buches *Over Europe*, dem ersten, das Europa aus der Vogelperspektive zeigt. Regelmäßig besucht er Frankreich. Seit 25 Jahren schreibt er über die Provence.

Weitere Autoren

Adele Evans, John Flower, Robin Gauldie, Jim Keeble, Anthony Rose, Martin Walters.

Ergänzende Fotografien

Demetrio Carrasco, Andy Crawford, Lisa Cupolo, Franz Curzon, Philip Freiberger, Nick Goodall, Steve Gorton, Michelle Grant, John Heseltine, Andrew Holligan, Richard McConnell, Neil Mersh, Ian O'Leary, Clive Streeter.

Ergänzende Illustrationen

Simon Calder, Paul Guest, Aziz Khan, Tristan Spaargaren, Ann Winterbotham, John Woodcock.

Kartenrecherche

Jane Hugill, Samantha James, Jennifer Skelley, Martin Smith (Lovell Johns).

Redaktion DK London

Managing Editor Georgina Matthews
Deputy Editorial Director Douglas Amrine
Deputy Art Director Gaye Allen
Production Controller Hilary Stephens
Bildrecherche Susan Mennell
DTP Salim Qurashi
Map Co-Ordinators Simon Farbrother, David Pugh
KARTOGRAFIE Uma Bhattacharya, Kunal Singh, Jennifer Skelley, Samantha James (Lovell Johns Ltd, Oxford)
Researcher Philippa Richmond
Mitarbeit Azeem Alam, Vincent Allonier, Rosemary Bailey, Shahnaaz Bakshi, Laetitia Benloulou, Josie Bernard, Marta Bescos Sanchez, Tessa Bindloss, Hilary Bird, Nadia Bonomally, Kevin Brown, Margaret Chang, Cooling Brown Partnership, Guy Dimond, Joy Fitzsimmonds, Lisa Fox-Mullen, Anna Freiberger, Rhiannon Furbear, Vinod Harish, Victoria Heyworth-Dunne, Jackie Grosvenor, Annette Jacobs, Stuart James, Laura Jones, Nancy Jones, Cécile Landau, Erika Lang, Delphine Lawrance, Francesca Machiavelli, James Marlow, Helen Partington, Sangita Patel, Katie Peacock, Alice Peebles, Carolyn Pyrah, Philippa Richmond, Ellen Root, Kavita Saha, Sands Publishing Solutions, Baishakhee Sengupta, Sailesh Sharma, Bhaswati Singh, Catherine Skipper, Amelia Smith, Priyanka Thakur, Amanda Tomeh, Daphne Trotter, Janis Utton, Conrad Van Dyk, Dora Whitaker, Irina Zarb.

Weitere Hilfen gewährten

Louise Abbott; Anna Brooke, Manade Gilbert Arnaud; Brigitte Charles, Monaco Tourist Board, London; Sabine Giraud, Terres du Sud, Venasque; Emma Heath; Nathalie Lavarenne, Musée Matisse, Nice; Ella Milroy; Marianne Petrou; Andrew Sanger; David Tse.

Fotoreferenz

Bernard Beaujard, Vézénobres.

Genehmigung für Fotografien

Dorling Kindersley dankt zudem folgenden Institutionen für die freundlich gewährte Fotografiererlaubnis: Fondation Marguerite et Aimé Maeght, St-Paul-de-Vence; Hotel Négresco, Nice; Monsieur J-F Campana, Mairie de Nice; Monsieur Froumessol, Mairie de Cagnes-sur-Mer; Musée Ephrussi de Rothschild, St-Jean-Cap-Ferrat; Musée Jean Cocteau, Menton; Musée International de la Parfumerie, Grasse; Musée Matisse, Nice; Musée National Message Biblique Marc Chagall, Nice; Musée Océanographique, Monaco; Musée Picasso/Château Grimaldi, Antibes; Salle des Mariages, Hôtel de Ville, Menton, sowie den zahlreichen Kirchen, Museen, Hotels, Restaurants, Läden und Sehenswürdigkeiten, die wir hier aus Platzgründen leider nicht alle einzeln nennen können.

Bildnachweis

l = links; m = Mitte; o = oben; r = rechts; u = unten.

Wir haben uns bemüht, alle Urheber ausfindig zu machen und zu nennen. Sollte dies in einigen Fällen nicht gelungen sein, bitten wir dies zu entschuldigen. Versäumtes werden wir gern in der nächsten Auflage nachholen.

Kunstwerke wurden mit freundlicher Genehmigung folgender Copyright-Inhaber reproduziert: © ADAGP, Paris und DACS, London 2011: 26or, 27or, 27u, 30or, 74ol, 76o, 76mlo, 76ul, 77ol, 77mr, 78m, 78u, 85ul, 99or, 107ur, 119mru, 120mo, 120um, 121mro, 121mru, 144mo; © ARS, NY und DACS, London 2006: 59ol, 76mlu; © DACS, London 2006: 132ol; © Estate of Francis Bacon/ DACS, London: 225ul; © Succession H. Matisse/DACS, London 2006: 27mr, 82or, 82ul, 83om, 83mr, 83ur; © Succession Miró/ADAGP, Paris und DACS, London 2006: 77mro; © Succession Picasso/DACS, London 2006: 26ur, 73ml, 73mr, 73mlu, 73ul, 73ur.

Dorling Kindersley dankt folgenden Personen, Gesellschaften und Bildarchiven für die freundliche Erlaubnis zur Reproduktion ihrer Fotografien:

Alamy Images: Neil Juggins 240mlu; Justin Kase zeightz 240ml; Justin Kase zfourz 54ol; Barry Mason 247m; Pictures Colour Library 246mlo, 251om; Pixonnet.com/ Goran Strandsten 240ul; Travelshots.com 238ol; Dave Watts 231m; Gregory Wrona 236ur.
Alvey & Towers: 246u.
Ancient Art and Architecture Collection: 39o, 39mu, 40ul, 43o.
Archives de l'Automobile Club de Monaco: 52mo.
Artephot, Paris: Plassart 27m.
Associated Press Ltd: 29mu.
La Belle Aurore: 32u, 37o.
Hostellerie Berard: 230mr.
Bridgeman Art Library: Christie's, London 47mru, 50–51; Giraudon 47o, 48ul; Schloss Charlottenburg, Berlin 179o.
Campagne, Campagne!, Paris: Jolyot 92ur; J. L. Julien 31ul; Meissonnier 159u; Meschinet 138m; Moirenc 245; Pambour 171o, 172o; Picard 159o; Pyszel 90o.
Cephas: Mick Rock 208ur, 209mo, 209ur.
Jean-Loup Charmet, Paris: 28ml; © Antoine de Saint-Exupéry/Gallimard 29mlo; 37u, 42ul, 46mo, 46mu, 49o, 49mlo, 50ol, 50or, 52o, 53o, 132ml, 140o, 153o, 160ml.
Bruce Coleman: Adrian Davies 114ul; JLG Grande 136umo; George McCarthy 19ol; Andrew J. Purcell 115mu, 115ul; Hans Reinhard 137o, 171ul, 171um, 171ur; Dr. Frieder Sauer 114m; 136uro.

Corbis: Sophie Bassouls 29or; Owen Franken 231o; John Hicks 11ur; Chris Lisle 11ol; Robert Harding World Imagery/Angelo Cavalli 205mo.
Joe Cornish: 23or, 188, 234.
Julian Cotton Picture Library: Jason Hawkes Aerial Collection 13, 56–57.
Culture Espaces, Paris: 86o, 86mo; Véran 87o.
Photo Daspet, Avignon: Musée du Petit Palais, Avignon 44o, 45um; Palais des Papes, Avignon 44mru, 44u.
Diaf, Paris: J.-P. Garcin 33mu; J.-C. Gérard 151u, 228o, 228u; Camille Moirenc 162m; Bernard Régent 26o; Patrick Somelet 158u.
Direction des Affaires Culturelles, Monaco: 91m.
European Commission: 241.
Mary Evans: 9 Einklinker, 28o, 28ul, 28ur, 28mru, 45ur, 45o, 46u, 57 Einklinker, 189 Einklinker, 235 Einklinker.
Jane Ewart: 22mu, 23m, 24ol, 25mu, 58ol, 76mu, 127u, 163mo, 163mu, 203u, 237u, 244u.
Explorer Archives, Paris: L. Bertrand 38mu; Jean-Loup Charmet 67o, 124m, 147u; Coll. ES 42o, 46mu, 46ul; Coll. Sauvel 15o; G. Garde 33mo; J.P. Hervey 64o; J. & C. Lenars 39m; J.-P. Lescourret 165m; M.C. Noailles 65u; Peter Willi 40mo; A. Wolf 43mlu.
FNOTSI: 236mo.
Fondation Auguste Escoffier, Villeneuve-Loubet: 74m.
Fondation Maeght, Saint-Paul-de-Vence, France: Claude Germain 77o, 77m; Coll. Monsieur et Madame Adrien Maeght 77u.
Frank Lane Picture Agency: N. Clark 170u; Fritz Polking 18or; M.B. Withers 136ulo.
Galerie Intemporel, Paris: Les Films Ariane, Paris 54–55.
Editions Gaud, Moisenay: 70ul, 86u, 87ul, 87ur, 142o, 181m.
Getty Images: Peter Adams 220mlo; AFP/Valery Hache 224ul; The Bridgeman Art Library/Gallo-Roman 144ml; Hemis/Bertrand Rieger 16m; Hemis/Jose Nicolas 220ur; Slow Images 154m; The Image Bank/Peter Adams 16ol; The Image Bank/Remi Benali 32ml; WireImage/Tony Barson 55ur.
Giraudon, Paris: 27o, 27ul, 27ur, 28mr, 32o, 36, 40ur, 48mo, 48ur, 133u, 145u, 172m; Lauros-Giraudon 38mo, 45mu, 46or (Detail), 46–47, 49mlu, 51mlu, 53mlu, 73ol, 73or, 110ul, 125u, 134o, 144o, 146o; Musée de la Vieille Charité, Marseille 38or; Musée de la Ville de Paris, Musée du Petit Palais/Lauros-Giraudon 26ul; Musée des Beaux-Arts, Marseille 48–49, 49u, 152u; Musée du Louvre, Paris 8–9; Musée du Vieux Marseille, Marseille 48mu, 50mo.
Gîtes de France: 193mo.
Grand Hôtel du Cap-Ferrat: 191o.
Ronald Grant Archive: Grottes de St-Cézaire: 65m.
Robert Harding Picture Library: 35u, 244o.
Hemispheres Images: Bertrand Gardel 253or.
Hôtel Eden-Roc, Cap d'Antibes: 191u.
Hulton-Deutsch Collection: 28m, 29ul, 52ur; Keystone 94o.
Illustrated London News Picture Library: 50u.
Catherine Karnow, San Francisco: 110m.
The Kobal Collection: United Artists 71ol.
Daniel Madeleine: 183u.
Magnum Photos: Bruno Barbey 228m; René Burri 55mlu; Robert Capa 82m; Elliott Erwitt 91ur.
Mairie de Nîmes: Jean-Charles Blais 132o (alle Rechte vorbehalten); Francis Bacon 225u (alle Rechte vorbehalten).
Mansell Collection: 39u, 42ur, 43u, 51mlo, 52ul.
Editions Molipor, Monaco: 94u; mit freundlicher Genehmigung von SBM 51mru, 94m.
Musée de l'Annonciade, St-Tropez: E. Vila Mateu 119u, 120–121.
Musée d'Anthropologie, Monaco: J.-F. Buissière 38ol.
Musée Archéologique de la Vaison-la-Romaine: Christine Bézin 41mlu.
Musée d'Art Moderne et d'Art Contemporain, Nice: 54ur, 85u.
Musée Fabre, Montpellier: Leenhardt 135u.
Musée de la Photographie, Mougins: 66u.
Musée Matisse, Nice: © Service photographique, Ville de Nice 82o, 82u, 83o, 83m, 83ur.
Reproduziert mit Genehmigung des Kuratoriums, The National Gallery, London: 26m.
Nature Photographers: Carlson 16mo; Michael Gore 16u.
Network Photographers/Rapho: Mark Buscail 184o.
L'Œil et la Mémoire/Bibliothèque Municipale d'Avignon: Atlas 24, Folio 147 42mu.
OTC Marseille: Hauer 253.
Oxford Scientific Films: Mike Hill 136ulu; Tom Leach 160ur; Frank Schneidermeyer 136uru.
Palais des Festivals et des Congrès: 68mlo, 69ol.
John Parker: 21ul, 24u, 58or, 108o, 157.
Photolibrary: SGM 236ml.
Photo Resources: C.M. Dixon 41mur.
Pictures Colour Library: 185u.
Planet Earth Pictures: Richard Coomber 136umu; John Neuschwander 114ur; Peter Scoones 19u.
Popperfoto: 29o, 29mu, 72u.
Range: Bettmann 28mu, 29mru, 29ur.
Retrograph Archive, London: © Martin Breese 30or, 69u.
Roger Viollet, Paris: 47mlo, 51o, 52mu, 163u.
SA Aéroports de la Côte d'Azur: J. Kelagopian 244um.
Service de Presse de la Ville de Cagnes-sur-Mer: 78m, 78u, 79u.
Roger Smith, Èze: 86mu, 87m.
SNCF – Société National des Chemins de Fer: 55u, 246ol, 248or.
Frank Spooner Pictures: Robin 67u; P. Siccoli 54mu; Gamma/T. Pelisier 38u; Gamma/Christian Vioujard 67mro, 67mlu.
STA Travel Group: 238m.
Sygma: 75o; 68u; H. Conant 54ul; J. Donoso 67mru; Keystone 52–53; 53mlo, 53u; Leo Mirkine 55ml.
Editions Tallendier, Paris: Bibliothèque Nationale 42–43.
Terres du Sud, Venasque: Philippe Giraud 2, 44mlu, 45m, 45ul, 46ol, 46ur, 64u, 70ur, 81mo, 105u, 166o, 167mu, 168u.
Tony Stone Images: Joe Cornish 14.
Travel Library: Philip Enticknap 93o, 93ur.
Wallis Photothèque, Marseille: Clasen 55o, 67mlo; Constant 182u; Di Meglio 115mo; Giani 96o, 225o; Huet 185o; LCI 31ur, 176o; Leroux 16u; Poulet 96ml; Royer 96mr, 96u; Tarta 193u.
Roger Williams: 101, 138u, 165o, 170m, 181u, 185mo.

Umschlag
Vorderseite: **Photolibrary:** Nicolas Thibaut.
Rückseite: **Alamy Images:** Angelo Cavalli mlo; Jack Hobhouse ul; Jon Arnold Images Ltd/Alan Copson mlu, TTL Images ol.
Buchrücken: **Photolibrary:** Nicolas Thibaut o.
DK Images: Kim Sayer u.

Sprachführer Französisch

Notfälle

Hilfe!	**Au secours!**	[o sə'ku:r]
Stopp!	**Arrêtez!**	[arɛ'te]
Rufen Sie einen Arzt!	**Appelez un médecin!**	[a'ple œ̃ med'sɛ̃]
Rufen Sie einen Krankenwagen!	**Appelez une ambulance!**	[a'ple yn ɑ̃by'lɑ̃:s]
Rufen Sie die Polizei!	**Appelez la police!**	[a'ple la pɔ'lis]
Rufen Sie die Feuerwehr!	**Appelez les pompiers!**	[a'ple le pɔ̃'pje]
Wo ist das nächste Telefon?	**Où est le téléphone le plus proche?**	[u e lə tele'fɔn lə ply prɔʃ]
Wo ist das nächste Krankenhaus?	**Où est l'hôpital le plus proche?**	[u e lɔpi'tal lə ply prɔʃ]

Grundwortschatz

Ja	**Oui**	[wi]
Nein	**Non**	[nɔ̃]
Bitte	**S'il vous plaît**	[sil vu plɛ]
Danke	**Merci**	[mɛr'si]
Entschuldigung	**Excusez-moi**	[ɛksky'se mwa]
Guten Tag	**Bonjour**	[bɔ̃'ʒu:r]
Auf Wiedersehen	**Au revoir**	[o rə'vwa:r]
Guten Abend	**Bonsoir**	[bɔ̃'swa:r]
Vormittag	**le matin**	[lə ma'tɛ̃]
Nachmittag	**l'après-midi**	[laprɛmi'di]
Abend	**le soir**	[lə swa:r]
gestern	**hier**	[jɛ:r]
heute	**aujourd'hui**	[oʒur'dɥi]
morgen	**demain**	[də'mɛ̃]
hier	**ici**	[i'si]
dort	**là**	[la]
Was?	**Quoi?**	[kwa]
Wann?	**Quand?**	[kɑ̃]
Warum?	**Pourquoi?**	[pur'kwa]
Wo?	**Où?**	[u]

Nützliche Redewendungen

Wie geht es Ihnen?	**Comment allez-vous?**	[kɔ'mɑ̃-t ale vu]
Danke, sehr gut.	**Très bien, merci.**	[trɛ bjɛ̃ mɛr'si]
Ich freue mich, Sie kennenzulernen.	**Enchanté de faire votre connaissance.**	[ɑ̃ʃɑ̃'te də fɛr votrə kɔnɛ'sɑ̃:s]
Bis bald.	**À bientôt.**	[a bjɛ̃'to]
Das ist gut.	**C'est bien.**	[sɛ bjɛ̃]
Wo ist/sind …?	**Où est/sont …?**	[u ɛ/sɔ̃: ...]
Wie weit ist es nach …?	**Combien de mètres/kilomètres y-a-t-il d'ici à …?**	[kɔ̃'bjɛ̃ də 'mɛ:trə/kilo'mɛ:trə ja'til di'si a ...]
Welches ist die Richtung/der Weg nach …?	**Quelle est la direction pour …?**	[kɛl ɛ la dirɛk'sjɔ̃: pu:r]
Sprechen Sie Deutsch?	**Parlez-vous allemand?**	[par'le vu al'mɑ̃]
Ich verstehe nicht.	**Je ne comprends pas.**	[ʒə nə kɔ̃'prɑ̃ pa]
Könnten Sie etwas langsamer sprechen, bitte?	**Pouvez-vous parler moins vite, s'il vous plaît?**	['puve vu par'le mwɛ̃ vit sil vu plɛ]
Tut mir leid.	**Excusez-moi.**	[ɛksky'ze mwa]

Nützliche Wörter

groß	**grand**	[grɑ̃]
klein	**petit**	[pə'ti]
heiß	**chaud**	[ʃo]
kalt	**froid**	[frwa]
gut (Adjektiv)	**bon, bonne**	[bɔ̃, bɔn]
gut (Adverb)	**bien**	[bjɛ̃]
schlecht	**mauvais**	[mo'vɛ]
genug	**assez**	[a'se]
geöffnet	**ouvert**	[u'vɛ:r]
geschlossen	**fermé**	[fɛr'me]
links	**gauche**	[go:ʃ]
rechts	**droite**	[drwat]
geradeaus	**tout droit**	[tu drwat]
nah	**près**	[prɛ]
weit	**loin**	[lwɛ̃]
auf/über	**en haut**	[ɑ̃no]
hinunter/unter	**en bas**	[ɑ̃ ba]
früh	**de bonne heure**	[də bonœr]
spät	**en retard**	[ɑ̃ rə'ta:r]
Eingang	**l'entrée**	[lɑ̃'tre]
Ausgang	**la sortie**	[la sɔr:ti]
Toilette	**les toilettes, les WC**	[le twa'lɛt, le dublə've se]
mehr	**plus**	[ply]
weniger	**mois**	[mwɛ̃]
frei (nicht besetzt)	**libre**	['librə]
frei (gratis)	**gratuit**	[gra'tɥi]

Telefonieren

Ich möchte ein Ferngespräch führen.	**Je voudrais faire un interurbain.**	[ʒə wu'drɛ fɛ:r œ̃n ɛ̃tɛryr'bɛ̃]
Ich versuche es später noch einmal.	**Je rappelerai plus tard.**	[jə raple'rɛ ply ta:t]
Kann ich eine Nachricht hinterlassen?	**Est-ce que je peux laisser un message?**	[ɛskə jə pœ lɛ'se: œ̃ məsa:ʒ]
Bitte warten Sie.	**Ne quittez pas, s'il vous plait.**	[nə ki'te pa sil vu plɛ]
Können Sie bitte etwas lauter sprechen?	**Pouvez-vous parler un peu plus fort?**	[puve vu par'le œ̃ pœ ply fɔ:r]
Ortsgespräch	**communication locale**	[kɔmynika'sjɔ̃ lɔ'kal]

Shopping

Wie viel kostet das?	**C'est combien, s'il vous plait?**	[sɛ kɔ̃'bjɛ̃ sil vu plɛ]
Haben Sie …?	**Est-ce que vous avez …?**	[eskə vuz a've:]

Ich suche …	**Je cherche …**	[ʒə ʃɛrʃ]
Ich schaue mich nur um, danke.	**Je regarde seulement, merci.**	[ʒə rə'ga:r sœl'mɑ̃ mɛr'si]
Akzeptieren Sie Kreditkarten?	**Est-ce que vous acceptez les cartes de crédit?**	[ɛskə vu aksɛp'te le kart də kre'di]
Wann öffnen Sie?	**A quelle heure ouvre le magasin?**	[a kɛl œ:r uvrə lə maga'zɛ̃]
Wann schließen Sie?	**A quelle heure ferme le magasin?**	[a kɛl œ:r fɛrm lə maga'zɛ̃]
Dies hier.	**Celui-ci.**	[sə'lɥi si]
Das da.	**Celui-la.**	[sə'lɥi la]
teuer	**cher**	[ʃɛ:r]
billig	**pas cher, bon marché**	[pa ʃɛ:r bɔ̃ mar'ʃe]
Größe (Kleidung)	**la taille**	[la tɑ:j]
Größe (Schuhe)	**la pointure**	[la pwɛ̃'ty:r]
weiß	**blanc**	[blɑ̃]
schwarz	**noir**	[nwa:r]
rot	**rouge**	[ru:ʒ]
gelb	**jaune**	[ʒo:n]
grün	**vert**	[vɛ:r]
blau	**bleu**	[blø]

Läden

Antiquitätenladen	**le magasin d'antiquités, brocante** (fam.)	[lə maga'zɛ̃ dɑ̃tiki'te brɔ'kɑ̃t]
Apotheke	**la pharmacie**	[la farma'si]
Bäckerei	**la boulangerie**	[la bulɑ̃ʒə'ri]
Bank	**la banque**	[la bɑ̃:k]
Buchhandlung	**la librairie**	[la librɛ'ri]
Fischgeschäft	**la poissonerie**	[la pwasɔ'ri]
Friseur	**le coiffeur**	[lə kwa'fœ:r]
Gemüseladen	**le marchand de légumes**	[lə marʃɑ̃ də le'gym]
Konditorei	**la pâtisserie**	[la patise'ri]
Lebensmittelgeschäft	**l'alimentation, l'épicerie**	[lalimɑ̃tɑ'sjɔ̃ lepis'ri]
Markt	**le marché**	[lə mar'ʃe]
Metzgerei (Fleisch)	**la boucherie**	[la buʃə'ri]
Metzgerei (Wurst)	**la charcuterie**	[la ʃarky'tri]
Postamt	**la poste, le bureau de poste**	[la pɔst lə by'ro də pɔst]
Reisebüro	**l'agence de voyages**	[la'ʒɑ̃:s də vwa'ja:ʒ]
Schuhgeschäft	**le magasin de chaussures**	[lə maga'zɛ̃ də ʃo'sy:r]
Supermarkt	**le supermarché**	[lə sypɛrmar'ʃe]
Tabakladen	**le tabac**	[lə ta'ba]
Zeitungskiosk	**le magasin de journaux**	[lə maga'zɛ̃ də ʒur'no]

Sightseeing

Bahnhof	**la gare SNCF**	[la ga:r ɛs ɛn se ɛf]
Bibliothek	**la bibliothèque**	[la bibliɔ'tɛk]
Busbahnhof	**la gare routière**	[la ga:r ru'tjɛ:r]
Fremdenverkehrsamt, Tourismusbüro	**l'office du tourisme, les renseignments touristiques, le sydicat d'initiative**	[lɔ'fis dy tu'rismə, le rɑ̃sɛɲ'mɑ̃s turis'tik, lə sɛ̃di'ka dinisja'tif]
Garten	**le jardin**	[lə ʒar'dɛ̃]
Herrenhaus	**l'hôtel particulier**	[lo'tɛl partiky'lje]
Kathedrale	**la cathédrale**	[la kate'dral]
Kirche	**l'église**	[le'gli:z]
Kloster, Abtei	**l'abbaye**	[labe'i]
Kunstgalerie	**le galerie d'art**	[lə gale'ri da:r]
Museum	**le musée**	[lə my'se]
Rathaus	**l'hôtel de ville**	[lo'tɛl də vil]
Wegen Ferien geschlossen	**fermeture jour férié**	[fɛrmə'ty:r ʒu:r fe'rje]

Im Hotel

Haben Sie ein freies Zimmer?	**Est-ce que vous avez une chambre libre?**	[ɛskə vuz a've yn 'ʃɑ̃:brə 'librə]
Doppelzimmer	**la chambre à deux personnes**	[la 'ʃɑ̃:brə a dø pɛr'sɔn]
mit Doppelbett	**avec un grand lit**	[a'vɛk œ̃ grɑ̃ li]
mit zwei Betten	**à deux lits**	[a dø li]
Einzelzimmer	**la chambre à une personne**	[la 'ʃɑ̃:brə a yn pɛr'sɔn]
Zimmer mit Bad	**la chambre avec salle de bain**	[la 'ʃɑ̃:brə a'vɛk sal də bɛ̃]
Dusche	**la douche**	[la duʃ]
Schlüssel	**la clef**	[la kle]
Ich habe reserviert.	**J'ai fait une réservation.**	[ʒɛ fɛ yn rezɛrva'sjɔ̃]

Im Restaurant

Haben Sie einen Tisch für …?	**Avez-vous un table libre pour …?**	[ave vu yn 'tablə 'librə pu:r]
Ich möchte einen Tisch reservieren.	**Je voudrais réserver une table.**	[ʒə vu'drɛ rezɛr've yn 'tablə]
Die Rechnung, bitte.	**L'addition, s'il vous plaît.**	[ladi'sjõ sil vu plɛ]
Ich bin Vegetarier/in.	**Je suis végétarien / végétarienne.**	[ʒə sɥi veʒeta'rjɛ̃ veʒeta'rjɛn]
Kellnerin	**Madame, Mademoiselle**	[ma'dam madmwa'zɛl]
Kellner	**Monsieur**	[mə'sjø]
Speisekarte	**la carte, le menu**	[la kart lə mə'ny]
Tagesmenü	**le menu à prix fixe**	[lə mə'ny a pri fiks]
Weinkarte	**la carte des vins**	[la kart de vɛ̃]
Gedeck	**le couvert**	[lə ku'vɛr]
Glas	**le verre**	[lə vɛ:r]
Flasche	**la bouteille**	[la bu'tɛj]
Messer	**le couteau**	[lə ku'to]
Gabel	**la fourchette**	[la fur'ʃɛt]
Löffel	**la cuillère**	[la kɥi'jɛ:r]
Frühstück	**le petit déjeuner**	[lə pə'ti deʒœ'ne]

Mittagessen	**le déjeuner**	[lə deʒœ'ne]
Abendessen	**le dîner**	[lə 'di'ne]
Hauptgericht	**le plat principal**	[lə pla prɛ̃si'pal]
Vorspeise	**l'entrée, le hors d'œuvre**	[lɑ̃'tre lə ɔr' dœ:vre]
Tagesgericht	**le plat du jour**	[lə pla dy ʒu:r]
Kaffee	**le café**	[le ka'fe]
blutig	**saignant**	[sɛ'ɲɑ̃]
medium	**à point**	[a pwẽ]
durchgebraten	**bien cuit**	[bjẽ kɥi]

Auf der Speisekarte

l'agneau	[a'ɲo]	Lamm
l'ail	[aj]	Knoblauch
la banane	[ba'nan]	Banane
le beurre	[bœ:r]	Butter
la bière	[bjɛ:r]	Bier
la bière à la pression	[bjɛ:r a la prɛ'sjɔ̃]	Bier vom Fass
le bifteck, le steak	[bif'tɛk, stɛk]	Steak
le bœuf	[bœf]	Rindfleisch
bouilli	[bu'ji]	gekocht
le café	[ka'fe]	Kaffee
le canard	[ka'na:r]	Ente
le chocolat	[ʃɔkɔ'la]	Schokolade
le citron	[si'trɔ̃]	Zitrone
le citron pressé	[si'trɔ̃ prɛ'se]	frisch gepresster Zitronensaft
les crevettes	[krə'vɛt]	Garnelen
les crustacés	[krysta'se]	Krustentiere
cuit au four	[kyi o fu:r]	gebacken
le dessert	[de'sɛr]	Nachspeise
l'eau minérale	[o mine'ral]	Mineralwasser
les escargots	[ɛskar'go]	Schnecken
les frites	[frit]	Pommes frites
le fromage	[frɔ'ma:ʒ]	Käse
les fruits frais	[frɥi frɛ]	frisches Obst
les fruits de mer	[frɥi də mɛ:r]	Meeresfrüchte
le gâteau	[gɑ'to]	Kuchen
la glace	[glas]	Eiscreme
grillé	[gri'je]	gegrillt
le homard	[ɔ'ma:r]	Hummer
l'huile	[ɥil]	Öl
le jambon	[ʒɑ̃'bɔ̃]	Schinken
le lait	[lɛ]	Milch
les légumes	[le'gym]	Gemüse
la moutarde	[mu'tard]	Senf
l'œuf	[œf]	Ei
les oignons	[ɔ'ɲɔ̃]	Zwiebeln
les olives	[ɔ'li:v]	Oliven
l'orange	[ɔ'rɑ̃:ʒ]	Orange
le pain	[pɛ̃]	Brot
le petit pain	[pə'ti pɛ̃]	Brötchen
poché	[pɔ'ʃe]	pochiert
le poisson	[pwa'sɔ̃]	Fisch
le poivre	[pwa:'vrə]	Pfeffer
la pomme	[pɔm]	Apfel
les pommes de terre	[pɔm də tɛr]	Kartoffeln
le porc	[pɔ:r]	Schweinefleisch
le potage	[pɔ'pa:ʒ]	Suppe
le poulet	[pu'lɛ]	Hühnchen
le riz	[ri]	Reis
rôti	[ro'ti]	gebraten
la sauce	[so:s]	Sauce
la saucisse	[so'sis]	Würstchen
sec	[sɛk]	trocken
le sel	[sɛl]	Salz
le sucre	['sykrə]	Zucker
le thé	[te]	Tee
le toast	[tost]	Toast
la viande	[vjɑ̃:d]	Fleisch
le vin blanc	[vɛ̃ blɑ̃]	Weißwein
le vin rouge	[vɛ̃ ru:ʒ]	Rotwein
le vinaigre	[vi'nɛgrə]	Essig

Zahlen

0	**zéro**	[ze'ro]
1	**un, une**	[œ̃, yn]
2	**deux**	[dø]
3	**trois**	[trwa]
4	**quatre**	['katrə]
5	**cinq**	[sɛ̃k]
6	**six**	[sis]
7	**sept**	[sɛt]
8	**huit**	[uit]
9	**neuf**	[nœf]
10	**dix**	[dis]
11	**onze**	[ɔ̃:z]
12	**douze**	[du:u]
13	**treize**	[trɛ:z]
14	**quatorze**	[ka'tɔrz]
15	**quinze**	[kɛ̃:z]
16	**seize**	[sɛ̃:z]
17	**dix-sept**	[di'sɛt]
18	**dix-huit**	[di'zɥit]
19	**dix-neuf**	[diz'nœf]
20	**vingt**	[vɛ̃]
30	**trente**	[trɑ̃:t]
40	**quarante**	[ka'rɑ̃:t]
50	**cinquante**	[sɛ̃'kɑ̃:t]
60	**soixante**	[swa'sɑ̃:t]
70	**soixante-dix**	[swasɑ̃t'dis]
80	**quatre-vingts**	[katrə'vɛ̃]
90	**quatre-vingts-dix**	[katrəvɛ'dis̃]
100	**cent**	[sɑ̃]
200	**deux cent**	[dø'sɑ̃]
1000	**mille**	[mil]

Zeit

eine Minute	**une minute**	[yn mi'nyt]
eine Stunde	**une heure**	[yn œ:r]
halbe Stunde	**une demi-heure**	[yn dəmi'œ:r]
ein Tag	**un jour**	[œ̃ ʒu:r]
eine Woche	**une semaine**	[yn sə'mɛn]
ein Monat	**un mois**	[œ̃ mwa]
ein Jahr	**un an**	[œ̃ ã]
Montag	**lundi**	[lœ̃'di]
Dienstag	**mardi**	[mar'di]
Mittwoch	**mercredi**	[mɛrkrə'di]
Donnerstag	**jeudi**	[ʒø'di]
Freitag	**vendredi**	[vɑ̃drə'di]
Samstag	**samedi**	[sam'di]
Sonntag	**dimanche**	[di'mɑ̃:ʃ]

Dorlin

Ägypten Alas
Australien B
Katalon
Luxemburg
Brasilien Br
Chile
Großbritannien Hamb
Italien Japan Jerusa
Kanada Kanarisc
Krakau Kroatien Ku
London Madri
Mallorca, Menorca
München & Sü
Neuseeland New
Nordspanien Norweg
Portugal Prag Prove
San Francisco St.
Schottland Schwede
Andalusien Sizilie
Südafrika Südtirol & Tr
Thailand Thailand – St
Tschechien & Slow
USA Nordwesten & V
Las Vegas Venedig
Washingt

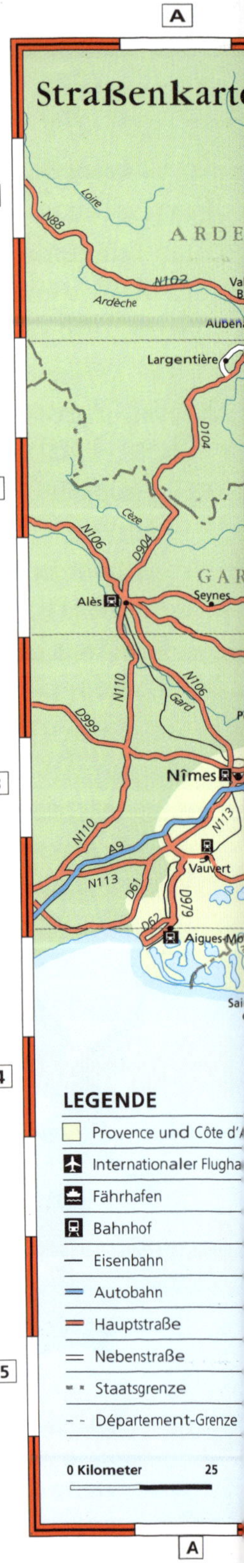

Ich suche ...	**Je cherche ...**	[ʒə ʃɛrʃ]
Ich schaue mich nur um, danke.	**Je regarde seulement, merci.**	[ʒə rə'gaːr sœl'mɑ̃ mɛr'si]
Akzeptieren Sie Kreditkarten?	**Est-ce que vous acceptez les cartes de crédit?**	[ɛskə vu aksɛp'te le kart də kre'di]
Wann öffnen Sie?	**A quelle heure ouvre le magasin?**	[a kɛl œːr uvrə lə maga'zɛ̃]
Wann schließen Sie?	**A quelle heure ferme le magasin?**	[a kɛl œːr fɛrm lə maga'zɛ̃]
Dies hier.	**Celui-ci.**	[sə'lɥi si]
Das da.	**Celui-la.**	[sə'lɥi la]
teuer	**cher**	[ʃɛːr]
billig	**pas cher, bon marché**	[pa ʃɛːr bɔ̃ mar'ʃe]
Größe (Kleidung)	**la taille**	[la tɑːj]
Größe (Schuhe)	**la pointure**	[la pwɛ̃'tyːr]
weiß	**blanc**	[blɑ̃]
schwarz	**noir**	[nwaːr]
rot	**rouge**	[ruːʒ]
gelb	**jaune**	[ʒoːn]
grün	**vert**	[vɛːr]
blau	**bleu**	[blø]

Läden

Antiquitätenladen	**le magasin d'antiquités, brocante** (fam.)	[lə maga'zɛ̃ dɑ̃tiki'te brɔ'kɑ̃t]
Apotheke	**la pharmacie**	[la farma'si]
Bäckerei	**la boulangerie**	[la bulɑ̃ʒə'ri]
Bank	**la banque**	[la bɑ̃ːk]
Buchhandlung	**la librairie**	[la librɛ'ri]
Fischgeschäft	**la poissonerie**	[la pwasɔ'ri]
Friseur	**le coiffeur**	[lə kwa'fœːr]
Gemüseladen	**le marchand de légumes**	[lə marʃɑ̃ də le'gym]
Konditorei	**la pâtisserie**	[la patise'ri]
Lebensmittelgeschäft	**l'alimentation, l'épicerie**	[lalimɑ̃tɑ'sjɔ̃ lepis'ri]
Markt	**le marché**	[lə mar'ʃe]
Metzgerei (Fleisch)	**la boucherie**	[la buʃə'ri]
Metzgerei (Wurst)	**la charcuterie**	[la ʃarky'tri]
Postamt	**la poste, le bureau de poste**	[la pɔst lə by'ro də pɔst]
Reisebüro	**l'agence de voyages**	[la'ʒɑ̃ːs də vwa'jaːʒ]
Schuhgeschäft	**le magasin de chaussures**	[lə maga'zɛ̃ də ʃo'syːr]
Supermarkt	**le supermarché**	[lə sypɛrmar'ʃe]
Tabakladen	**le tabac**	[lə ta'ba]
Zeitungskiosk	**le magasin de journaux**	[lə maga'zɛ̃ də ʒur'no]

Sightseeing

Bahnhof	**la gare SNCF**	[la gaːr ɛs ɛn se ɛf]
Bibliothek	**la bibliothèque**	[la bibliɔ'tɛk]
Busbahnhof	**la gare routière**	[la gaːr ru'tjɛːr]
Fremdenverkehrsamt, Tourismusbüro	**l'office du tourisme, les renseignments touristiques, le sydicat d'initiative**	[lɔ'fis dy tu'rismə, le rɑ̃sɛɲ'mɑ̃s turis'tik, lə sɛ̃di'ka dinisja'tif]
Garten	**le jardin**	[lə ʒar'dɛ̃]
Herrenhaus	**l'hôtel particulier**	[lo'tɛl partiky'lje]
Kathedrale	**la cathédrale**	[la kate'dral]
Kirche	**l'église**	[le'gliːz]
Kloster, Abtei	**l'abbaye**	[labe'i]
Kunstgalerie	**le galerie d'art**	[lə gale'ri daːr]
Museum	**le musée**	[lə my'se]
Rathaus	**l'hôtel de ville**	[lo'tɛl də vil]
Wegen Ferien geschlossen	**fermeture jour férié**	[fɛrmə'tyːr ʒuːr fe'rje]

Im Hotel

Haben Sie ein freies Zimmer?	**Est-ce que vous avez une chambre libre?**	[ɛskə vuz a've yn 'ʃɑ̃ːbrə 'librə]
Doppelzimmer	**la chambre à deux personnes**	[la 'ʃɑ̃ːbrə a dø pɛr'sɔn]
mit Doppelbett	**avec un grand lit**	[a'vɛk œ̃ grɑ̃ li]
mit zwei Betten	**à deux lits**	[a dø li]
Einzelzimmer	**la chambre à une personne**	[la 'ʃɑ̃ːbrə a yn pɛr'sɔn]
Zimmer mit Bad	**la chambre avec salle de bain**	[la 'ʃɑ̃ːbrə a'vɛk sal də bɛ̃]
Dusche	**la douche**	[la duʃ]
Schlüssel	**la clef**	[la kle]
Ich habe reserviert.	**J'ai fait une réservation.**	[ʒɛ fɛ yn rezɛrvɑ'sjɔ̃]

Im Restaurant

Haben Sie einen Tisch für ...?	**Avez-vous un table libre pour ...?**	[ave vu yn 'tablə 'librə puːr]
Ich möchte einen Tisch reservieren.	**Je voudrais réserver une table.**	[ʒə vu'drɛ rezɛr've yn 'tablə]
Die Rechnung, bitte.	**L'addition, s'il vous plaît.**	[ladi'sjɔ̃ sil vu plɛ]
Ich bin Vegetarier/in.	**Je suis végétarien / végétarienne.**	[ʒə sɥi veʒeta'rjɛ̃ veʒeta'rjɛn]
Kellnerin	**Madame, Mademoiselle**	[ma'dam madmwa'zɛl]
Kellner	**Monsieur**	[mə'sjø]
Speisekarte	**la carte, le menu**	[la kart lə mə'ny]
Tagesmenü	**le menu à prix fixe**	[lə mə'ny a pri fiks]
Weinkarte	**la carte des vins**	[la kart de vɛ̃]
Gedeck	**le couvert**	[lə ku'vɛr]
Glas	**le verre**	[lə vɛːr]
Flasche	**la bouteille**	[la bu'tɛj]
Messer	**le couteau**	[lə ku'to]
Gabel	**la fourchette**	[la fur'ʃɛt]
Löffel	**la cuillère**	[la kɥi'jɛːr]
Frühstück	**le petit déjeuner**	[lə pə'ti deʒœ'ne]

Mittagessen	**le déjeuner**	[lə deʒœ'ne]
Abendessen	**le dîner**	[lə 'di'ne]
Hauptgericht	**le plat principal**	[lə pla prɛ̃si'pal]
Vorspeise	**l'entrée, le hors d'œuvre**	[lɑ̃'tre lə ɔr' dœ:vre]
Tagesgericht	**le plat du jour**	[lə pla dy ʒu:r]
Kaffee	**le café**	[le ka'fe]
blutig	**saignant**	[sɛɲɑ̃]
medium	**à point**	[a pwɛ̃]
durchgebraten	**bien cuit**	[bjɛ̃ kɥi]

Auf der Speisekarte

l'agneau	[aɲo]	Lamm
l'ail	[aj]	Knoblauch
la banane	[ba'nan]	Banane
le beurre	[bœ:r]	Butter
la bière	[bjɛ:r]	Bier
la bière à la pression	[bjɛ:r a la prɛ'sjɔ̃]	Bier vom Fass
le bifteck, le steak	[bif'tɛk, stɛk]	Steak
le bœuf	[bœf]	Rindfleisch
bouilli	[bu'ji]	gekocht
le café	[ka'fe]	Kaffee
le canard	[ka'na:r]	Ente
le chocolat	[ʃɔkɔ'la]	Schokolade
le citron	[si'trɔ̃]	Zitrone
le citron pressé	[si'trɔ̃ prɛ'se]	frisch gepresster Zitronensaft
les crevettes	[krə'vɛt]	Garnelen
les crustacés	[krysta'se]	Krustentiere
cuit au four	[kyi o fu:r]	gebacken
le dessert	[de'sɛr]	Nachspeise
l'eau minérale	[o mine'ral]	Mineralwasser
les escargots	[ɛskar'go]	Schnecken
les frites	[frit]	Pommes frites
le fromage	[frɔ'ma:ʒ]	Käse
les fruits frais	[frɥi frɛ]	frisches Obst
les fruits de mer	[frɥi də mɛ:r]	Meeresfrüchte
le gâteau	[gɑ'to]	Kuchen
la glace	[glas]	Eiscreme
grillé	[gri'je]	gegrillt
le homard	[ɔ'ma:r]	Hummer
l'huile	[ɥil]	Öl
le jambon	[ʒɑ̃'bɔ̃]	Schinken
le lait	[lɛ]	Milch
les légumes	[le'gym]	Gemüse
la moutarde	[mu'tard]	Senf
l'œuf	[œf]	Ei
les oignons	[ɔ'ɲɔ̃]	Zwiebeln
les olives	[ɔ'li:v]	Oliven
l'orange	[ɔ'rɑ̃:ʒ]	Orange
le pain	[pɛ̃]	Brot
le petit pain	[pə'ti pɛ̃]	Brötchen
poché	[pɔ'ʃe]	pochiert
le poisson	[pwa'sɔ̃]	Fisch
le poivre	[pwa:'vrə]	Pfeffer
la pomme	[pɔm]	Apfel
les pommes de terre	[pɔm də tɛr]	Kartoffeln
le porc	[pɔ:r]	Schweinefleisch
le potage	[pɔ'pa:ʒ]	Suppe
le poulet	[pu'lɛ]	Hühnchen
le riz	[ri]	Reis
rôti	[ro'ti]	gebraten
la sauce	[so:s]	Sauce
la saucisse	[so'sis]	Würstchen
sec	[sɛk]	trocken
le sel	[sɛl]	Salz
le sucre	['sykrə]	Zucker
le thé	[te]	Tee
le toast	[tost]	Toast
la viande	[vjɑ̃:d]	Fleisch
le vin blanc	[vɛ̃ blɑ̃]	Weißwein
le vin rouge	[vɛ̃ ru:ʒ]	Rotwein
le vinaigre	[vi'nɛgrə]	Essig

Zahlen

0	**zéro**	[ze'ro]
1	**un, une**	[œ̃, yn]
2	**deux**	[dø]
3	**trois**	[trwa]
4	**quatre**	['katrə]
5	**cinq**	[sɛ̃k]
6	**six**	[sis]
7	**sept**	[sɛt]
8	**huit**	[uit]
9	**neuf**	[nœf]
10	**dix**	[dis]
11	**onze**	[ɔ̃:z]
12	**douze**	[du:u]
13	**treize**	[trɛ:z]
14	**quatorze**	[ka'tɔrz]
15	**quinze**	[kɛ̃:z]
16	**seize**	[sɛ̃:z]
17	**dix-sept**	[di'sɛt]
18	**dix-huit**	[di'zɥit]
19	**dix-neuf**	[diz'nœf]
20	**vingt**	[vɛ̃]
30	**trente**	[trɑ̃:t]
40	**quarante**	[ka'rɑ̃:t]
50	**cinquante**	[sɛ̃'kɑ̃:t]
60	**soixante**	[swa'sɑ̃:t]
70	**soixante-dix**	[swasɑ̃t'dis]
80	**quatre-vingts**	[katrə'vɛ̃]
90	**quatre-vingts-dix**	[katrəvɛ̃'dis]
100	**cent**	[sɑ̃]
200	**deux cent**	[dø'sɑ̃]
1000	**mille**	[mil]

Zeit

eine Minute	**une minute**	[yn mi'nyt]
eine Stunde	**une heure**	[yn œ:r]
halbe Stunde	**une demi-heure**	[yn dəmi'œ:r]
ein Tag	**un jour**	[œ̃ ʒu:r]
eine Woche	**une semaine**	[yn sə'mɛn]
ein Monat	**un mois**	[œ̃ mwa]
ein Jahr	**un an**	[œ̃ ɑ̃]
Montag	**lundi**	[lœ̃'di]
Dienstag	**mardi**	[mar'di]
Mittwoch	**mercredi**	[mɛrkrə'di]
Donnerstag	**jeudi**	[ʒø'di]
Freitag	**vendredi**	[vɑ̃drə'di]
Samstag	**samedi**	[sam'di]
Sonntag	**dimanche**	[di'mɑ̃:ʃ]

Straßenkarte Provence und Côte d'Azur

Inhalt

Biochemie nach Dr. Schüssler

Der Begriff »Biochemie«, abgeleitet aus dem Griechischen *bios: Leben* und *Chemie: die Wissenschaft der Elemente*, bedeutet »Chemie des Lebens«, also die Lehre von den chemischen Vorgängen im Organismus, zum Beispiel Stoffwechsel, Sekretion und Verdauung.

Weil die von ihm in die Medizin eingeführten natürlicherweise im Körper vorkommenden Mineralsalze (= Mineralstoffe) chemische Prozesse in der Zelle steuern (Stoffaustausch, Zellteilung, Nährstoffverwertung, Reizweiterleitung), sie beeinflussen oder wieder ermöglichen, nannte der Arzt Dr. Schüßler seine Therapie »Biochemie«, die Heilmittel »Funktionsmittel«.

Aufbruchstimmung in der Medizin

Die Medizin gegen Ende des 19. Jahrhunderts war in Aufbruchstimmung; sie ersetzte überholte Denkmodelle durch neue, fundamentale Erkenntnisse der Wissenschaft. Bis dahin galt die »Humoralpathologie«, auch »Säftelehre« genannt, als Erklärungsmodell für die Entstehung von Krankheiten: Alle Krankheiten, so nahm man an, entstehen aufgrund einer fehlerhaften Zusammensetzung des Blutes und anderer Körpersäfte sowie infolge einer Anhäufung von Schadstoffen im Körper. Durch Ausleitung mittels Aderlass, Schröpfen sowie Durchfall und Erbrechen, die künstlich hervorgerufen wurden, versuchte man, Krankheiten zu heilen und die Zusammensetzung der Körpersäfte zu ordnen. Als der Mediziner Professor Dr. Rudolf Virchow (1821 bis 1902) feststellte, welch große Bedeutung die Zelle als Lebenseinheit im menschlichen Organismus hat, und den Satz aufstellte »Das Wesen der Krankheit ist die pathogen veränderte (krankheitserregende) Zelle«, wandte die etablierte Medizin sich endgültig von der Humoralpathologie ab und der Zellularpathologie zu.

Entwicklung der Schüssler-Therapie

Dr. med. Wilhelm Heinrich Schüßler (1821 bis 1898) war Allgemeinmediziner. Er hatte in Berlin, Paris, Gießen und Prag Medizin studiert, dann sein Staatsexamen gemacht und promoviert. Er ließ sich als Arzt, Wundarzt und Geburtshelfer in Oldenburg nieder. Schon während seines Studiums interessierte er sich für die Homöopathie des deutschen Arztes Samuel Hahnemann (1755 bis 1843), in seiner Praxis wandte er sie dann an.

Die Homöopathie Hahnemanns

Hahnemann hatte Ende des 18. Jahrhunderts die Ähnlichkeitsregel entdeckt: »Ähnliches möge mit Ähnlichem geheilt werden«. In der Homöopathie wird also das Mittel, das bei einem Gesunden bestimmte Symptome auslöst, zur Behandlung eben dieser Symptome beim Kranken eingesetzt. Dazu wird das Mittel verdünnt und verschüttelt = potenziert.

Ein Beispiel: Die Inhaltsstoffe der Zwiebel, durch Zerschneiden freigesetzt, lösen bei vielen Menschen Brennen der Augen und Tränenreiz aus. In der Homöopathie wird die Zwiebel (botanischer Name Allium cepa) als Allium cepa D6 bei genau diesen Symptomen eines Kranken gegeben.

Potenzierung der Homöopathika

»D6« bezeichnet die Art der Verdünnung, das »D« steht für die Dezimalverdünnung, also die Verdünnung in Zehnerschritten, die »6« sagt aus, wie oft die Ursubstanz (bei der Zwiebel der Saft) Verdünnung und Verschüttelung unterworfen wurde.

Bei der D1 (Verdünnungsverhältnis 1:10) wird ein Teil der Ursubstanz mit neun Teilen Trägerlösung (Wasser, Alkohol) vermischt und zehnmal rhythmisch verschüttelt. Für die D2 (Verdünnungsverhältnis 1:100) wird ein Teil der D1 mit neun Teilen Trägerlösung vermischt und verschüttelt. So wird weiterverfahren, bis die gewünschte Potenz erreicht ist.

Bei festen Ausgangssubstanzen wie Mineralsalzen (-stoffen) wird die Mischung in einem Mörser rhythmisch mit Milchzucker verrieben.

Auf der Suche nach einer neuen Methode

Schüßler, der seit Jahren die Homöopathie praktiziert und mit ihr auch Erfolge hatte, schien nicht so recht zufrieden damit – er beklagte die zu große Zahl der Mittel; schon damals zählte die Hömöopathie über 1000 Arzneien zu ihrem Heilmittelschatz, heute sind es weit über 2000.

Bei seiner Suche nach einer Methode, die mit weniger Mitteln auskommen konnte, erinnerte er sich der Arbeiten von Professor Virchow über die menschliche Zelle. Etwa zur selben Zeit stieß er auf die Forschungsberichte des niederländischen Physiologen Professor Jacob Moleschott, der entdeckt hatte, dass Bau und Lebensfähigkeit der Organe durch anorganische Bestandteile (wie die anorganischen Mineralsalze = Mineralstoffe) bedingt sind.

Da er die Aufbereitung von Homöopathika natürlich kannte, folgerte Schüßler: Wenn die Zelle die zentrale Lebenseinheit im Organismus ist und bestimmend für das Krankheitsgeschehen, und wenn Mineralsalze für die Lebensfähigkeit der Organe notwendig sind, liegt nichts näher, als die Mineralsalze so zu verändern, dass sie die Membran kranker Zellen passieren können, um sie wieder zu normalen Funktionen zu veranlassen.

Potenzierung der Schüssler-Salze

Durch homöopathische Verreibung gelang es, die Mineralsalze so zu zerkleinern, dass ihre Partikel die Zellmembran durchdringen können. An Schmerzpatienten probierte Schüßler dieses Prinzip mit Magnesium phosphoricum D6 aus (Magnesium und Phosphat wirken in Nerven- und Muskelzellen) und konnte erleben, dass sich seine Theorie bestätigte.

Um weitere Salze im Körper nachweisen zu können, analysierte Schüßler die Asche von Leichen. Dabei entdeckte er zum Beispiel auch, dass sich drei bis vier Gramm Eisen im menschlichen Körper befinden. Er stellte die Theorie auf: Schon ein geringfügiger Eisenmangel kann zu Störungen führen; wird das fehlende Eisen jedoch in kleiner Menge, homöopathisch aufbereitet, verabreicht, kann es den Eisenmangel in der Zelle aufheben, wodurch die Zellfunktion wieder hergestellt ist.

Schüßler stellte außerdem fest, dass in einzelnen Geweben und Organen natürlicherweise selten nur ein Mineralsalz vorkommt, sondern dass Verbindungen von mehreren Mineralsalzen, »unorganischen Salzen«, vorhanden sind.

Die Ursache für krankhafte Zustände können nach Schüßler sowohl Verteilungsstörungen als auch Defizite bestimmter Salze in der Zelle sein. Heute wissen wir, dass die Schüßler-Salze in der Tat einerseits Defizite ausgleichen, andererseits dem Körper, der Zelle, einen Heilreiz vermitteln.

Über Mineralstoffe, Mineralsalze und Ionen

Mineralsalze, auch Mineralstoffe genannt, entstehen durch die chemische Vereinigung von Metallen und Nichtmetallen und sind aus elektrisch geladenen Atomen, den Ionen, aufgebaut (Schüßler sprach seinerzeit von Salz-Molekülen). Die Ionen der Mineralsalze sind an allen Funktionen im Körper beteiligt.

Bis zu seinem Tode im Jahre 1898 hat Schüßler seine Patienten ausschließlich biochemisch behandelt, pro Jahr zählte er 11 000 bis 12 000 Konsultationen; so sammelte er mit seiner Therapie über 25 Jahre Erfahrung. Die Salze gab er seinen Patienten in der damals üblichen Pulverform, ließ sie von ihnen in Wasser auflösen und schluckweise trinken.

Besonderheiten der Potenzen von Schüssler-Salzen

Für die Salze Calcium fluoratum (Nr. 1), Ferrum phosphoricum (Nr. 3) und Silicea (Nr. 11) bestimmte Schüßler die 12. Dezimalpotenz (Verdünnung 1: 1 000 000 000 000), für alle anderen Salze die 6. Dezimalpotenz (Verdünnung 1:1 000 000).

War er der Ansicht, dass der stoffliche Anteil bei starken Mangelerscheinungen überwiegen sollte, verordnete er auch tiefere Potenzen.
Die in diesem Kompass empfohlenen Potenzen sind die Regelpotenzen; bitte halten Sie sich daran.

Die Ergänzungsmittel

Während Schüßler kurz vor seinem Tode schrieb, dass sein Behandlungsverfahren nun vollständig und ausgereift sei und sich auf letztlich elf von den vormals zwölf Salzen beschränke, entdeckte die medizinische Wissenschaft Jahre nach Schüßlers Tod weitere Mineralstoffe, die im menschlichen Körper von Bedeutung sind, beispielsweise Mangan, Jod und Kupfer.

Ein Biochemiker ergänzt die Methode

Dieter Schöpwinkel, 1876 geboren, bezeichnete sich als Biochemiker und praktizierte in Mühlheim/Ruhr. Für seine Verdienste um die biochemische Heilmethode wurde er 1930 von der Universität Voltaire de France zum Professor ehrenhalber ernannt. Er war außerdem im Besitz mehrerer ausländischer Doktorgrade, überdies Präsident des National College of Polar-Biochemistry der Sri Venkatesh Universität in Poona/Indien. Nach jahrelangem Studium internationaler Forschungsergebnisse über Mineralstoffe und Spurenelemente im menschlichen Körper (Spurenelemente = Mineralstoffe, nur in Spuren vorhanden) ergänzte Schöpwinkel die biochemischen Arzneimittel um neun Mittel.

Einige Jahre später wurden, vermutlich von den Nachfolgern Schöpwinkels, nochmals drei Salze in den Heilschatz aufgenommen.

Mittlerweile verfügt die Biochemie nach Dr. Schüßler über 24 Salze, die ich Ihnen alle in diesem Kompass vorgestellt habe.

Biochemie ist nicht Homöopathie

Schüßler übernahm zwar die Potenzierung seiner Salze von der Homöopathie, wandte sich aber stets vehement dagegen, seine Heilmethode als Homöopathie zu bezeichnen: »Der Grundsatz, nach welchem ein Mittel gewählt wird, drückt diesem sein Gepräge auf: Ein nach dem Ähnlichkeitsgesetz gewähltes ist ein homöopathisches; ein Mittel, dessen Anwendung sich auf die physiologische Chemie gründet, ist ein biochemisches. Mein Heilverfahren gründet sich auf physiologisch-chemische Vorgänge im menschlichen Organismus«. Dieser Satz hat noch heute Gültigkeit.

Selbstbehandlung mit Schüssler-Salzen

Bevor Sie mit der Selbstbehandlung beginnen, sollten Sie sich ein paar Minuten Zeit nehmen, um sich vertraut zu machen mit allem Wissenswerten für Ihre Praxis.

Salze und Salben aus der Apotheke

- Schüßler-Salze, in Milchzucker-Tabletten gepresst, bekommen Sie in jeder Apotheke. Verlangen Sie das Mittel Ihrer Wahl, zum Beispiel Calcium fluoratum D12, Tabletten, Biochemie Nr. 1.
- Auch die Salben kaufen Sie in der Apotheke; es gibt sie von den Salzen Nr. 1 bis Nr. 11. Verlangen Sie die Salbe Ihrer Wahl, zum Beispiel Calcium fluoratum, Salbe, Biochemie Nr. 1.

Sind Salze/Salben nicht vorrätig, können sie innerhalb eines Tages beschafft werden.
Trocken gelagert, können die Salze und Salben lange Zeit aufbewahrt werden.

Einnahme und Dosierung der Salze

- Erwachsene und Kinder sollten die Tabletten nicht schlucken, sondern unter die Zunge legen; dort lösen sie sich schnell auf.
- Für Säuglinge löst man die Tabletten mit etwas Wasser an und lässt sie ablecken oder streicht den Brei dem Säugling auf die Lippen; man kann sie auch auf einem Plastiklöffel auflösen und wie Brei geben.

Bei Kindern und Erwachsenen richtet sich die Dosierung nach der Heftigkeit der Symptome.

- Akute Beschwerden, zum Beispiel Kopfschmerzen, erfordern häufigere Gaben: Erwachsene und Kinder über 12 Jahren alle 5 bis 15 Minuten 1 Tablette, Kinder unter 12 Jahren ein- bis zweistündlich 1 Tablette bis zur Besserung der Beschwerden.

- Bei chronischen Beschwerden wie Akne oder Gelenkerkrankungen und zur Nachbehandlung akuter Beschwerden: Erwachsene und Kinder über 12 Jahren 2- bis 6-mal täglich 1 bis 2 Tabletten; Kinder unter 12 Jahren 3- bis 4-mal täglich 1 Tablette.
- Außer bei offenen Wunden und im Auge können die Salze auch äußerlich angewandt werden: 3 bis 6 Tabletten in Wasser auflösen und als warmen Breiumschlag auf die Haut streichen, zum Beispiel bei Insektenstichen oder Warzen.
- Kommen mehrere Salze für die Behandlung in Frage, können sie wechselweise eingenommen werden, jedoch niemals gleichzeitig; beispielsweise im Laufe des Vormittags das erste Salz, über den Mittag bis zum Nachmittag das zweite, am Abend das dritte. Schüßler allerdings verordnete meist nur ein Salz; er wartete stets dessen Wirkung ab, bevor er ein zweites verordnete.

Wie lange werden Schüßler-Salze eingenommen?

- Wenn die Symptome verschwunden sind, wird die Einnahme beendet. Dies ist bei frühzeitiger Einnahme wie beim Fließschnupfen oft schon innerhalb von 1 bis 2 Stunden möglich.
- Bei langwierigen Erkrankungen kann die Einnahme über Monate erfolgen.

Salben unterstützen die Behandlung mit Salzen

- Biochemische Salben der Salze Nr. 1 bis Nr. 11 können grundsätzlich unterstützend zur Einnahme der Tabletten eingesetzt werden; besonders gut bewährt bei Gelenk-, Haut- und Knochenerkrankungen.

HEISSE SIEBEN

Eine Besonderheit ist die Nr. 7: Magnesium phosphoricum D6. Die entkrampfende und schmerzstillende Wirkung setzt schneller ein, wenn 10 Tabletten – für Kinder 5 Tabletten – in heißem Wasser aufgelöst werden, und man die Lösung langsam und schluckweise trinkt.

Wichtig: Nicht mit einem Metalllöffel umrühren; das Metall kann die Wirksamkeit der Salze negativ beeinflussen.

Wenn es die Heftigkeit der Symptome verlangt, können im Prinzip die Salze Nr. 1 bis 12 (die Basissalze) in heißem Wasser aufgelöst, eingenommen werden.

- Bei akuten Erkrankungen werden die Salben mehrmals täglich aufgebracht, bei chronischen empfiehlt sich ein Salbenumschlag über Nacht.

Nebenwirkungen?

Bei der Behandlung mit Schüßler-Salzen wurden Nebenwirkungen bislang nicht beobachtet. Werden allerdings 30 bis 50 Tabletten auf einmal eingenommen, kann der darin enthaltene Milchzucker Magen-Darm-Beschwerden hervorrufen und abführend wirken.

Signaturen helfen bei der Mittelwahl

Während seiner langjährigen Anwendung der Biochemie stellte Dr. Schüßler fest, dass sich bei starkem Mineralsalzmangel bestimmte Signaturen (Zeichen) im Antlitz des Patienten zeigen, die verschwinden, wenn das fehlende Salz eingenommen wird.
Wenn Sie sich über die Antlitz- oder Signaturen-Diagnostik genauer informieren möchten, empfehle ich Ihnen den GU Gesundheitsratgeber »Schüßler-Salze –

12 Mineralstoffe für die Gesundheit« (ebenfalls erschienen im Gräfe und Unzer Verlag, München).

Darauf ist bei der Schüßler-Therapie zu achten

- Während der Behandlung mit Schüßler-Salzen sollten Sie viel trinken, am besten reines Leitungswasser oder stilles Mineralwasser – wenn weder Herz- noch Nieren-Erkrankungen vorliegen, pro Tag zwei bis drei Liter.
  Bei ausreichender Flüssigkeitsaufnahme verbessert sich der Stoffwechsel, wozu aufbauende und abbauende Vorgänge im Körper zählen. Außerdem gelangen die Ionen der Schüßler-Salze effektiver an den Ort, an dem sie wirken sollen.
- Wichtig für Diabetiker: 1 Tablette á 250 mg = 0,021 Broteinheiten (BE), 48 Tabletten = 1 BE.
- Allergiker sollten sich bei ihrem Arzt oder Heilpraktiker informieren, ob sie die Tabletten, in denen Milchzucker enthalten ist, einnehmen dürfen.

Was die Behandlung mit Schüssler-Salzen unterstützt

Schüßler war zwar dagegen, bei der Therapie mit seinen Salzen zusätzliche therapeutische Maßnahmen einzusetzen. In der Praxis aber hat sich erwiesen, dass temperaturansteigende Fuß- und Handbäder sowie Kompressen und Wickel mit Tabletten beziehungsweise Salben eine biochemische Behandlung wirkungsvoll unterstützen.

Temperaturansteigende Bäder

Die Bäder ergänzen die Therapie mit Schüßler-Salzen nicht nur, es konnte darüber hinaus bei wissenschaftlichen Untersuchungen festgestellt werden, dass die in

Wasser gelösten Salzmoleküle die Haut durchdringen und in den Blutkreislauf gelangen. Auf diese Weise verstärkt sich der Heileffekt der Salze immens.
Durch den Temperaturreiz wird die Durchblutung im gesamten Körper angeregt; vor allem erweitern sich die Kapillaren (Haargefäße), was wiederum zu einem verstärkten Zellstoffwechsel führt (Aufnahme von Nährstoffen, Abgabe von Stoffwechselendprodukten). Bei vielen Erkrankungen, vor allem bei Menschen mit chronisch kalten Füßen, haben sich allein wegen des starken Temperaturreizes die ansteigenden Fußbäder sehr bewährt.

WICHTIG:

Das ansteigende Fußbad darf nicht durchgeführt werden bei Venenerkrankungen wie Krampfadern, Venenentzündung, Nieren- und Herzerkrankungen mit angeschwollenen Knöcheln.

Wer Fußbäder nicht anwenden darf, erreicht mit Handbädern einen ähnlichen, wenn auch etwas abgeschwächten Effekt.
In der Temperatur ansteigende Hand- und Fußbäder wurden von Fritz Schiele verbessert, der auch eine spezielle Fußbadewanne entwickelte (zu beziehen bei der Schiele-Arzneibäder-Fabrik GmbH, Industriestraße 16b, 25462 Rellingen).

So werden die Bäder gemacht

Die nach dem Krankheitsbild ausgewählten Schüßler-Salze – bei Kindern 10 Tabletten, bei Erwachsenen 20 Tabletten – dem Badewasser zugeben; es ist empfehlenswert, die Tabletten zuvor in einer Tasse mit kochendem Wasser aufzulösen.

In eine Fußbadewanne 33 °C warmes Wasser bis oberhalb des Knöchels einfüllen (die Temperatur auch während des Bades mit einem Badethermometer überprüfen), die Füße nebeneinander in die Wanne stellen. Die Flüssigkeit mit den aufgelösten Salzen dem Badewasser zugeben. Während des Bades die Wassertemperatur jede Minute um 0,5 °C bis auf 44 °C erhöhen. Wird diese Temperatur nicht vertragen, das Bad bei 40/41 °C beenden. Die Temperatur muss möglichst gleichmäßig ansteigen, dazu eine Tasse Wasser aus der Wanne entnehmen und immer wieder eine Tasse heißes Wasser hinzugießen; so erhöht sich nur die Temperatur, nicht der Wasserstand. Das Fußbad sollte eine Dauer von 20 Minuten nicht überschreiten. Nach Beendigung des Bades die Füße frottieren und als Hautschutz die Silicea Salbe (Nr. 11) auftragen. Eine halbe Stunde nachruhen.

Das ansteigende Handbad wird auf die gleiche Weise durchgeführt.

Ansteigende Bäder werden am sinnvollsten drei oder mehr Wochen lang täglich angewendet, zum Beispiel von Montag bis Freitag mit einer Pause am Samstag und Sonntag. Je nach Beschwerdebild kann die Serie nach einiger Zeit wiederholt werden.

Das ansteigende Fußbad unterstützt die Behandlung beispielsweise folgender Krankheiten:

- rheumatische Erkrankungen wie Arthrose;
- Erkältungskrankheiten wie Bronchitis, Mandelentzündung, Schnupfen, Blasenkatarrh;
- Bronchialasthma;
- Migräne;
- Durchblutungsstörungen mit kalten Händen und kalten Füßen;
- funktionelle Magen-Darm-Erkrankungen;
- Schlafstörungen

Kompressen und Wickel

Kompressen (Auflagen) und Wickel (Umschläge) mit in Wasser gelösten Tabletten sind ebenso wirkungsvoll wie mit Salben.

So werden Kompressen und Wickel mit Tabletten gemacht

Je nach Größe der Kompresse oder des Wickels 5 bis 15 Tabletten in kochendem Wasser in einer Schüssel auflösen; ein trockenes Leinentuch darin gut tränken, auswringen, bis es nicht mehr tropft, als Kompresse oder Wickel auflegen. Dauer der Anwendungen 20 Minuten.

Bei der Kompresse (Auflage) das Leinentuch, bevor es getränkt wird, zwei- bis sechsfach falten, dem Körper auflegen und mit einem trockenen Baumwolltuch fixieren. Die Kompresse so lange liegen lassen, bis sie Körpertemperatur hat, gegebenenfalls danach erneuern.

Beim Wickel (Umschlag) den betroffenen Körperteil mit dem getränkten Leinentuch und mit einem luftdurchlässigen, das Leinentuch überlappenden Baumwolltuch umhüllen, mit einem Wolltuch (kleiner als das Zwischentuch) abdecken.

So werden Kompressen und Wickel mit Salbe gemacht

Das feuchtwarme Leinentuch so warm wie verträglich auf die zu behandelnde Körperstelle legen, um die Poren zu weiten. Nach einigen Minuten das Leinentuch abnehmen und die Salbe in die Haut einmassieren. Mit einem trockenen Baumwolltuch gut abdecken.

Der Weg zum passenden Mittel

- Informieren Sie sich in der Tabelle »Beschwerden von A-Z« (Seite 19 bis 55), in der die häufigsten Befindlichkeitsstörungen und Beschwerden von Erwachsenen und von Kindern mit den für die Behandlung passenden Mitteln zusammengestellt sind.
- Sie können das passende Salz für Ihre Beschwerden auch in den Mittelbildern »12 Schüßler-Salze und 12 Ergänzungsmittel« (Seite 56 bis 89) finden.
- Bei allen inneren und äußeren Entzündungen behandeln Sie wie von Schüßler für »Die drei Entzündungsstadien« verordnet.

Die drei Entzündungsstadien

- Ferrum phosphoricum ist das Salz für das erste Entzündungsstadium: Die Symptome sind gerade ausgebrochen und gehen mit Rötung, Schwellung, Schmerz und Wärme einher (zum Beispiel Sonnenbrand, Insektenstich, Schürfwunde, Fließschnupfen).
- Kalium chloratum ist das Salz für das zweite Entzündungsstadium, es beginnt, wenn die akuten heftigen Symptome weichen. Bei der Schürfwunde setzt die Verschorfung ein, der Fließschnupfen wandelt sich zum Stockschnupfen.
- Kalium sulfuricum ist das Salz für das dritte Entzündungsstadium: Die Wundheilung ist abgeschlossen, aber die Symptome verschwinden nicht völlig, oder Fließ- und Stockschnupfen sind abgeklungen, aber die Nase sondert ein dickes gelbgrünes Sekret ab und die Heilung stagniert.

Beschwerden von A–Z

Abwehrschwäche

Immunschema – 12 Wochen-Kur für das Immunsystem

1.–3. Woche: Ferrum phosphoricum D3 Tabletten
4.–6. Woche: Manganum sulfuricum D6 Tabletten
7.–9. Woche: Zincum chloratum D6 Tabletten
10.–12. Woche: Silicea D6 Tabletten

Allergien

Schema Allergie-Vorbeugung

3 Monate vor Beginn der Allergie, zum Beispiel bei Heuschnupfen im November

Behandlung
1.–4. Woche: Manganum sulfuricum D6 Tabletten
5.–8. Woche: Calcium phosphoricum D6 Tabletten im Wechsel mit Cuprum arsenicosum D6 Tabletten

Augen-Erkrankungen

Augen, gerötet, empfindlich

Ferrum phosphoricum D12 Tabletten

Augen, trocken

Als Ursachen für zu trockene und gerötete Augen kommen in Frage allergische Reaktionen, Infektionen

(Viren, Bakterien, Pilze) und Störungen im Flüssigkeitshaushalt des Körpers;

- trockene Augen mit Sandgefühl im Auge – Natrium chloratum D6 Tabletten und Natrium chloratum Salbe auf die geschlossenen Lider

Bindehautentzündung **Zum Arzt**

- mit verklebten Lidern, weißlicher Absonderung – Kalium chloratum D6 Tabletten
- Augen rot, entzündet, schmerzend – Manganum sulfuricum D6 Tabletten
- chronische Bindehautentzündung mit gelbgrünem Sekret – Kalium sulfuricum D6 Tabletten

Lider, geschwollen **Zum Arzt**

Manganum sulfuricum D6 Tabletten im Wechsel mit Natrium sulfuricum D6 Tabletten

- Lidödeme in Verbindung mit Nierenerkrankungen – Kalium arsenicosum D6 Tabletten

Lidkrämpfe und Lidzittern

Magnesium phosphoricum D6 Tabletten; wenn das nicht hilft –
Zincum chloratum D6

Tränenfluß

- immer wieder auftretend – Natrium chloratum D6 Tabletten; alternativ Kalium Aluminium sulfuricum D6 Tabletten

BÄNDER- UND SEHNEN-ERKRANKUNGEN

Bänderriss

Zum Arzt

Entzündungsstadien (Seite 18)

Bänderschwäche

- Bänderschwäche/-erschlaffung kann anlagebedingt auftreten und zu Senk-, Knick- und Spreizfüßen führen –
  Calcium fluoratum D12 Tabletten im Wechsel mit Calcium phosphoricum D6 Tabletten, mehrere Monate

Dupuytrensche Kontraktur, Beugestellung der Finger

Eine nach dem französischen Chirurgen Dupuytren benannte häufige Erkrankung: Infolge einer entzündlichen narbigen Schrumpfung verwachsen die Sehnenhäute der Hand, die Finger können nicht mehr gestreckt werden;

- zur Erweichung und Elastizitätserhöhung der Sehnen –
  Calcium fluoratum Salbe mehrmals täglich einmassieren und Salbenumschlag über Nacht, mehrere Monate

B

TENNISARM-SCHEMA

1.–4. Woche: Kalium chloratum Salbe
5.–8. Woche: Silicea Salbe
9.–12. Woche: Kalium phosphoricum Salbe
Jeweils als Salbenumschlag über Nacht

Sehnenscheidenentzündung/Tennisarm
Eine Entzündung der Sehnenscheiden tritt durch Überlastung auf und ist schmerzhaft.

Bauchspeicheldrüsen-Erkrankungen

Zuckerkrankheit (Diabetes) **Zum Arzt**
- zur Unterstützung der ärztlichen Behandlung – Zincum chloratum D6 Tabletten im Wechsel mit Natrium sulfuricum D6 Tabletten

Ungenügende Absonderung von Verdauungssäften
- Verdauungsstörungen bei ungenügender Absonderung von Bauchspeichel – Natrium sulfuricum D6 Tabletten

Blasen- und Nieren-Erkrankungen

Entzündungsstadien (Seite 18)
Krämpfe (Seite 40)

Blasenentzündung **Zum Arzt bei Blut im Urin**
- harmlose Blasenentzündung mit Harndrang – Manganum sulfuricum D6 Tabletten
- mit Brennen beim Wasserlassen – Natrium phosphoricum D6 Tabletten
- Harnabgang, unwillkürlicher – Natrium sulfuricum D6 Tabletten

(auch Muskelschwäche Seite 44)

Störung beim Wasserlassen
- häufiger Harndrang bei Blasenschwäche – Kalium Aluminium sulfuricum D6 Tabletten

Blutdruck- und Gefäss-Erkrankungen

Durchblutungsstörungen

- kalte Hände, kalte Füße –
  Kalium chloratum D6 Tabletten oder
  Kalium chloratum Salbe; wenn das nicht hilft –
  Ferrum phosphoricum D12 Tabletten oder
  Ferrum phosphoricum Salbe

Bronchial- und Lungen-Erkrankungen

Asthma, Bronchialasthma **Zum Arzt**

Das bewährte Asthma-Schema anwenden, wenn keine anderen Mittel angezeigt sind.

Asthma bei psychischer Erregung

Kalium bromatum D6 Tabletten; auch in Kombination mit Magnesium phosphoricum D6 Tabletten

Asthma, schlimmer durch feuchte Luft

Natrium sulfuricum D6 Tabletten

Asthma, schlimmer durch trockene, kalte Luft

Calcium sulfuratum D6 Tabletten

Asthma-Schema

Kalium phosphoricum D6 Tabletten
- vor dem Frühstück 5 Tabletten in heißem Wasser

Kalium sulfuricum D6 Tabletten
- vor dem Mittagessen 5 Tabletten in heißem Wasser

Magnesium phosphoricum D6 Tabletten
- abends 5 Tabletten in heißem Wasser

Einnahme wie »Heiße Sieben« (Seite 13)

B

Bronchialkatarrh, Bronchitis

Kalium bromatum D6; wenn das nicht hilft –
Manganum sulfuricum D6 Tabletten oder
Kalium Aluminium sulfuricum D6 Tabletten

Bronchialkatarrh, chronischer

Kalium jodatum D6 Tabletten; wenn das nicht hilft –
Arsenum jodatum D6 Tabletten

Hustenreiz, Krampfhusten, Kitzelhusten, auch nachts

Magnesium phosphoricum D6 Tabletten, auch als »Heiße Sieben« (Seite 13)

Verschleppte Bronchitis

Calcium sulfuratum D6 Tabletten

BRUST, WEIBLICHE, ERKRANKUNGEN

Brustdrüsen, verhärtete **Zum Arzt**

- Verhärtung der Brustdrüsen nach abgelaufener Entzündung –
  Calcium fluoratum Salbe
- Neigung zu häufigen Brustdrüsen-Entzündungen –
  Calcium sulfuratum D6 Tabletten; alternativ
  Natrium phosphoricum D6 Tabletten und
  Natrium phosphoricum Salbe

DARM-ERKRANKUNGEN

Analrisse (Analfissuren), Analekzeme **Zum Arzt bei Blutungen**

- bis zum Abheilen der Analekzeme den After nach jedem Stuhlgang mit neutraler Flüssigseife reinigen, anschließend Calcium fluoratum Salbe auftragen.

Während der Behandlung auf Röststoffe (Kaffee), scharfe Gewürze und starke Alkoholika verzichten.

Blähungen

- mit Krampfgefühl –
  Lithium chloratum D6 Tabletten
- mit allgemeinen Verdauungsstörungen –
  Manganum sulfuricum D6 Tabletten

Durchfall

Sofort zum Arzt bei Blut im Stuhl und bei zunehmender Schwäche

- grün-wässriger Durchfall –
  Kalium bromatum D6 Tabletten
- Durchfall bei Schwäche des Darms, psychischer Erregung, Nervosität oder Aufregung bei einer Reise –
  Kalium phosphoricum D6 Tabletten
- Durchfall, brennend, beißend –
  Kalium jodatum D6 Tabletten
- Durchfall, nach faulen Eiern stinkend –
  Calcium sulfuratum D6 Tabletten
- Durchfall mit Bauchkrämpfen –
  Cuprum arsenicosum D6 Tabletten
- Durchfall, wässrig –
  Natrium chloratum D6 Tabletten
- Durchfall bei Säuglingen, Geruch säuerlich –
  Natrium phosphoricum D6 Tabletten

Hämorrhoiden

- Hämorrhoiden-Knötchen, erbsengroß –
  Calcium fluoratum Salbe

Magen- und Darm-Koliken mit Übelkeit und Verstopfung

Zum Arzt bei starken Beschwerden

Kalium Aluminium sulfuricum D6 Tabletten

Verdauungsstörungen

- mit Druckgefühl, Auftreibung des Leibes nach fettreicher Mahlzeit –
  Natrium phosphoricum D6 Tabletten
- mit Gasbildung –
  Lithium chloratum D6 Tabletten
- bei Kindern –
  Calcium carbonicum D6 Tabletten
- bei Säuglingen nach Milchgenuss –
  Natrium phosphoricum D6 Tabletten

Verstopfung

- mit Blähungen –
  Manganum sulfuricum D6 Tabletten
- bei Aufregung (zum Beispiel während einer Reise) –
  Kalium phosphoricum D6 Tabletten
- mit trockenem, schleimlosem Stuhl –
  Natrium chloratum D6 Tabletten; alternativ
  Kalium bromatum D6 Tabletten

Gelenk-Erkrankungen

Gelenkentartung, Knorpelab- und -umbau (Arthrose)

Die Arthrose ist eine (nicht entzündliche) Entartung der Gelenke mit Knorpelrückbildung und -schwund sowie Schmerzen, die vor allem morgens auftreten (Anlaufschmerz).

Allgemein bei Arthrose

ansteigende Fußbäder (Schiele-Bäder, Seite 14) – mit Silicea D3 Tabletten zur Stabilisierung des Gelenkknorpels

Gelenkentzündung (Arthritis) **Zum Arzt**

Entzündung der Gelenke mit Röte, Wärme, Schwellung und Schmerz im Gelenkbereich;

- zur Unterstützung der ärztlichen Behandlung – Ferrum phosphoricum Salbe und Ferrum phosphoricum Tabletten im Wechsel mit Kalium chloratum Salbe und Kalium chloratum Tabletten; alternativ oder zusätzlich Manganum sulfuricum D6 Tabletten
- zum Aufbau und zur Regeneration des Knorpels – Manganum sulfuricum D6 Tabletten; zusätzlich Silicea D3 Tabletten

Gicht **Zum Arzt**

Neigung zu Gicht und Harnsäureablagerungen – Natrium phosphoricum D6 Tabletten und Natrium phosphoricum Salbe

- zur Ausscheidung von Harnsäure und zur Lösung von Harnsäureablagerungen im Körper – Lithium chloratum D6 Tabletten; alternativ Natrium bicarbonicum D6 Tabletten

G

ARTHROSE-SCHEMA

Calcium fluoratum D12 Tabletten
- im Laufe des Vormittags 3 Tabletten, zusätzlich Calcium fluoratum Salbe

Silicea D3 Tabletten
- im Laufe des Nachmittags 3 Tabletten

Manganum sulfuricum D6 Tabletten
- im Laufe des Abends 3 Tabletten

Calcium fluoratum Salbe
- Salbenumschläge über Nacht

Behandlungsdauer 3 Monate

Bei Schmerzen »Heiße Sieben« (Seite 13)

Rheumatische Beschwerden, schlimmer bei feucht-kaltem Wetter
Natrium sulfuricum D6 Tabletten

HAARE, STÖRUNGEN

Haarausfall
Ursachen: Veranlagung; Mangel an Vitamin H (Biotin), Silizium-Mangel; Darmerkrankungen, die zu Resorptionsstörungen von Vitalstoffen führen; Zinkmangel; Belastung mit Giftstoffen (wie Toxine, Umweltgifte, Medikamente); Ernährungsstörungen der Haarwurzel, Durchblutungsstörungen der Kopfhaut; Begleitsymptom schwerer Erkrankungen.

Diffuser Haarausfall
- zur Stabilisierung der Haare –
  Silicea D3 Tabletten, mehrere Monate bis zur Besserung

Kreisrunder Haarausfall
Kalium phosphoricum D6 Tabletten und Kalium phosphoricum Salbe

Störungen des Haarwachstums mit Ausfallen und Dünnerwerden der Haare
Zincum chloratum D3 Tabletten

Haarausfall nach Impfungen oder Medikamenteneinnahme
Kalium chloratum D6 Tabletten und
Natrium sulfuricum D6 Tabletten

HALS- UND KEHLKOPF-ERKRANKUNGEN

Kehlkopfentzündung **Zum Arzt**

Kalium bromatum D6 Tabletten; wenn das nicht hilft – Manganum sulfuricum D6 Tabletten

Mandelentzündung

Kalium bromatum D6 Tabletten

HAUT-ERKRANKUNGEN

Akne

Zur Öffnung der verstopften Hautporen bei allen Akneformen: Ein- bis zweimal wöchentlich Gesichtsdampfbäder mit Kamillentee (3 Teebeutel in eine Schüssel, mit heißem Wasser übergießen, Handtuch über Kopf und Schüssel, bei Abkühlung das Dampfbad beenden). Verzicht auf Süßes, Schweinefleisch, scharfe Gewürze.

- Akne bei fettiger Haut – Natrium sulfuricum D6 Tabletten
- Akne überall am Körper – Kalium bromatum D6 Tabletten
- honiggelbe Aknepusteln – Natrium phosphoricum D6 Tabletten
- Akne, vorwiegend bei Jugendlichen – Arsenum jodatum D6 Tabletten
- bei allen Akneformen zur Unterstützung der Wundheilung und Stabilisierung der Haut – Zincum chloratum D6 Tabletten

Frostbeulen

Zum Arzt bei Blasenbildung und Geschwüren

Ein durch Durchblutungsstörung infolge großer Kälte aufgetretener Hautschaden;

- bläulich-rote, teigige Knoten mit Juckreiz, meist an Händen und Füßen. In der Regel sind Menschen

H

betroffen, die im Freien arbeiten, vor allem junge Frauen –
Natrium sulfuricum D6 Tabletten und Natrium sulfuricum Salbe

Hautausschläge

- bei allen Hauterkrankungen, Einnahmedauer 4 Wochen –
  Manganum sulfuricum D6 Tabletten; alternativ Calcium carbonicum D6 Tabletten
- Ausschlag der Haut, nässend –
  Arsenum jodatum D6 Tabletten
- Ausschlag mit weißen Schuppen –
  Natrium chloratum D6 Tabletten
- Ausschlag wie mit Mehl abgerieben –
  Kalium chloratum D6 Tabletten
- Ausschlag mit gelblich-weißer Absonderung –
  Calcium phosphoricum D6 Tabletten
- Ausschlag mit Bläschen, die mit heller, klarer Flüssigkeit gefüllt sind –
  Natrium chloratum D6 Tabletten
- Ausschlag mit Bläschen, die mit gelblicher Flüssigkeit gefüllt sind –
  Natrium sulfuricum D6 Tabletten
- Ausschlag mit Abschuppung der Haut –
  Kalium arsenicosum D6 Tabletten

Hautschwund nach Kortison-Anwendung

Calcium fluoratum Salbe und
Lithium chloratum D6 Tabletten

Haut, dünn und faltig

Silicea Salbe morgens und abends

- zudem schlaff und welk –
  morgens Silicea Salbe, abends Calcium fluoratum Salbe

Hauteinrisse und Hautschrunden

- harte und rissige Haut, platzt auch auf – Calcium fluoratum Salbe
- Haut rissig, empfindlich und trocken – Natrium chloratum Salbe

Haut mit schlechter Heiltendenz

- nach Verletzungen und bei Entzündung – Manganum sulfuricum D6 Tabletten; alternativ Calcium sulfuratum D6 Tabletten

Haut, trocken

- ohne weitere Symptome – Natrium chloratum D6 Tabletten und Natrium chloratum Salbe
- auch welk und schuppig – Kalium arsenicosum D6 Tabletten

Haut, empfindlich, auch rauh

- zur Stabilisierung der Haut – Silicea D12 Tabletten; bei Behandlungsbeginn hat sich auch die Potenz D3 bewährt; wenn das nicht hilft – Kalium sulfuricum D6 Tabletten
- Haut empfindlich und trocken – Kalium bromatum D6 Tabletten

Haut, fettig

- unrein, große Poren – Natrium phosphoricum D6 Tabletten; über Nacht Natrium phosphoricum Salbe (dick auftragen, um die Fettproduktion der Haut zu schonen)

Hautreizung, wunde Haut

Wunde Haut kann nach extremer Belastung auftreten, zum Beispiel nach stundenlangem Fahrradfahren. Durch Druck und Reibung kommt es am Gesäß zu

Schmerzen, Reizung, Rötung und Wundheitsgefühl – Ferrum phosphoricum Salbe über Nacht dick auftragen

Hornhaut, übermäßige

- an Händen und Füßen –
  Calcium fluoratum Salbe, zweimal täglich leicht einmassieren

Hühneraugen

Kalium chloratum Salbe, Salbenumschlag über Nacht; tagsüber Hühneraugenpflaster tragen

Insektenstich

- harmlose Bremsen- und Mückenstiche –
  Ferrum phosphoricum Salbe
- harmlose Insektenstiche mit Juckreiz, Schmerz, Schwellung –
  Natrium chloratum Salbe; alternativ
  Natrium bicarboncium D6 Tabletten

Juckreiz

Begleitsymptom verschiedener Hauterkrankungen, zum Beispiel allergischer Erkrankungen, und von Allgemeinerkrankungen wie Zuckerkrankheit (Diabetes). Juckreiz tritt auch bei der Wundheilung auf, bei trockener Haut oder im Alter (Alterspruritus);

- allgemein bei Juckreiz –
  Magnesium phosphoricum D6 Tabletten als »Heiße Sieben« (Seite 13); oder Magnesium phosphoricum Salbe
- Juckreiz bei trockener Haut im Alter –
  zur Hautpflege morgens Calcium phosphoricum Salbe, abends Silicea Salbe
- Juckreiz, starker, bei trockener und schuppiger Haut –
  Kalium arsenicosum D6 Tabletten

- Juckreiz, heftiger, bei verschiedenen Hauterkrankungen –
  Manganum sulfuricum D6 Tabletten

Kupferfinnen/Rosacea **Zum Arzt/Heilpraktiker**
Eine genetisch bedingte Hauterkrankung mit Empfindlichkeit des Gefäßnervensystems sowie Magen-, Darm- und Leberstörungen, fälschlicherweise auch als Rosacea-Akne bezeichnet;
- zunächst treten fleckförmige Rötungen auf, Gefäßerweiterung, Hautschuppung und großflächige Pusteln an Stirn, Nase, Kinn –
  Natrium sulfuricum D6 Tabletten und Natrium sulfuricum Salbe; Gesichtsdampfbäder mit Kamillentee (Akne Seite 29); wenn das nicht hilft – Kalium bromatum D6 Tabletten; außerdem Regulierung der Verdauung, Aufbau der Darmflora durch Arzt/Heilpraktiker

Lippen, trocken und rissig
- Lippen trocken, mit Spannungsgefühl –
  Natrium chloratum Salbe
- Lippen rissig, Borkenbildung –
  Calcium fluoratum Salbe

Milchschorf
Calcium carbonicum D6 Tabletten im Wechsel mit Natrium phosphoricum D6 Tabletten und Natrium phosphoricum Salbe

Narben
- verhärtet, schmerzlos, und Narbenwucherung (wildes Fleisch) –
  Calcium fluoratum Salbe, auch Salbenumschlag über Nacht, bis die Narbe weich und glatt ist

Nesselsucht
Hauptmittel –
Kalium phosphoricum D6 Tabletten; wenn das nicht hilft –
Kalium bromatum D6 Tabletten oder
Manganum sulfuricum D6 Tabletten oder
Calcium sulfuratum D6 Tabletten

Windeldermatitis der Säuglinge
Calcium carbonicum D6 Tabletten und
Natrium chloratum Salbe

Neurodermitis
Bei dieser allergischen Hauterkrankung ist eine umfassende naturmedizinische Therapie erforderlich mit zum Beispiel Darmsanierung, Ausleitung, Mundraumsanierung. Die Wahl der in Frage kommenden Schüßler-Salze richtet sich nach der Symptomatik;

- Juckreiz (Seite 32)
- vernarbte Haut nach Wundkratzen –
  Calcium fluoratum Salbe
- zur Abheilung der chronischen Entzündung und Unterstützung der Neubildung von Hautzellen –
  Kalium sulfuricum Salbe
- blutig gekratzte Haut –
  Ferrum phosphoricum Salbe; alternativ
  Silicea Salbe; zusätzlich
  Calcium carboncium D6 Tabletten

Ödeme, Hautschwellungen **Zum Arzt**
Ödeme können allergisch bedingt oder verursacht sein durch Herz-Kreislauf-Störungen (wie Knöchelödeme bei Rechtsherzschwäche), eine Empfindlichkeit des Körpers gegen Fremdstoffe anzeigen (wie Ödeme nach Mückenstichen, mit denen der Körper auf das Fremdeiweiß der Mücke reagiert) oder infolge einer Venenwandschwäche auftreten (geschwollene Beine zum

Beispiel im Sommer, wenn Gewebeflüssigkeit in den Unterschenkeln versackt bei Krampfadern und Venenschwäche). Unterlidödeme zeigen sich bei Nierenschwäche (Abflussbehinderung, Rückstauung), Oberlidödeme (Lymphödem, Quincke-Ödem) bei allergischen Erkrankungen;

- harmlose Ödeme, zum Beispiel nach Mückenstichen –
  Natrium chloratum D6 Salbe und
  Natrium chloratum D3 Tabletten
- Ödeme im Sommer, »dicke Beine«,
  um die Wasserausscheidung anzuregen –
  Natrium sulfuricum D6 Tabletten als
  »Heiße Sieben« (Seite 13), 1- bis 3-mal täglich;
  außerdem Fußwipp-Gymnastik
- Ödeme mit aufgedunsener Gesichtshaut –
  Natrium chloratum D6 Tabletten; wenn das nicht hilft –
  Natrium sulfuricum D6 Tabletten

Seborrhoe

- Hautentzündung mit krankhaft gesteigerter Absonderung der Talgdrüsen, entzündeten Hautbereichen und Abschuppung –
  Kalium bromatum D6 Tabletten; wenn das nicht hilft –
  Lithium chloratum D6 Tabletten; zusätzlich
  Gesichtsdampfbäder mit Kamillentee (Seite 29)
- Seborrhoe mit punktuell verhärteten Stellen der Haut (Seborrhoische Keratose) –
  Calcium fluoratum Salbe

Schuppenflechte

- Hauterkrankung, bei der eine langfristige Behandlung (Monate) erforderlich ist –
  Kalium sulfuricum D6 Tabletten und Calcium fluoratum Salbe; alternativ Silicea D3 Tabletten und

Silicea Salbe zur Unterstützung der ärztlichen/heilpraktischen Behandlung

- Schuppenflechte mit Juckreiz – Magnesium phosphoricum D6 Tabletten als »Heiße Sieben« (Seite 13)
- seit Jahren bestehende Schuppenflechte – Kalium arsenicosum D6 Tabletten; wenn das nicht hilft – Kalium bromatum D6 Tabletten

Schwitzen

Schweißbildung ist eine normale physiologische Reaktion des Körpers, um sich durch Wasserverdunstung vor Überhitzung zu schützen. Übermäßigem Schwitzen aber kann eine Störung zugrunde liegen;

- partielle Schweißneigung, zum Beispiel im Nacken, am Kopf – Calcium phosphoricum Salbe
- Schwitzen, übermäßiges – Silicea D12
- Schweiß, sehr reichlich, auch mit Kältegefühl – Kalium arsenicosum D6 Tabletten
- Schwitzen, übermäßiges, Schweiß riecht säuerlich – Natrium phosphoricum D6 Tabletten; wenn das nicht hilft – Calcium sulfuratum D6 Tabletten
- übermäßiger Fußschweiß – Kalium Aluminium sulfuricum D6 Tabletten

Warzen

Zum Arzt, wenn die Warzen sich verändern oder wuchern

Warzen sind häufig virusbedingte Erkrankungen, die durch Ansteckung übertragen werden können;

- harte Warzen, auch Dornwarzen – Calcium fluoratum Salbe
- weiche Warzen – Kalium chloratum Salbe

- Warzen, allgemein –
  Kalium bromatum D6 Tabletten oder Breiumschläge (Seite 17)
- Feigwarzen –
  Natrium sulfuricum D6 Tabletten

Wunden

(Operationen Seite 48)
(Verletzungen/Wunden Seite 54)

HERZ-ERKRANKUNGEN

> Alle Herzerkrankungen müssen von einem Arzt oder einem erfahrenen Heilpraktiker behandelt werden! Schüßler-Salze können die ärztliche Behandlung sinnvoll unterstützen.

Chronische Erkrankungen des Herzmuskels mit Herzschwäche

Kalium arsenicosum D6 Tabletten im Wechsel mit Kalium phosphoricum D6 Tabletten

Herzfrequenz, verringert, zu langsamer Puls

Kalium phosphoricum D6 Tabletten, auch als »Heiße Sieben« (Seite 13)

Herzklopfen

- Herzklopfen nervös, mit Angstgefühl –
  Magnesium phosphoricum D6 Tabletten als »Heiße Sieben« (Seite 13); wenn das nicht hilft –
  Kalium phosphoricum D6 Tabletten, viertelstündlich 1 Tablette; alternativ
  Calcium carbonicum D6 Tabletten

H

Herzkrämpfe
Magnesium phosphoricum D6 Tabletten als »Heiße Sieben« (Seite 13)

- Neigung zu häufigen Herzkrämpfen – Cuprum arsenicosum D6 Tabletten

Kinder-Krankheiten

Hier finden Sie einige typische Erkrankungen und Störungen, wie sie im Kindesalter auftreten. Nicht aufgeführte Krankheiten werden auch bei Kindern behandelt wie unter den einzelnen Indikationen oder unter Entzündungsstadien (Seite 18) empfohlen.

Appetitlosigkeit, körperliche Schwäche
Calcium phosphoricum D6 Tabletten

magere Kinder, schlechte Entwicklung
Calcium phosphoricum D6 Tabletten

nervöse Erschöpfung, Neurasthenie
Calcium phosphoricum D6 Tabletten

Wachstumsschmerzen
- betroffen sind die Röhrenknochen (Arme und Beine) der Kinder –
  abends Calcium phosphoricum Salbe einmassieren bis zum Abklingen der Beschwerden, morgens 2 Tabletten Calcium phosphoricum D6; wenn das nicht hilft –
  Manganum sulfuricum D6 Tabletten

Zahnen der Kleinkinder, zu langsames
Calcium phosphoricum D6 Tabletten

Zahnungsbeschwerden, Zahnungskrämpfe **Zum Arzt**

Calcium phosphoricum D6 Tabletten; wenn das nicht hilft –
Magnesium phosphoricum D6 Tabletten

Knochen-Erkrankungen

Knochenentwicklung fördern

Calcium carbonicum D6 Tabletten oder
Calcium phosphoricum D6 Tabletten

Knochenbruch

- um das Zusammenwachsen der Bruchenden zu fördern –
  Calcium phosphoricum Salbe (soweit es der Gips zulässt) und Calcium phosphoricum D6 Tabletten

Knochenschwund (Osteoporose) **Zum Arzt/Heilpraktiker**

Eine vorwiegend im Alter bei Frauen, seltener auch bei Männern auftretende Knochenerkrankung mit Schwund des festen Knochengewebes und Vergrößerung der Markräume. Osteoporose kann auch auftreten nach langzeitiger Einnahme von Medikamenten, beispielsweise Kortison. Symptome sind chronische Rückenschmerzen, Muskelverhärtung, Rundrücken, Gefahr von Knochenbrüchen;

- zur Härtung der Knochenstruktur –
  Calcium fluoratum D3 Tabletten in Kombination mit Manganum sulfuricum D6 Tabletten und Calcium phosphoricum D3 Tabletten; auch Calcium carbonicum D6 Tabletten

Bewährt hat sich das Osteoporose-Schema

Osteoporose-Schema

Calcium fluoratum D3
➤ morgens vor dem Frühstück 2 Tabletten
Manganum sulfuricum D6
➤ vormittags 2 Tabletten
Calcium phosphoricum D3
➤ nach dem Mittagessen 2 Tabletten
Natrium chloratum D6
➤ vor dem Abendessen 2 Tabletten
Silicea D12
➤ vor dem Schlafengehen 2 Tabletten

Konzentrations-Störungen

➤ mit allgemeiner Erschöpfung –
Ferrum phosphoricum D12 Tabletten;
wenn das nicht hilft –
Kalium bromatum D6 Tabletten oder
Kalium phosphoricum D6 Tabletten

Konzentrations- und Lernstörungen bei Schulkindern
Manganum sulfuricum D6 Tabletten; alternativ
Kalium phosphoricum D6 Tabletten

Lernstörungen mit allgemeiner Schwäche
Calcium phosphoricum D6 Tabletten

Krämpfe

Bauchkrämpfe **Zum Arzt**
Magnesium phosphoricum D6 Tabletten, auch als »Heiße Sieben« (Seite 13)

Gefäßkrämpfe

- Krämpfe der glatten Gefäßmuskulatur treten auf bei Migräne und bei der Raynaudschen Erkrankung (Raynaud Syndrom) –
  Cuprum arsenicosum D6 Tabletten; wenn das nicht hilft –
  (Krämpfe der glatten Muskulatur, unten)

Krämpfe, harmlose, und Krämpfe in Verbindung mit anderen Erkrankungen

Kalium arsenicosum D6 Tabletten

Krämpfe der glatten Muskulatur

Zum Arzt bei starken Krämpfen

- in Magen, Darm, Harnblase, Harnleiter, Gebärmutter und Blutgefäßen –
  Calcium carbonicum D6 Tabletten; alternativ Magnesium phosphoricum D6 Tabletten als »Heiße Sieben« (Seite 13)

Wadenkrämpfe

Magnesium phosphoricum D6 Tabletten, auch als »Heiße Sieben« (Seite 13); wenn das nicht hilft – Calcium phosphoricum D6 Tabletten; alternativ Kalium phosphoricum D6 Tabletten

MAGEN-ERKRANKUNGEN

Magenschleimhautentzündung

Zum Arzt/Heilpraktiker

- empfindlicher Magen, auch ausgelöst durch psychische Einflüsse (Ärger, Stress) –
  Kalium arsenicosum D6 Tabletten
  (auch Entzündungsstadien Seite 18)

Sodbrennen

- mit saurem Aufstoßen –
  Natrium phosphoricum D6 Tabletten
- Überschuss an Magensäure –
  Natrium bicarbonicum D6 Tabletten

Mund- und Rachen-Erkrankungen

Katarrhe, allgemein

(Entzündungsstadien Seite 18)

Kehlkopfentzündung

(Entzündungsstadien Seite 18); alternativ bei Kehlkopfentzündung mit Heiserkeit –
Kalium bromatum D6 Tabletten

Luftröhrenentzündung

(Entzündungsstadien Seite 18); alternativ –
Manganum sulfuricum D6 Tabletten

Mundschleimhaut, trockene

Natrium chloratum D6 Tabletten; wenn das nicht hilft –
Manganum sulfuricum D6 Tabletten, im akuten Stadium halbstündlich 1 Tablette;
Untersuchung auf Pilzerkrankungen (Mykose)

Mundschleimhaut-Geschwüre

- mit weißlichem Belag –
  Kalium chloratum D6 Tabletten
- mit gelblichem Belag –
  Natrium phosphoricum D6 Tabletten

Speichelfluss

Manganum sulfuricum D6 Tabletten; alternativ
Kalium Aluminium sulfuricum D6 Tabletten

Muskel-Erkrankungen

Fibromyalgie ist eine durch chronische Schmerzen im Bereich der Muskulatur, des Bindegewebes und der Knochen gekennzeichnete Erkrankung. Typische Schmerzpunkte an Rücken und Extremitäten; schmerzhafte Muskelverkrampfung; auch Schlafstörungen, Erschöpfung, Müdigkeit und Depressionen. Die Ursachen sind nicht vollständig geklärt.

- Muskelschmerzen mit Verkrampfung – Magnesium phosphoricum D6 Tabletten, auch Magnesium phosphoricum Salbe; wenn das nicht hilft – Kalium phosphoricum D6 Tabletten

Fibromyalgie-Schema

Calcium fluoratum D6
- morgens vor dem Frühstück 2 Tabletten

Magnesium phosphoricum D6 Tabletten
- morgens als »Heiße Sieben« (Seite 13)

Kalium arsenicosum D6 Tabletten
- vor dem Mittagessen und nachmittags je 2 Tabletten

Ferrum phosphoricum D12 Tabletten
- vor dem Abendessen 2 Tabletten

Calcium phosphoricum D6 Tabletten
- vor dem Schlafengehen 5 Tabletten als »Heiße Sieben« (Seite 13)

Zusätzlich am frühen Abend: ansteigende Fußbäder (Schiele-Bäder Seite 15)

M

Muskelhartspann (Myogelosen)

entsteht unter anderem durch einseitige Sitz- und Körperhaltung, bei mangelnder Bewegung und durch Schonhaltung bei rheumatischen oder Wirbelsäulenerkrankungen;

- verhärtete Muskelpartien, bis taubeneigroß, schmerzlos –
  Calcium fluoratum Salbe

Muskelkater

Natrium phosphoricum D6 Tabletten im Wechsel mit Ferrum phosphoricum D12 Tabletten und Magnesium phosphoricum D6 Tabletten; auch zur Vorbeugung abwechselnd im Mund zergehen lassen

Muskelkrämpfe **Zum Arzt**

(Krämpfe Seite 40)

- nach Überanstrengung (Schreibkrampf, Finger- und Wadenkrampf) –
  Kalium phosphoricum D6 Tabletten
- bei allen anderen Krämpfen (Krampfhusten, Bauch- und Wadenkrampf) –
  Magnesium phosphoricum D6 Tabletten als »Heiße Sieben« (Seite 13)

Muskelschwäche

zeigt sich in Kraftlosigkeit, aber auch in einer Blasenschwäche oder einer Schwäche des Darmschließmuskels mit häufigem Wasserlassen, unkontrolliertem Harnabgang (zum Beispiel beim Lachen) oder Durchfall;

- Symptome wie Harndrang, häufiges Harnlassen mit Schmerzen –

(Entzündungsstadien Seite 18)
(Blasen-Erkrankungen Seite 22)

- emotionale Belastung oder psychischer Stress (psychische Erkrankungen Seite 49)

- allgemeine Muskelschwäche – Kalium phosphoricum D6 Tabletten
- mit Schmerzen – Magnesium phosphoricum D6 Tabletten
- nach Krankheiten und Bettlägerigkeit – Kalium phosphoricum D6 Tabletten; außerdem maßvolle Bewegungsübungen oder Krankengymnastik

Nagel-Erkrankungen

Brüchige Finger- und Zehennägel

Silicea D3 Tabletten, unterstützend auch Silicea Salbe

Nagelpilze (Onychomykosen)

- Nagelpilze und Wachstumsstörungen der Finger- und Zehennägel mit Aufquellung, Verdickung und weiß-gelblicher Verfärbung der Nagelplatte – Calcium fluoratum Salbe, Salbenumschläge über Nacht, mehrere Wochen; morgens: Silicea Salbe auftragen

Schlecht entwickelte Finger- und Zehennägel

Manganum sulfuricum D6 Tabletten

Nasen-Erkrankungen/Schnupfen

Fließschnupfen

- akuter Fließschnupfen, mit klarem Sekret und Niesen, auch mit brennendem Sekret, auch bei Fließschnupfen, der stets morgens auftritt – Natrium chloratum D6 Tabletten; anfangs alle paar Minuten 1 Tablette

- chronisch, mit gelb-grünem Sekret –
  Kalium sulfuricum D6 Tabletten
- chronisch, steter Sekretfluss, gelblich –
  Calcium sulfuricum D6 Tabletten
- mit scharfem, wässrigem Sekret –
  Kalium jodatum D6 Tabletten
- bei empfindlicher Schleimhaut –
  Arsenum jodatum D6 Tabletten

Nasenpolypen, Neigung zur Polypenbildung

Kalium chloratum D6 Tabletten; alternativ Calcium phosphoricum D6 Tabletten

Schleimhautentzündungen in Mund, Nase, Rachen

Kalium bromatum D6 Tabletten

Stockschnupfen, verstopfe Nase

- mit weißlich-dickem Sekret –
  Kalium chloratum D6 Tabletten
- mit dickem, gelblichem Sekret –
  Kalium sulfuricum D6 Tabletten

NASENNEBENHÖHLEN-ERKRANKUNGEN

Zu den Nasennebenhöhlen zählen die Kiefer-, Stirn- und Keilbeinhöhlen sowie die Siebbeinzellen. Bei Entzündungen gelten in erster Linie die Kriterien nach den Entzündungsstadien (Seite 18).

Nasennebenhöhlen-Entzündung

- mit Kopfschmerzen, akut –
  Kalium chloratum D6 Tabletten, hochdosiert wie »Heiße Sieben« (Seite 13), oder alle 10 bis 15 Minu-

ten 1 Tablette, im Wechsel mit Ferrum phosphoricum D6

- chronische Entzündung, auch mit gelblicher oder grünlicher Schleimabsonderung – Kalium sulfuricum D6; alternativ Arsenum jodatum D6 Tabletten

Nerven-Erkrankungen

Nervenschmerzen

- reißende, schießende, stechende und krampfhafte Schmerzen im Nervenverlauf – Magnesium phosphoricum D6 Tabletten, auch als »Heiße Sieben« (Seite 13), und Magnesium phosphoricum Salbe; wenn das nicht hilft – Manganum sulfuricum D6 Tabletten oder Kalium bromatum D6 Tabletten
- bei unruhigen Beinen – Zincum chloratum D6 Tabletten

Ohren-Erkrankungen

Ohrenschmerzen

- reißend und stechend, auch mit Schwerhörigkeit, Ziehen am Ohr; auch Brennen und Jucken im Ohr – Manganum sulfuricum D6 Tabletten

Mittelohrentzündung, chronische

Zum Arzt

Kalium sulfuricum D6 Tabletten

Tubenkatarrh (Katarrh der Eustachischen Röhre)

Kalium chloratum D6 Tabletten

Operationen

Zur Vorbereitung von Operationen
Ferrum phosphoricum D12 Tabletten und Kalium phosphoricum D6 Tabletten im Wechsel, vier Tage vor dem Eingriff mit der Einnahme beginnen

Nachbehandlung von Operationsnarben
Kalium chloratum D6 Tabletten, eine Woche lang einnehmen

- wenn der Heilprozess an der Narbe noch nicht völlig abgeschlossen ist –
  Kalium sulfuricum D6 Tabletten bis zur völligen Wundheilung, unterstützend
  Kalium sulfuricum Salbe
- hässliche Narben bleiben zurück (Hauterkrankungen, Narben, Seite 29, 33)

Erschöpfung, Mattigkeit nach dem Eingriff
Kalium phosphoricum D6 Tabletten, 1- bis 3-mal 5 Tabletten als »Heiße Sieben« (Seite 13)

Schmerzen nach Operationen
Magnesium phosphoricum D6 Tabletten, mehrmals täglich die »Heiße Sieben« (Seite 13) oder 10 bis 30 Tabletten über den Tag verteilt im Mund zergehen lassen

- zusätzlich bei Operationen
  am Knochen –
  Calcium phosphoricum D6 Tabletten
  an Gelenken –
  Silicea D12 Tabletten
  an Nerven –
  Kalium phosphoricum D6 Tabletten

an Schleimhäuten –
Kalium sulfuricum D6 Tabletten
an Muskeln –
Magnesium phosphoricum D6 Tabletten

PSYCHISCHE ERKRANKUNGEN

Angst

- nächtliche Angstanfälle, vor allem bei Kindern – Kalium bromatum D6 Tabletten
- Platzangst – Kalium phosphoricum D6 Tabletten

Angst mit Aufregung, Zittern, Herzklopfen

Magnesium phosphoricum D6 Tabletten

Zittern der Hände, nervös bedingt

Kalium bromatum D6 Tabletten

Depressionen **Zum Arzt/Psychotherapeuten**

- Erschöpfungsdepressionen nach psychischer, aber auch körperlicher und geistiger Anstrengung – Kalium phosphoricum D6 Tabletten
- Depressionen ohne erkennbare Ursache – Kalium bromatum D6 Tabletten und Manganum sulfuricum D6 Tabletten im halbtägigen Wechsel
- Depressionen mit wechselnder Erregung, innerer Unruhe – Zincum chloratum D6 Tabletten
- schwere Depressionen, zur Unterstützung der ärztlichen Behandlung – Lithium chloratum D6 Tabletten

Hyperaktivität und Erregungszustände

- bei Kindern, mit Unruhe –
  Magnesium phosphoricum D6 Tabletten; wenn das nicht hilft –
  Manganum sulfuricum D6 Tabletten oder
  Kalium phosphoricum D6 Tabletten; alternativ
  Zincum chloratum D6 Tabletten

Nervöse Erschöpfung, Nervenschwäche (Neurasthenie)

Die Neurasthenie ist eine vorübergehende Erschöpfung und Schwäche des an sich gesunden Nervensystems –
Kalium phosphoricum D6 Tabletten

- Neurasthenie bei Kindern (Kinder-Erkrankungen Seite 38)

Unruhe, ruhelos, nervös

Zincum chloratum D6 Tabletten; alternativ
Kalium bromatum D6 Tabletten; wenn das nicht hilft –
Arsenum jodatum D6 Tabletten

SCHILDDRÜSEN-ERKRANKUNGEN

Funktionsstörungen der Schilddrüse

Zum Arzt/Heilpraktiker

Die häufigsten Erkrankungen sind die Über- und die Unterfunktion der Schilddrüse (Hyper- und Hypothyreose). Die Überfunktion zeigt sich mit gesteigerter psychischer und neuromuskulärer Erregbarkeit, Zittern, Schweißneigung, Durchfällen, Haarausfall, Gewichtsabnahme, Herzrasen. Bei der Unterfunktion kommt es zu rascher Erschöpfung, Kälteempfindlichkeit, Antriebsschwäche, Anämie, Verstopfung, struppigem Haar und Muskelschwäche.

Regulierung der Schilddrüsenfunktion bei Über- und bei Unterfunktion
Kalium jodatum D6 Tabletten

Schilddrüsen-Unterfunktion
Arsenum jodatum D6 Tabletten; alternativ
Kalium bromatum D6 Tabletten

Schilddrüsen-Überfunktion
Arsenum jodatum D6 Tabletten; alternativ
Kalium bromatum D6 Tabletten

SCHMERZEN

Kopfschmerzen
- Schulkopfschmerz der Kinder – Calcium phosphoricum Tabletten D6
- Kopfschmerzen, die vom Nacken aufsteigen – Magnesium phosphoricum D6 Tabletten
- Kopfschmerzen mit Druckgefühl im Kopf – Kalium bromatum D6 Tabletten
- Kopfschmerzen, nervlich bedingt (Aufregung, Unruhe) – Zincum chloratum D6 Tabletten
- Kopfschmerzen, halbseitig – Calcium carbonicum D6 Tabletten; alternativ Cuprum arsenicosum D6 Tabletten

Knochenschmerzen
(Knochen-Erkrankungen Seite 39)

Migräne, zyklische
Lithium chloratum D6 Tabletten
(auch Gefäßkrämpfe Seite 41)

S

Schmerzen allgemein

Magnesium phosphoricum D6 Tabletten als »Heiße Sieben« (Seite 13)

Schwächezustände, körperliche

Allgemeine Schwäche, Abmagerung mit Auszehrung nach Krankheiten

Lithium chloratum D6 Tabletten und
Calcium phosphoricum D6 Tabletten im Wechsel

Schwangerschaft, Geburt und Stillzeit – Störungen

Geburtserleichterung

Calcium phosphoricum D6 Tabletten, 2 bis 3 Wochen vor der Entbindung

- wenige Tage vor dem Geburtstermin, auch noch bei Beginn der Wehen –
  Kalium phosphoricum D6 Tabletten

Schwangerschaftserbrechen

- harmloses Schwangerschaftserbrechen –
  Calcium phosphoricum D6 Tabletten
- zur Unterstützung der ärztlichen Behandlung –
  Natrium bicarbonicum D6 Tabletten

Schwangerschaftsstreifen (Striae)

- auch bei allgemeiner Erschlaffung der Bauchdecke –
  Calcium fluoratum Salbe

Stillprobleme

- zu geringe Milchbildung –
  Calcium phosphoricum D6 Tabletten; die Mutter muss viel trinken, den Säugling oft anlegen und ihn die Brust möglichst leer trinken lassen
- zu starke Milchbildung –
  Natrium sulfuricum D6 Tabletten
- Milchstauungen mit bläulich-weißer Milch –
  Natrium chloratum D6 Tabletten

VENEN-ERKRANKUNGEN

Hämorrhoiden

Zum Arzt bei blutenden, schmerzenden Hämorrhoiden

- nichtentzündliche, erbsengroße Knötchen (Hämorrhoidalknoten) –
  Calcium fluoratum Salbe (bei bestehenden Analekzemen Seite 24)

Krampfadern und Besenreiser-Venen

- bedingt durch schwaches und erweitertes Venengewebe –
  Calcium fluoratum Salbe »einklopfen« und Calcium fluoratum D12 Tabletten; zusätzlich Manganum sulfuricum D6 Tabletten

V

VERBRENNUNG

(Entzündungsstadien Seite 18)

Zum Arzt bei starken Verbrennungen

Die Selbstbehandlung mit Schüßler-Salzen beschränkt sich auf kleinere Verbrennungen und Verbrühungen mit den Symptomen Rötung und Schmerz. Wichtige Sofortmaßnahme: Die betroffene Hautstelle mit reichlich kaltem Wasser kühlen (nicht übertreiben);

- als erstes Mittel –
  Ferrum phosphoricum D12, viertelstündlich 1 Tablette;
- wenn keine Blasenbildung –
  Ferrum phosphoricum Salbe
- Verbrennung, Verbrühung mit Brandblasen –
  Kalium chloratum D6 Tabletten (Salbe nicht verwenden!)

Verletzungen, Wunden, Insektenstiche

(Entzündungsstadien Seite 18)

Frische Schnittverletzung, Schürfwunde, Prellung

Ferrum phosphoricum D12 Tabletten

Bluterguss

- frischer Bluterguss –
  Ferrum phosphoricum Salbe
- älterer Bluterguss –
  Silicea Salbe

Zahn-, Zahnfleisch-, Zungen-Erkrankungen

Zahnfäule

- Karies-Vorbeugung und Stabilisierung des Zahnschmelzes –
  Calcium fluoratum D6 Tabletten

Zahnfleisch, entzündet

Kalium phosphoricum D6 Tabletten

Zahnschmerzen

Zum Zahnarzt

- unspezifische Zahnschmerzen – Manganum sulfuricum D6 Tabletten; wenn das nicht hilft – Kalium sulfuricum D6 Tabletten

Zungenentzündung

- brennend mit Bläschen – Manganum sulfuricum D6 Tabletten
- Zunge dunkelrot, geschwollen – Ferrum phosphoricum D12 Tabletten
- Zungenentzündung mit weißlich-grauem Belag – Kalium chloratum D6 Tabletten

12 Schüssler-Salze und 12 Ergänzungsmittel

Nr. 1: Calcium fluoratum D12 (Kalziumfluorid)

So wirkt Calcium fluoratum

Dieses Salz braucht der Körper für den Aufbau von Knochen, Sehnen, Bändern, Zähnen und Nägeln; es sorgt für Festigkeit und Härte. Als Weich- und Hartmacher macht es verhärtetes Gewebe (zum Beispiel Narbengewebe) weich und festigt erschlafftes Gewebe (zum Beispiel Krampfadern). Es reguliert also die Spannungsverhältnisse von Geweben, bis der Normalzustand wieder hergestellt ist. Es glättet Hautfalten und Narben, außerdem macht es Knochen, Sehnen, Bänder, Fuß- und Fingernägel wieder stabil. Nach Schüßler hilft dieses Salz auch immer dann, wenn zu viel Hornstoff (etwa bei übermäßiger Hornhautbildung) aus dem Gewebe austritt.

Beschwerden, die mit Calcium fluoratum behandelt werden

- Falten, Schwangerschaftsstreifen, schlaffe Haut;
- Hämorrhoiden, Analekzeme, Besenreiser-Venen und Krampfadern;
- Organsenkungen;
- Karies, aufweichender Zahnschmelz;
- unschön gewachsene Finger- und Fußnägel, Pilzbefall der Nägel;
- übermäßige Hornhaut;
- Hautfalten;
- Schuppenflechte;
- verhärtete Aknepusteln, harte Warzen, unschöne Narben;

- Hautrisse, Hautschrunden und Mundwinkeleinrisse (Rhagaden);
- Hammerzehe, Überbein;
- Knochenerweichung (Osteomalazie) und Knochenschwund (Osteoporose) zur Unterstützung der ärztlichen Behandlung

So wird die Calcium fluoratum Salbe eingesetzt

Bei Analekzemen; Überbein; Verhärtung der Brustdrüsen nach einer Entzündung; Wachstumsstörungen von Finger- und Fußnägeln, Nagelpilzen; übermäßiger Hornhautbildung; harten Warzen; Hautrissen und Schrunden, Falten, Schwangerschaftsstreifen; Hautpilz; verhärtetem Narbengewebe.
Unterstützt das Salz: bei Schuppenflechte und Besenreiser-Venen.

Nr. 2: Calcium phosphoricum D6 (Kalziumphosphat)

So wirkt Calcium phosphoricum

Dieses Salz ist notwendig für den Knochenaufbau (Mineralisation) im Wachstum, es ist am Aufbau der Zähne beteiligt, unterstützt die Muskelbewegung und die Neubildung von Zellen. Im Knochen kommt Kalzium als Verbindung von Kalzium und Phosphat (= Apatit) vor. Die Calcium-Ionen machen die Außenhaut (Zellmembran) jeder Zelle durchlässiger für den Stoffaustausch, stabilisieren sie aber auch. Calcium phosphoricum ist an der Blutgerinnung beteiligt und kann eine erhöhte Blutungsneigung (etwa bei häufigem Nasenbluten) verringern. Sind genügend Calcium-Ionen im Körper vorhanden, wird die Ausscheidung von Histamin aus den Mastzellen des Gewebes verhindert (Histamin tritt bei allergischen Reaktionen aus den Zellen und ist für die Entstehung der allergischen Symptome verantwortlich).

Beschwerden, die mit Calcium phosphoricum behandelt werden

- Knochenbrüche;
- Wachstumsschmerzen sowie verzögerte und schlechte Knochenbildung bei Kindern und Jugendlichen;
- Schulkopfschmerz von Kindern;
- körperliche Schwäche (etwa nach schwerer Krankheit, bei Kindern auch ohne Erkrankung);
- zur Unterstützung des Geburtsvorganges;
- erschwerte Zahnbildung, Schmerzen und Krämpfe beim Zahnungsprozess der Säuglinge;
- Muskelkrämpfe, Kribbeln und Taubheitsgefühl in Armen und Beinen, Nervosität, Neigung zum Nasenbluten, Hautjucken im Alter;
- allergische Erkrankungen;
- Schleimhautwucherungen (Polypen);
- Osteoporose (Knochenschwund) zur Unterstützung der ärztlichen Behandlung

So wird die Calcium phosphoricum Salbe eingesetzt

Bei Schmerzen während des Wachstums (vor allem von Ober- und Unterschenkeln) bei Kindern; Hautjucken im Alter; nicht verhärteten Hautnarben; Ekzemen (Hautausschlägen) mit weißlich-gelben Krusten; Bläschenausschlag mit wasserhellem Inhalt.
Unterstützt das Salz: bei Rückenschmerzen (vor allem bei Kindern) und Knochenbrüchen.

Nr. 3: Ferrum phosphoricum D12 (Eisenphosphat)

So wirkt Ferrum phosphoricum

Eisen ermöglicht es den Sauerstoffmolekülen, sich an die roten Blutkörperchen zu binden, es hilft damit dem Körper, Sauerstoff ins Blut aufzunehmen. Je mehr Sauerstoff über das Blut in die Zellen gelangt, desto mehr Nährstoffe werden verbrannt. Das bedeutet, dass der Körper über mehr Energie verfügen kann. Dadurch verbessern sich beispielsweise Gedächtnisleistung und Konzentration. Phosphat ist insofern auch an der Energiegewinnung in den Zellen beteiligt, als es bestimmten Eiweißen (Myoglobin) im Muskel dazu verhilft, Sauerstoff aufzunehmen und bei Bedarf wieder abzugeben. Die Verbindung von Eisen und Phosphat (Ferrum phosphoricum) beeinflusst außerdem die Spannung (den Tonus) von Blutgefäßen und damit die Durchblutung. Es hilft dem Körper, das Eisen im Organismus dorthin zu bringen, wo es benötigt wird – bei einer Erkältung zum Beispiel wird es vermehrt in der Milz gebraucht, wo Fresszellen (Phagozyten) gebildet werden, die eingedrungene Krankheitserreger zerstören. Auch die Ausscheidung von Giftstoffen (Toxinen) fördert dieses Salz.

Beschwerden, die mit Ferrum phosphoricum behandelt werden

- Störungen im Eisenstoffwechsel;
- Abwehrschwäche (wenn Sie häufig erkältet sind);
- leichte Verletzungen (äußerlich und innerlich);
- Verbrennungen ersten Grades (zum Beispiel Sonnenbrand);
- Konzentrationsstörungen und Gedächtnisschwäche;
- Durchblutungsstörungen mit kalten Händen und kalten Füßen;
- Muskelkater;

- niedriger Blutdruck;
- Wachstumsstörungen von Haut, Haaren, Nägeln;
- Schnupfen, Husten, beginnende Mandelentzündung (auch mit leichtem Fieber);
- alle Entzündungen im Anfangsstadium;
- Durchfall und Magenschleimhaut-Entzündung zur Unterstützung der ärztlichen Behandlung

So wird die Ferrum phosphoricum Salbe eingesetzt

Bei Wunden, Schürf- und Schnittverletzungen; Quetschungen und Verstauchungen; harmlosen Insektenstichen.

Unterstützt das Salz: bei Sonnenbrand, Verbrennung ersten Grades (leichte Verbrennung ohne Blasenbildung); entzündlichen Hautausschlägen mit Fieber; Sehnenscheidenentzündung im Anfangsstadium.

BESONDERHEITEN:

Ferrum phosphoricum ist das Salz für das erste Entzündungsstadium (Seite 18).

Da sie bei Verletzungen der Weichteile hilft, ist die Ferrum phosphoricum Salbe das erste Mittel bei Knochenbrüchen, danach wird Calcium phosphoricum Salbe aufgetragen.

NR. 4: KALIUM CHLORATUM D6 (KALIUMCHLORID)

So wirkt Kalium chloratum

Dieses Mineralsalz reguliert den Kalium-Haushalt im Körper und sorgt für das Funktionieren von Muskeln und Nerven, es unterstützt und beeinflusst den Zucker- und den Eiweißstoffwechsel. Es wirkt steuernd auf den Herzrhythmus, die Magen- und die Darmtätigkeit. Es löst die weißlichen Ablagerungen auf den Schleimhäuten, wie sie bei Infektionskrankheiten auf der Mund- und Rachenschleimhaut vorkommen können.

Beschwerden, die mit Kalium chloratum behandelt werden

- Hautausschläge (Ekzeme) mit mehlartigem Belag;
- Haarausfall nach Medikamenten;
- Bronchitis, Stockschnupfen, Tubenkatarrh;
- Entzündungen der Magen- und Darmschleimhaut, der Augenbindehaut, der Schleimbeutel, der Gelenke und Sehnen sowie alle Entzündungen mit Fieber;
- Erkältungen, Verletzungen und Entzündungen als zweites Mittel nach Ferrum phosphoricum;
- zur Unterstützung der ärztlichen Behandlung von Verbrennungen ersten und zweiten Grades, Gürtelrose, Wundrose (Erysipel)

So wird die Kalium chloratum Salbe eingesetzt

Bei Hühneraugen, Warzen an den Händen, »wildem Fleisch« (entartetem Narbengewebe bei der Wundheilung).
Unterstützt das Salz: bei Sehnenscheidenentzündung (wenn sie bereits chronisch ist und Ferrum phosphoricum Salbe nicht geholfen hat); bei Entzündungen der Gelenke und Schleimbeutel; Verbrennungen (Folgemittel nach Ferrum phosphoricum Salbe), Hautausschlägen mit weißem, mehlartigem Belag; Bläschenausschlägen mit dick- und zähflüssigem Inhalt; Hautausschlägen, die nach Impfungen auftreten.

BESONDERHEITEN:

Kalium chloratum ist das Salz für das zweite Entzündungsstadium (Seite 18) und immer dann angezeigt, wenn der Körper Faserstoff (Fibrin) bildet.

Nr. 5: Kalium phosphoricum D6 (Kaliumphosphat)

So wirkt Kalium phosphoricum

Kaliumphosphat macht die Arbeit der Nerven und der Muskeln erst möglich und sorgt für deren reibungslose Funktion. Ist die Verteilung der Kalium- und Phosphat-Ionen im Körper gestört, kommt es zu Muskel- und Nervenschwäche, Muskelschmerzen oder gar Muskellähmungen. Das Phosphat ist an der Energiegewinnung in den Zellen beteiligt und verhilft bestimmten Eiweißen (Myoglobin) im Muskel, Sauerstoff aufzunehmen und bei Bedarf wieder abzugeben. Kalium phosphoricum, das Nervensalz der Biochemie, reguliert die Verteilung der Kalium- und Phosphat-Ionen im Körper, wodurch es stabilisierend auf Nerven, Seele, Geist und Körper wirkt. Es gilt in der Biochemie als Nährsalz für Muskel- und Nervengewebe, darüber hinaus verhindert es den Zerfall von Zellgewebe.

Beschwerden, die mit Kalium phosphoricum behandelt werden

- körperliche, geistige und seelische Erschöpfung;
- Schwächezustände (etwa nach Belastung, Prüfung);
- nervöse Schlaflosigkeit;
- Antriebslosigkeit;
- Niedergeschlagenheit;
- Krämpfe;
- nervöses Asthma;
- nervöser Durchfall/Verstopfung;
- kreisrunder Haarausfall;
- Hyperaktivität von Kindern;
- zur Unterstützung der ärztlichen Behandlung von Angst, Depressionen, Herz- und Muskelschwäche, Lähmungen

So wird die Kalium phosphoricum Salbe eingesetzt

Bei Windeldermatitis (Wundsein der Säuglinge am Gesäß), wenn die Wunde übel riecht.
Unterstützt das Salz: bei kreisrundem Haarausfall; Lähmungserscheinungen; Nesselsucht (Urticaria); Hautausschlägen mit Bläschen, deren Inhalt übel riecht, auch mit stinkenden Krusten.
Unterstützt die ärztliche Behandlung: bei Hautinfektionen wie Wundrose (Erysipel) als Salbenumschlag; bei Karbunkel als Folgemittel nach Calcium fluoratum Salbe.

BESONDERHEITEN:

Kalium phosphoricum ist das wichtigste Mittel für die Psyche, bei Depressionen (auch zur Unterstützung der nervenärztlichen Behandlung) und bei allen Erschöpfungszuständen.

NR. 6: KALIUM SULFURICUM D6 (KALIUMSULFAT)

So wirkt Kalium sulfuricum

Kaliumsulfat – es kommt in Haut, Knochen, Muskulatur und Nägeln vor – spielt bei der Verarbeitung von Eiweißen im Stoffwechsel eine Rolle. Die Sulfat-Ionen helfen dem Körper, Cystein (eine Aminosäure) zu bilden; es wird in Haaren, Nägeln, im Knorpel und in der Haut gebraucht. Sulfat ist durch seine austreibende Wirkung auch an Entgiftungsprozessen maßgeblich beteiligt. Zusammen mit Ferrum phosphoricum (Seite 59) fördert dieses Salz alle Vorgänge, die nötig sind für den Transport des aufgenommenen Sauerstoffs von der Lunge durch den Körper bis in jede Zelle. Bei Verletzungen oder Hautausschlägen von

Bedeutung: Es unterstützt die Bildung von Hautzellen, von Haaren und Nägeln. Außerdem steigert es die Leistungsfähigkeit der Leber (Entgiftung des Körpers).

Beschwerden, die mit Kalium sulfuricum behandelt werden

- Basismittel bei allen Haut- und Lebererkrankungen;
- Belastung der Leber durch Gifte;
- alle Schleimhautentzündungen (in Rachen, Bindehaut, Magen und Darm), auch chronisch-schleichender Verlauf;
- chronischer Schnupfen;
- chronische Ohrenentzündung;
- Störungen des Haar- und Nagelwachstums;
- wandernde rheumatische Schmerzen;
- zur Unterstützung der ärztlichen Behandlung von schweren Formen der genannten Erkrankungen sowie von Schuppenflechte, Melancholie und Ängstlichkeit

So wird die Kalium sulfuricum Salbe eingesetzt

Bei Wachstumsstörungen von Finger- und Fußnägeln; als Nasensalbe bei hartnäckigem chronischem Schnupfen.
Unterstützt das Salz: bei allen chronischen Hauterkrankungen; schlecht heilenden Wunden; eitrigen Hautausschlägen; klebrigen Abschuppungen der Haut.
Unterstützt die ärztliche Behandlung: bei schweren Hauterkrankungen wie Neurodermitis und Schuppenflechte.

BESONDERHEITEN:

Kalium sulfuricum ist das Salz für das dritte Entzündungsstadium (Seite 18). Zahn-, Kopf-, Gliederschmerzen, bei denen dieses Mittel angezeigt ist, verschlimmern sich in geschlossenen Räumen, in Wärme, gegen Abend, sie bessern sich im Freien und in kühler Luft.

NR. 7: MAGNESIUM PHOSPHORICUM D6 (MAGNESIUMPHOSPHAT)

So wirkt Magnesium phosphoricum

Dieses Salz ist am Aufbau von Knochen, Muskulatur und Nerven beteiligt. Magnesium hat die Eigenschaft, Nervenimpulse, die zur Muskulatur gehen, zu dämpfen. Deshalb werden Krämpfe und Koliken der Hohlorgane (Darm, Magen, Blase, Gallenblase) schlimmer bei Magnesiummangel. Phosphat-Ionen sind an allen energieliefernden Prozessen der Zellen beteiligt. Magnesium phosphoricum, das entkrampfende und schmerzstillende Mittel der Biochemie, dämpft die Aktivität von Nerven und Muskeln (zum Beispiel bei Krämpfen). Dies gilt sowohl für Muskeln wie Arm-, Bein- oder Kaumuskeln, die unserem Willen unterliegen, als auch für die unwillkürliche Muskulatur, die also nicht willentlich beeinflussbar ist, zum Beispiel von Magen und Darm, des Herzens und der Gefäße.

Beschwerden, die mit Magnesium phosphoricum behandelt werden

- Krampfhusten, Waden-, Bauch-, Perioden- und Gefäßkrämpfe (Migräne), Zahnungs- und Bauchkrämpfe von Kindern, Verkrampfungen der Atemmuskulatur (Asthma), Koliken, Muskelzuckungen, Einschlafstörungen, Angst;
- Überdrehtsein, nervliche Unruhe, Zittern;
- Juckreiz;

- rheumatische Schmerzen zur Schmerzstillung;
- schwere Schmerz- und Krampfzustände zur Unterstützung der ärztlichen Behandlung

So wird die Magnesium phosphoricum Salbe eingesetzt

Bei Hautjucken; leichten Krämpfen der Augenlider; Nervenentzündungen; Muskelverspannungen, zum Beispiel am Nacken; zum Einmassieren (leichte Bauchmassage) bei Kindern mit Bauchkrämpfen.
Unterstützt die ärztliche Behandlung: bei Schuppenflechte.

BESONDERHEITEN:

Schmerzen, auch Zahnschmerzen, bei denen der Einsatz von Magnesium phosphoricum angezeigt ist, verschlimmern sich durch sanfte Berührung, sie bessern sich durch Druck oder Wärme.

NR. 8: NATRIUM CHLORATUM D6 (NATRIUMCHLORID)

So wirkt Natrium chloratum

Der Körper braucht Natriumchlorid (Kochsalz) für die Funktion von Nerven und Muskeln, zur Unterstützung der Enzyme (Steuereiweiße) bei Stoffwechselreaktionen und zur Steuerung des Stoffaustausches in den Körperzellen. Es reguliert den Wasserhaushalt im Körper und in den Körperzellen; vor allem bei Störungen, die sich in Schwellungen (Ödemen), Trockenheit von Haut und Schleimhäuten sowie einer erhöhten Absonderung von Körperflüssigkeit (zum Beispiel Tränen) zeigen. Natrium chloratum ist für die Zellteilung – und damit für die Bildung neuer Zellen – sowie die Produktion von Magensäure bedeutsam.

Beschwerden, die mit Natrium chloratum behandelt werden

- trockene Haut, trockene Schleimhäute, erkennbar an trockenen Augen;
- wässriger bis wässrig-schleimiger Durchfall, Verstopfung, Magenkatarrh mit wässrig Erbrochenem;
- Gelenkknacken mangels Gelenkschmiere;
- wässriger Fließschnupfen (anhaltend oder plötzlich auftretend), plötzlicher Tränenfluss, zum Beispiel bei Wind;
- Milchstau bei Stillenden;
- Schwellungen (Ödeme) verschiedener Ursache, Insektenstiche genügen bereits;
- Zahnschmerz mit Speichelfluss, Hautausschlag mit Bläschen wässrigen Inhalts (wie bei Herpes);
- Depression mit Weinerlichkeit, allgemeine Schwäche, Kräfteverfall, rheumatische Beschwerden;
- häufiger Durchfall oder häufiges Erbrechen zur Unterstützung der ärztlichen Behandlung

So wird die Natrium chloratum Salbe eingesetzt

Bei Hautausschlägen mit Bläschen, deren Inhalt wasserhell ist (zum Beispiel Lippenbläschen); bei Hautblasen mit wasserhellem Inhalt (zum Beispiel Blasen am Fuß vom Laufen, Brandblasen); bei weißen abschilfernden Hautschuppen; bei Windeldermatitis der Säuglinge. Kann bei trockener Nase als Nasensalbe angewendet werden.

Unterstützt die Behandlung: bei Fließschnupfen, Gürtelrose (Herpes zoster), Folgen von Insektenstichen, Unterschenkelgeschwüren, trockener Haut, trockenen Bindehäuten der Augen.

BESONDERHEITEN:

Natrium chloratum ist das beste Schnupfenmittel der Biochemie. Beim ersten Niesen alle paar Minuten eine Tablette im Mund zergehen lassen – und binnen einer Stunde ist der Spuk vorbei.

NR. 9: NATRIUM PHOSPHORICUM D6 (NATRIUMPHOSPHAT)

So wirkt Natrium phosphoricum

Dieses Salz wirkt mild abführend und steuert einer Übersäuerung im Körper entgegen. Seine Natrium- und Phosphat-Ionen spielen bei vielen Stoffwechselprozessen (Auf-, Ab- und Umbauvorgänge im Körper) eine wesentliche Rolle. Ist die Verteilung dieser Ionen im Körper verändert, verändert sich beispielsweise auch der Harnsäure-Stoffwechsel, und es kommt zu Gichtbeschwerden oder rheumatischen Gelenkerkrankungen. Ist der Fettstoffwechsel gestört, kommt es zu Verdauungsbeschwerden, vor allem nach fettreichen Mahlzeiten; dieses Salz fördert den Abbau von Fettsäuren. Bei jeder Muskelanstrengung wird Milchsäure gebildet (als Muskelkater spürbar), Natriumphosphat ist am Abbau der Milchsäure über den Stoffwechsel beteiligt und regt auch ihre Ausscheidung an.

Beschwerden, die mit Natrium phosphoricum behandelt werden

- Verdauungsbeschwerden (Koliken, Blähungen) von Kleinkindern, von Erwachsenen nach fettreichen Mahlzeiten;
- Störungen der Fettverdauung (Bauchkrämpfe, Fettsucht), saures Erbrechen, saures Aufstoßen, Sodbrennen;
- saurer Schweiß;

- Gichtbeschwerden an den kleinen Gelenken (etwa der Zehen);
- gelblich-grüne, auch sauer riechende Durchfälle;
- Atembeschwerden wegen Asthma;
- stoffwechselbedingte Gesichtsakne;
- Milchschorf;
- Blasen-, Nieren-, Magenschleimhautentzündungen

So wird die Natrium phosphoricum Salbe eingesetzt

Bei Hühneraugen.
Unterstützt das Salz: bei fettiger Haut mit vermehrter Talgabsonderung (Seborrhoe), Gesichtsakne, entzündeten Hautpusteln; bei Hautausschlägen mit Bläschen, deren Inhalt honiggelb ist; bei Ausschlägen mit honiggelben Krusten, rheumatischen Gelenk- und Muskelerkrankungen wie Gicht, Milchschorf, beginnender Brustdrüsenentzündung.

BESONDERHEITEN:

Natrium phosphoricum Salbe kann nach intensiver Hautreinigung oder einem Gesichtsdampfbad als Nachtcreme bei den genannten Hautprobleme angewendet werden.

NR. 10: NATRIUM SULFURICUM D6 (NATRIUMSULFAT)

So wirkt Natrium sulfuricum

In der Medizin wird dieses Mineralsalz als Abführmittel verwendet, weil es die Wasserrückgewinnung (Resorption) im Darm einschränkt. Die Sulfat-Ionen fördern Ausscheidungsvorgänge und schaffen auch überschüssige Flüssigkeiten aus dem Körper; selbst aus den Zellen wird damit Wasser ausgeschieden. Da die

Zellen auf diese Weise »gereinigt« werden, nennen Biochemiker diesen Vorgang auch »Klärstrom«. Das Salz regt außerdem Bauchspeicheldrüse, Darm, Leber, Nieren und Galle an, indem es die Ausscheidung von Verdauungssekreten fördert. Dadurch besitzt das Salz indirekt eine entgiftende Wirkung. Es wirkt auch entzündungshemmend und unterstützt die Verbrennung von Nährstoffen in der Zelle, was zu Wärme- und Energiebildung führt.

Beschwerden, die mit Natrium sulfuricum behandelt werden

- Verstopfung, Durchfall (vor allem morgens), Verdauungsstörungen mit hellem Stuhl, Blähungen;
- Gewebeschwellungen (Ödeme), zum Beispiel an Augenlidern oder Unterschenkeln;
- nässende Hautausschläge, Hautbläschen mit gelblich-grünlichem Inhalt, Akne, Rosacea (Kupferfinnen), Frostbeulen, Bettnässen, erkältungsbedingte Entzündungen mit gelblich-grünem Schleim;
- zu starke Milchbildung bei Stillenden;
- rheumatische Beschwerden, die sich bei feuchtem und kaltem Wetter verschlimmern;
- Neigung zu Melancholie (Schwermut);
- Depressionen nach Verletzungen wie Wirbelsäulen- oder Kopfverletzungen sowie Diabetes und Wundrose (Erysipel) zur Unterstützung der ärztlichen Behandlung

So wird die Natrium sulfuricum Salbe eingesetzt

Bei Frostbeulen, nach leichten Erfrierungen, bei Hühneraugen, Warzen, Hautpilzerkrankungen.
Unterstützt das Salz: bei geschwollenen Beinen (Ödemen), Krampfadern; bei Hautausschlägen mit Bläschen, deren Inhalt eitrig ist; bei Hautblasen mit gelblicher Füllung, Unterschenkelgeschwüren, Ausschlägen

mit gelblichen Schuppen; zum Einmassieren bei Blähungen und Verdauungsstörungen von Kindern (leichte Bauchmassage).
Unterstützt die ärztliche Behandlung: bei Wundrose mit entzündlicher Schwellung (Erysipel).

BESONDERHEITEN:

Natrium sulfuricum ist angezeigt, wenn sich bei feuchtem Wetter und in der Nähe von Gewässern Schmerzen verschlimmern und das Allgemeinbefinden verschlechtert.

NR. 11: SILICEA D12 (KIESELSÄURE)

So wirkt Silicea

Kieselsäure ist beteiligt an der Entstehung der Eiweißsubstanz Kollagen, die zur Bildung und zur Stabilisierung von Knorpel, Bindegewebe, Sehnen und Knochen gebraucht wird. Auch Haare und Nägel benötigen für ihre Elastizität und Festigkeit Kieselsäure. Es ist ein hervorragendes Aufbau- und Festigungsmittel für Haut, Knochen, Bänder, Sehnen, Nägel, Gefäße und Augen und unentbehrlich bei eitrigen Entzündungen und Blutergüssen. Silicea regt die Fresszellen des Immunsystems zum verstärkten Angriff auf eingedrungene Krankheitserreger an, hält die Blutgefäße elastisch und schützt somit vor Arterienverkalkung. Es verhindert Störungen bei der Knochenbildung während des Wachstums und verbessert die Heiltendenz der Haut nach Verletzungen. Vorzeitig gealterte Haut wird wieder straff und elastisch, gesunde Haut bleibt es, wenn Silicea eingenommen wird.

Beschwerden, die mit Silicea behandelt werden

- Eiterungen der Haut, Furunkel (zum Arzt!), Fisteln;
- rheumatische Gelenkerkrankungen (Gicht), Arthrose, Bandscheibenerkrankungen, Knochenschwund (Osteoporose);
- Störungen der Knochenbildung, Knochenhautentzündung, Sehnenerkrankungen, Gefäßverkalkung, übermäßiges Schwitzen, vorzeitige Alterserscheinungen wie Faltenbildung im Gesicht;
- Abwehrschwäche;
- Blutergüsse, Nierengries, Haar- und Nagelbrüchigkeit, auch Haarausfall, Wachstumsstörungen der Nägel, eitriger Nagelumlauf, Akne

So wird die Silicea Salbe eingesetzt

Bei alternder Haut mit Faltenbildung; Hühneraugen; bei Krankheiten der Finger- und Fußnägel wie Brüchig- und Rissigwerden, Flecken auf den Nägeln, verdickten Nägeln; bei »wildem Fleisch«.
Unterstützt das Salz: bei Eiterungen in den Knochen, empfindlicher und schlecht heilender Haut, entzündeten Eiterpusteln; bei gelben, eitrigen Krusten auf der Haut; bei Entzündung und Eiterung der Talgdrüsen, entzündetem Nagelumlauf (Panaritium), Furunkeln, eitriger Brustdrüsenentzündung, chronischen Gichtbeschwerden.
Unterstützt die ärztliche Behandlung: bei degenerativen (entartenden) Krankheiten der Gelenkknorpel, beispielsweise der Hüfte (Coxarthrose) oder der Kniegelenke (Gonarthrose).

BESONDERHEITEN:

Silicea wird schon in Papyrusrollen der alten Ägypter als Heilmittel genannt und zählt damit zu den ältesten der Menschheit.

Nr. 12: Calcium sulfuricum D6 (Kalziumsulfat)

So wirkt Calcium sulfuricum

Kalziumsulfat, das natürlicherweise im Knorpel vorkommt, ist Bestandteil von Aminosäuren, den wichtigsten Eiweiß-Bausteinen. Während die Calcium-Ionen die Zellmembran stabilisieren, unterstützen die Sulfat-Ionen Verbrennungsprozesse in der Zelle (wichtig für die Energiegewinnung) und sind am Aufbau von Knorpelsubstanz beteiligt. Calcium sulfuricum beeinflusst die Bildung von Binde- und Stützgewebe im Körper, wirkt entzündungshemmend auf die Haut und unterstützt das Wachstum neuer Zellen. Besonders wichtig ist seine austreibende Wirkung auf Eiter (Zellpartikel, abgestorbene weiße Blutkörperchen, Serum, abgestorbenes Gewebe), die allerdings nur eintritt, wenn eine Öffnung als Abfluss am Eiterherd vorhanden ist.

Beschwerden, die mit Calcium sulfuricum behandelt werden

- Haut- und Schleimhaut-Eiterungen;
- Wachstumsstörungen der Knochen;
- chronische rheumatische Erkrankungen;
- Funktionsstörungen der Leber;
- Entzündung von Lymphknoten mit Schwellung, Schmerz und Rötung;
- hartnäckige, eitrige Bronchitis

So wird die Calcium sulfuricum Salbe eingesetzt

Bei rheumatischen Gelenkbeschwerden, Lymphknotenentzündungen; bei Eiterungen mit Abflussmöglichkeit (Öffnung) um den Entzündungsherd herum auftragen. – Die Salbe Nr. 12 gibt es nicht von allen Herstellern.

BESONDERHEITEN:

Schüßler hatte dieses zwölfte Heilsalz kurz vor seinem Tod wieder verworfen, da er der Meinung war, es sei nicht erforderlich. Seine Nachfolger entdeckten aber, dass auch Calcium sulfuricum wesentliche Heilfunktionen besitzt.

NR. 13: KALIUM ARSENICOSUM D6 (KALIUMARSENIT)

So wirkt Kalium arsenicosum

Kalium ermöglicht die Arbeit von Muskeln und Nerven. Eine Verteilungsstörung oder ein Mangel kann zu Schwäche der Magen- und Darmfunktion sowie der Muskulatur, zu Ödemen, reduzierten Reflexen sowie niedrigem Blutdruck führen. In der Biochemie wirken die meisten Kaliumsalze regulierend und stabilisierend auf das Herz, auf Haut und Schleimhäute (Lunge, Darm, Magen, Nieren). Bei Beschwerden in diesen Bereichen hat sich auch Kalium arsenicosum bewährt. Ein wichtiges Anwendungsgebiet sind chronische Erkrankungen der Haut. Arsen, ein lebensnotwendiges Spurenelement, wirkt auf alle Körperzellen. In Spuren (wie in den biochemischen Salzen) unterstützt es natürliche körperliche Funktionen; grobstofflich jedoch ist es ein Gift. In der Homöopathie wird Arsen schon seit über 100 Jahren angewendet.

Beschwerden, die mit Kalium arsenicosum behandelt werden

- hartnäckige Hautausschläge (Ekzeme) mit Abschuppung, mit starkem Juckreiz, Schuppenflechte (Psoriasis), trockene und schuppige, welke Haut, Hautschrunden (Fissuren) an Ellen- und Kniebeugen, übermäßiges Schwitzen;

- Schleimhautentzündungen wie Schnupfen, Mandel- und Rachenentzündung, Bronchitis mit trockenem Husten;
- Magen-Darm-Katarrhe;
- Augenbindehautentzündung mit trockenen Augen, Sandkorngefühl, Ödeme der Augenlider;
- Ohrensausen und Krämpfe verschiedener Art;
- Muskelzuckungen;
- Schlafstörungen, Depressionen;
- Störungen der Regelblutung;
- Asthma und Herzschwäche zur Unterstützung der ärztlichen Behandlung

BESONDERHEITEN:

Kalium arsenicosum ist angezeigt, wenn Beschwerden periodisch auftreten; bei Tiefdruck (Barometer fällt) sind die Beschwerden oft schlimmer.

NR. 14: KALIUM BROMATUM D6 (KALIUMBROMID)

So wirkt Kalium bromatum

Kaliumbromid kommt im Körper vor allem in Gehirn, Rückenmark, Schilddrüse und Leber vor, wurde aber in allen Organen nachgewiesen. Seine Wirkung entfaltet es in erster Linie im Bereich des Nervensystems. Es wirkt entzündungshemmend bei Entzündungen von Haut- und Schleimhäuten (zum Beispiel in Magen und Darm). Auf das Zentralnervensystem wirkt Kalium bromatum beruhigend bei psychischer Erregung und stimulierend bei psychischer Erschöpfung. Wie viele Schüßler-Salze umfaßt es in seiner Wirkung sowohl überschießende als auch reduzierte physiologische Funktionen, es wirkt sowohl ergänzend, als auch regulierend auf den Organismus.

Beschwerden, die mit Kalium bromatum behandelt werden

- Seh- und Hörstörungen;
- Kopfschmerz mit Druckgefühl, Gedächtnisschwäche;
- überempfindliche Haut, auch verbunden mit Trockenheit;
- Ekzeme mit Borken, Akne, Nesselsucht, Rosacea (Kupferfinnen), Schuppenflechte, Haarausfall;
- Schleimhautentzündungen von Darm, Magen, Mund, Nase, Rachen;
- Kehlkopfentzündung, Mandelentzündung;
- krampfhafter Schluckauf;
- Asthma, allgemeine Atemnot, Bronchitis;
- Schnupfen mit brennendem Sekret;
- zu schwache Periodenblutung und schmerzhafte Menstruation;
- Funktionsstörungen der Schilddrüse zur Unterstützung der ärztlichen Behandlung;
- Lymphknotenschwellungen zur Unterstützung der ärztlichen Behandlung;
- Depressionen, Melancholie, nervöse Unruhe, Schlaflosigkeit, nervliche Erschöpfung (Neurasthenie), Neuralgien zur Unterstützung der ärztlichen Behandlung

BESONDERHEITEN:

Am besten wirkt dieses Salz in Kombination mit anderen Salzen.

Nr. 15: Kalium jodatum D6 (Kaliumjodid)

So wirkt Kalium jodatum

Kaliumjodid wirkt wegen seiner Jod-Ionen in erster Linie regulierend auf die Schilddrüse bei allen Störungen, die durch Über- und durch Unterfunktion auftreten. Dazu zählen gesteigerte Erregung, Zittern, Schwitzen, Durchfälle, erhöhter Pulsschlag, Haarausfall, Muskelschwäche, Erschöpfung und Durchfall. Es wirkt auch entzündungshemmend und schmerzstillend auf Schleimhäute und Haut, auf Muskulatur, Sehnen und Bänder.

Beschwerden, die mit Kalium jodatum behandelt werden

- Funktionsstörungen der Schilddrüse mit den oben beschriebenen Symptomen;
- Schleimhauterkrankungen wie Bronchialkatarrh, Durchfall;
- wässriger Schnupfen (brennendes Sekret) und andere Erkältungskrankheiten;
- Allergien wie Heuschnupfen und allergisch bedingtes Asthma;
- Nackenschmerzen, Rückenschmerzen, Kniegelenkbeschwerden und Ischias;
- Erweichung des Zahnschmelzes;
- Ödeme;
- erhöhter Blutdruck und Knochenerweichung (Osteomalazie) zur Unterstützung der ärztlichen Behandlung

Besonderheiten:

Kalium jodatum ist vor allem dann angezeigt, wenn die Beschwerden sich durch Kälte und Nässe verschlimmern.

Nr. 16: Lithium chloratum D6 (Lithiumchlorid)

So wirkt Lithium chloratum

Nach Schöpwinkel (Seite 9) beeinflusst Lithiumchlorid den Eiweißstoffwechsel, indem es hilft, die Eiweißmoleküle zu vermehren; dadurch baut der Körper Gewebe auf, was erwünscht ist bei Gewebeschwund oder Abmagerung. Dieses Salz wirkt aber nicht nur aufbauend, sondern auch auflösend, zum Beispiel bei krankhaften Ablagerungen an den Gelenken (Arthrose) und bei Hautwucherungen (Narben). Es fördert auch Ausscheidung und Auflösung von Harnstoff und Harnsäurekristallen. Neueste Forschungsergebnisse zeigen, dass Lithium auch die Leistungsfähigkeit des Immunsystem erhöht.

Beschwerden, die mit Lithium chloratum behandelt werden

- Harnsäureablagerungen bei Gicht, rheumatische Erkrankungen, Bauchkrämpfe, Verdauungsstörungen mit Blähungen und Winden, Magenschleimhautentzündung;
- Verhärtung und Verdickung von Gewebe (zum Beispiel Narben), Gewebeschwund (Hautschwund, Hautatrophie) nach Anwendung von Kortison;
- allgemeine Abmagerung und Auszehrung;
- Migräne;
- leichte Depressionen;
- seborrhoische Hauterkrankung (Seborrhoe)

Besonderheiten:

In der Schulmedizin wird Lithium bei psychischen Erkrankungen eingesetzt.

Nr. 17: Manganum sulfuricum D6 (Mangansulfat)

So wirkt Manganum sulfuricum

Mangan kommt fast überall im Körper vor. Es ist am Stoffwechsel von Kohlenhydraten, Cholesterin und Aminosäuren (wichtige Eiweiß-Bausteine) beteiligt. Innerhalb der Zelle ist es vor allem in den Mitochondrien (»Kraftwerke der Zelle«) angereichert, das bedeutet, daß es wie Phosphat an der Energiegewinnung in der Zelle beteiligt ist. Ohne Mangan kann die Zelle keine Energie für die vielfältigen körperlichen Aufgaben bereitstellen. Es ist Bestandteil vieler Enzyme und aktiviert sie. Die Mangan- und Sulfat-Ionen sind am Aufbau von Knorpel, Knochen und Bindegewebe beteiligt. Ist genügend Mangan im Körper vorhanden, wird die Ausscheidung von Histamin aus den Mastzellen des Gewebes verhindert (Histamin tritt bei allergischen Reaktionen aus den Zellen und ist für die Entstehung der allergischen Symptome verantwortlich).

Beschwerden, die mit Manganum sulfuricum behandelt werden

- Druckgefühl der Augen, gerötete und geschwollene Augen, Sehschwäche und Funkensehen,
- entzündete Augenlider;
- trockene Schleimhäute, zum Beispiel im Mund, aber auch Speichelfluss;
- Allergien;
- Abwehrschwäche;
- Haut- (Ekzeme, Schuppenflechte) und Schleimhauterkrankungen (Blasen-, Bronchien-, Darm-, Halsentzündung);
- Zungenbrennen;
- Kropf (Struma) trotz genügender Jodzufuhr;
- Gelenk- und Knochenerkrankungen wie Arthritis, Arthrose, Bandscheibenschäden, Gicht, Knochen-

wachstumsstörungen, Knochenhautentzündung und Osteoporose zur Unterstützung der ärztlichen Behandlung;
- psychische Störungen wie Hyperaktivität, Lernstörungen, Depressionen, Erregung, auch mit erhöhtem Pulsschlag, zur Unterstützung der ärztlichen Behandlung

BESONDERHEITEN:

Mangan ist eines der in der Erdkruste am häufigsten vorkommenden Metalle.

NR. 18: CALCIUM SULFURATUM HAHNEMANNI D6 (KALZIUMSULFID)

So wirkt Calcium sulfuratum Hahnemanni

Die Verbindung von Schwefel und Kalk in Calcium sulfuratum verstärkt die Schwefelwirkung, deshalb wirkt Kalziumsulfid bei den genannten Erkrankungen besser als andere Schwefelpräparate. Hahnemann (Seite 5) hatte bereits hervorragende Erfolge mit diesem Mittel und verordnete es bei Asthma und eitrigen Prozessen. Überdies gilt es in der Homöopathie als Antidot (Gegenmittel) bei Quecksilbervergiftungen. Die Sulfid-Ionen unterstützen außerdem Verbrennungsprozesse in der Zelle (wichtig für die Energiegewinnung) und fördern die Ausscheidung/Entgiftung.

Beschwerden, die mit Calcium sulfuratum behandelt werden

- hartnäckige Hautauschläge, auch eitrige, schlecht heilende Haut, Nesselsucht (auch zur Unterstützung der ärztlichen Behandlung);

- starkes Schwitzen;
- empfindliche, entzündete Haut, schmerzt oft bei Berührung;
- eitrige Entzündungen, verschleppte Bronchitis, chronische Mandelentzündung, Neigung zu ständigen Katarrhen, Asthma und Bronchitis;
- leichter Durchfall;
- Melancholie und Erschöpfung;
- bei Belastung des Körpers mit Toxinen zur Unterstützung der ärztlichen Behandlung

BESONDERHEITEN:

Nach Schöpwinkel unterstützen Manganum sulfuricum (Seite 79), Kalium sulfuricum (Seite 63) und Natrium phosphoricum (Seite 68) die Wirkung dieses Salzes.

NR. 19: CUPRUM ARSENICOSUM D6 (KUPFERARSENIT)

So wirkt Cuprum arsenicosum

Kupfer ist Bestandteil von Enzymen (beschleunigen den Stoffwechsel) und wichtig für das Wachstum. Es wirkt auf die Reifung der roten Blutkörperchen (Erythrozyten). Ist der Kupferstoffwechsel im Körper gestört oder besteht ein Kupfermangel, kann es unter anderem zu Anämie (Blutarmut) und Abwehrschwäche kommen. In der Homöopathie wird Cuprum seit Beginn des 19. Jahrhunderts unter anderem bei Krampfzuständen eingesetzt. Auch in der Biochemie sind Krämpfe vieler Organe das Hauptanwendungsgebiet. Fehlt Kupfer im Körper, kommt es zum frühzeitigen Grauwerden der Haare, auch zu Haarausfall. Bei Entzündungen benötigt der Körper mehr Kupfer. Arsen ist ein lebensnotwendiges Spurenelement, das auf alle Körperzellen wirkt. In Spuren (wie in den biochemischen Salzen) unterstützt es physiologische Prozesse; grobstofflich ist es ein Gift, wie übrigens viele Spurenelemente in konzentrierter Form.

Beschwerden, die mit Cuprum arsenicosum behandelt werden

- Durchfall mit Bauchkrämpfen;
- Husten bei Bronchitis;
- Schwäche des Immunsystems;
- Knochenschwund (Osteoporose), Pigmenstörungen der Haut, allgemeine Schwäche, Magen-Darm-Entzündung mit Krämpfen zur Unterstützung der ärztlichen Behandlung;
- Appetitlosigkeit, Blutarmut und Verlust der Geschmacksempfindung zur Unterstützung der ärztlichen Behandlung;
- Krämpfe der Muskulatur wie sie bei Asthma, Raynaudscher Krankheit (Gefäßkrämpfe), Migräne und Angina pectoris vorkommen, zur Unterstützung der ärztlichen Behandlung

BESONDERHEITEN:

Schon Paracelsus (1493 bis 1541, Naturphilosoph und Arzt, Begründer der modernen wissenschaftlichen Medizin) verordnete Kupfersalze gegen psychische Erkrankungen, Hysterie und Lungenkrankheiten. Von ihm stammt der Satz »Die Dosis macht es, dass ein Ding kein Gift sey«.

Nr. 20: Kalium Aluminium sulfuricum D6 (Kalium-Aluminiumsulfat, Alaun)

So wirkt Kalium Aluminium sulfuricum

Schöpwinkel schreibt, dass dieses Salz sekretionshemmende, blutstillende und fäulniswidrige Eigenschaften hat. Wissenschaftlich bewiesen ist, dass Alaun adstringierend (zusammenziehend) auf Schleimhäute und Wunden wirkt, was durch Eiweißgerinnung bewerkstelligt wird. Es kommt zu einer entzündungshemmenden und blutgerinnenden Wirkung, die man bei Schleimhautentzündungen (zum Beispiel Katarrhen), bei Durchfällen und Blutungen nutzt. Kalium Aluminium sulfuricum hemmt auch die Schweißbildung.

Beschwerden, die mit Kalium Aluminium sulfuricum behandelt werden

- Magen- und Darmkoliken mit Durchfall zur Unterstützung der ärztlichen Behandlung;
- Verstopfung;
- Fuß- und Nachtschweiß, Tränen- und Speichelfluss, Zwischenblutungen außerhalb der Regel;
- Blasenschwäche mit unwillkürlichem Harnabgang;
- Bettnässen;
- chronische Bronchial- und Rachenkatarrhe mit starken Schleimabsonderungen

Besonderheiten:

In der Schulmedizin wurde Kalium-Aluminiumsulfat früher bei Durchfall und Darmblutungen verordnet, wird aber heute nur noch in potenzierter Form von der Biochemie und der Homöopathie eingesetzt. Alaun-Stifte helfen bei kleineren Blutungen, wie sie beim Rasieren vorkommen. Es gibt auch aluminiumhaltige Deostifte gegen übermäßige Schweißbildung.

Nr. 21: Zincum chloratum D6 (Zinkchlorid)

So wirkt Zincum chloratum

Zink gehört zu den Spurenelementen, die in den vergangenen Jahren am intensivsten erforscht wurden. Es kommt in allen Organen vor, ist Bestandteil von Enzymen (beschleunigen den Stoffwechsel), am Alkoholabbau in der Leber und bei der Knochenneubildung beteiligt. Zink ist auch Stabilisator von Zellmembranen und fördert den Aufbau von einfachen Eiweißkörpern (Proteinen), die zu den wichtigsten Bestandteilen lebender Organismen gehören. Proteine braucht der Körper zum Beispiel bei der Bildung von Antikörpern, Hormonen, Knorpeln und Knochen. Aufgrund dieser Funktionen kommt dem Zink eine bedeutende Rolle im Immungeschehen zu (greift mit Unterstützung von Enzymen in die Fresszellenaktivität, die Phagozytose, ein). Bei Zinkmangel kann es zu Störungen der Verdauungsenzymbildung und der Insulinbildung in der Bauchspeicheldrüse kommen, außerdem zu Hauterkrankungen. Auch bei der Ausleitungstherapie von Schwermetallen ist Zink bedeutsam. Seit Hahnemanns Zeiten werden Zinksalze als Homöopathika bei nervlichen Beschwerden eingesetzt.

Beschwerden, die mit Zincum chloratum behandelt werden

- Störungen des Haarwachstums, vorzeitiges Grauwerden der Haare;
- Schwäche des Immunsystems mit häufigen Erkältungen;
- Störungen der Wundheilung, schlechte Heiltendenz der Haut;
- chronische Ekzeme;
- nervöse Zuckungen, auch mit Krämpfen;
- Wachstumsstörungen;

- niedriger Blutdruck;
- Nagelwachstumsstörungen;
- Neuralgien und Empfindungsstörungen der Nerven zur Unterstützung der ärztlichen Behandlung;
- Zuckerkrankheit (Diabetes mellitus) zur Unterstützung der ärztlichen Behandlung;
- Prostataerkrankungen zur Unterstützung der ärztlichen Behandlung;
- Hyperaktivität, Unruhe, Depressionen zur Unterstützung der ärztlichen Behandlung

BESONDERHEITEN:

Bei Zinkmangel bilden sich häufig weiße Flecken auf den Fingernägeln.

NR. 22: CALCIUM CARBONICUM HAHNEMANNI D6 (KALZIUMKARBONAT)

So wirkt Calcium carbonicum Hahnemanni

Kalziumkarbonat ist kohlensaures Kalzium. Bei Kalziummangel und bei Störungen des Kalziumstoffwechsels kann es zu Krankheiten kommen. Denn Kalzium schützt Haut und Schleimhäute bei Entzündungen und unterstützt wie alle Kalziumsalze vor allem das Wachstum von Knochen und Zähnen. Kalzium reguliert den Kalkstoffwechsel und fördert die Abheilung von Hauterkrankungen; es stabilisiert die Zellmembran und ist an der Impulsübertragung von Nerven zu Muskeln beteiligt. Dies erklärt seine Wirkung bei Schmerzen und Krämpfen.

Beschwerden, die mit Calcium carbonicum behandelt werden

- Hauterkrankungen wie chronische Ekzeme, Milchschorf, Neurodermitis;

- Ängstlichkeit, leichte Depressionen, unruhiger Schlaf;
- halbseitige Kopfschmerzen (Migräne);
- Krämpfe der glatten Muskulatur (Hohlorgane, Gefäße);
- Asthma;
- übermäßiges Schwitzen;
- chronische Mandelentzündung mit stark wuchernden Mandeln;
- Verdauungsstörungen bei Kindern, chronische Magen-Darmschleimhaut-Entzündung;
- Infektanfälligkeit;
- Störungen der Regelblutung;
- Knochenwachstumsstörungen

BESONDERHEITEN:

Früher wurde Kalziumkarbonat von der Schulmedizin bei Magenschleimhautentzündungen und Durchfällen eingesetzt sowie Zahnpulvern zugegeben. Hahnemann führte es in die Homöopathie ein; Anfang des vergangenen Jahrhunderts wurde es den biochemischen Ergänzungsmitteln zugeordnet. Calcium carbonicum wird wie vor 200 Jahren aus den kalkreichen Schalen der Auster hergestellt. Es hat sich vor allem in der Kinderheilkunde bewährt.

NR. 23: NATRIUM BICARBONICUM D6 (NATRIUMBIKARBONAT, NATRON)

So wirkt Natrium bicarbonicum

Im Blut ist Natriumbikarbonat als Säurepuffer vorhanden. Die Abpufferung von Körperflüssigkeiten und Geweben ist für den Organismus unerlässlich für die Funktion des Zwischenstoffwechsels (Stoffwechsel zwischen Aufbau von Nahrungsstoffen zu körpereigenen

Substanzen und deren Abbau). Eine Änderung der Säureverhältnisse im Blut kann lebensbedrohlich sein. (Auskunft über die Säureverhältnisse gibt der pH-Wert = Potential an Hydrogenium = Maßzahl für den sauren oder den basischen Charakter von Lösungen.) Natrium bicarbonicum wirkt regulierend auf den Stoffwechsel und kann überschüssige Säure binden und neutralisieren. Aus diesem Grund wird es auch heute noch in nicht potenzierter Form bei zu viel Magensäure und Sodbrennen eingenommen. Es kommt auch in der Bauchspeicheldrüse vor und ist an der Bildung von Pankreassaft (Bauchspeichel) beteiligt.

Beschwerden, die mit Natrium bicarbonicum behandelt werden

- Erkrankungen, die mit Störungen des Stoffwechsels einhergehen, wie Gicht und andere Krankheiten des rheumatischen Formenkreises (aktiviert den Stoffwechsel);
- Reizungen der Magen-Darmschleimhaut;
- Sodbrennen, saures Aufstoßen und Völlegefühl nach schweren Mahlzeiten;
- harmlose Insektenstiche mit Schwellung und Schmerz (Breiumschlag);
- Alkoholkater (auch im Wechsel mit Zincum chloratum, Seite 84)

BESONDERHEITEN:

Natron ist ein altes Hausmittel, das bei Magenübersäuerung und vielen anderen Erkrankungen eingenommen wird. Die alten Ägypter gewannen Natron aus den Seen des Tales Natron, in denen es auch heute noch vorkommt.

Nr. 24: Arsenum jodatum D6 (Arsentrijodid)

So wirkt Arsenum jodatum

Arsenum jodatum wirkt auf den ganzen Organismus, hauptsächlich jedoch auf Haut und Schleimhäute. Die Jod-Ionen unterstützen den Körper bei der Herstellung des Schilddrüsenhormons Thyroxin. Wird zu wenig Thyroxin gebildet (zum Beispiel bei Jodmangel), kann eine allgemeine Schwäche auftreten oder es kann sich ein Kropf bilden. Die Wirkung von Arsen, einem wichtigen Spurenelement, ist noch nicht völlig erforscht. Bekannt ist, dass der Körper für fast alle Funktionen Arsen in Spuren (wie in den biochemischen Salzen) braucht. Arsen muss dem Körper zugeführt werden, da er es selbst nicht bilden kann. Obwohl in vielen Nahrungsmitteln Arsen in Spuren enthalten ist, kann es vorkommen, dass die Verteilung im Körper gestört ist. Auch hier hilft das biochemische Salz Arsenum jodatum.

Beschwerden, die mit Arsenum jodatum behandelt werden

- gereizte und entzündete Schleimhäute, zum Beispiel in der Nase, den Nasennebenhöhlen, im Darm (mit Durchfall), in der Lunge;
- akuter und chronischer Schnupfen, auch Heuschnupfen;
- Bronchialasthma;
- Bettnässen bei Kindern;
- Nasennebenhöhlen-Katarrhe;
- chronische Bronchitis;
- Funktionsstörungen der Schilddrüse mit Überfunktion und Kropf (Struma);
- körperliche Schwäche, Gewichtsverlust;
- Unruhe, Angst;
- nässende Hautausschläge, jugendliche Akne

BESONDERHEITEN:

Arsentrijodid wurde früher gegen Lepra eingesetzt.

Mineralsalze im Körper

	Aluminium	Arsen	Brom	Calcium	Chlorid	Eisen	Fluorid	Jod
Arterien								
Auge		•		•				
Bänder							•	
Bindegewebe								
Blut				•	•	•	•	
Darmtrakt				•			•	•
Erythrozyten		•		•	•	•		
Fettgewebe		•						•
Gallenblase								•
Gehirn	•	•	•	•			•	
Geschlechtsorgane	•	•		•			•	
Haare	•	•					•	•
Haut	•			•		•	•	•
Herz				•				
Kehlkopf			•					
Knochen	•			•		•	•	•
Knochenmark			•			•		
Knorpel								
Körperflüssigkeiten				•	•	•	•	•
Leber	•	•		•				•
Lunge	•			•				
Lymphe					•			•
Magen					•			•
Milz/RES	•			•		•		•
Muskulatur	•	•		•		•	•	•
Nägel		•	•	•		•	•	•
Nebennieren	•		•	•				•
Nerven		•		•	•			•
Nieren	•			•				
Pankreas	•			•				•
Prostata								•
Rückenmark			•					
Schilddrüse	•	•	•	•				•
Schleimhaut				•		•		
Sehnen							•	•
Thymusdrüse							•	
Venen				•		•	•	
Zähne	•			•			•	
Zahnfleisch								

Kalium	Kupfer	Lithium	Magnesium	Mangan	Natrium	Phosphat	Silicium	Sulfat	Zink
							•		
	•						•		•
							•	•	
•			•		•	•	•	•	
•			•						•
•	•		•	•	•	•		•	•
•									
	•								
•		•	•	•	•	•			•
•			•		•				•
	•		•				•	•	•
•	•		•		•		•	•	•
•			•		•		•		•
•	•		•		•	•	•	•	•
		•		•					
					•		•	•	
•	•		•	•	•	•	•		•
•	•	•	•	•	•		•		•
•		•	•		•		•		•
						•		•	
•									
			•				•		•
•	•		•	•	•	•	•	•	•
•			•			•	•	•	•
•	•		•				•		•
•	•		•			•			•
•	•			•			•		•
•			•	•	•		•	•	•
									•
			•						•
•	•							•	
			•				•	•	
							•		
•			•			•			
			•			•	•		•
									•

Zum Nachschlagen

Bücher, die weiterhelfen

Georg, Dr. Karl; *Du selbst bist Dein bester Arzt;* Weg zur Gesundheit-Verlag GmbH, Dormagen
Heepen, Günther H.; *Schüßler-Salze – 12 Mineralstoffe für die Gesundheit;* Gräfe und Unzer Verlag GmbH, München
Oltmanns, Hans-Dieter; *Die biochemische Heilweise in der Kinderheilkunde;* Weg zur Gesundheit-Verlag GmbH, Dormagen

Adressen, die weiterhelfen

Seminare

Biochemischer Bund Deutschlands e.V.,
In der Kuhtrift 18, 41541 Dormagen
Deutsche Homöopathie-Union (DHU),
Ottostraße 24, 76227 Karlsruhe

Zeitschriften, Therapeutenverzeichnis, Vereinsadressen

Weg zur Gesundheit, Zeitschrift für Biochemie,
Herausgeber: Biochemischer Bund Deutschlands e.V.,
In der Kuhtrift 18, 41541 Dormagen

Therapeutenverzeichnis, Vereinsanschriften und Probehefte für Deutschland, Belgien, Niederlande, Österreich, Schweiz, Spanien:
Biochemischer Bund Deutschlands e.V.,
In der Kuhtrift 18, 41541 Dormagen.
Internet: *www.biochemie-net.de*

Register

Redaktionsleitung: Doris Birk
Redaktion/Lektorat: Doris Schimmelpfennig-Funke
Gestaltung: independent Medien-Design
Produktion: Helmut Giersberg
Fotos: Eye of science: U4 unten links und unten rechts (Mikroskopaufnahmen von Calcium und Eisen);
Studio Schmitz: U1 (Originalprodukte der Deutschen Homöopathie-Union) und U4 unten Mitte (Bergkristall);
Tony Stone: U4 oben
Satz: Filmsatz Schröter GmbH, München
Druck und Bindung: Ludwig Auer GmbH
ISBN 3-7742-5526-1

Auflage	8.	7.	6.	
Jahr	2006	05	04	03

GRÄFE UND UNZER

Ein Unternehmen der
GANSKE VERLAGSGRUPPE